D1663691

E-Book inside.

Mit folgendem persönlichen Code
können Sie die E-Book-Ausgabe
dieses Buches downloaden.

70189-r65p6-
y2l00-e3on2

Registrieren Sie sich unter
www.hanser-fachbuch.de/ebookinside
und nutzen Sie das E-Book
auf Ihrem Rechner*, Tablet-PC
und E-Book-Reader.

Friedrichs / Buschhorn / Joepen / Lutz
Das Fitnessprogramm für KMU

Herausgeber der Praxisreihe Qualitätswissen ab 2016 Kurt Matyas;
vom Gründungsjahr 1991 bis 2016 Franz J. Brunner.

In der Praxisreihe Qualitätswissen sind bereits erschienen:

Jörg Brenner
Lean Production
Praktische Umsetzung zur Erhöhung der
Wertschöpfung
2., überarbeitete und erweiterte Auflage
ISBN 978-3-446-45028-8

Franz J. Brunner
Japanische Erfolgskonzepte
Kaizen, KVP, Lean Production Management,
Total Productive Maintainance, Shopfloor
Management,
Toyota Production Management, GD^3 – Lean
Development
4., überarbeitete Auflage
ISBN 978-3-446-45428-6

Franz J. Brunner
Qualität im Service
Wege zur besseren Dienstleistung
ISBN 978-3-446-42241-4

Franz J. Brunner, Karl W. Wagner,
unter Mitarbeit von Peter H. Osanna, Kurt Matyas,
Peter Kuhlang
Qualitätsmanagement
Leitfaden für Studium und Praxis
6., überarbeitete Auflage
ISBN 978-3-446-44712-7

Marco Einhaus, Florian Lugauer,
Christina Häußinger
Arbeitsschutz und Sicherheitstechnik
Der Schnelleinstieg für (angehende) Führungs-
kräfte: Basiswissen, Haftung, Gefährdungen,
Rechtslage
ISBN 978-3-446-45474-3

Bernd Klein
**Kostenoptimiertes Produkt- und
Prozessdesign**
ISBN 978-3-446-42131-8

Wilhelm Kleppmann
Versuchsplanung
Produkte und Prozesse optimieren
9., überarbeitete Auflage
ISBN 978-3-446-44716-5

Veit Kohnhauser, Markus Pollhamer
Entwicklungsqualität
ISBN 978-3-446-42796-9

Karl Koltze, Valeri Souchkov
Systematische Innovation
TRIZ-Anwendung in der Produkt- und
Prozessentwicklung
2., überarbeitete Auflage
ISBN 978-3-446-45127-8

Kurt Matyas
Instandhaltungslogistik
Qualität und Produktivität steigern
6., aktualisierte Auflage
ISBN 978-3-446-44614-4

Arno Meyna, Bernhard Pauli
Zuverlässigkeitstechnik
Quantitative Bewertungsverfahren
2., überarbeitete und erweiterte Auflage
ISBN 978-3-446-41966-7

Wilfried Sihn, Alexander Sunk, Tanja Nemeth,
Peter Kuhlang, Kurt Matyas
Produktion und Qualität
Organisation, Management, Prozesse
ISBN 978-3-446-44735-6

Stephan Sommer
**Taschenbuch automatisierte
Montage- und Prüfsysteme**
Qualitätstechniken zur fehlerfreien Produktion
ISBN 978-3-446-41466-2

Konrad Wälder, Olga Wälder
**Statistische Methoden der
Qualitätssicherung**
Praktische Anwendung mit MINITAB und JMP
ISBN 978-3-446-43217-8

Johann Wappis, Berndt Jung
Null-Fehler-Management
Umsetzung von Six Sigma
5., überarbeitete Auflage
ISBN 978-3-446-44630-4

Werner Friedrichs
Björn Buschhorn
Marco Joepen
Matthias Lutz

Das Fitnessprogramm
für KMU

Methoden für mehr Effizienz im Automobil-,
Anlagen- und Sondermaschinenbau

Praxisreihe Qualitätswissen
Herausgegeben von Kurt Matyas

Die Autoren:
Werner Friedrichs, Hennef
Björn Buschhorn, Koblenz
Marco Joepen, Hellenthal
Matthias Lutz, Köln

ISBN: 978-3-446-45341-8
eBook-ISBN: 978-3-446-45373-9

Bibliografische Information der Deutschen Nationalbibliothek
Die Deutsche Nationalbibliothek verzeichnet diese Publikation in der Deutschen Nationalbibliografie;
detaillierte bibliografische Daten sind im Internet über *http://dnb.d-nb.de* abrufbar.

© 2018 Carl Hanser Verlag GmbH & Co. KG, München
www.hanser-fachbuch.de
Lektorat: Dipl.-Ing. Volker Herzberg
Herstellung: Cornelia Rothenaicher
Umschlagrealisation: Stephan Rönigk
Satz: Kösel Media GmbH, Krugzell
Druck und Bindung: Druckerei Hubert & Co GmbH und Co KG BuchPartner, Göttingen
Printed in Germany

Inhalt

Die Autoren

Die Autoren sind in KMU der Automobilindustriezulieferindustrie, des Anlagen- oder Sondermaschinenbaus beschäftigt.

Werner Friedrichs

Dozent an der Rheinischen Fachhochschule Köln, gGmbH

Lehrauftrag im Fachbereich Ingenieurwesen für den Bachelor-Studiengang Konstruktionsmethodik und den Masterstudiengang Rechnerunterstützte Arbeitsplanung

Björn Buschhorn

Fa. WDS, Winkler und Dünnebier Süßwarenfabrik GmbH, Rengsdorf, Betriebsorganisation/Projekt Controlling

Marco Joepen

Fa. Gerolsteiner Brunnen GmbH & Co. KG, Produktivitäts- und Prozessmanagement

Matthias Lutz

Fa. Kiekert AG, Heiligenhaus, International Trainee

Vorwort

KMU sind das Rückgrat der deutschen Wirtschaft. Damit das so bleibt, müssen sie mit den großen Unternehmen mithalten oder ihnen einen Schritt voraus sein. Durch eine große Anzahl von Besuchen und durchgeführten Projekten stellen wir immer wieder fest, das KMU meist recht erfolgreich operieren, von Strategien und Methoden aber oft weitestgehend unberührt sind. Dies wird aber immer wichtiger, wie erfolgreiche Umsetzungen im vorliegenden Buch zeigen. Ob nun Anlagen- und Sondermaschinenbauer oder Automobilzulieferer, alle Unternehmen müssen sich mit den Methoden beschäftigen, um erfolgreich zu bleiben. Dazu ist meist eigenes Know-how nicht vorhanden. Als Alternative bleibt eine externe teure Beratung oder ein zielgerichtetes Buch. Zweck ist es ein Praxisbuch mit Handlungsempfehlungen für die praktische Umsetzung von aktuellen wissenschaftlichen Methoden den KMU vorzulegen, welche durch gezielte Vorauswahl und Methodenvergleiche die Umsetzung in Unternehmen erleichtert bzw. erst möglich werden lässt.

In KMU agieren Sie nah an der Führungsspitze des Unternehmens. Sehr gute individuelle Leistungen sind für Ihren Arbeitgeber direkt erkennbar. Erfolge, als auch Misserfolge wirken sich direkt auf das Unternehmensergebnis aus.

Als Führungskraft eines KMU müssen Sie entscheiden, als Einkäufer und Logistiker den SCM-Prozess einführen und beherrschen, als Entwickler, Planer, Mitarbeiter der Produktion und der Qualitätssicherung sind Sie für erfolgreiche Produkte und Prozesse verantwortlich. Als Instandhalter für die Leistungsbereitschaft Ihrer Maschinen und Werkzeuge. Als Controller bewerten Sie die Leistungen der Verantwortlichen und als Personalleiter stellen sie das richtige Personal zur richtigen Zeit am richtigen Ort zur Verfügung.

Wie geht das, wenn man keine Millionengelder für Investitionen übrig hat und wenn ein gescheitertes Experiment das Aus bedeuten kann? Machen Sie nur das, was am besten funktioniert und wiederholen Sie nicht die Fehler der anderen. Alle brauchbaren Methoden, Konzepte und Strategien für diesen Ansatz finden Sie diesem Buch:

- Chancen, Risiken und Implementierung von Supply Chain Management in KMU
- Integration des neuen Produktionssystems eines Teilezulieferers in eine bestehende Produktion

- Reengineering einer Kleinserienfertigung zu einer optimierten Mittelserienfertigung mithilfe des Value Stream Managements
- Prozessenergiewertstrommethode in der Produktion eines mittelständischen Automobilzulieferers
- Entwicklung und Einführung agiler Projektmanagementmethoden zur effizienten Auftragsabwicklung
- Einführung von Produktkonfiguratoren zur Unterstützung der Angebotserstellung und technischen Lösungsfindung

Wir zeigen anhand vieler Beispiele aus mittelständischen Firmen, wie die Umsetzung gelungen ist. Das Buch ist dadurch ein hervorragender Rat- und Ideengeber, der guten Unternehmen zeigt, wie man noch besser werden kann, durch:

- erprobte Lösungen aus realen Unternehmen
- speziellen Bedingungen für KMU, insbesondere Sondermaschinenbau und Automobilzulieferer, werden berücksichtigt
- Systematische Vorgehensweise von der Bestandsaufnahme und Motivation über die Zielsetzung bis zur Einführung

Sowohl erfolgreichen Praktikern soll dieses Buch bei der täglichen Arbeit unterstützen, als auch Studierenden technisch-ökonomischen Studienrichtungen an Universitäten und Fachhochschulen helfen, sich mit den speziellen Anforderungen von KMU vertraut zu machen.

Ein besonderer Dank gilt den vielen kleinen mittelständischen Unternehmen welche uns ermöglichten die aufgeführten Beispiele zu beschreiben. Ebenso bedanken wir uns bei unserem Lektor des Hanser Verlages, Herrn Dipl.-Ing. Volker Herzberg, der uns immer mit Rat und Tat zur Seite stand.

Viel Freue am Lesen!

Hennef, Oktober 2017

Werner Friedrichs, Björn Buschhorn, Marco Joepen, Matthias Lutz

1

KMU – eine tragende Säule der deutschen Wirtschaft

Kleine und mittlere Unternehmen (KMU) punkten mit kurzen Entscheidungswegen und reagieren flexibel auf Wettbewerb und Innovationen. Den Mitarbeiterr bieten KMU eher die Möglichkeit, Karriere zu machen, selbst Entscheidungen zu treffen und eigenverantwortlich zu handeln als dieses in Großunternehmen möglich ist.

Junge Toptalente wie auch gestandene, erfolgreiche Mitarbeiter stehen vor der Wahl, sich in der Großindustrie oder bei kleinen und mittleren Unternehmen zu bewerben und dort erfolgreich zu arbeiten. Kernfragen hierbei lauten:

Schlüsselfragen

In welchem Rahmen kann ich mich im Unternehmen verwirklichen?

Welcher Gestaltungsfreiraum steht mir zur Verfügung?

Wie kann ich mich weiterentwickeln?

Welche Perspektiven bieten mir KMU zur Erfüllung meiner persönlichen Ziele?

Wie manage ich Prozesse und Projekte erfolgreich?

Wie vermeide ich Misserfolge?

In KMU agieren Sie nah an der Führungsspitze des Unternehmens. Sehr gute individuelle Leistungen sind für Ihren Arbeitgeber direkt erkennbar. Erfolge, aber auch Misserfolge wirken sich direkt auf das Unternehmensergebnis aus.

Als Führungskraft eines KMU müssen Sie entscheiden, als Einkäufer und Logistiker einen Supply Chain Management-Prozess (SCM-Prozess) einführen und beherrschen, als Entwickler, Planer, sowie Mitarbeiter der Produktion und der Qualitätssicherung sind Sie für erfolgreiche Produkte und Prozesse verantwortlich. Als Instandhalter überschauen Sie die Leistungsbereitschaft Ihrer Maschinen und Werkzeuge. Als Controller bewerten Sie die Leistungen der Verantwortlichen und als Personalleiter stellen sie das richtige Personal zur richtigen Zeit am richtigen Ort zur Verfügung.

Wir zeigen Ihnen anhand von erfolgreich umgesetzten Praxisbeispielen in KMU, wie diese interdisziplinären Arbeiten erfolgreich zu managen und durchzuführen sind.

■ 1.1 Bringt der Status KMU ihrem Unternehmen Vorteile?

Der Status KMU erlaubt es einem Unternehmen, durch staatliche Instanzen der Bundesrepublik wie auch der Europäischen Union (EU) gefördert zu werden.

Förderung durch die EU

Diese bietet ein breites Spektrum an Beteiligungsmöglichkeiten – von der Einzelförderung bis zur klassischen Verbundforschung mit mehreren Partnern.

Verschiedene Förderprogramme stehen zur Verfügung:

Horizont 2020	Das EU-Rahmenprogramm für Forschung und Innovation
EUREKA	Grenzüberschreitende marktnahe Forschungskooperationsprojekte für Industrie und Wissenschaft
COST	Kooperationsrahmen zur Koordination nationaler Forschung auf europäischer Ebene
Strukturfonds	Wichtiges Förderinstrument für KMU

Förderung durch die Bundesregierung

Die Bundesregierung fördert im Rahmen ihrer Forschungsprogramme Basistechnologien, die Entwicklungen in zentralen Anwendungsfeldern anregen und so als Wachstumstreiber in vielen Branchen wirken sollen. KMU werden durch spezielle technologieoffene Förderprogramme unterstützt. Nähere Informationen zur den jeweiligen Förderprogrammen erhalten Sie unter den nachfolgen Links:

EU:	*http://www.foerderinfo.bund.de/de/KMU-Foerderung-913.php*
Bund:	*http://www.foerderinfo.bund.de/de/KMU-924.php*

■ 1.2 Ist der Begriff KMU einheitlich definiert?

Für den Begriff „Kleines und Mittleres Unternehmen" gibt es keine allgemein gültige Definition. In der Praxis wird eine Abgrenzung durch quantitative und qualitative Merkmale vorgenommen.

1.2.1 Quantitative Definitionsansätze

Es ist trotz der großen Bedeutung von KMU in Deutschland nicht gelungen, eine allgemein gültige Definition zu finden. Unter den quantitativen Ansätzen wird häufig eine Klassifizierung von KMU anhand der Anzahl der Mitarbeiter oder des Umsatzes oder der Bilanzsumme beschrieben. Tabelle 1.1 gibt einen Überblick über die gängigen gesetzlichen und von Institutionen verwendeten Definitionen.

Tabelle 1.1 Überblick über gängige Definitionen von KMU anhand quantitativer Merkmale (Quelle: nach [IhDuGö13])

Institution bzw. Gesetz	Definition KMU
§ 267 Abs. 2 HGB; Grenze für mittelgroße Kapitalgesellschaften	Bilanzsumme < 19,25 Mio € pro Jahr Jahresumsatz < 38,50 Mio € pro Jahr Arbeitnehmer im Jahresdurchschnitt < 250
EU-Kommission	Bilanzsumme < 43,00 Mio € pro Jahr Jahresumsatz < 50,00 Mio € pro Jahr Arbeitnehmer im Jahresdurchschnitt < 250
Beratungsförderung des Bundes	Es gilt die empfohlene Definition der EU-Kommission
Institut für Mittelstandsforschung	Jahresumsatz < 50,00 Mio € pro Jahr Arbeitnehmer im Jahresdurchschnitt < 500
Mittelstandsprogramm der KfW	Jahresumsatz < 500 Mio €
Bundesverband mittelständischer Wirtschaft, Bonn	Jahresumsatz > 50 000 Mio € sind Großbetriebe

Zwei in Deutschland gängige Abgrenzungen werden nachfolgend näher dargestellt.

Abgrenzung von KMU nach EU-Kommission

Der EU-Empfehlung 2003/361 der EU-Kommission folgend, zählt ein Unternehmen zu den KMU, wenn die im Folgenden erläuterten Hauptfaktoren zutreffen. Tabelle 1.2 zeigt die Abgrenzung von KMU nach der Definition der Europäischen Kommission.

Tabelle 1.2 Einstufung eines Unternehmens als Klein- und Mittleres Unternehmen (Quelle: Europäische Kommission 2010)

Unternehmens-Kategorie	Zahl der Mitarbeiter	Umsatz oder	Bilanzsumme
Mittelstand	< 250	bis € 50 Mio.	bis € 43 Mio.
Kleinunternehmen	< 50	bis € 10 Mio.	bis € 10 Mio.
Kleinstunternehmen	< 10	bis € 2 Mio.	bis € 2 Mio.

Für die Einstufung eines Unternehmens als KMU sind folgende Faktoren ausschlaggebend:

Ein Unternehmen ist ein mittleres Unternehmen, wenn es weniger als 250 Beschäftigte hat und einen Jahresumsatz von höchstens 50 Mio. € erwirtschaftet oder eine Bilanzsumme von maximal 43 Mio. € aufweist. Kleine Unternehmen sind Firmen, die weniger als 50 Mitarbeiter und einen Jahresumsatz oder eine Jahresbilanzsumme von höchstens 10 Mio. € haben. KMU müssen eigenständige Unternehmen sein, die nicht mehr als 25 % Anteile an anderen Unternehmen halten, beziehungsweise an denen keine Anteile gehalten werden. Diese Schwellenwerte beziehen sich auf den jeweils letzten durchgeführten Jahresabschluss. Unternehmen können ihren Status als KMU dann verlieren, wenn in zwei aufeinander folgenden Geschäftsjahren die Schwellenwerte über- oder unterschritten werden.

Abgrenzung von KMU laut Institut für Mittelstandsforschung Bonn (IfM)

Das IfM weist den deutschen Mittelstand abhängig von der Beschäftigtenzahl und der Umsatzgröße aus. Dabei wird bei dieser Definition nur zwischen kleinen Unternehmen und mittlere Unternehmen differenziert. Nach der gängigen Abgrenzung des IfM werden alle Unternehmen, die weniger als 500 Mitarbeiter beschäftigen, als KMU zusammengefasst. Hat ein Unternehmen weniger als 10 Mitarbeiter wird es als Kleinstunternehmen bezeichnet, bei 10 bis 99 Mitarbeitern als kleines Unternehmen, und bei 100 bis 499 als mittleres Unternehmen. Als weiteres quantitatives Kriterium, um KMU voneinander abzugrenzen, wird der Jahresumsatz (< 50 Mio. €) herangezogen.

Tabelle 1.3 KMU-Definitionen des IfM Bonn im Überblick (Quelle: [IfMB17])

Unternehmensgröße	Zahl der Beschäftigten	Umsatz €/Jahr
klein	> 10	bis € 1 Mio.
mittel und klein	< 500	bis unter € 50 Mio.
KMU zusammen	unter 500	bis unter € 50 Mio.

Eine Überarbeitung dieser Definition wird aktuell vorgenommen, um eine Harmonisierung mit der Definition der Europäischen Union herbeizuführen.

1.2.2 Qualitative Abgrenzung

Neben den quantitativen Abgrenzungskriterien wie Umsatz und Beschäftigtenzahl nennt das IfM auch qualitative Kriterien, die für mittlere Unternehmen charakteristisch sind.

KMU werden größtenteils von Ihren Inhabern geführt, welche einen Fokus auf schnelle Reaktionen auf den Markt legen. Großunternehmen werden demgegenüber im Regelfall von angestellten Managern geleitet; Entscheidungen werden dadurch sehr dezentralisiert getroffen. Dieses führt am Ende dazu, dass KMU flexibler handeln können als Großunternehmen. Ein KMU unterscheidet sich hier ganz deutlich qualitativ von einem managergeführten Unternehmen.

Zusammengefasst lassen sich beide gängigen Definitionen verwenden, die KMU-Definition laut EU-Kommission – EU-Empfehlung 2003/361 – und die des Instituts für Mittelstandsforschung Bonn, obwohl sie in einigen Punkten nicht übereinstimmen. So besitzen nach dem IfM Bonn KMU zwischen zehn und 500 Arbeitnehmer und haben bis zu 50 Mio. € Umsatz pro Jahr, wohingegen die Definition der EU-Kommission max. 250 Arbeitnehmer und einen Umsatz von 50 Mio. € oder die Bilanzsumme von unter 43 Mio. € zur Abgrenzung vorgibt. Unternehmen mit weniger als zehn Mitarbeitern gelten demnach als Kleinstunternehmen.

■ 1.3 Bedeutung und Merkmale von KMU

Für einen Großteil der wirtschaftlichen Leistungskraft unseres Staates sind KMU verantwortlich. Unternehmen dieser Größenklasse beschäftigen dreifünftel der Erwerbstätigen in Deutschland und bilden mehr als 80 % der Auszubildenden aus. Gleichzeitig trägt der Mittelstand zu über 55 % der Wertschöpfung bei und erwirtschaftet einen Umsatz von mehr als einem Drittel in Bezug zum Gesamtumsatz deutscher Unternehmen. Im Vergleich zur nicht-mittelständischen Wirtschaft lässt sich die volkswirtschaftliche Relevanz des Mittelstandes wie folgt darstellen:

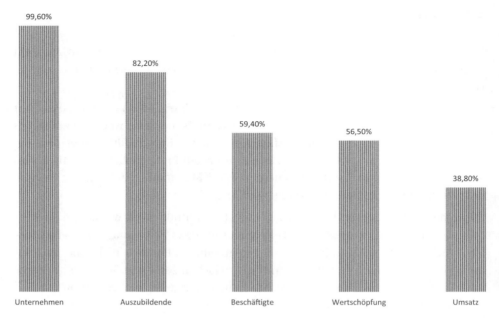

Bild 1.1 KMU-Anteil in Deutschland (Quelle: in Anlehnung an [BMWi14])

Flache Organisationsstrukturen sowie eine starke Vernetzung von vor- und nach-gelagerten Prozessschritten sind Kennzeichen von KMU. Hervorgerufen durch eine gute Auftragslage führt dieses zu einer allgemeinen Ressourcenknappheit, wodurch Prozesse wirtschaftlich gestaltet und Mitarbeiter effizient eingesetzt werden müssen.

Zu erwähnen ist, dass Mittelständler, die durch Ausgründung aus Großunternehmen entstanden sind, lediglich sogenannte quantitativen Strukturen aufweisen und weiterhin von ihrer Dachgesellschaft abhängig sind. Demzufolge handelt es sich im Sinne dieses Buches nicht um mittelständische Unternehmen.

■ 1.4 Charakterisierung des Sonder-, Maschinen- und Anlagenbaus

Der **Sondermaschinenbau** ist dasjenige Spezialgebiet des Maschinenbaus, welches individualisierte Maschinen gemäß den spezifischen technischen Kundenanforderungen herstellt. Dabei liegt der maßgebliche Unterschied zum allgemeinen Maschinenbau in der Anzahl der produzierten Einheiten. Denn in der Regel entwickeln Sondermaschinenbauer grundlegende Verfahren zur Lösung eines technischen Detailproblems und verbauen diese Technologie als Kerntechnologie in ihren Anlagen.

Die daraus entstehenden Produktspektren zeichnen sich vor allem durch eine hohe Variantenvielfalt und ihre Erklärungsbedürftigkeit aus. Was zur Folge hat, dass zur exakten Klärung des Kundenwunsches Iterationsschleifen zwischen der innerbetrieblichen Auftragsabwicklung und dem Kunden bzw. dem Vertrieb erforderlich sind. Diese Kommunikationsschleifen führen zu langen Durchlaufzeiten, sowohl bei der Angebotserstellung als auch in den planenden Bereichen. Abhilfe können hier die in Kapitel 6 und Kapitel 7 vorgestellten Methoden des agilen Projektmanagements und der Produktkonfiguration schaffen.

Weiterhin zeigt sich, dass die Erzeugnisse von Sondermaschinenbauern für eine Nischenstrategie sprechen. Da anhand der Erschließung eines Nischenmarkts, in dem nur wenige Mitbewerber konkurrieren, das Unternehmen bessere Chancen erhält, sein Produkt zu veräußern. Deswegen muss der Vertrieb von Sondermaschinen international ausgerichtet sein, um dadurch einen größeren Markt zu erschließen, der einen entsprechenden kontinuierlichen Absatz gewährleistet und somit den wirtschaftlichen Erfolg des Unternehmens und damit Arbeitsplätze sichert.

Der **Maschinen- und Anlagenbau** steht als Lieferant technologisch komplexer Erzeugnisse im Zentrum der wirtschaftlichen Leistungsfähigkeit der Bundesrepublik und wird laut VDMA (Verband Deutscher Maschinen- und Anlagenbau) aufgrund des Umsatzes auch als „Herzstück" des industriellen Mittelstands bezeichnet.

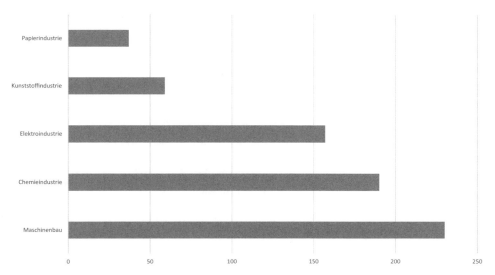

Bild 1.2 Umsätze der wichtigsten Industriebranchen in Deutschland in Mrd. € (Quelle: in Anlehnung an [Stat15])

Unternehmen des Maschinen- und Anlagenbaus produzieren die grundlegenden Betriebsmittel (Investitionsgüter) für sämtliche Wirtschaftsbranchen, wodurch der Einfluss der rasanten technologischen Weiterentwicklung sehr bedeutsam ist. In den nachfolgenden Kapiteln stellen wir aktuelle Erfolgsmethoden vor und zeigen anhand durchgeführter Beispiele deren Umsetzung bei KMU.

2 Chancen, Risiken und Implementierung von Supply Chain Management in KMU

■ 2.1 Wie kann Supply Chain Management (SCM) verbessert werden: Motivation und Ziele

Sind kleine und mittlere Automobilzulieferer den Forderungen der Automobilhersteller gewachsen? Können sie die Erwartungen erfüllen?

Ziel dieses Kapitels ist es, verschiedene Möglichkeiten, beispielsweise webbasierte Lösungen und Instrumente zur Umsetzung und Einführung eines funktionierenden Supply Chain Managements zu vergleichen und zu bewerten. Anhand von Praxisbeispielen aus der Automobilindustrie werden unterschiedliche Möglichkeiten zur Anbindung eines Automobilzulieferers an einen Hersteller dargestellt und Empfehlungen für eine geeignete Vorgehensweise unterbreitet.

Schlüsselfragen

Was fordern Automobilhersteller von ihren Lieferanten und welche dadurch entstehenden Chancen und Risiken sind für die Unternehmen bei der Einführung eines SCM zu erwarten?

Wie können kleine und mittlere Automobilzuliefererunternehmen diese Forderungen der Automobilhersteller umsetzen und welche Risiken entstehen, wenn ein Unternehmen nicht auf die Wünsche des Kunden eingeht?

■ 2.2 Ist der Begriff SCM eindeutig?

Die Praxis interpretiert den Begriff SCM unterschiedlich:

- Ist es eine Verkettung von Systemen zur Auftragsabwicklung?
- Ist es ein Absatzkanal, der die Fertigungsstätten mit den Kunden verbindet?
- Ist es eine Verknüpfung von Wertschöpfungsprozessen?

Je nach Betrachtungsweise, Unternehmenspraxis, Logistik, Controlling und Management können diese Fragen einzeln aber auch geschlossen bejaht werden.

Wir interpretieren SCM als integrierte prozessorientierte Planung und Steuerung aller Waren-, Informations- und Geldflüsse entlang der gesamten Wertschöpfungskette vom Zulieferer bis zum Kunden. Damit umfasst SCM fast alle Bereiche eines Unternehmens von der Lieferantenkette über die Produktionsplanung bis hin zur Kundenbetreuung, von der Anlieferung über die Fertigung und den Verkauf, bis zur Entsorgung oder dem Recycling. Bild 2.1 stellt unsere Interpretation dar.

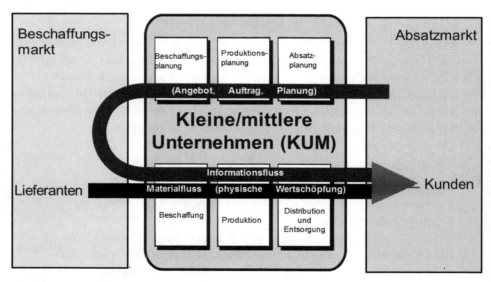

Bild 2.1 Einstufiger, auftragsgetriebener logistischer Prozess (Quelle: in Anlehnung an [Hahn12])

Die zu betrachtende Hauptaufgabe des SCM ist es, die wirtschaftliche Versorgung der Endabnehmer zu gewährleisten. Die Versorgung soll „schnell, fehler- und störungsfrei" erfolgen.

■ 2.3 Warum gibt es Bedarf an Supply Chain Management?

Globalisierung, neue Absatzmärkte, Produktionskostensenkung, Vergrößerung der Einkaufsvolumina sowie Zertifizierungen sind nur einige Schlagworte, mit denen wir täglich konfrontiert werden.

Lassen sich Trends erkennen?

Der Wandel des globalen Marktes fordert ein funktionierendes Supply Chain Management über den ganzen Wertschöpfungsprozess. Mit dem Wegfall politischer, ideologischer und zolltechnischer Grenzen kommt der Bedarf zum globalen Handeln. Informations- und Kommunikationstechnologien ermöglichen eine globale Vernetzung. Auf Angebote wartet ein Kunde nicht mehr wochenlang, sondern er erwartet umfassende Antworten zu Technologie, Kosten und möglichem Liefertermin innerhalb kurzer Zeit, mitunter innerhalb weniger Stunden.

- Die Kundenforderungen steigern die Komplexität des SCM.
- Umsätze mit einheitlichen, standardisierten Produkten sinken.
- Kunden fragen immer mehr nach individualisierten Leistungen.
- Produktlebenszyklen werden verkürzt.

Das Ziel, dem Kunden eine möglichst große externe Vielfalt bei gleichzeitig hoher Lieferbereitschaft, kurzen Lieferzeiten und zu günstigeren Preisen zu bieten und dieses aus Unternehmenssicht mit geringer interner Vielfalt zu realisieren, stellt neue Anforderungen an Vertrieb, Konstruktion, Planung, Einkauf und Logistik sowie Produktion in Bezug auf die Supply Chain.

Um dieses Ziel zu erreichen, konzentrieren wir uns auf unsere Kernkompetenzen. Wir schließen uns mit anderen Unternehmen zu Netzwerken zusammen, um einen Zugriff auf weitere Ressourcen, wie zum Beispiel IT- Infrastruktur, zu erlangen. Bild 2.2 zeigt eine exemplarische Darstellung der Supply Chain als Netzwerk. Wir arbeiten größtenteils mit mehreren Unternehmen gleichzeitig zusammen. Wir beziehen Rohmaterialien voneinander, stellen Produkte zur Weiterverarbeitung her, um diese Produkte dem Kunden bzw. den Verbrauchern zum richtigen Zeitpunkt, in der geforderten Qualität und Funktionalität anzubieten. In der Realität ist eine Supply Chain eher als Netzwerk und weniger als lineare Kette aufzufinden.

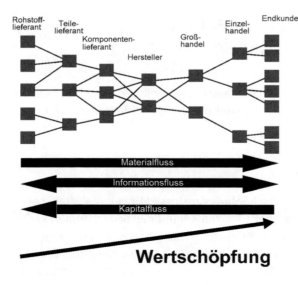

Bild 2.2
Mehrstufiges Logistiknetzwerk
(Quelle: in Anlehnung an
[Hahne12])

Supply Chain Management-Lösungen oder -Systeme sind meist Softwarelösungen, die im weiteren Verlauf dieses Kapitels erläutert werden. Mit Hilfe des Einsatzes von SCM-Software sollen der Gesamtprozess ebenso wie auch Einzelprozesse verbessert werden. Ziel ist es, Informationen und Materialströme auf der gesamten Wertschöpfungskette transparenter, bedarfs- und termingerechter zu gestalten und jeweils zu optimieren.

■ 2.4 Forderungen seitens automobiler OEM an die Zulieferer in Bezug auf die Lieferkette

Nachfolgende Schlüsselfragen sind zu beantworten:

 Schlüsselfragen

Was fordern Automobilhersteller von ihren Lieferanten?

Wie wirken sich diese Forderungen auf die Lieferantenstruktur aus?

Wie wirkt sich dieses auf die Anzahl der „Automotive KMU" aus?

Welche dadurch entstehenden Chancen und Risiken sind für die Unternehmen bei der Einführung eines SCM zu erwarten?

Welche Möglichkeiten haben KMU, auf Forderungen zu reagieren?

2.4.1 Die Lieferkette von OEM zu Tier-n

Automobile OEM beziehen die zur Montage notwendigen Produkte zum Bau eines Fahrzeuges entweder in Modulen, als Baugruppen oder als Teile. Ein durchschnittliches Kraftfahrzeug besteht aus rund 10 000 Teilen. Fast alle Teile werden von Automotive-Zulieferern aus der ganzen Welt an den Produktionsstandort des OEM geliefert.

Automobilhersteller rechnen mit einer Endmontage pro Kraftfahrzeug von ca. 10 bis 20 Stunden, wobei entscheidend die Komplexität der angelieferten Baugruppen und Teile vom Zulieferer ist. Ford spricht beim Fiesta von 13 Stunden, Daimler beim Smart von nur 4,5 Stunden mit insgesamt 140 Montageschritten. Dieses ist auf die große Anzahl vorgefertigter und vormontierter Module zurückzuführen, die die Zulieferer an der Montagelinie bereitstellen und die der Fahrzeughersteller nur noch endmontiert.

Zulieferer eines OEM sind Unternehmen, die Sachgüter oder ganze Module entwickeln und diese an den Automobilhersteller liefern und somit zum Entwicklungs- und Fertigungsprozess eines Automobils beitragen. Der Rang eines Zulieferers wird als eine Kombination des Begriffs „Tier" (engl. Rang, Stufe) mit einer Ziffer beschrieben. Tier-1 benennt den direkten Zulieferer großer Module und Systeme. Tier-2 sind Lieferanten für Tier-1, d. h. sie liefern diesem Komponenten. Je nach Unternehmensstruktur können Systemlieferanten als Tier-1 die OEM beliefern, werden aber parallel auch von weiteren Unternehmensteilen, welche dann Tier-2 sind, beliefert. Ein Beispiel wäre dazu der Systemlieferant ZF Friedrichshafen AG.

Bild 2.3 zeigt eine Lieferantenpyramide mit den vorherrschenden Strukturen in der Automobilindustrie. An der Spitze der Pyramide findet man wenige große Tier-1-Zulieferer, im unteren Teil der Pyramide sind die Komponenten-, Teile- und Rohstofflieferanten positioniert.

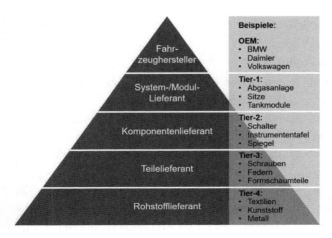

Bild 2.3
Lieferantenstrukturen
(Quelle: [Schu09])

Die Lieferantenpyramide stellt dabei die Supply Chain idealisiert dar. Fahrzeuge werden von den Automobilherstellern nicht nur in einem Werk, sondern in verschiedenen Produktionsstätten gebaut. Diese Produktionsstätten bilden einen internationalen Produktionsverbund.

▪ So kann ein Motor beispielsweise in Deutschland produziert, aber in Belgien in der Endmontage verbaut werden.

▪ Nicht jedes Werk hat ein eigenes Presswerk. Meist ist es ein Presswerk, das mehrere Fahrzeugwerke mit den nötigen Blechteilen versorgt.

▪ Auch werden an den wenigsten Standorten der Automobilhersteller noch eigenständig Motorblöcke gegossen. Diese werden sehr oft zentral von Zulieferern produziert und an mehrere Produktionsstätten geliefert.

Je nach Fertigungstiefe eines OEM findet man an Produktionsstätten vornehmlich die Lackierung und die Endmontage von Kraftfahrzeugen. Um die schnelle Anlieferung von Baugruppen und Teilen zu gewährleisten, werden neben den Produktionsstandorten Industrieparks erbaut, in denen sich fast ausschließlich die Zulieferer der jeweiligen Produktionswerke niederlassen. So siedelte sich SEAT bereits 1950 im Industriepark Martorell in Barcelona an, die Zulieferer folgten. Neue Produktionswerke werden mittlerweile mit Industrieparks erbaut. Dieses ermöglicht den Automobilherstellern ihre Zulieferer in unmittelbarer Nachbarschaft anzusiedeln.

2.4.2 Warum fordern OEM ein SCM-System?

Die Automobilindustrie und damit auch ihre Zulieferer werden mit zahlreichen Herausforderungen konfrontiert aus denen sich Forderungen der Automobilhersteller an ihre Zulieferer ergeben. Wettbewerbsdruck entsteht durch Herausforderungen wie:

▪ Kürzere Produktentwicklungszeiten

▪ Steigende Varianten- und Modellvielfalt aufgrund zunehmender Kundenanforderungen

▪ Weltweite Beschaffung und Produktion

Dieser Wettbewerbsdruck wurde in den letzten Jahren von Seiten der Automobilhersteller vorangetrieben. Es war das Ziel der Hersteller, Zulieferer zu Systemlieferanten zu entwickeln, weg von Teilelieferanten und viel mehr hin zu Modullieferanten. Tier-1-Modul- oder -System-Zulieferer übernehmen hier die vormals vom Hersteller gesteuerte vorgelagerte Wertschöpfungskette und somit die Rolle als Koordinator.

Großer Treiber dieser Entwicklung war José Ignacio López, Vice President von General Motors in Detroit. Er zwang die Automobilzulieferer in den 90er Jahren des vergangenen Jahrhunderts dazu, immer mehr Zugeständnisse zu machen. Der Begriff „Lopez-Effekt" gilt heute als Synonym für billige und oft mangelhafte Bauteile unter anderem als Ergebnis der unter López ausgehandelten Verträge mit Zulieferbetrieben. Die Chancen, die Lopez damit den Zulieferern eröffnete, wurden dabei vielfach nicht gesehen.

Eine große Herausforderung für KMU ist das Ansteigen der Finanzierungserfordernisse, was zu Zuliefererinsolvenzen und damit einhergehend zu einer Marktbereinigung führt. Automobilhersteller fordern „lokale" Produktionsstandorte der Zulieferer, die Entwicklung und Forschung wird an die Zulieferer weitergegeben und die Produktionszyklen verkürzen sich immer weiter. Aus den genannten Aspekten ergibt sich ein immerwährender Kostendruck für KMU. Die Automobilhersteller verstärken diesen Kostendruck auf ihre Zulieferer noch zusätzlich, indem sie Preissenkungen weitergeben, was eine starke Abhängigkeit erzeugt.

Entwicklung und Variantenvielfalt der von den Herstellern geforderten Produkte sowie Flexibilität erfordern eine Vielzahl von Schnittstellen und stellen hohe Anforderungen an die Logistiksysteme der Automobilzulieferer – was schlussendlich mit Einführung eines softwarebasierten Supply Chain Managements auch einen Kostenanstieg für Automotive-KMU bedeutet.

Bild 2.4 zeigt die weitere Desintegration der Wertschöpfungskette bei Automobilherstellern am Beispiel Interieur auf.

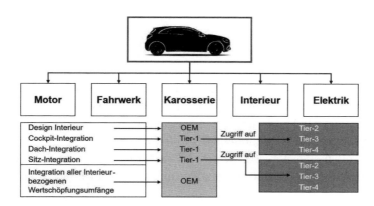

Bild 2.4 Desintegration in der automobilen Wertschöpfung (Quelle: [Scho15])

Um diese Herausforderungen umzusetzen, fordern Automobilhersteller von ihren Zulieferern, egal welcher Größe, ein funktionierendes SCM-System als Zusatz-Tool zu einer vorhandenen ERP-Lösung.

Ohne ein funktionierendes SCM-System, ist es heutzutage schwierig, die Automobilhersteller als Zulieferer zu beliefern. Zunehmende Kundenanforderungen an Varianten- und Modellvielfalt führten zu einer steigenden Komplexität der Entwicklungs- und Produktionsaufgaben beim Automobilhersteller. Darauf reagierten die Automobilhersteller mit der verstärkten Modularisierung von Fertigungseinheiten.

Die Entwicklung und Montage ganzer Module, wie zum Beispiel das Interieur, wurde an Zulieferer übergeben. Das gesamte Zulieferersystem wurde restrukturiert und es kam zu einem Wandel vom Teilelieferanten zum Systemintegrator bzw. Tier-1-Lieferanten. Die Anzahl von KMU als direktem Zulieferer wurde stark reduziert. Konsequenz ist, dass KMU sich eher auf der zweiten oder dritten Lieferantenebene befinden und nicht mehr direkt an die Automobilhersteller, sondern an Tier-1- oder Tier-2-Lieferanten liefern.

Tier-1-Lieferanten sind Bestandteile eines komplexen Netzwerkes der Automobilindustrie und geben KMU als Sublieferanten die Chance in diesem Geflecht zu bestehen.

Ohne die geforderten Systeme ist es heutzutage fast unmöglich, in diesem komplexen Netzwerk die Automobilhersteller zu beliefern. Die Risiken liegen auf der Hand, das Angebot auf dem globalen Markt ist groß und es kommt zu einem starken Konkurrenzdruck zwischen Sublieferanten. KMU sind aufgrund der entstehenden hohen Kosten und beschränkten Ressourcen oftmals nicht in der Lage, die geforderten Systeme zu implementieren.

Es gibt allerdings auch Ausnahmen oder Alternativen: So kann es bei Zulieferern mit einem Alleinstellungsmerkmal oder einem Nischenprodukt durchaus möglich sein, dass Automobilhersteller Tier-1-Lieferanten unterstützen und alternative Anbindungsmethoden an eigene Systeme anbieten. Ein Beispiel hierfür ist die Anbindung an OEM-Systeme mit webEDI für Lieferanten mit geringem Volumen. WebEDI ist eine WWW-Schnittstelle für das Electronic Data Interchange-System. Es ermöglicht KMU, manuelle Eingaben in das von Großunternehmen vorgegebene Web-Portal einzugeben. Dies ist kein echtes EDI-System, es bietet aber KMU ohne eigenes EDI-System eine Möglichkeit, am EDI-Verfahren teilzunehmen und Daten in maschinenlesbarer Form zur automatisierten Verarbeitung zu übertragen. Die Verantwortung für die manuelle Eingabearbeit trägt das KMU. Bild 2.5 zeigt die Möglichkeiten einer Browser-basierten Cloud-Anwendung von SCM mit webEDI und EDI zur Optimierung und Automatisierung sämtlicher Einkaufsprozesse.

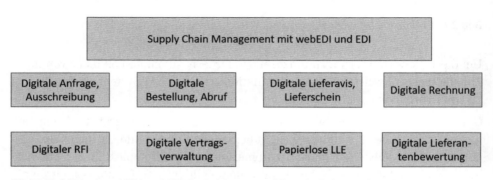

Bild 2.5 SCM mit webEDI und EDI (In Anlehnung an Nicando Software Gmbh)

2.4.3 Wie wirken sich die Forderungen der OEM auf die Lieferantenstruktur aus?

Fusionen, Übernahmen und Unternehmensverkäufe

Noch im Jahre 1990 belieferten ca. 30 000 Zulieferer die Automobilhersteller. Heutzutage sind es noch ca. 2000 Zulieferer, darunter die weltweit größten: Bosch, Continental, Denseo, Magma, Hyundai Mobis, ZF Friedrichshafen. Diese Unternehmen sind keine KMU, sondern umsatzstarke Großunternehmen wie beispielsweise die ZF Friedrichshafen AG mit rund 30 Mrd. € Jahresumsatz. Durch Fokussierung auf Ihre Kernkompetenzen, strategische Firmenkäufe und Verkäufe bisheriger Unternehmensbestandteile wuchsen diese Unternehmen teilweise stark. So kaufte die ZF Friedrichshafen AG 2008 den bis dahin selbständigen Zulieferer Cherry und verschmolz diesen 2011 zu ZF-Electronics. Im Jahre 2015 erwarb ZF den Zulieferer TRW und verschmolz dieses Unternehmen zu ZF-TRW-Automotive. Im Jahre 2014 trennte sich ZF von ZF-Boge Elastmetall und verkaufte diesen Firmenbestandteil an das chinesische Unternehmen Zhuzhou Times New Material Technology. Der kanadisch-österreichische Konzern Magma kaufte 2015 den schwäbischen Getriebehersteller Getrag.

Dynamisches Umsatzwachstum, steigende Investitionsquote

Diese Dynamik spiegelt sich auch in der positiven Entwicklung der KMU wieder, wie eine Studie der IKB Deutsche Industriebank AG von Dezember 2015 zeigt. Das starke Wachstum mittelständischer Zulieferer lässt Bild 2.6 erkennen.

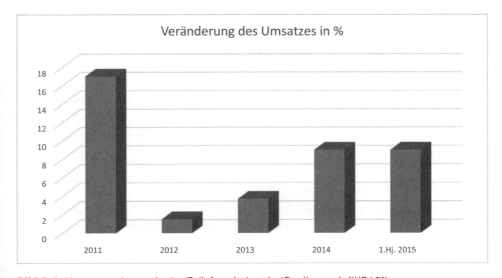

Bild 2.6 Umsatzwachstum in der Zuliefererindustrie (Quelle: nach [IKB15])

Der kräftige Umsatzanstieg in Bild 2.7 spiegelt sich besonders in größeren KMU wider, wobei sich im Einzelfall auch Übernahmen und Verkäufe umsatzsteigernd ausgewirkt haben.

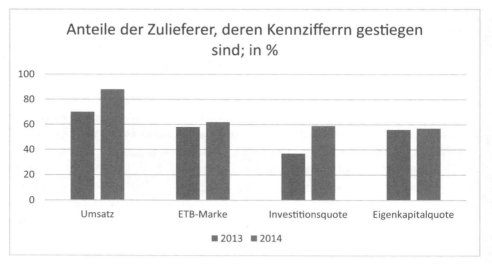

Bild 2.7 Entwicklung der Zulieferer 2013 und 2014 im Bewegungsprofil (Quelle: nach [IKB15])

2.4.4 Einführung von SCM in Automotive-KMU

Die weltweite Erschließung neuer Märkte zwingt die Automobilzulieferer über Bereichs- und Unternehmensgrenzen hinweg, Prozessketten zu definieren, zu steuern und zu optimieren. Des Weiteren wird ein Supply Chain Management von den Automobilherstellern gefordert. Eine Zusammenarbeit wird hierdurch einerseits enger und komplexer, andereseits wird die Abhängigkeit der Automotive-KMU von den OEM größer. Aufgrund dieses Wandels ergeben sich neue Netzwerke zwischen Automobilherstellern und Tier-1-Zulieferern auf der einen und den weiteren Unterlieferanten Tier-2 bis Tier-n, welche sich ohne moderne Software-Lösungen nicht mehr steuern lassen, auf der anderen Seite.

2.4.4.1 Chancen bei der Einführung von SCM

Der Wandel der Automobilindustrie hat die Gegebenheiten für Automotive-KMU verändert. Durch die immer schneller voranschreitende Globalisierung verändern sich der Markt und die Produktionsstrukturen der globalen Hersteller in Richtung Mittel- und Osteuropa sowie in Richtung BRIC-Staaten.

Hersteller wollen eine schnelle und termingerechte Abwicklung der Bestellungen. Als Schlagwörter sind hier „Efficient Consumer Response (ECR), Just-in-time, Single

Sourcing" sowie die Qualifizierung von Systemlieferanten zu nennen. Mit einem funktionierenden Supply Chain Management kommt es zu einer Verkürzung der Durchlaufzeiten und, bezogen auf das Endprodukt, auch zu deutlich kürzeren Lieferzeiten.

Durch die Einführung von SCM lassen sich internationale Netzwerke aufbauen. Es entsteht der Zugang zur globalen Automotive-Branche, die einen größeren Absatzmarkt und die Chance auf Wachstum verspricht. SCM ist auch für kleine und mittlere Unternehmen von großer Bedeutung, denn die Supply Chain umfasst alle Wertschöpfungsstufen, beginnend bei der Rohstofferzeugung bis hin zum Endkunden. SCM besitzt die Möglichkeit, an den Schnittstellen im Netzwerk zwischen Unternehmen, Lieferanten und Kunden, die Leistungsfähigkeit des Unternehmens zu steigern. Lagerkosten werden durch interne Abstimmung reduziert. Informationsflüsse werden im Unternehmen verbessert, wodurch Planungsfehler minimiert und in Folge die Produktion besser gesteuert werden kann. Durch diese Transparenz im Unternehmen bzw. in der gesamten Wertschöpfungskette kommt es zu weniger Über- und Unterproduktion, was sich positiv auf die Marktstellung des Unternehmens auswirkt und zugleich eine Wertsteigerung für das Unternehmen bedeuten kann. KMU treten dabei in den Wettbewerb mit Großunternehmen. Als Wettbewerbsvorteil der KMU gelten eine große Flexibilität sowie die Anpassungsfähigkeit an Kundenwünsche.

Automotive-KMU profitieren von SCM-Maßnahmen. In der empirischen Studie von Göpfert und Braun gaben Automobilzulieferer vorteilhafte SCM-Maßnahmen an, mit denen sie in mehr als der Hälfte der Fälle die Kosten im Unternehmen senken konnten. (Tabelle 2.1, Göpfert, u. a. Automobillogistik).

Durch den automatisierten Informationsaustausch zwischen Automobilhersteller und Zulieferer konnten beide Seiten Kosten reduzieren, sowohl auf der Zuliefererseite (in 65 % der Fälle) als auch auf der Seite der Automobilhersteller (in 72 % der Fälle).

Tabelle 2.1 Vorteilhafte SCM-Maßnahmen aus Sicht der Automobilzulieferer (Quelle: nach [GöBr17])

SCM-Maßnahmen	Häufigkeit der Kostensenkung beim Zulieferer	Häufigkeit der Kostensenkung beim Hersteller
Automatisierter Informationsaustausch	65 %	72 %
Gemeinsame Kapazitätsplanung	65 %	52 %
Pull-orientierte Produktion und Distribution	58 %	42 %
Übertragung der Distributionsverantwortung und des Eigentums an den Gütern auf den Hersteller	56 %	48 %
Verwendung desselben Datenformats	53 %	57 %

Des Weiteren können sich KMU-Netzwerke gemeinsam auf kundenspezifischen Nischenmärkten anbieten und Stärken nutzen. Aufgrund der Zusammenschlüsse zu Netzwerken ist es darüber hinaus möglich, weltweit auf dem Beschaffungsmarkt tätig zu werden. Durch diese enge Vernetzung im Supply Chain-Netzwerk und dem damit verbundenen Informationsaustausch der einzelnen KMU untereinander können Synergieeffekte entstehen. Letztere werden durch gemeinsame Forschung und Entwicklung oder die Nutzung von gemeinsamen Spediteuren und Lagern vorangetrieben.

Automotive-KMU sind heutzutage Leistungsträger für die Forschung, wodurch die überwiegende Zahl der Innovationen von der Zuliefererindustrie und nicht mehr von den Automobilherstellern selbst kommt. Zulieferer übernehmen große Anteile bei Entwicklung und Produktion. Zwangsläufig entsteht dabei eine hohe gegenseitige Abhängigkeit zwischen Zulieferer und Automobilisten.

2.4.4.2 Risiken bei der Einführung von SCM

Aufgrund der immer weiter voranschreitenden Internationalisierung ergeben sich auch erhebliche Risiken und Nachteile für KMU, die bei der Einführung von SCM zu bedenken sind. Zur Herstellung des jeweiligen Produktes sind Informations- und Materialflüsse zu pflegen, um termingerechte Produkte und Dienstleistungen sowie die Qualität und den Service, die vom Kunden erwartet werden, sicherzustellen. Ohne die entsprechende Kommunikation und Vernetzung gelingt diese Lieferkette nicht. Durch die hohe Spezialisierung, bei meist nur wenigen Abnehmern, machen sich Zulieferer sehr stark abhängig von den Automobilkonzernen. Bei einem Auftragsverlust z. B. durch geforderte Verlagerung der Produktion in Low-Cost-Länder, droht den betroffenen Unternehmen die Insolvenz.

Es werden immer mehr Werke in Asien und Südamerika gebaut, um die Märkte von nahegelegenen Produktionsstandorten zu bedienen. Aufträge für Zulieferer werden aufgrund der Globalisierung immer öfter weltweit ausgeschrieben. Mit diesen Forderungen, ebenfalls in neue Standorte zu investieren, steigen auch der Druck auf und das Risiko für den Zulieferer. Viele mittelständische Zulieferer können weder die geforderten Stückzahlen herstellen noch den Automobilherstellern ins Ausland folgen.

Immer weniger Automotive-KMU überleben den Preisdruck der Automobilhersteller. Der Forderung nach immer besserer Qualität der Teile und immer größeren Stückzahlen ist nicht jedes Unternehmen gewachsen. Des Weiteren bringen die weiter oben beschriebenen Stärken auch Risiken mit sich. So fordern die Automobilhersteller von den Zulieferern, dass immer mehr Innovationen von ihnen entwickelt werden und die Forschung übernommen wird. Forschungs- und Entwicklungskosten steigen hier enorm. Durch diese zu erbringenden Vorleistungen tragen KMU ein immer größeres unternehmerisches Risiko.

Die Einführung eines effektiven Supply Chain Managements erfordert von allen Beteiligten im Unternehmen einschneidende Veränderungen. Um den Informationsfluss im Netzwerk zwischen Lieferanten und Kunden zu verbessern, müssen alle Unternehmen im gemeinsamen Netzwerk miteinander verbunden werden. Für diese Vernetzung ist SCM-Software nötig. Dies kann mit Enterprise-Resource-Planning (ERP) realisiert werden.

Bei der Einführung von SCM-Software und -Lösungen für KMU ist darauf zu achten, dass die notwendigen Ressourcen in den Bereichen Personal, Fertigungskapazitäten und Finanzen vorhanden sind. Automobilhersteller drängen ihre Zulieferer in SCM-Systeme, deren Anforderungen das Unternehmen personell, wie auch finanziell nicht gewachsen sein können. Hintergrund ist die meist unzureichende Infrastruktur für die Einführung von SCM-Software.

Des Weiteren ist zu beachten, dass sich die Einführung von SCM-Software über mehrere Monate bis hin zu Jahren ziehen kann und Mitarbeiter in dieser Zeit hoch belastet werden. Bei der Auswahl der Software muss zum anderen noch auf die Amortisationszeit geachtet werden. Viele auf dem Markt verfügbaren SCM-Systeme eignen sich nicht für den Gebrauch in KMU und haben eine zu hohe Amortisationszeit. Die Kosten könnten dem KMU zum Verhängnis werden.

Die Einführung eines SCM verursacht erst einmal Kosten. Viele Prozesse und Strukturen müssen neu überdacht und/oder komplett hinterfragt werden. Dieses bedeutet Veränderungen für die Mitarbeiter im Unternehmen, ggf. Entlassungen oder Versetzungen. Es droht Demotivation, wenn die Veränderungsprozesse den Mitarbeitern nicht frühzeitig vermittelt werden. Die größten Hemmnisse für ein effektives Supply Chain Management sind besonders die unklaren Zielvorgaben des Netzwerks und ungeeignete Organisationsstrukturen. Grundsätzlich ist es schwer für KMU, sich im Netzwerk von Lieferanten und Kunden einzubinden. Zum einen erwartet das KMU die Bereitschaft des Herstellers zur Unterstützung, zum anderen besteht jedoch die Befürchtung, Innovationen und Informationen teilen zu müssen.

Wollen Automobilzulieferer ihre Position beim Automobilhersteller halten, so müssen sie den Forderungen der Automobilhersteller nachkommen und Risiken eingehen.

2.4.4.3 Ist für ein SCM-System ERP-Software notwendig?

Generell ist das Angebot von Software für die Anforderungen der Automobilindustrie nach ERP- und SCM-Tools auf dem Markt sehr groß, daher muss bei der Implementierung eines ERP-Systems auf die Anforderungen des Unternehmens geachtet werden. Als Grundlage für ein SCM-System ist die Einführung eines ERP-Systems erforderlich, was KMU heute vor große Herausforderungen stellt. Ziel der ERP-Einführung ist die Reduzierung von Verschwendung und damit Effektivitätssteigerung durch Steuerung und Überwachung betrieblicher Prozesse.

Die entstehenden Investitionen und jährlichen Folgekosten für ein ERP-System richten sich stark nach den Anforderungen an das ERP-System und sind unabhängig von der Unternehmensgröße. Es gibt verschiedene Möglichkeiten ein ERP-Tool im Unternehmen zu implementieren. Vergleichsweise sind ERP-Cloud-Lösungen und ERP-Web-Tools deutlich günstiger als Software-Tools, die lokal auf Rechnern in Unternehmen installiert werden. Grundsätzlich sind ERP-Systemlösungen für KMU kostengünstiger als für Großunternehmen. Großunternehmen haben andere Anforderungen an das ERP-System, möchten mehr Funktionen und Strukturen abbilden. So ist die geforderte Komplexität dieser Systeme bei Großunternehmen höher als bei KMU. Investitionen für Anschaffungen oder Kosten für Leasing solcher ERP-Lösungen sagen nichts über ein langfristiges Kosten-Nutzen-Verhältnis aus. So kann es sein, dass sich gerade KMU weiterentwickeln und wachsen und das ausgewählte System nicht mehr ausreichend für die Bedürfnisse ist. Die richtige Auswahl des Systems spielt bei den Ausgaben eine große Rolle und vermeidet unnötige Folgekosten.

Allgemein lassen sich die Forderungen nach einem funktionierenden SCM-System mit der auf dem Markt vorhandenen Software in KMU erfüllen, jedoch ist dabei das Kosten-Nutzen-Verhältnis in der Firmenbilanz der entsprechenden KMU zu prüfen und Vor- bzw. Nachteile sind abzuwägen. SCM- und ERP-Systeme sollen Unternehmen in ihren komplexen Geschäftsprozessen unterstützen und dadurch Wettbewerbsvorteile erzielen. Das gewählte System muss den Bedingungen eines mittelständischen Unternehmens bzgl. Investitionskraft, laufenden Kosten und Mitarbeiterbindung angepasst sein. Es sollte nicht sein, dass, aufgrund der Implementierung eines ERP-Systems mit SCM-Tool, ein KMU in die Insolvenz treibt. Implementierungen laufen in den seltensten Fällen reibungslos ab; sie kosten meist mehr als geplant.

2.4.5 Standardgeschäftsprozesse mit SCM

Zulieferer funktionieren als Teile einer weltweiten Lieferkette. Sie stehen ihrerseits in einer Beziehung mit Sublieferanten und Automobilherstellern. Um eine störungsfreie Distribution von Rohstoffen und Waren über Sublieferanten und Produktionsstandorte bis hin zum Automobilhersteller sicherzustellen, sind Standardprozesse notwendig, die mit Hilfe von Software im Unternehmen abgebildet werden. Dabei führen die Verbindungen zwischen Automotive-Zulieferern, Lieferanten und Automobilherstellern zur Bildung komplexer Güterströme, die durch Enterprise Resource Planning-Systeme und integrierte, umfassende SCM-Software zu einer Einheit werden.

Durch den Einsatz moderner Informations- und Kommunikationstechnologien ist die bedarfsgerechte Bereitstellung der planungsrelevanten Informationen gegeben. ERP-SCM-Systeme ermöglichen eine steuernde, kontrollierende und auswertende funktionsbereichsübergreifende Unterstützung sämtlicher in einem Unternehmen ablaufenden Geschäftsprozesse: Beschaffung, Produktion, Vertrieb, Logistik, Finanzen, Personal und Verwaltung.

Mit zunehmender Komplexität und Vernetzung der Unternehmen ist die alleinige Abbildung von internen Geschäftsprozessen durch ERP-Systeme nicht mehr ausreichend. Geschäftsprozesse müssen vielmehr unternehmensübergreifend geplant und gesteuert werden.

Der Fokus liegt dabei auf

1. durchgängiger Prozessunterstützung,

2. zwischenbetrieblichem Informationsaustausch durch standardisierte Komponenten und

3. internetbasierten Schnittstellen.

Informations- und Kommunikationsstandards, wie zum Bespiel EDI/EDIFACT, sind Schlüsselelemente in einer funktionierenden Supply Chain und ergänzen ERP-Systeme, Advanced Planning-Systeme (APS) und Softwaresysteme für die Modellierung und Lösung von SCM-Planungsproblemen.

APS-Systeme sind Anwendungssysteme, die darauf ausgerichtet sind, die Lösung von Planungsproblemen im Rahmen des SCM zu unterstützen. APS werden daher auch als SCM-Systeme bezeichnet und kommen zusätzlich zu klassischen ERP-Systemen im Unternehmen zum Einsatz. Sie integrieren die ERP-Systeme verschiedener Unternehmen entlang der Supply Chain und optimieren unternehmensübergreifende Geschäftsprozesse. Bild 2.8 zeigt die drei wichtigsten Enterprise-Applikationen für die Modellierung und Lösung von SCM-Planungsproblemen.

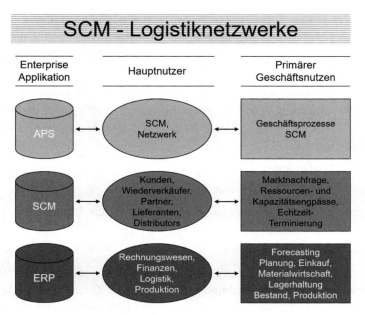

Bild 2.8 Enterprise Applikation (Quelle: in Anlehnung an McCharthy)

ERP mit integrierten SCM-Lösungen helfen dabei, den Austausch von Geschäftsdaten und -transaktionen über Unternehmensgrenzen hinweg schnell, effizient und sicher zu organisieren.

■ 2.5 Stellt die Automobilindustrie Netzwerke zur Verfügung?

Ein funktionierendes SCM setzt die Integration der Informationsverarbeitung zwischen den Unternehmen im Netzwerk der Supply Chain voraus. Dazu werden geeignete Schnittstellen zum Informationsaustausch zwischen den Automobilherstellern und Automobilzulieferern benötigt.

In der Automobilindustrie findet man verschiedene Lösungen für den Aufbau eines Netzwerkes zwischen Hersteller und Zulieferer. So bieten die Automobilhersteller ihren Zulieferern unterschiedliche Plattformen zur internetbasierten Anbindung an, z.B. Kapazitätsplaner, Kapazitätskontrolle, Datenbanken, Normen und Qualitätsdaten.

2.5.1 Electronic Data Interchange (EDI) Standard

Electronic Data Interchange (EDI) ist der Austausch von Geschäftsdokumenten in einem elektronischen Standardformat zwischen Geschäftspartnern. EDI ersetzt das Versenden von papierbasierten Geschäftsdokumenten und sogar Emails. Mit EDI lassen sich elektronisch Daten versenden und empfangen. In der Regel handelt es sich um Dokumente, die regelmäßig zwischen Lieferanten und Kunden ausgetauscht werden, wie zum Beispiel Bestellungen, Rechnungen und Bestandsunterlagen. Diese Dokumente müssen in einem besonderen Standard formatiert werden um die Verarbeitung mit dem Computer möglich zu machen.

Es gibt zurzeit mehrere EDI-Standards auf dem Markt: ANSI, EDIFACT und ebXML mit den unterschiedlichsten Versionen. Hier sind die Unternehmen gefordert, wenn sie EDI-Dokumente austauschen müssen, sich auf einen spezifischen EDI-Standard und eine bestimmte Version abzustimmen. Die Automobilindustrie verwendet EDI seit über 40 Jahren, um einen reibungslosen Ablauf zwischen Automobilhersteller und den Zulieferern zu gewähren. Just in Time (JIT) und Lean Produktion setzen EDI voraus.

2.5.2 Internetplattformen von OEM und Tier-1

General Motors, Ford und DaimlerChrysler gründeten im Jahre 2000 das Informationstechnologie-Unternehmen *Covisint* mit dem Ziel einer gemeinsamen elektronischen Einkaufsplattform. Die Zusammenarbeit wurde im Jahre 2004 beendet. Die Gründer haben *Covisint* an den Software-Anbieter *Compuware* abgegeben. *Covisint* schafft die Voraussetzungen für eine Verbindung und Zusammenarbeit mit allen Zulieferern weltweit – unabhängig von Standorten, Anbindungspräferenzen oder technischen Voraussetzungen. Komplexität und IT-Kosten werden durch *Covisint* reduziert und die Transparenz von Transaktionen wird verbessert. Zulieferer sind nicht mehr länger auf eine kostenintensive und ineffiziente Anbindungsmethode angewiesen.

Covisint verhilft Automobilherstellern und Automobilzulieferern zu signifikanten Kosteneinsparungen und erhöht gleichzeitig das Tempo der weltweiten Zusammenarbeit. Die Gründerunternehmen DaimlerChrysler und Ford sind heute noch Partner von *Covisint* [Covi17].

2.5.2.1 Das Netzwerk der Daimler AG

Das Lieferantenkooperationsmodell *Daimler Supplier Network* (DSN) ist die zentrale Software der Daimler AG für die Kommunikation mit ihren Lieferanten. Weltweit und fachbereichsübergreifend sind im DSN für alle Zulieferer relevante Informationen und Anwendungen hinterlegt. Sie finden u. a. Informationen über Einkauf, Produktion und Logistik.

Einkauf

Informationen über die Einkauforganisation sowie die Einkaufsbedingungen.

Produktion und Logistik

- Datenkommunikation mit der Daimler AG – DFÜ Informationen
- SIB – Supplier Information Board – Anlauf Informationen PKW
- Worldwide Transportation – Dokumente für die Transportlogistik

Das Daimler-Lieferantenportal bietet einen öffentlichen und einen zugriffsge-schützten Bereich.

Öffentlicher Bereich

Im öffentlichen Bereich können Sie sich als neuer Lieferant für Daimler bewerben. Ebenso ist der Zugang zum Daimler Supplier Magazine Online möglich. Hier fin-den sie aktuelle Nachrichten aus den Daimler Einkaufsbereichen.

Geschützter Bereich

Mit User-Id und einem Passwort ist der zugriffsgeschützte Bereich zugänglich. Der Zugang zu persönlichen Daimler-Anwendungen und Nachrichten wird ermöglicht. Normen, Lieferbedingungen und Handbücher finden sie im Downloadbereich. Pro-zesse können sie über Anwendungen mit Daimler abwickeln. Verfügen Sie über eine Lieferantennummer der Daimler AG können sie sich kostenfrei registrieren.

Weitere Informationen unter: *https://daimler.portal.covisint.com/de/web/portal*

2.5.2.2 Das Netzwerk der Ford-Werke GmbH

Das Ford Supplier Portal (Ford Lieferantenportal)

Das Ford Supplier (Lieferanten) Portal enthält verschiedene zum Teil von Ford ent-wickelte Anwendungen. So umfasst das Angebot zum Beispiel ein „Global Packaging Portal" (GPP), in welchem Lieferbedingungen zwischen Ford und dem jeweiligen Automobilzulieferer vereinbart werden. Weiter findet man Programme zur globa-len Kapazitätsüberwachung „Global Capacity Planning" (GCP), Fords webbasiertes Tool, um Anforderungen zur Kapazitätsplanung zwischen Ford und dem Lieferan-ten zu kommunizieren. „Analytic Warranty System" (AWS) hilft Zulieferern, die eigene Qualität zu überwachen. Das Tool enthält Daten über alle Qualitätsdaten aus dem Feld.

Die EDI-Standards im Ford Konzern

Ford definiert für Zulieferer nur eine EDI-Schnittstelle basierend auf den in der Automobilindustrie verwendeten Standards und gibt die Datenformate VDA, EDI-FACT oder ODETTE vor. Der Konzern bietet keine EDI-Lösungen an, sondern überlässt es dem Zulieferer, die beste EDI-Anwendung zu bestimmen. Die Wahl der richtigen EDI-Lösung hängt nicht nur von den Bedürfnissen, Standards und Verfahren ab, sondern auch von den Anbieter-Prozessen, IT-Standards und den geltenden Vorschriften im Unternehmen. Der Lieferant ist für die Auswahl, Implementierung und den Betrieb der EDI-Lösung auf seiner Seite vollständig verantwortlich.

Ford bietet Unternehmen mit geringen Volumen, die Möglichkeit eine Anbindung durch WebEDI. WebEDI unterstützt den Upload und Download von EDI-Daten mit Hilfe eines Webbrowsers. Allerdings begrenzt der Konzern diese Lösung auf Unternehmen mit Sitz außerhalb von Europa. Um die Web-Anwendung zu verwenden ist ein *Covisint*-Account notwendig. WebEDI kann als „Application" im Ford Supplier Portal *Covisint* geladen werden.

Weitere Informationen unter: *https://fsp.portal.covisint.com/web/portal/home*

2.5.2.3 Das Netzwerk der Volkswagen AG

Die Online Plattform „VW Group Supply.com"

Die Volkswagen AG mit ihren Marken Volkswagen, SEAT, Škoda, Audi und Volkswagen Nutzfahrzeuge verwendet die Online Plattform „VW Group Supply.com". Der Konzern hat die Plattform für seine Einkaufprozesse und die Steigerung qualifizierter Lieferantenprozesse im Jahre 2003 eingeführt.

Um die Bedürfnisse der einzelnen Marken über die gesamte Supply Chain zufrieden zu stellen, sind nicht nur die Zuverlässigkeit und das Verantwortungsbewusstsein der Zulieferer, sondern auch stabile und nachprüfbare Prozesse sowie eine partnerschaftliche Kommunikation erforderlich. Gerade in einem Zeitalter der wachsenden Globalisierung und der Erschließung neuer Märkte stellt dies für alle Beteiligten eine große Herausforderung dar. Die Volkswagen AG hat mit der Plattform ein Netzwerk für sich und seine Zulieferer geschaffen. Alle Beteiligten konnten durch die verbesserte Transparenz ihre Wettbewerbsfähigkeit verbessern. Die Plattform wird kontinuierlich weiterentwickelt, um die Zusammenarbeit zwischen Zulieferer und VW- Konzern zu optimieren.

So umfasst die Plattform verschiedene Online-Anwendungen, wie beispielsweise ein Bedarfsdaten-Management. Das Bedarfsdaten-Management bietet dem Zulieferer eine ständige Bedarfsvorschau auf Ebene der Fahrzeuge und Aggregate aller Marken des Volkswagen Konzernes. Dies bietet beiden Seiten eine höhere Planungssicherheit und zudem einen Einstieg in das Bedarfs-Kapazitäts-Management. Des Weiteren verfügt die Plattform über eine Online- Lieferantendatenbank, Möglichkeiten zu Online-Verhandlungen sowie Qualitätszahlen und -Daten.

Die EDI-Standards im Volkswagen Konzern

Volkswagen unterstützt den Belieferungsprozess für Produktionsmaterial, Ersatzteile und lagerhaltiges allgemeines Material mit EDI. Der Konzern versteht unter EDI den Austausch von strukturierten Geschäftsdaten (z. B. Lieferabrufe, Liefer- und Transportdaten, Gutschriften) und Produktdaten zwischen den Informationssystemen „Zulieferer" und eigenen prozesssteuernden Systemen. EDI ist unverzichtbar für schlanke und effiziente Geschäftsprozesse bei Volkswagen. Der Großkonzern fordert von Zulieferern die integrierte EDI-Unterstützung des gesamten Logistikprozesses von der Liefervorschau bis zur finanziellen Regulierung.

Ebenso wie Ford stellt auch der Volkswagenkonzern für Zulieferer mit einem geringen Datenvolumen die internetbasierte Anwendung webEDI kostenlos zur Verfügung. Zugriff auf diese Applikation erhalten Zulieferer über die Business Plattform „VW Group Supply.com". Die Volkswagen AG verpflichtet darüber hinaus ihre Lieferanten, den Empfang und die Verarbeitung von DFÜ-Daten, sowie das Senden von Lieferavisen sicherzustellen und zu kontrollieren.

Der Konzern weist ausdrücklich in seinen allgemeinen Geschäftsbedingungen und Lieferbestimmungen darauf hin, dass Kosten in Bezug auf Anbindung/Erweiterung neuer VDA-Standards nicht übernommen werden.

Weitere Informationen unter: *http://www.vwgroupsupply.com/portal01/vw/pub*

2.5.2.4 Beispiel: SCM für Automotives Tier-1-KMU zu OEM

Ein Automotive-KMU gehört zu einer internationalen Unternehmensgruppe. Mit mehr als 300 Mitarbeitern und einem Jahresumsatz von mehr als 60 Mio. € gehört der mittelständische Standort zu den führenden Herstellern von Kunststoffkomponenten in der Automobilzulieferindustrie. Zu den Kunden gehören alle namhaften Automobilhersteller sowie deren Systemlieferanten weltweit.

Das Unternehmen verwendet das Enterprise Ressource Programm (ERP) der Firma Infor in der Version XPERT V4.1 (auch Automotive genannt).

Infor XPERT

Infor XPERT bzw. Automotive bildet ohne weiteren Anpassungsaufwand die Branchen-Standards wie EDI im VDA EDIFACT oder ODETTE ab. Tier-1-Zulieferer müssen sich mit ständigen Änderungen von Seiten der Automobilhersteller auseinandersetzen. Die Software Infor XPERT hilft den Zulieferern, Änderungen schnell und effizient nach ihren Vorstellungen umzusetzen.

Das Unternehmen verwendet die bereitgestellte direkte Anbindung an EDI für die Kommunikation mit dem Kunden. Es können Daten empfangen und versendet werden, Standardformate an eigene Anforderungen in allen logistischen Bereichen des Unternehmens konvertiert werden. Weitestgehend läuft die Kommunikation zwischen dem Zulieferer und den Automobilherstellern automatisiert und über die vorhandene Software ab.

Das Unternehmen hat sich im Jahre 2010 dazu entschieden, die für Zulieferer ausgelegte ERP-Software der Firma Infor, einzuführen, um die Prozesse im Unternehmen besser zu kontrollieren und zu steuern. Ziel war es, die alte Software abzulösen und Insellösungen im Unternehmen zu eliminieren. Die Software überzeugte das Unternehmen mit umfassender Funktionalität, gutem Service seitens des Softwareherstellers und einem optimalen Preis-Leistungsverhältnis. Die Software baut auf einer Standard-Software auf, musste aber in Teilbereichen an unternehmensspezifische Abläufe angepasst werden. Es gibt im Unternehmen mehr als 30 geschulte und ausgebildete Anwender der Software.

Infor Automotive ist speziell für die Automobilindustrie entwickelt worden. Das Ziel der Software ist es, Unternehmen (KMU) die Zusammenarbeit mit Lieferanten und Kunden zu vereinfachen und Innovationen voranzutreiben, die Kundenzufriedenheit und die Kundenbindung zu stärken, alle Kundenanforderungen zu verwalten, ohne die Belegschaft zu vergrößern, die Produktivität der vorhandenen Produktionsanlagen zu erhöhen und die Flexibilität zu steigern, um Planungen schnell anpassen zu können.

Weitere Informationen zu Infor unter: *http://www.infor.de/*

2.5.2.5 Beispiel SCM für Tier-n-KMU zu Tier-1-Systemlieferant

Ein Beispiel für SCM für Tier-n-KMU zu Tier-1-Systemlieferant ist die Firma BOSCH-Rexroth AG, die ihren Lieferanten eine Lieferantenplattform und ein Lieferantenhandbuch „Logistik" zur Verfügung stellt.

Einkauf und Logistik

Die Lieferantenplattform stellt die Optimierung von Prozessen sowie den reibungslosen Gesamtablauf zwischen BOSCH-Rexroth und ihren Lieferanten sicher. Kosten- und Effizienzpotenziale werden gestärkt.

Informationslogistik

Kommunikation ist die Basis für eine funktionierende Lieferantenbeziehung. Wesentlich dafür sind:

- eine rechtzeitige und unaufgeforderte Information bei Veränderungen zu allen die Lieferbeziehung betreffenden Sachverhalten (Vereinbarungen, Prozesse etc.),
- die Einhaltung und Verfolgung getroffener Vereinbarungen.

Informationsübertragung

Die Informationsübertragung per EDI ist grundsätzliche Voraussetzung. Lieferanten verwenden EDI, um Informationen (z. B. Lieferabrufe) von BOSCH zu empfangen bzw. zu senden. Lieferanten ohne bestehende EDI-Anbindung an BOSCH müssen über einen abgestimmten Zeitplan sowie über abgestimmte Prozessschritte EDI einführen. Der EDI-Vertrag regelt die technischen Voraussetzungen und Nachrichtenformate.

Es werden zwei Arten von EDI unterschieden: klassisches EDI und webEDI

Klassisches EDI

BOSCH verwendet für die Übermittlung der Bestelldaten folgende Standardformate für Europa: VDA, ODETTE, EDIFact.

WebEDI

Das webEDI ist ein auf dem Internet basierendes Informationssystem für Lieferanten zur Kommunikation mit BOSCH (z. B. bei geringen Abrufvolumina oder fehlender Infrastruktur). Die Anwendung wird durch die SupplyOn AG (Internet: *http://www.supplyon.com*) bereitgestellt.

Weitere Informationen unter:

https://www.boschrexroth.com/de/de/home/einkauf-logistik

https://dc-de.resource.bosch.com/media/de/de/startpage_18/einkauf_und_logistik/lhl_v_3_0_de.pdf

■ 2.6 Welche ERP-Systeme mit SCM-Tools eignen sich für KMU?

Automobilhersteller fordern von ihren Zulieferern ein SCM zur Reduzierung der eigenen Kosten und zur Vereinfachung des Dokumentenmanagements. SCM-Tools findet man heutzutage in der Industrie als Ergänzung zu ERP-Systemen und APS-Systemen. ERP-Systeme steuern die operativen Abläufe im Unternehmen. Die SCM-Tools bieten eine unternehmensübergreifende Steuerung der Geschäftsprozesse und bedienen sich hier der Daten aus den ERP-Systemen. Dabei haben KMU vielmals andere Anforderungen an ERP-Software mit ergänzenden SCM-Tools als Großunternehmen, wie zum Beispiel weltweit vernetzte Automobilhersteller oder Tier-1-Systemzulieferer. Allerdings gewinnen auch in KMU SCM-Tools immer mehr an Bedeutung, um langfristig erfolgreich am Markt agieren zu können.

Inzwischen existieren am Markt unterschiedlichste Software-Anbieter, die sowohl individuelle als auch Standardlösungen anbieten.

Grundsätzlich müssen die ERP-Systeme auf die Bedürfnisse des KMU angepasst sein, daher sollte die ERP-Software für KMU einfach bedienbar sein. Um eine passende ERP-Software für eine KMU zu ermitteln, ist zunächst eine Bedarfsanalyse im Unternehmen notwendig. Bei dieser Untersuchung muss geklärt werden, welche Geschäftsprozesse und Abläufe abgebildet werden sollen. Für die Anforderungen von Industrie 4.0, Internet der Dinge und digitale Vernetzung ist eine systemübergreifende Integration notwendig.

Zur Vorauswahl hat es sich in der Praxis bewährt, den Bedarf an ein ERP-SCM-System zunächst durch Fragen zu definieren.

Tabelle 2.2 Bedarfsermittlung

1)	Wie hoch ist die Anzahl der Beschäftigten im Unternehmen?
2)	Wie hoch ist der jährliche Umsatz?
3)	Welche Anbindung (z.B ERP) fordern unsere Abnehmer (OEM, Tierr-n?
4)	Verwenden wir bereits ein ERP –System?
a)	Ja, wir verwenden ERP-Standardsoftware (bspw. SAP, Oracle, etc.)
b)	Nein, aber die Einführung eines konkreten Produktes ist vorgesehen.
c)	Nein, wir verwenden eine ERP-Individualsoftware (eigens für unser Unternehmen programmiert)
5)	Warum erfüllt das verwandte ERP-System nicht Kundenforderungen?
6)	Beschreibung unseres ERP-Systems
a)	Wie heißt der Anbieter/Hersteller unseres ERP-Systems? (z. B. SAP, Oracle, etc.)
b)	Wie lautet die Bezeichnung des Systems (z. B. SAP R/3, etc.)
c)	Welche Version verwenden wir?
d)	Anzahl Nutzer (ca.)?
e)	Einführung im Jahr?
7)	Geschieht der Informationsaustausch zwischen uns und unseren Abnehmer (OEM) (teilweise) automatisiert?
8)	Welche Belieferung führen wir an unsere Abnehmer durch? (z. B. Just in Time)
9)	Benutzen wir EDI zu unseren Kunden?
10)	Geschieht der Informationsaustausch zwischen uns und unseren Lieferanten (teilweise) automatisiert?
11)	Wie beliefern uns unsere Lieferanten? (z. B. Just in Time)
12)	Benutzen wir EDI zu unseren Lieferanten?
13)	Haben wir in unserem Unternehmen einen Systemoperator/Programmierer? Wenn „nein"
14)	Wollen wir einen Progrrammierer einstellen?
15)	Wollen wir einen kompletten Serice kaufen?
16)	Wo wollen wir die Netzwerkarchitektur zur Verfügung stellen?
a)	auf eigenen Rechnern?
b)	in der Cloud?

Sind alle Fragen beantwortet, kann mit ERP-SCM-Systemlieferanten gesprochen und ein individuelles Benchmark der einzelnen Anbieter und Systeme bedarfsgerecht durchgeführt werden.

 Lassen Sie den Fragenkatalog von verschiedenen Mitarbeitern aus dem Unternehmen beantworten und fassen Sie die Ergebnisse zusammen. Somit erhalten Sie ein vollumfängliches Meinungsbild und fördern gleichzeitig die Akzeptanz für die Einführung eines SCM-Tools.

2.6.1 Supply-Chain via Cloud

Cloud Computing bedeutet, IT-Infrastrukturen über ein Rechnernetz zur Verfügung zu stellen, ohne dass diese auf dem lokalen Rechner installiert sein müssen. Die Struktur wird von unterschiedlichen Dienstleistern zur Verfügung gestellt. Die Nutzung dieser Struktur erfolgt über technische Schnittstellen und Protokolle sowie über Webbrowser. Infrastruktur, Plattformen und Software umfasst die Spannweite der Dienstleistungen. Cloud Services umfassen vor allem die Speicherung von Daten in der Cloud. Damit sollen Daten von überall erreichbar sein. Wenn die verschiedenen Teilnehmer unternehmensübergreifend Informationen weltweit ohne Verzug in dem Moment teilen können, in dem sie erzeugt werden, wird der Cloud Service zum zentralen Schlüsselfaktor für die Zusammenarbeit (Quelle: [tool16]).

Die Verbreitung von Cloud-basierten Anwendungen liegt in deutschen mittelständischen Unternehmen bei 44 %. Dabei geht die Nutzung von Web-Applikationen nicht mehr nur von Großunternehmen aus. Bei Unternehmen mit weniger als 100 Mitarbeitern liegt der Anteil bei 41 %, die Cloud-Lösungen einsetzen. Wo hingegen Firmen mit mehr als 100 Beschäftigten einen Nutzungsanteil von über 55 % verbuchen können. Neben gängigsten Anwendungen wie E-Mail und Kalender gehören ERP-Anwendungen, wie eSCM mit einem Anteil von 29 % zu den am zweithäufigsten genutzten Services aus der Cloud (Quelle: [Digi15]).

Die Vorteile der webbasierten Applikationen liegen auf der Hand. Der Datenzugriff ist standortunabhängig, es gibt weniger inkompatible Daten und Hardwareschnittstellen und das Unternehmen wird mit geringen Investitionskosten belastet. Weiter ist es für ein Unternehmen einfacher, neue Partner in die bestehende Supply Chain zu integrieren und Anpassungen am System global durchzuführen. Internationale Partner und Lieferanten innerhalb einer multinationalen Chain erwarten vor allem, das alle strategischen, taktischen und operativen Prozesse in einer Lieferkette digitalisiert in allen Weltsprachen im Browser zur Verfügung stehen.

Durch webbasierte Technologien ist ein Betrieb aus einer Cloud ohne Probleme möglich. Dies bietet die Möglichkeit, das ERP-System ohne die kostenintensive

Bereitstellung von benötigter Hardware zuverlässig und sicher zu betreiben. Weil keine Anschaffungs- bzw. Lizenzkosten anfallen, ergeben sich sehr geringe TCO (Total Cost of Ownership).

2.6.2 Open Source ERP-Systeme

Bei Open Source ERP-Systemen handelt es sich um freie Software, die in den meisten Fällen kostenlos erhältlich ist. Sie können vom Unternehmen selber installiert werden. Aufgrund der quelloffenen Software ergibt sich die Möglichkeit, das Programm ständig an die Bedürfnisse im Unternehmen anzupassen.

Open Source Software hat in den letzten Jahren immer mehr an Bedeutung gewonnen, weil sie dem Anwender ermöglicht, ständig neue, innovative Lösungen für bestimmte Anwendungen zu erstellen, was an sich schon ein großes Potenzial birgt. In geschlossenen Systemen, wie sie von SAP oder Oracle angeboten werden, sind diese Anpassungen nicht so leicht möglich. Open Source ERP-Systeme können durchaus mit den kommerziellen Systemen konkurrieren.

2.6.2.1 Odoo

Odoo, auch bekannt als OpenERP, ist ein webbasiertes ERP-System welches Anwendungen für Projektmanagement, Fakturierung, Buchhaltung, Warenwirtschaft, Produktion und Einkauf beinhaltet. Das Interface ist einfach gehalten und erinnert stark an Google Drive oder Windows Oberflächen. Odoo bietet ein kostenloses Übungsprogramm. Für eine unbegrenzte Anzahl von Benutzern und Anwendungen können Sie Odoo-Online ohne Kosten erproben. Ihre eigene ERP-Datenbank können Sie sofort unter nachfolgender Internetadresse aufbauen: *https://www. odoo.com/page/education-program*.

Weitere Informationen zu Odoo: *https://www.odoo.com/de_DE/*

2.6.2.2 ERPNext

ERPNext wurde für kleine und mittelständische Unternehmen entwickelt. Es umfasst genauso wie Odoo Module für Buchhaltung, Vertrieb, Einkauf und Projektmanagement.

Bild 2.9 zeigt einen Überblick über ERPNext Werkzeuge:

Bild 2.9 ERPNext: Werkzeuge für KMU (Quelle: Abbildung mit freundlicher Genehmigung von
ERPNext)

Weitere Informationen zu ERPNext: *https://erpnext.com/*

2.6.3 Lobster SCM

Lobster SCM kann mit nahezu jeder Datenquelle verbunden werden, ohne dass
eigene Bestandssysteme oder die der anzubindenden Geschäftspartner verändert
werden müssen. Ein integriertes Datenmanagement sorgt dabei für die reibungslose Zusammenarbeit aller Partner einer Lieferkette. Der Zugriff auf die internen
und externen Datenquellen und Webservices wird über die Datenmanagement-
Software Lobster_data organisiert.

Standardisierung, Flexibilität, Integration und Auswertbarkeit geschehen unter
Nutzung vordefinierter Standardgeschäftsprozesse sowie durch flexible Konfiguration und agile Vorgehensweisen. Freie Ergänzungen eigener Datenfolder, Flags
und Stammdaten sind möglich und ohne Programmierung oder Neustart nach dem
Hinzufügen sofort im gesamten System verfügbar. Einstellbare Workflows gewährleisten deren reibungslose Zusammenarbeit auf Basis sämtlicher elektronischer
Daten. Mit Hilfe einer solchen Datenbasis ist die durchgängige Steuerung von Lie-
ferketten möglich.

2.6.3.1 Beispiel: Datenaustausch mit Lobster_data/_scm in einem mittelständischen Unternehmen

Das Unternehmen ist Lieferant von Press-, Zieh- und Stanzteilen sowie von einbaufertigen Schweißkomponenten für die Automobil- und Konsumgüterindustrie. Zu seinen Kunden zählen Firmen wie Audi, BMW, Daimler, GM, MAN, Miele und VW. Der Hauptsitz liegt in Niedersachsen. Das Unternehmen beschäftigt über 400 Mitarbeiter weltweit und generierte 2015 einen Umsatz von 101 Mio. €.

Externer Datenaustausch über EDI

Ein bedeutender Kunde des Unternehmens ist die Volkswagen AG. Die Volkswagen AG unterstützt den Belieferungsprozess für Produktionsmaterial, Ersatzteile und lagerhaltiges allgemeines Material mit EDI. Hinter einer EDI-Datei liegt ein bestimmter EDI-Standard, der vorschreibt, wie die Datei aufgebaut sein muss. Standardformate, die hierbei zur Anwendung kommen, sind beispielsweise EDIFACT, XML, CSV-Dateien oder Flatfile-Formate. Der Zulieferer hat innerhalb von drei Tagen auf das von Volkswagen 2014 geforderte Format EDIFACT (VDA 4984) umgestellt.

Eine schnelle und zuverlässige Partneranbindung ist wichtig, um als Zulieferer in der Automobilindustrie bestehen zu können. Deshalb garantiert Lobster_data den einwandfreien, elektronischen Datenaustausch (EDI); neben EDIFACT sind alle wichtigen Industriestandards, alle gängigen Protokolle sowie über 10 000 Vorlagen für Schnittstellen zu ERP-Systemen enthalten.

Das Unternehmen kann die Kontrolle über seinen Datenfluss behalten und zudem den gesamten Übertragungsweg beobachten. Über ein zentrales Monitoring-System sind sämtliche Prozesse transparent einsehbar. Die Fachabteilungen arbeiten an der Spezifikation mit. Um die Spezifikation zu erstellen, benötigen die IT-Mitarbeiter genaue Informationen zu den Betriebsprozessen. Die eigentliche Herausforderung betrifft die Entstehung der Daten, weniger ihre Konvertierung. An manchen Spezifikationen hat das Unternehmen früher Monate arbeiten müssen. Lobster_data versorgt die IT-Abteilung mit Informationen aus den Fachabteilungen direkt auf Prozessebene.

 Prozessingenieure wissen am besten wie die Betriebsabläufe gestaltet sind und wo die Daten herkommen. Der Kommunikationsweg ist dadurch kürzer und spart Aufwand, somit konnten die Kosten für EDI drastisch verringert werden.

Externer Datenaustausch von Dokumenten über ENGDAT

Das Unternehmen tauscht mit OEM u. a. Daten über den ENGDAT-Standard aus, zumeist zur Übertragung von technischen Dokumenten wie 3D-Konstruktionszeichnungen. Diese bestehen oft aus komplexen Datenstrukturen und können schnell sehr groß werden. Lobster_data sichert den reibungslosen Transport. OFTP und OFTP2, auf denen der ENGDAT-Workflow aufsetzt, sind als Zusatzprotokolle verfügbar.

Interner Datenaustausch über EAI

Zudem deckt das Unternehmen mit Lobster seinen gesamten internen Datenaustausch, die sogenannte Enterprise Application Integration (EAI) ab. Neben dem ERP-System arbeitet der Zulieferer mit separaten Anwendungen beispielsweise für das Produktions-Monitoring oder die Erfassung von mobilen Daten. Da diese keine Schnittstelle zum ERP-System haben, schaltet sich Lobster_data als zentrale Drehscheibe, einer Art PDM-System, dazwischen und stellt sicher, dass die Systeme Daten automatisiert austauschen können.

Die Autobranche befindet sich in einem kontinuierlichen Wandel, neue Formate wie EDIFACT oder Protokolle wie OFTP2 betreffen Hersteller und Zulieferer gleichermaßen. Lobster hat seine EDI-Software deshalb so entwickelt, dass Unternehmen jederzeit flexibel und kurzfristig reagieren können.

2.6.3.2 Betriebsmodelle

Es werden zwei Betriebsmodelle – Lizenz oder Cloud – angeboten, welche nachfolgend gegenübergestellt werden.

Lizenz

- Direkte Integration in die eigene IT-Landschaft
- Nutzung vorhandener Datenbanken
- Erweiterbare Systemkonfiguration und Release-Fähigkeit
- Small Business-, Medium- oder Enterprise-Versionen erhältlich

Cloud

- Keine eigene Investition in Hardware notwendig
- Schnelles Setup des Systems
- Auswahl aus verschiedenen zertifizierten Hochsicherheits-Rechenzentren weltweit
- Betrieb und Lösung aus einer Hand

Quelle: in Anlehnung an Lobster Gmbh, München. Weitere Informationen zu Software-Lösungen von Lobster unter: *https://www.lobster.de/lobster_scm/*

2.6.4 OpenZ_SCM

OpenZ ist als ERP-System vollständig webbasiert. OpenZ wurde vom Center for Enterprise Research als ERP des Jahres 2014 ausgezeichnet.

Ein agiles, offenes und trotzdem standardisiertes System zu bieten, ist die Vision von OpenZ. Durch den agilen Aufbau können optimale und kostengünstige Abbildungen individueller Prozesse im ERP-System dargestellt werden. Der Anwender kann durch eigenständiges Customizing das System an seine Bedürfnisse anpassen und sieht das Ergebnis nach nur einem Refresh sofort im Browser. Programmierkenntnisse sind dafür nicht notwendig. OpenZ ermöglicht eine problemlose Zusammenarbeit von Modulen verschiedener Hersteller. Kennzeichen sind ein modularer Aufbau, eine optimale Abbildung von individuellen Prozessen, ein eigenständiges Customizing, Zusammenarbeit von Modulen verschiedener Hersteller und Updatefähigkeit, auch bei eigener Weiterentwicklung. Bild 2.10 zeigt die Standard-Module von OpenZ.

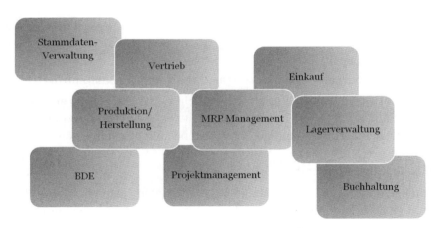

Bild 2.10 OpenZ-Standard-Module (Quelle: Abbildung mit freundlicher Genehmigung von OpenZ)

OpenZ ist eine branchenübergreifend einsetzbare Software, die alle nötigen Module bzw. Funktionalitäten für eine mittelständische Unternehmensstruktur bietet. Die Software bietet standardmäßig eine Vielzahl von Modulen und Funktionen, die sich individuell kombinieren und anpassen lassen.

2.6.4.1 Einführungsmethodik

OpenZ ist ein Agiles ERP-System, aber auch eine Standard-Software, die „out of the box" eingesetzt werden kann. Die speziellen Anforderungen von KMU und deren Geschäftsprozesse bedingen in der Regel, dass die eingesetzte Software für den jeweiligen Einsatzbereich angepasst werden muss. Das Einführungskonzept ist auf diese Anforderrungen abgestimmt und wird nachfolgend kurz erläutert.

STEP 1: Prozessaufnahme/Definition der Anforderungen

Die Geschäftsprozesse des Unternehmens werden analysiert. Es wird festgelegt, welche Software-Unterstützung zielführend eingesetzt werden soll.

STEP 2: Lastenheft/Projektplan

Aus der Analyse ergibt sich eine grobe Formulierung des Lastenheftes sowie ein erster Projektplan mit einer Zeit- und Aufwands-Abschätzung.

STEP 3: Pflichtenheft

Das Pflichtenheft wird mit Hilfe einer Software (z. Zt. MANTIS BT) aus dem Abgleich der Standard-Konfiguration mit den Vorgaben Ihres Unternehmens erstellt. Dies hat den Hintergrund, dass man in einem agilen Software-Entwicklungsprozess auch während der Implementierungsphase noch Detailänderungen einfließen lassen kann. Mit diesem Schritt werden der Zeitplan, der Aufwand und die Kosten festgelegt.

STEP 4: Datenübernahme/Anpassungen/Ergänzungen (Customizing)

Der agile Entwicklungsprozess wird unter Einbeziehung des KMU eingestellt. Ergebnisse können durch das Unternehmen zeitnah begutachtet und kommentiert werden. Detailänderungen sind noch kosten- und zeitneutral möglich.

STEP 5: Test und Abnahme

Ein intensiver Software-Test ist fester Bestandteil eines jeden Software-Releases. Es ist aber auch eine wichtige Aufgabe des Unternehmens, die zugeschnittenen Funktionalitäten abzunehmen und sicherzustellen, dass die Software den Anforderungen genügt.

STEP 6: Schulung

Spätestens in diesem Schritt ist es entscheidend, die Mitarbeiter einzubeziehen. Key User sind zu benennen und adäquat zu schulen. Die Key User erstellen parallel das Schulungsbuch.

 Die Akzeptanz und Unterstützung der Veränderungen, die sich für das Unternehmen ergibt, muss durch das Management und die Key User bei den einzelnen Mitarbeitern geweckt werden. Dies ist essenziell für den Erfolg der ERP-Implementierung.

STEP 7: Go Live

Dieser Step zeigt, ob in den vorherigen Schritten gut gearbeitet wurde. Wenn die Einfühungsmethodik beachtet wurde, stellt das GO Live meist kein Problem dar.

2.6.4.2 Ergonomie der Benutzeroberfläche

Die Benutzeroberfläche wird in einem Data-Dictionary mit alle Masken, Feldern, Prozess-Bausteinen etc. zentral festgelegt. Dieses bedeutet, dass das Interface vom Bedienkonzept einheitlich betrieben werden kann.

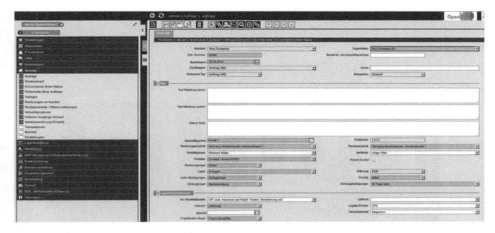

Bild 2.11 Beispiel aus der Standartmaske von OpenZ (Quelle: Abbildung mit freundlicher Genehmigung von OpenZ)

2.6.4.3 Modularer Aufbau und GUI-Engine

Das komplette System läuft – unabhängig davon, wie OpenZ als ERP-System im Unternehmen bereitgestellt wird (aus der Cloud oder auf einem unternehmens-internen Server) – in allen gängigen Browsern auf jedem Computer, Tablet oder Smartphone. Eine Installation von Client-Software ist somit nicht notwendig und der ortsunabhängige und mobile Einsatz des kompletten ERP-Systems ist jederzeit möglich.

Das besondere an der Technologie von OpenZ sind zwei Eigenentwicklungen:

- OpenZ-Module erlauben das Entwickeln eigener Funktionalitäten bis hin zu eige-nen Branchenlösungen völlig unabhängig vom Hersteller. Dies ermöglicht, ein komplett eigenständiges Datenmodell für die Funktionen zu erschaffen. Auch die darauf aufsetzenden Implementierungen sind vollkommen individuell und frei gestaltbar. Der Aufwand für die Erstellung von Modulen ist im Verhältnis zu den Möglichkeiten recht gering.

- Die OpenZ-GUI-Engine (GUI – Graphical User Interface) wird komplett zur Laufzeit errechnet. Es gibt keine statische Benutzeroberfläche, welche erst aufwändig generiert und kompiliert, d.h. in eine Maschinensprache umgewandelt werden muss. Man kann im Browser-Fenster nach einem Refresh sofort online sehen, was gerade im Customizing eingestellt wurde. Das spart Zeit und Geld. Das Entscheidende ist: Jeder versierte Anwender kann es selbst schnell lernen. Es können sogar eigene, benutzerdefinierte Zusatzfelder in den OpenZ-Masken mit individuellen Eigenschaften angelegt werden. Bild 2.12 zeigt den Zusammenhang zwischen Modulen und GUI.

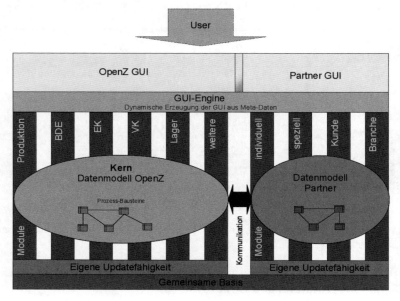

Bild 2.12 OpenZ Module (Quelle: Abbildung mit freundlicher Genehmigung von OpenZ)

2.6.4.4 OpenZ SCM

OpenZ bildet SCM-Szenarien wie beispielsweise die Anbindung eines Lieferanten über elektronischen Schnittstellen ab. Ein Beispielszenario wäre, eine automatisierte Schnittstelle zwischen OpenZ und dem Lieferanten direkt im XML-Format zu implementieren.

Kommunikationsrichtungen:

1. Auftragsdaten OpenZ → Lieferant (Kennung 030)

2. Auftragsbestätigung (Liefterterminzusage) Lieferant → OpenZ (Kennung 040)

3. Lieferbestätigungen (Versand) Lieferant → OpenZ (Kennung 050)

Stammdaten (Artikel) müssen in OpenZ bereits existieren, damit die Schnittstelle funktioniert. Die Bereitstellung von XML-Dateien erfolgt über den WebDAV-Account des Lieferanten. Ein weiteres denkbares Szenario wäre die Anbindung der Geschäftspartner über eine Middleware, wie sie etwa die Firma Seeburger anbietet.

Dieses Szenario öffnet den kompletten Einsatzbereich der EDI-Technik für OpenZ.

2.6.4.5 Beispiel: OpenZ-Angebot für ein Dienstleistungspaket „Handel"

Pos.	Menge Bst.Meng.	Einheit Bst.-E.	Artikel	Preis	St.	Summe Netto
Laufende Kosten	Monatlich (01.07.2017 - 30.06.2018)					
10	1,00	Stk	OpenZ-CloudService, pro User Betrieb des Systems im Rechenzentrum Datensicherung Einspielen von Sicherheits-Updates, LOG-Auswertung Update-Service mit Software-Erweiterungen incl.	44,00 €	MwSt 19%	44,00 €
				Laufende Kosten Monatlich:		44,00 €
				Zuzüglich Steuer:	MwSt 19%:	8,36 €
				Laufende Kosten Monatlich		**52,36 €**

Bild 2.13 Laufende monatliche Kosten (Quelle: mit freundlicher Genehmigung von OpenZ)

Pos.	Menge Bst.Meng.	Einheit Bst.-E.	Artikel	Preis	St.	Summe Netto
Einmalkosten						
20	1,00	Stk	Dienstleitungspaket Beginner (Handel) Folgende Leistungen sind im Paket enthalten: - Einrichten 1x Livesystem, 1x Testsystem (bei OpenZ CloudService). - Prozessaufnahme und Consulting OpenZ. - Stammdatenmigration. - Schulung in Grundfunktionen und Standardabläufe für Stammdatenpflege/Auftrag/Rechnung/Lieferschein in EK und VK, Lagerbewegungen und Grundfunktionen Buchhaltung. - Schulung des Keyusers in Systemkonfiguration und individuellem Setting. - Einrichtung einer weiteren Rolle. - 3 Monate Supportflat (anschließend nach Aufwand) Dieses Dienstleistungspaket entspricht einem Gesamtwert von ca. 6 Tagen Dienstleistung. Wird ein Aufwand von 6 Tagen überschritten, werden weiter anfallende Dienstleistungen nach Aufwand gemäß der gültigen Preisliste berechnet. Nicht abgerufene obige Leistungen können in Absprache auch in Anpassung oder Entwicklung gewandelt werden. Die Leistungen dieser Position sind innerhalb eines Zeitraumes von 3 Monaten in Anspruch zunehmen. Start-/ und Endzeitpunkt werden in Absprache gemeinsam festgelegt. Nicht in Anspruch genommene Leistungen verfallen nach Ablauf von 3 Monaten und sind nicht in die Folgemonate übertragbar, sofern nicht anders vereinbart. Die kleinste abrechenbare Leistungseinheit beträgt 1/4 Stunde. ggf. zzgl. Reisekosten.	4.999,00 €	MwSt 19%	4.999,00 €
				Einmalkosten:		4.999,00 €
				Zuzüglich Steuer:	MwSt 19%:	949,81 €
				Einmalkosten Gesamt:		**5.948,81 €**

Bild 2.14 Einmalkosten, Dienstleistungspaket Handel (Quelle: mit freundlicher Genehmigung von OpenZ)

2.6.4.6 Beispiel: OpenZ-Angebot für ein Dienstleistungspaket „Produktion"

Pos.	Menge Bst.Meng.	Einheit Bst.-E.	Artikel	Preis	St.	Summe Netto
Laufende Kosten		Monatlich (01.07.2017 - 30.06.2018)				
10	1,00	Stk	OpenZ-CloudService, pro User Betrieb des Systems im Rechenzentrum Datensicherung Einspielen von Sicherheits-Updates, LOG-Auswertung Update-Service mit Software-Erweiterungen incl.	44,00 €	MwSt 19%	44,00 €

				Laufende Kosten Monatlich:	44,00 €
			Zuzüglich Steuer:	MwSt 19%:	8,36 €
			Laufende Kosten Monatlich		**52,36 €**

Bild 2.15 Laufende monatliche Kosten (Quelle: mit freundlicher Genehmigung von OpenZ)

Pos.	Menge Bst.Meng.	Einheit Bst.-E.	Artikel	Preis	St.	Summe Netto
Einmalkosten						
20	1,00	Stk	Dienstleistungspaket Produktion Folgende Leistungen sind im Paket enthalten. - Einrichten 1x Livesystem, 1x Testsystem (bei OpenZ CloudService). - Consulting OpenZ - Workshop + Dokumentation - Stammdatenmigration - Schulung in Grundfunktionen und Standardabläufe für Stammdatenpflege/Auftrag/Rechnung/Lieferschein in EK und VK, Lagerbewegungen und Grundfunktionen Buchhaltung, gemäß Workshopergebnis. - Schulung des Produktionsablaufes gemäß Workshopergebnis. - Schulung des Keyusers in Systemkonfiguration und individuellem Setting. - Einrichtung einer weiteren Rolle - 3 Monate Supportflat (anschließend nach Aufwand) Dieses Dienstleistungspaket entspricht einem Gesamtwert von ca. 9 Tagen Dienstleistung. Wird ein Aufwand von 9 Tagen überschritten, werden weiter anfallende Dienstleistungen nach Aufwand gemäß der gültigen Preisliste berechnet. Nicht abgerufene obige Leistungen können in Absprache auch in Anpassung oder Entwicklung gewandelt werden. Die Leistungen dieser Position sind innerhalb eines Zeitraumes von 3 Monaten in Anspruch zunehmen. Start-/ und Endzeitpunkt werden in Absprache gemeinsam festgelegt. Nicht in Anspruch genommene Leistungen verfallen nach Ablauf von 3 Monaten und sind nicht in die Folgemonate übertragbar, sofern nicht anders vereinbart. Die kleinste abrechenbare Leistungseinheit beträgt 1/4 Stunde. zzgl. Reisekosten.	7.999,00 €	MwSt 19%	7.999,00 €

				Einmalkosten:	7.999,00 €
			Zuzüglich Steuer:	MwSt 19%:	1.519,81 €
			Einmalkosten Gesamt:		**9.518,81 €**

Bild 2.16 Einmalkosten, Dienstleistungspaket Produktion (Quelle: mit freundlicher Genehmigung von OpenZ)

2.6.4.7 Beispiel: OpenZ Angebot für die Entwicklung einer SCM-Schnittstelle

Beispielangebot für Entwicklungsaufwand einer SCM-Schnittstelle zwischen OpenZ und einem Lieferanten zum Zwecke eines automatisierten Einkaufes.

Pos.	Menge Bst.Meng.	Einheit Bst.-E.	Artikel	Preis	Summe Netto
10	8,00	Tg	**Entwicklung & Programmierung, Konfiguration** **Programmierung einer Schnittstelle zu *Lieferantenname GmbH*** Es liegt die Dokumenten-Version x.xx.xx.x für den Datentausch der *Lieferantenname GmbH* zugrunde. Folgendes Szenario wird als Schnittstelle zwischen OpenZ und Lieferant implementiert: 1. Auftragsdaten; OpenZ => Lieferant (Kennung 030) 2. Importbestätigungen; Lieferant => OpenZ 3. Lieferbestätigungen; Lieferant => OpenZ 4. Unterschriften; Lieferant => OpenZ. Stammdaten (Artikel) müssen in OpenZ bereits existieren, damit die Schnittstelle funktioniert. Die Bereitstellung der XML-Dateien erfolgt über den WebDAV Account von *Lieferant*. Voraussetzung ist, dass auf Seiten des Lieferanten ein Test-Account für den Datentausch zur Verfügung steht und der Auftraggeber die Kommunikation mit seinem Lieferanten und die Test-Koordination übernimmt.	920,00 €	7.360,00 €

Gesamt Positionen:		7.360,00 €
Zuzüglich Steuer:	MwSt 19%:	1.398,40 €
Gesamtsumme:		**8.758,40 €**

Bild 2.17 SCM-Schnittstelle, Angebot mit freundlicher Unterstützung von OpenZ

2.6.4.8 Beispiel: Die Armbrüster Consulting GmbH, 26180 Rastede

Mit OpenZ ist es nicht nur möglich die Ressourcen eines Unternehmens zu verwalten, sondern den effektivsten Fluss der Ressourcen für sein Unternehmen zu gestalten. Deutlich wird das an folgendem Beispiel der Armbrüster Consulting GmbH, Brucknerstraße 21, 26180 Rastede. Die Armbrüster Consulting GmbH ist ein IT Beratungsunternehmen mit angeschlossenem Onlinehandel. Neben der Vermarktung schlüsselfertigen eCommerce-Lösungen in Verbindung mit ERP Systemen betreibt das Unternehmen mehrere Onlineshops. Hierzu zählen:

- *www.biohipster.com* – Lebensmittel und Kosmetikprodukte mit Schwerpunkt bio, vegan, demeter
- *www.gesundheitsritter.de* – Handel mit medizinischen Produkten und Nahrungsergänzungsmitteln

Der Onlinehandel beinhaltet den Verkauf via eigener Onlineshops sowie den Handel über Onlinemarktplätze wie beispielsweise Amazon, eBay und Rakuten. Ziel von Anfang an war es, durch den Einsatz des ERP-Systems OpenZ nicht nur die Warenströme des Handels nur zu verwalten, sondern eine möglichst effiziente Bearbeitungskette zu gestalten, den Einkauf zu automatisieren und den Warenbestand des Lagers für das Onlinegeschäft auf ein Mindestmaß zu reduzieren um mit einem Minimum an kapitaler Bindung arbeiten zu können. Als Grundlage dafür wird in regelmäßigen Intervallen das aktualisierte Warenangebot der Großhändler als Katalog in das ERP-System OpenZ importiert. Die Bearbeitungskette welche der Kauf eines Kunden im Onlineshop auslöst, konnte größtenteils automatisiert und auf ein Minimum an nötiger Bearbeitungszeit und Personaleinsatz reduziert werden. Per Schnittstelle zum Onlineshop gelangen alle relevanten Informationen wie Kunden- und Auftragsdaten automatisch in das ERP-System. Dort prüft ein Bearbeiter nun nur noch obligatorisch die Auftragsdaten und löst per Knopfdruck automatische Bestellungen bei den liefernden Großhändlern aus. Gleichzeitig werden in OpenZ die für den Versand notwendigen Dokumente generiert sowie die Rechnung an den Kunden versandt. Da zu den einzelnen Systemen der Großhändler ebenfalls Schnittstellen entwickelt wurden, erhalten diese automatisch alle relevanten Auftragsdaten in die jeweiligen vorhandenen Systeme des Lieferanten. Eine dort eintreffende Bestellung wird bearbeitet und direkt an den Onlineshop-Kunden versendet. Statusmeldungen des Großhändlers werden in umgekehrter Reihenfolgen des Informationsflusses, dann wieder dem Online-Shop Kunden automatisch zur Verfügung gestellt. Damit entfällt für die Armbrüster Consulting GmbH ein Großteil der üblichen Lagerhaltung für diesen Geschäftszweig. Einem einzelnen Mitarbeiter des Unternehmens ist es somit möglich, hunderte Bestellungen aus dem Onlineshop an einem Tag zu bearbeiten ohne manuell dafür Daten pflegen zu müssen. Aufgrund der Mehrlagerfähigkeit von OpenZ konnten auch die Aufwände zur Verbuchung von Retouren reduziert werden. Dieses Beispiel im Kleinen zeigt auf, wie ein automatisierter Einkauf in OpenZ gestaltet sein kann. Er kann um die vielfältigen Informationen und Funktionen in OpenZ erweitert werden, wie z. B.:

- Mindestlagermengen berücksichtigen
- Waren in unterschiedliche Lagerorten verwalten
- Lieferantenbewertungen berücksichtigen
- Mindestbestellwerte berücksichtigen
- Produktionsbedarfe berücksichtigen
- Projektbedarfe berücksichtigen
- ‚Just in time' Lieferungen
- Rahmenverträge berücksichtigen
- ... u. v. m.

Aufgrund des stetig zunehmenden Projektgeschäfts werden auch komplexe IT Projekte direkt in OpenZ geplant. Ergänzend wird auch die Zeiterfassung inkl. direkter Buchungsmöglichkeiten auf Projekte verwendet. Dieses Geschäftskonzept wird in stetiger Zusammenarbeit zwischen der Armbrüster Consulting GmbH und OpenZ verfeinert und weiterentwickelt und ist auch bereits bei weiteren Kunden in Verwendung.

Weitere Informationen zu Software-Lösungen von OpenZ unter: *https://www. openz.de/*

2.6.5 Abbino_SCM

„abbino" wurde mit dem „Best of 2015 INNVATIONSPREIS-IT" als eine der besten Lösungen für den ganzheitlichen Kundendialog im Bereich SCM-Collaboration ausgezeichnet. Hervorzuheben ist dabei noch, dass diese Cloud-basierte Software nur auf deutschen Servern speichert und somit die Datenschutzbestimmungen der Bundesrepublik Deutschland zum Tragen kommen.

Die webbasierte Supply-Chain-Management-Lösung „abbino" deckt alle Funktionsbereiche wie Bestellwesen, Bestandsmanagement, Transportmanagement und die kundenspezifische Anpassung über Individualprozesse ab. Bild 2.18 zeigt die verschiedenen Funktionsbereiche von „abbino".

Bild 2.18
Module und Prozesse von „abbino" Cloud SCM (Quelle: mit freundlicher Genehmigung durch „abbino")

Das beim Kunden zu Grunde liegende ERP-System wird durch „abbino"-SCM nicht verändert. Bestellungen können per EDI-Anbindung aus dem ERP-System gezogen werden. Zulieferer haben die Möglichkeit, diese Bestellungen zu bearbeiten und ohne einen Medienbruch in das ERP-System zurück zu schicken. Alle Nutzer des Systems arbeiten in der gewohnten Umgebung weiter. Mit dieser Anwendung lassen sich verschiedene ERP-Systeme miteinander verbinden. Aufgrund flexibel konfigurierbarer Workflows kann die Standard-Software an die kundenspezifischen Bedürfnisse und Prozesse angepasst werden.

Vaillant, Aerzen, Wolf, Gardena und Grundfos sind Firmen, welche seit Jahren auf „abbino"-SCM setzen.

Beispiel: Die Aerzener Maschinenfabrik GmbH Die Aerzener Maschinenfabrik fertigt Gebläse, Verdichter, Drehkolbenverdichter, Gaszähler und Turbogebläse. Das Unternehmen ist zertifiziert nach DIN EN ISO 9001. Aerzen hat weltweit ca. 2300 Mitarbeiter mit mehr als 48 Tochtergesellschaften. Der Umsatz beträgt rund 350 Mio. €. Der Exportanteil liegt bei ungefähr 85 %. Etwa 14 000 Gebläse pro Jahr und ca. 10 000 Verdichter pro Jahr werden weltweit hergestellt und verkauft. Die vorhandene ERP-Software wurde 2012 um die Nicando Software „abbino"-SCM erweitert. Sowohl Einkauf als auch Lagermanagement wurden auf eine ganzheitliche Lieferkettenstrategie neu ausgerichtet. Ziel war es, die Warenvorräte im Lager deutlich zu senken. Der Kernprozess des Unternehmens, Entwicklung und Montage hochwertiger, technisch anspruchsvoller Produkte, benötigt eine große Anzahl an Kaufteilen wie Bauteile, Komponenten und Halbfertigprodukte. Diese wurden auf Lager gelegt. Der betreffende Lagervorrat betrug rund 20 Mio. €. Mit Hilfe des neuen Auftrags- und Supply-Chain-Managements konnte der durchschnittliche Lagerbestand um ca. 4.0 Mio. € verringert werden. Die Software für das Lieferantenmanagement erlaubt es, die Lagerbestände zu simulieren und vorherzusagen. Integriert in die Prozesse für Einkauf und Abrechnung wird die komplette Lieferkette abgedeckt. Die SCM-Software verbessert dabei Faktoren wie Verfügbarkeit, Bestellzeit, Überschuss- und Mindestbestände. Mit 85 % Exportanteil hatte die Maschinenfabrik einen wiederholenden, zeitaufwändigen Verwaltungsaufwand. Diesen Aufwand drastisch zu senken, war eine weitere Herausforderung. Die sich wiederholenden Prozesse zu jeder Lieferantenbestellung, wie das Zusammenstellen umfangreicher technischer und rechtlicher Dokumente, wurden automatisiert. Der Aufwand für Installation, Einführung und Betreuung hat sich in weniger als 2 Jahren amortisiert. Für Aerzen ist die Installation der SCM-Software ein voller Erfolg.

■ 2.7 eSupply Chain Management

Electronic Supply Chain Management (eSCM) bedient sich der Hilfe des Internets und bietet Unternehmen die gemeinsame Nutzung von internetbasierten Anwendungen, um zur Verbesserung der Geschäftsprozesse beizutragen. Es kombiniert das E-Business mit dem Supply-Chain-Management.

Mit Hilfe von eSCM sollen alle Bestände, Kosten und Durchlaufzeiten zwischen KMU und Automobilhersteller reduziert werden. Um gemeinsam koordinieren und planen zu können, müssen alle Zulieferer, Subzulieferer und Hersteller in die Planung der Logistikkette integriert werden. Ziel von eSCM ist es, den Teilnehmern der Wertschöpfungskette die Grundlage eines optimalen Ressourceneinsatzes zu bieten. Dies wird erreicht durch eine virtuelle Darstellung der gesamten Wertschöpfungskette mit EDI, die in Echtzeit aufbereitet wird. Bild 2.19 stellt das gesamte eSupply Chain Management mit der internen und externen eSupply Chain dar. Die interne eSupply Chain beinhaltet dabei die gesamten Geschäftsprozesse des Unternehmens, wobei die externe eSupply Chain auch unternehmensübergreifende Prozesse berücksichtigt. Die Wertströme sind über das Internet verknüpft und werden von ERP- und SCM-Systemen mit Daten versorgt.

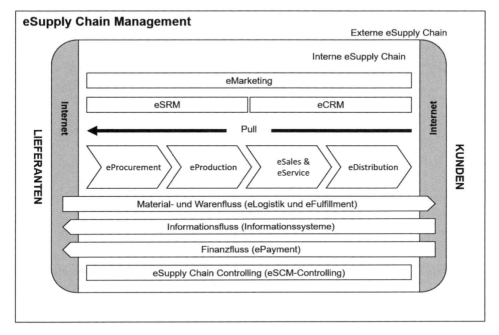

Bild 2.19 Konzept des eSupply Chain Management (Quelle: [WaNi13])

Fulfillment, eFulfillment

Die Gesamtheit aller Aktivitäten, die nach Abschluss eines Vertrags der Belieferung des Kunden und der Erfüllung der sonstigen Vertragspflichten dienen, wird als Fulfillment bezeichnet. Dazu gehören insbesondere die Bestellannahme, die Lagerhaltung, der Versand und die Rechnungsstellung. Im eCommerce bezeichnet eFulfillment die vollständige Auftragsabwicklung, von der Bestellung via Internet über Bezahlung, Lagerung und Transport bis hin zur Auslieferung der Ware.

■ 2.8 Lessons Learned

Automobilhersteller fordern von Ihren Zulieferern ein funktionierendes SCM-System, um eine schnelle und termingerechte Abwicklung der Bestellungen zu gewährleisten und die Durchlaufzeiten bezogen auf das Endprodukt deutlich reduzieren zu können.

KMU können durch ein SCM-System die Schnittstellen im Netzwerk zwischen Unternehmen, Lieferanten und Kunden nutzen, um die Leistungsfähigkeit des Unternehmens zu steigern. Zugang zur globalen Automotive-Branche lassen sich durch internationale Netzwerke aufbauen. Spezialisierte KMU-Netzwerke können gemeinsam Produkte auf kundenspezifischen Nischenmärkten anbieten und ihre Synergien nutzen.

KMU sind aber auch sehr stark abhängig von Automobilkonzernen, was schlussendlich auch zu einem Risiko für KMU führen kann, weil die Automobilhersteller eine große Marktmacht haben. Wollen Zulieferer ihre Position beim Automobilhersteller halten, so müssen sie den Forderungen der Automobilhersteller nachgeben und Risiken eingehen.

KMU können durch die Einführung von SCM-Systemen unterstütze Prozesse effizient und effektiv gestalten und eine vertrauensvolle Basis mit Geschäftspartnern aufzubauen. Erweiterungspotenziale ergeben sich durch Nutzen von globalen Geschäftsbeziehungen. Optimierungsmöglichkeiten können mit Hilfe von ERP-SCM-Systemen durch die Planung und Steuerung der Material- und Informationsflüsse entlang der gesamten Wertschöpfungskette erreicht werden.

Ein korrekt implementiertes SCM-System weist ein enormes Potenzial für KMU auf, dennoch birgt es aufgrund der Komplexität der Implementierung und Anwendung, Risiken und Schwierigkeiten, die von KMU nicht unterschätzt werden sollten. So ist der Einsatz bei kleinen oder sogar kleinsten Unternehmen genau zu überprüfen. So kann ein Tier-2- oder Tier-n-Lieferant in einem Lieferanten-Netzwerk an einen Tier-1-Lieferanten ohne ein vorhandenes SCM-System liefern, solange dies nicht von den Systemlieferanten gefordert wird. Zukunftsweisend ist aber für KMU die Einführung eines funktionierenden SCM-Systems.

 Die Ressourcen, die eine SCM-Einführung mit sich zieht, sind hoch. Die Infrastruktur im Personalbereich, die Fertigungskapazität und eine Finanzierung müssen ausreichend vorhanden sein.

Auf dem Markt findet man eine Reihe von verschiedenen Anwendungen von SCM für KMU, von lokal installierter Software über webbasierte ERP-Systeme mit SCM-Tools bis hin zu Cloud-Lösungen. SCM-Tools bieten Unternehmen die Steuerung der Geschäftsprozesse mit den vorhandenen Daten aus ERP-Systemen. Grundsätzlich müssen die Systeme auf die Bedürfnisse des KMU angepasst sein, damit sich Risiken für KMU eingrenzen lassen.

3

Integration des Produktionssystems eines Teilezulieferers in eine bestehende Produktion

Eine Produktion ist ein komplexes, offenes System, welches sich über die Zeit verändern können muss, um den Zielen einer heutigen Organisation genügen zu können. Hauptaufgabe ist es dabei, das System dauerhaft an die sich ändernden Anforderungen anzupassen und damit eine maximale Effizienz und Wirtschaftlichkeit sicherzustellen.

Die Fertigung ist im Gegensatz zur Produktion, worunter der Wertschöpfungsprozess aller im Produktlebenslauf vorkommenden Prozesse verstanden wird, nur ein Teilausschnitt der gesamten Wertkette. Charakterisiert werden Fertigungssysteme durch Fertigungsprinzipien und Fertigungsarten.

Schlüsselfragen

Welche Organisationsform der Fertigung ist für einen kleinen- und mittelständischen System- bzw. Komponentenlieferanten, bezogen auf ein bestimmtes Produkt, sinnvoll?

Wie könnte eine optimale Fertigung beschaffen sein, um auch eine eventuell steigende Nachfrage zu decken?

■ 3.1 Fertigungsprinzipien

Ein Fertigungsprinzip beschreibt, wie die Arbeitsplätze bzw. die benötigten Betriebsmittel innerhalb einer Produktion angeordnet werden können. Damit beeinflussen diese maßgeblich die Gestaltung und das Layout einer Produktionshalle. Bei den heutzutage angewendeten Prinzipien werden drei Hauptkategorien unterschieden, welche im Bild 3.1 dargestellt werden.

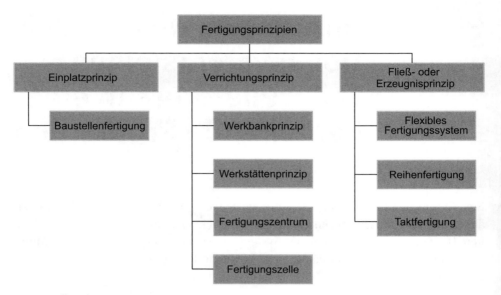

Bild 3.1 Übersicht über die Fertigungsprinzipien

3.1.1 Einplatzprinzip

Das Einplatzprinzip ist ein Fertigungsprinzip, welches die externe und betriebliche Baustellenfertigung – auch Baustellenproduktion genannt – umschreibt. Der
Unterschied zwischen der externen und der betrieblichen Baustellenfertigung
liegt darin, ob das einzelne Endprodukt innerhalb der eigenen Fertigungshallen
oder außerhalb montiert bzw. fertiggestellt wird. Im weiteren Vorgehen wird nicht
mehr zwischen externer und betrieblicher Baustellenfertigung unterschieden.

Baustellenfertigung

Die Baustellenproduktion wird vor allem durch zwei Merkmale charakterisiert.
Zum einen sind die herzustellenden Produkte in der Regel an einen Ort gebunden,
d. h. ortsfest. Zum anderen müssen Arbeitskräfte und alle benötigten Betriebsmittel während der gesamten Arbeitsprozesse zum Produktionsort gebracht werden
und dort verweilen. Darüber hinaus kann dieses Fertigungsprinzip auch für Montagetätigkeiten umstrukturiert und angewendet werden. Das Bild 3.2 zeigt einen
beispielhaften Aufbau einer Baustellenfertigung. Hierbei ist zu erkennen, dass sich
die „Baustelle" immer am gleichen Ort befindet und die anderen Faktoren lediglich hin- bzw. wieder zurücktransportiert werden. Beliebte Beispiele der Baustellenfertigung sind großvolumige Objekte wie Schiffe, Turbinen oder große Werk-
zeugmaschinenanlagen.

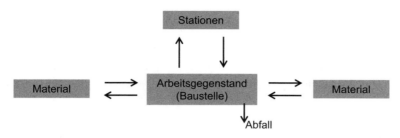

Bild 3.2 Darstellung des Baustellenprinzips (Quelle: in Anlehnung an [Arno08])

Dadurch, dass es sich meist um große und individuelle Produkte handelt, beträgt die Durchlaufzeit bei Baustellenproduktionen meist mehrere Wochen und Monate. Aus diesem Grund werden über das Jahr meist nur einige wenige Objekte kundenbezogen hergestellt. Aufgrund von oft großvolumigen Projekten kann die Planung und Umsetzung auch durch verschiedene Unternehmen durchgeführt werden. Dabei hat der Kunde je nach Unternehmen die Möglichkeit, zwischen drei verschiedenen Aufträgen zu unterscheiden:

- Enderzeugnis gemäß Kundenwunsch entwickeln (engineer to order)
- Enderzeugnis gemäß Kundenwunsch herstellen (manufacture to order)
- Enderzeugnis gemäß Kundenwunsch montieren (assemble to order)

Darüber hinaus ist es möglich, beispielsweise das Entwickeln und Herstellen von einem einzigen Unternehmen durchführen zu lassen. Die Hauptkriterien sind dann meist die vorhandenen Kapazitäten und das vorhandene Know-how, welches dazu notwendig ist.

Bei Großprojekten nach Art und Weise der Baustellenfertigung kommt zudem hinzu, dass die einzelnen Arbeitsgänge häufig voneinander abhängig sind und oft auch nur nacheinander durchgeführt werden können. So eine zeitlich verzögerte Wartezeit könnte beispielsweise durch den Trockenvorgang eines lackierten Produktes entstehen.

Das größte Problem der Baustellenproduktion liegt häufig in der schlechten Planbarkeit innerhalb eines Geschäftsjahres. Zwar ist meist eine grobe Menge bekannt, jedoch der Zeitpunkt der Ausführung zu Beginn des Planungshorizontes unklar. So kann es beispielsweise durch einen eingehenden, ungeplanten Kundenauftrag dazu kommen, dass sich die vorhandenen Arbeitskapazitäten entsprechend verschieben und den endgültigen Liefertermin in Gefahr bringen. Aus diesem Grund ist besonders die Koordination und Kommunikation innerhalb der Produktionsplanung und -steuerung ein wichtiges Kriterium, welches nicht zu vernachlässigen ist.

3.1.2 Verrichtungsprinzip

Das zweite Fertigungsprinzip bilden die sogenannten Verrichtungsprinzipien. Darunter fallen das Werkbankprinzip, das Werkstättenprinzip und das Fertigungszentrum bzw. die Fertigungszelle.

3.1.2.1 Werkbankprinzip

Das Werkbankprinzip ist eines der einfachsten Verrichtungsprinzipien, wobei der Mitarbeiter als solcher in den Mittelpunkt gerückt wird. Eingesetzt wird es oft in handwerklichen Arbeitsgängen, wie beispielsweise bei Montagetätigkeiten oder Einzelteilfertigungen, ohne dabei auf große Maschinen angewiesen zu sein. Ein weiteres Merkmal des Werkbankprinzips sind die niedrigen Kosten und Investitionen für die Ausstattung der einzelnen Arbeitsplätze. Jedoch ist es meist notwendig bei diesem Verrichtungsprinzip qualifizierte und vielseitige Mitarbeiter zu beschäftigen. Das Funktionsprinzip der Werkbankfertigung ist im Bild 3.3 dargestellt. Dort ist zu sehen, dass der Mensch seine Arbeitsstationen frei wechseln kann und nicht, wie bei der Baustellenfertigung, ortsgebunden ist.

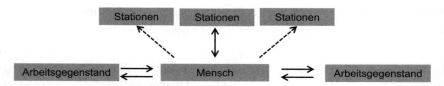

Bild 3.3 Darstellung des Werkbankprinzips (Quelle: in Anlehnung an [Arno08])

Ein Beispiel, welches das Bild 3.3 anschaulich machen kann, ist die Herstellung eines normalen Würfels aus Aluminium in einer Schlosserei. Zuerst nimmt ein Mitarbeiter das Rohmaterial in Form von Aluminium aus dem Lager. Hier dargestellt durch den Begriff „Arbeitsgegenstand". Als nächstes bringt er dieses Ausgangsmaterial zu einer Metallsäge, welche in der gezeigten Darstellung einer Station gleicht. Dort spannt er das Stangenmaterial ein und die Maschine übernimmt die Schnittarbeit für ihn. Ist das Material auf die richtigen Außenmaße gebracht, wechselt der Mitarbeiter zur nächsten Station, wo er den entstandenen Würfel mit Hilfe einer Feile entgratet und eine Fase an den Außenkanten anbringt. Daraufhin transportiert er den Würfel zur nächsten Station, der Ständerbohrmaschine. Dort bringt er mit Hilfe eines Bohrers die verschiedenen Punkte, welche nachher die Zahlen ergeben, auf dem Würfel an. Abschließend bringt er den Aluminiumblock zur nächsten Station, wo er ihn mit verschiedenen Schleifmitteln aufpoliert und ihn somit fertigstellt. Nun kann der Arbeitsgegenstand, in diesem Fall der fertige Würfel, ins Fertigteilelager gegeben werden.

3.1.2.2 Werkstättenprinzip

Beim zweiten Verrichtungsprinzip, der Werkstättenfertigung, werden gleichartige Funktionen innerhalb eines Unternehmens, wie zum Beispiel mehrere Drehmaschinen, räumlich in einer Werkstatt zusammengefasst. Durch eine im Arbeitsplan definierte technologisch festgelegte Reihenfolge wechseln die Aufträge bzw. die Werkstücke die Abteilung. Darüber hinaus kann dieses Prinzip der Fertigung auch für Montagetätigkeiten umstrukturiert und angewendet werden.

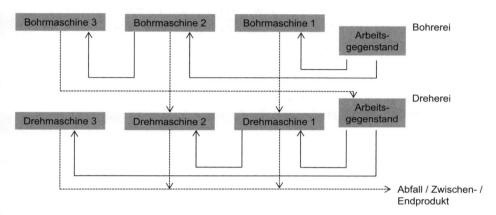

Bild 3.4 Darstellung des Werkstättenprinzips (Quelle: in Anlehnung an [Arno08])

Bild 3.4 zeigt das Funktionsprinzip der Werkstättenfertigung. Ein Beispiel wäre ein metallisches Bauteil, welches im Voraus gebohrt und im Anschluss abgedreht werden muss. Dabei wird das Ausgangsmaterial in die Bohrerei geliefert, um dort anschließend mit einer Bohrung an der Ständerbohrmaschine versehen zu werden. Ist dies geschehen, wird es über ein Transportsystem beispielsweise zur Drehbank 1 geliefert. Dabei spielt es in diesem Beispiel keine Rolle, ob als Transportsystem ein Mitarbeiter dient oder ob es sich um ein Fördersystem handelt. Ist das Bauteil an der Drehmaschine 1 angekommen, wird es laut der im Arbeitsplan festgelegten Arbeitsschritte eingespannt und gefertigt. Von dort aus fließt das Bauteil entweder zum nächsten Verarbeitungsschritt oder ist nun als Endprodukt fertig zur Auslieferung.

Dieses Fertigungsprinzip ist von Vorteil, wenn das Unternehmen eine große Anzahl verschiedener Produkte mit unterschiedlichen Arbeitsplänen herstellt. Dies ist jedoch nur sinnvoll, wenn in kleinen Losgrößen produziert wird, da durch die unterschiedlichen Arbeitspläne, auch eine große Anzahl an Bearbeitungsverfahren gegeben sein muss und viele Materialbewegungen anfallen. Darüber hinaus muss eine Werkstattfertigung flexibel auf verfahrenstechnische Änderungen und hinsichtlich der Anordnung der Produktionsprozesse reagieren können.

Ein wichtiger Punkt, welcher das Leistungsverhalten dieses Fertigungsprinzip maßgeblich beeinflusst, ist die Art und Anzahl der verwendeten Arbeitssysteme. Dabei spielen nicht nur die räumliche Anordnung und Dimensionierung der Fertigung eine Rolle, sondern auch die Lagerflächen vor den Maschinen oder die Transportsysteme zwischen den einzelnen Stationen. Das Werkstättenprinzip gilt im Vergleich zu anderen Organisationsformen innerhalb einer Fertigung als nicht so effizient, da die Werkstücke und die damit verbundenen Aufträge meist an der darauffolgenden Station mit langen Wartezeiten zu rechnen haben. Aus diesem Grund entstehen entweder lange Durchlaufzeiten, welche zur Folge haben, dass man die Liefertermine nicht einhalten kann oder ein hoher Lagerbestand, da man immer gewissen Bauteile im Voraus fertigen muss. Eine weitere Schwäche bei kleinen Fertigungslosen ist das ständige Umrüsten der Maschinen, welches die Fertigung aber entsprechend flexibel gestaltet. Durch diese Tatsache stellt die Reihenfolgeplanung einen großen Beitrag zur Effektivität der Fertigung dar. Ein weiterer Faktor, welcher nicht zu unterschätzt werden sollte, ist, das eventuelle Erweiterungen gut überlegt sein müssen, da durch die in Werkstätten angeordneten Maschinen immer eine gewisse Einschränkung besteht.

3.1.2.3 Fertigungszentrum

Das Fertigungszentrum, welches häufig auch als Bearbeitungszentrum bezeichnet wird, hat in den letzten Jahrzehnten immer mehr die einfachen Werkzeugmaschinen wie Dreh-, Fräs-, oder Bohrmaschinen abgelöst. Ein Grund dafür ist, dass durch den Einsatz eines Bearbeitungszentrums komplette Werkstücke in einer Aufspannung gefertigt werden können. Dies wiederrum führt zu einer besonders hohen Qualität und Maßhaltigkeit der Bauteile. Ein weiterer Grund ist, dass der Lager-, Handlungs- und Transportbedarf innerhalb der eigenen Fertigung erheblich reduziert wird. Dadurch sinken zusätzlich die Kosten und die Fertigung an sich wird flexibler. Zusätzlich wird durch den Einsatz eines Fertigungszentrums die Anzahl der Arbeitsstationen verringert, wodurch nicht so viel Platz innerhalb einer Produktionshalle benötigt wird. Dieses zusätzlich entstandene Volumen kann dann für weitere Maschinen oder zum Beispiel als Lagerplatz genutzt werden.

Jedoch ist es nicht so einfach, verschiedene Fertigungsverfahren miteinander in einer Maschine zu kombinieren, sodass folgende technologische Anforderungen erfüllt werden müssen:

- Eine komplexe Computer Numerical Control-Steuerung (CNC-Steuerung) sowie besondere Mikrorechner und digitale Mess- und Antriebssysteme
- Effektive Fertigungsverfahren mit Werkzeugen, welche über eine hohe Standzeit verfügen
- Gestellbauteile, welche eine hohe statische, dynamische und thermische Steife besitzen.

Durch diese Entwicklungen ist es möglich, mehrere Arbeitsschritte parallel bzw. direkt aufeinander folgend durchzuführen. Ein modernes Bearbeitungszentrum besitzt meist ein Palettenfördersystem sowie eine automatische Werkzeugwechseleinrichtung. Dieses und eine nicht bestehende Verbindung zum Produktionsplanungs- und steuerungssystem sind die Hauptunterscheidungsmerkmale zur Fertigungszelle.

3.1.2.4 Fertigungszelle

Mit Fertigungszellen werden technologisch eigenständige Produktionsmittel mit einem hohen Grad an Automatisierung bezeichnet. Dabei unterscheiden sie sich durch die maschinenunabhängige Werkstückspeichereinrichtung und ein automatisiertes Werkstücktransportsystem von den Bearbeitungszentren, wo die Werkstücke meist per Hand eingelegt werden müssen. Der Begriff „flexible Fertigungszelle" bezeichnet in der Praxis lediglich, dass die in sich geschlossenen Systeme durch Komponenten wie beispielsweise ein neues Transportsystem erweitert werden können. Flexible Fertigungszellen sind für unterschiedlichste Werkstückbearbeitungsaufgaben ausgelegt. Im Folgenden werden einige wichtige Merkmale genannt, welche eine flexible Fertigungszelle charakterisieren:

- Eine Werkzeugmaschine, welche über eine NC-Steuerung (Numerical Control) gesteuert wird
- Palettenspeicher
- Bearbeitungszentrum mit automatischem Werkstückwechselsystem
- Automatisches Werkezugwechselsystem
- Eigenes Werkzeugmagazin

Im Allgemeinen lassen sich daraus in einer Fertigungszelle drei integrierte, miteinander kommunizierende Systeme ableiten:

- Bearbeitungssystem
- Materialflusssystem
- Informationsflusssystem

3.1.3 Fließ- oder Erzeugnisprinzip

Das letzte Fertigungsprinzip, das Fließ- oder Erzeugnisprinzip, wird in der Praxis in vier Unterkategorien unterteilt, welche weiter unten erläutert und ausgeführt werden. Für das spätere Verständnis werden vorab die Anforderungen an heutige Fertigungssysteme sowie deren Komponenten kurz aufgeführt.

Ein Fertigungssystem hat die Aufgabe, verschiedene Arbeitsgänge in einer vorgegebenen Reihenfolge abzuarbeiten. Aus diesem Grund kann ein modernes Fertigungssystem aus mehreren einzelnen Komponenten bestehen, welche genau aufeinander abgestimmt sein müssen. Eine Auflistung der verschiedenen Komponenten findet sich in Tabelle 3.1.

Tabelle 3.1 Komponenten eines Fertigungssystems (Quelle: [Grot14])

Systemkomponente	Funktion
Arbeitssystem	Dieses System hat die Aufgabe, die geometrischen und/oder stofflichen Eigenschaften der eingelegten Werkstücke laut Fertigungsplan zu verändern. Ein Beispiel hierfür wäre eine Werkzeugmaschine, welche ein Bauteil auf die geforderten Außenmaße bringt.
Informationssystem	Das Informationssystem erfasst, verarbeitet, transportiert und speichert technologische oder organisatorische Informationen.
Werkstück-versorgungssystem	Diese Komponente des Fertigungssystems stellt permanent Werkstücke zur Verfügung. Neben dem Bereitstellen der Werkstücke kann es auch dafür zuständig sein, die Bauteile zu positionieren, zu spannen, zu prüfen oder zum nächsten Bearbeitungsschritt weiter zu geben.
Vorrichtungs-versorgungssystem	Dieses System hat die Aufgabe, für den Prozess notwendige und vorgeschriebene Vorrichtung bereitzustellen, zuzubringen, zu installieren, auszuwechseln und zu prüfen.
Energie-versorgungssystem	Das Energiesystem ist die Grundvoraussetzung für den erfolgreichen Betrieb eines Fertigungssystems, da es die nötigen Teilsysteme mit Energie versorgt.
Hilfsstoff-versorgungssystem	Über dieses Teilsystem werden Hilfsstoffe wie Kühlmittel hinzugefügt, um stabile und immer gleichbleibende Prozessbedingungen zu erreichen.
Abfall- und Hilfsstoff-entsorgungssystem	Das letzte zu beschreibende System entsorgt nicht benötigte Hilfsstoffe oder beseitigt während des Prozesses entstandene Abfallstoffe wie zum Beispiel Metallspäne.

3.1.3.1 Flexible Fertigungssysteme

Flexible Fertigungssysteme bestehen immer aus mehreren, miteinander lose verketteten Einzelmaschinen. Die Einzelmaschinen sind heutzutage meist über eine NC-Steuerung angesteuert. Eine automatische Bearbeitung von Werkstücken in kleinen und mittleren Losgrößen bis hin zu endlosen Losgrößen können durch das flexible Fertigungssystem gefertigt werden. Voraussetzung zur Bearbeitung und Realisierung einer großen Stückzahl ist die materialfluss- und informationstechnische Verknüpfung aller beteiligten Komponenten. Die zu bearbeitenden Werkstücke laufen auf unterschiedlichen Pfaden durch das System, wobei mehrere Werkstücke gleichzeitig bearbeitet oder auch montiert werden können. Die einzelnen Bearbeitungsstationen haben entweder ergänzende oder ersetzende Funktionen.

In der Praxis werden einstufige und mehrstufige flexible Fertigungssysteme unterschieden.

Einstufige Systeme: Hierbei kann jede Maschine die gleichen Bearbeitungsschritte ausführen. Aus diesem Grund werden die Anlagen durch ein gemeinsames Werkstücktransportsystem mit den Ausgangsmaterialien versorgt. Durch die gleichen Eigenschaften der Maschinen sind diese Systeme weitgehend unabhängig von der täglichen Auftragszusammensetzung und machen somit die Produktion außerordentlich flexibel. Ein großer Kritikpunkt solcher Fertigungssysteme ist die meist geringe Auslastung der Einzelmaschinen.

Mehrstufige Systeme: Diese Art der Fertigungssysteme zeichnet sich durch die Kombination von Bearbeitungszentren mit Ein-Verfahren-Maschinen wie zum Beispiel einer Dreh- oder Bohrmaschine aus. Hierbei werden die Bauteile nach Beendigung vorher festgelegter Bearbeitungsschritte entweder zur nächsten Bearbeitungsstation, in ein Zentrallager oder in einen dafür vorgesehenen Maschinenpuffer gefördert. Gerade auch durch die Kombination verschiedener Maschinen senkt sich das Risiko einer schlechten Maschinenauslastung.

Bild 3.5 zeigt ein kombiniertes, flexibles Fertigungssystem, welches zusätzlich zur Bearbeitungs- und Hilfsstation jeweils ein zentrales Werkstück- und Werkzeuglager aufweist. Um den Praxisfall abzubilden, sind darüber hinaus an den Stationen zusätzliche Speicherplätze für die Werkstücke und Werkzeuge vorgesehen. Dies dient der lokalen Bevorratung. Gesteuert wird das System durch einen übergeordneten Leitrechner, welcher durch die Produktionsplanung und -steuerung mit Informationen zur Auftragsreihenfolge und zu diversen Arbeitsplänen gefüttert wird. In der nächsten Ebene werden die einzelnen Zellenrechner vom Leitrechner angesteuert. Die Übergabesysteme für Werkzeuge und Werkstücke erfolgt in der Praxis häufig durch schienengebundene Transportwagen oder fahrerlose Transportsysteme (FTS). Darüber hinaus werden je nach Prozess auch nummerisch gesteuerte Handhabungsgeräte verwendet.

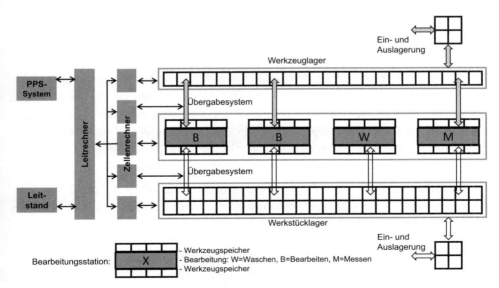

Bild 3.5 Funktionsprinzip eines flexiblen Fertigungssystems (Quelle: in Anlehnung an [Wien14])

3.1.3.2 Reihenfertigung

Die Reihenfertigung ist das zweite Fertigungsprinzip der Fließ- und Erzeugnis-
prinzipien. Bei dieser Produktion werden die Fertigungsmittel so angeordnet, dass
die einzelnen Bearbeitungsschritte entlang der vorher festgelegten Arbeitsreihen-
folge stattfinden können. Darüber hinaus ist der Materialfluss bei diesem Fertigungsprinzip in eine Richtung gerichtet und führt dadurch strikt vom Anfang bis
zum Ende. Dieses Prinzip wird in modernen Fertigungseinrichtungen in umge-
wandelter Form auch häufig für Montagetätigkeiten genutzt. Im Bild 3.6 ist eine
beispielhafte Reihenproduktion dargestellt.

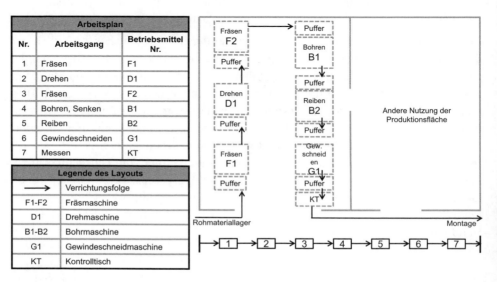

Bild 3.6 Funktionsprinzip der Reihenfertigung (Quelle: in Anlehnung an [Schl10])

Als Grundlage der Reihenfertigung dient ein Arbeitsplan für ein Bauteil, welches
aus Metall hergestellt werden soll. Zuerst wird das Bauteil auf einer Fräsmaschine
bearbeitet, bevor es anschließend auf eine Drehmaschine gespannt und dort abgedreht wird. Ist das Bauteil abgedreht, wird es nochmals in der Fräsmaschine bearbeitet und abschließend mit Bohrungen, Senkungen und einem Gewinde versehen.
Zum Schluss erfolgt noch eine Qualitätskontrolle auf dem Kontrolltisch.

Die in der rechten Hälfte abgebildete Fertigung zeigt das auf dem Arbeitsplan aufbauende Fertigungsprinzip der Reihenfertigung. Grundsätzlich sind alle Bearbeitungsstationen in der Reihenfolge des Arbeitsplanes angeordnet. Vor jeder Station
befindet sich zusätzlich immer ein Puffer. Dieser Puffer dient als Lagerstätte für
Bauteile, welche auf die Bearbeitung warten. Je nach Bearbeitungsdauer kann sich
vor oder nach dem Arbeitsschritt ein Pufferlager befinden.

Konkret im Bild 3.6 heißt dies, das Werkstück kommt aus dem Rohmateriallager und wird durch die einzelnen Bearbeitungsstationen und die zusätzlich angebrachten Lagerstationen hergestellt. Abschließend wird das Fertigteil nach der Endkontrolle in die Montageabteilung des Unternehmens gegeben und dort weiterverarbeitet. Durch den gerichteten Materialfluss und den vorhandenen Arbeitsplan kann die Durchlaufzeit im Gegensatz zum Fertigungsprinzip der Werkstättenfertigung enorm verkürzt werden. Jedoch müssen nicht unbedingt einzelne Puffer vor den Maschinen, wie im Bild 3.6 dargestellt, vorgesehen werden. Das Hauptunterscheidungsmerkmal der Reihenfertigung ist, dass die einzelnen Arbeitsschritte nicht getaktet sind. Sie unterliegen somit keiner Taktzeit, welche die Geschwindigkeit des einzelnen Fertigungsschritts beschreibt und damit die Geschwindigkeit der Produktion vorgibt.

3.1.3.3 Taktfertigung

Bei der Taktfertigung orientieren sich die Bearbeitungsschritte innerhalb des Herstellungsprozesses am Maschinentakt oder Montagetakt. Die Durchlaufzeit ist idealerweise so getaktet, dass die Werkstücke nicht an den einzelnen Maschinen oder Anlagen zwischengelagert werden müssen. Liegt kein ablaufbedingtes Lagern vor, wird der Prozess als ausgetaktet bezeichnet und es sind somit enorme Stückzahlen realisierbar. Das Bild 3.7 zeigt das Funktionsprinzip einer Taktfertigung. Aus der Darstellung ist ersichtlich, dass die Bauteile lediglich am ersten Fräsprozess zugeführt werden und die Anlage als Fertigprodukt am Messschritt sieben verlassen. Durch die Verbindung der einzelnen Stationen ist darüber hinaus eine vollautomatische Prozessabfolge der im Arbeitsplan vorgegebenen Schritte möglich. Im Vergleich zur Reihenfertigung wird meist auch ohne zusätzliche Zwischenlager bzw. ablaufbedingte Wartezeiten hergestellt.

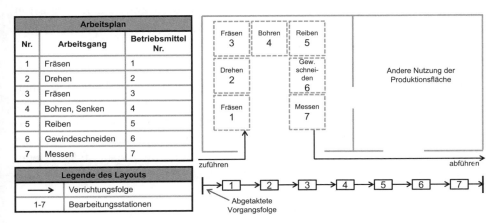

Bild 3.7 Funktionsprinzip einer Taktfertigung (Quelle: in Anlehnung an [Schl10])

Die Taktfertigung wird zusätzlich in drei Unterkategorien aufgeteilt:

- **Flexible Taktfertigung:**

  Bei dieser Form der Taktfertigung steht die Taktzeit der einzelnen Bearbeitungsstationen im Vordergrund. Dadurch, dass dieses System flexibel agiert, können beispielsweise Prozesse mit zu langer Durchlaufzeit ausgeglichen werden. Bestehen beim Produktionsprozess also zu große Taktzeitunterschiede, müssen diese flexibel ausgetaktet werden. In der Praxis wird dies zum Beispiel durch die Erweiterung des Maschinenaufkommens umgesetzt. Dies bedeutet, dass laut Arbeitsplan eine Drehmaschine mit einer schnellen Prozessdurchlaufzeit eine Fräsmaschine mit einer langsameren Taktzeit bedient. Um bei diesem Prozess die ablaufbedingte Wartezeit zu eliminieren, könnte die schnelle Drehmaschine gleichzeitig zwei darauffolgende Fräsmaschinen bedienen. Nachteil dieser Methode ist nicht nur das größere Maschinenaufkommen, sondern auch die geringere Ausbringungsmenge im Gegensatz zu den zwei anderen Arten der Taktfertigung.

- **Lose verkettete Taktfertigung:**

  Im Gegensatz zur flexiblen Taktfertigung arbeitet die lose verkettete Produktion komplett ohne Puffer bzw. Zwischenlagerstätten. Hierbei können dennoch verschiedene Produkte innerhalb der Anlage hergestellt werden. Dazu befinden sich meist komplexe Fördersysteme innerhalb des Systems, welche die einzelnen Bauteile an die vorgegebenen Bearbeitungsschritte transportieren. Besondere Anforderungen gelten dabei für die Transportmittel. Diese sollen für alle Produkte möglichst ähnlich sein, aber gleichzeitig die Bearbeitung nicht beeinflussen oder verlangsamen. Innerhalb einer lose verketteten Taktfertigung kann es zudem vorkommen, dass Bauteile einige Maschinen im Fertigungssystem überspringen und direkt weitergeleitet werden. Der größere Steueraufwand spiegelt sich in einer größeren Durchlaufzeit und der damit verbundenen geringeren Ausbringungsmenge der Bauteile wider.

- **Starrverkettete Taktfertigung:**

  Eine starrverkettete Taktfertigung ist im Gegensatz zur lose verketteten Taktfertigung lediglich auf ein spezielles Produkt ausgelegt. Dabei sind alle Maschinen fest miteinander durch Fördersysteme verbunden. Die Erweiterung sowie der Umbau solcher Anlagen sind aus diesem Grund meist sehr kostspielig und zeitaufwendig. Der Hauptvorteil liegt dahingegen in der großen Ausbringungsmenge und der kostengünstigen Produktion, welche durch einen ideal ausgetakteten und meist vollautomatischen Prozess gewährleistet ist.

◼ 3.2 Fertigungsarten

Unter dem Begriff Fertigungsarten oder auch Fertigungstypen, werden in der Produktionslandschaft die einzelnen Kategorien aufgefasst, welche die Menge der herzustellenden Bauteile beschreiben. Welcher Fertigungstyp in einem Unternehmen vorherrscht, hängt zudem von dem herzustellenden Produktionsprogramm und der Art der Leistungswiederholung ab. Darunter wird verstanden, ob sich das Unternehmen an einem speziellen Auftrag orientiert und diesen mit großen Stückzahlen erfüllt oder ob es sich auf individuell gefertigte Baugruppen spezialisiert. Dazu werden im Bild 3.8 zwei Hauptkategorien, die Einfach- und die Mehrfachfertigung, unterschieden.

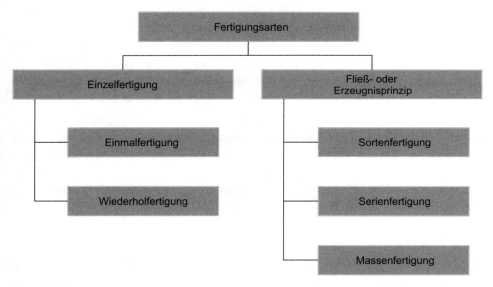

Bild 3.8 Übersicht über die Fertigungsarten

3.2.1 Einzelfertigung

Die Einzelfertigung ist eine Fertigungsart, welche die Einmal- und Wiederholfertigung umfasst.

3.2.1.1 Einmalfertigung

Bei einer Einmalfertigung, welche auch einmalige Einzelfertigung oder Unikatfertigung genannt wird, wird ein Bauteil lediglich einmal hergestellt. Dabei wird der Vorgang immer kundenauftragsorientiert abgewickelt, d. h. es wird genau und speziell nach Kundenauftrag gefertigt. Bei dieser Fertigungsart wird das Bauteil speziell auf Kundenwunsch neu konstruiert. Darüber hinaus müssen alle produktionsrelevanten Daten und Informationen in Bezug auf das Bauteil und dessen Fertigungsprozess neu erstellt und angelegt werden. Dies hat zur Folge, dass dort ein sehr hoher personeller und materieller Kostenfaktor entsteht.

Die Bedeutung des Begriffs Unikat wird in der Praxis jedoch in drei unterschiedliche Kategorien unterteilt: Kunden-, interne und Betriebsmittel-Unikate mit interner Nutzung.

Bei den Kundenunikaten handelt es sich aus der Sicht des eigentlichen Produktionsprozesses um die aufwändigste Art der Einmalfertigung. Die Anfertigung des Produktes erfolgt unter den festen Zielvorgaben des Kunden. Dabei wird der Auftrag eines Endproduktes meist an verschiedene Hersteller verteilt und derjenige mit dem wirtschaftlichsten Angebot erhält den Auftrag. Es findet ein regelrechter Wettbewerb um die Vergabe des Produktes statt.

Unter internen Unikaten werden in der Praxis, im Gegensatz zu den Kundenunikaten, keine Endprodukte verstanden. Diese Art der Unikate bilden meist eine Vorstufe, welche mehrmals optimiert wird, um ein anderes Produkt herzustellen. In der Regel wird mit Hilfe dieser Einzelteile eine Serienfertigung gewährleistet.

Die letzte Kategorie der Einzelteilfertigung bilden die Betriebsmittelunikate mit interner Nutzung. Dieses Produkt wird, wie auch die internen Unikate selber, vom Unternehmen genutzt, aber mit dem Unterschied, dass es sich hierbei um Endprodukte handelt. Bei diesem fertigen Erzeugnis finden keine Optimierungsvorgänge mehr statt. Einfache Beispiele für die internen und Betriebsmittelunikate sind Werkzeuge, Formen und Einrichtungen in der Spritzgussindustrie.

3.2.1.2 Wiederholfertigung

Bei der Wiederholfertigung wird das Produkt in unvorhersehbaren Zeitabständen bestellt und hergestellt. Dadurch, dass die Zeit zwischen den Aufträgen meist sehr lang ist, werden die dazu benötigten Maschinen und Werkzeuge immer abgerüstet bzw. das Werkzeug eingelagert. Nur so ist die Fertigung anderer Endprodukte innerhalb einer Produktionsfläche realisierbar.

Die für die Fertigung notwendigen Dokumente wie die Bauteilzeichnungen oder das CNC-Programm werden vom Unternehmen aufbewahrt und verwaltet. Soll nun das Einzelteil wiederholt gefertigt werden, kann direkt mit diesen Dokumenten gearbeitet werden. In Einzel- und Optimierungsfällen können die Dokumente dabei vor Benutzung nochmals überarbeitet oder verbessert werden. Dies geschieht jedoch ausschließlich auf Kundenwunsch. Der Kundenauftrag selber ist dabei der Startpunkt zur individuellen Planung und Durchführung des Produktionsprozesses. Der Entwicklungs- und Konstruktionsaufwand ist im Vergleich zur Einzelfertigung eher gering, da bestehende Fertigungsdaten verwendet werden können.

3.2.2 Mehrfachfertigung

Die Mehrfachfertigung ist eine Fertigungsart, welche meist große Stückzahlen herstellt. Darunter fallen die Sorten-, Serien- und Massenfertigung.

3.2.2.1 Sortenfertigung

Die Sorten- oder auch Variantenfertigung beschreibt die Herstellung von ähnlichen Erzeugnissen, welche aus demselben Grundtyp hergestellt werden. Dadurch, dass die Produkte häufig in einer größeren Stückzahl hergestellt werden, verringert sich der Entwicklungs- und Konstruktionsaufwand im Gegensatz zur Einfachfertigung.

Bei der Sortenfertigung werden Standardbaugruppen mit Zusatzbaugruppen kombiniert. Der Aufwand selber ist bei allen möglichen Varianten in etwa gleich gehalten. Die Standardbaugruppen werden in der Praxis meist kundenanonym, d. h. ohne festen Kundenauftrag produziert. So müssen im nächsten Schritt lediglich die Zusatzkomponenten angebracht werden.

Ein beliebtes Beispiel der Sortenfertigung ist der Herstellungsprozess von Bier in einer Brauerei. Hierbei unterscheiden sich die einzelnen Biere zwar im Geschmack, die Basisausgangsstoffe wie Waser, Malz und Hopfen sind jedoch meist gleich.

3.2.2.2 Serienfertigung

Bei der Serienfertigung handelt es sich im Gegensatz zu den bisherigen genannten Arten der Fertigung in der Praxis um eine Planungsstrategie mit einer erheblichen Produktivitätssteigerung. Eine Anzahl der Bauteile und Fertigungslose ist dabei jedoch begrenzt. Neben der steigenden Anzahl der Stückzahlen steht zusätzlich auch die Wiederholungshäufigkeit im Vordergrund. Von Serienfertigung wird in der Regel ab einer Wiederholungshäufigkeit von mehr als zwölf Stück bzw. Fertigungslosen gesprochen. Dabei hat ein Fertigungslos eine Stückzahl von mindestens 50 Einheiten. Ein weiteres Merkmal des Seriencharakters ist die höhere Automatisierung und Standardisierung der Fertigungsanlagen. Unterschieden wird in Klein-, Mittel- und Großserienfertigung, wobei die Definitionsgrenzen nur schwer vorzunehmen sind.

Vorteile dieser Fertigungsart sind zum einen der standardisierte Herstellungsprozess, wodurch während einer Serienfertigung die Kosten gering gehalten werden und zum anderen durch die Bindung des Kunden eine gewisse Planungssicherheit für das Unternehmen besteht. Diese Art der Abhängigkeit ist gleichzeitig auch einer der größten Kritikpunkte. Die Serienfertigung wird heutzutage in vielen verschiedenen Branchen angewendet; beispielsweise in der Automobil-, Maschinenbau- oder Metallindustrie.

3.2.2.3 Massenfertigung

Eine weitere Steigerung der Serienfertigung ist die Massenfertigung. Die Auflagenhöhe ist hierbei unbegrenzt, beginnt aber meist in der Praxis bei ca. 1000 Stück pro Jahr. Hierbei wiederholt sich die Fertigung ununterbrochen. Die Grundlage ist ein stabiler und optimierter Fertigungsprozess. Aus diesem Grund muss vor Beginn einer Massenfertigung ein hoher Entwicklungs- und Konstruktionsaufwand betrieben werden, welcher aber bezogen auf das spätere Endprodukt als eher gering anzurechnen ist. Die Bauteile selber werden meist ohne festen Kundenbezug hergestellt und im Nachhinein einem Auftrag zugeordnet. Aus diesem Grund ist ein gewisser Lagerbestand erforderlich und Kundenwünsche können nur bedingt berücksichtigt werden.

■ 3.3 Zusammenhang zwischen Fertigungsart und Fertigungsprinzip

Die Problematik, wann und welche Organisationsform in einer Produktion Anwendung finden soll, lässt sich anhand von Bild 3.9 erläutern. Deutlich wird hierbei, dass vor allem die Leistungswiederholung und die damit verbundene steigende Stückzahl wichtige Kriterien bei der Einordnung der Fertigungsarten und -prinzipien sind. So ist es beispielsweise bei der Baustellenfertigung so, dass diese wegen ihrer geringen Ausbringungsmenge häufig bei der Einmalfertigung angewendet wird.

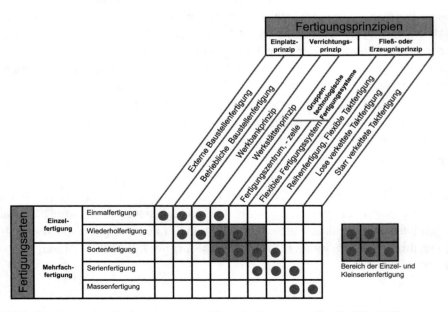

Bild 3.9 Zuordnung von Fertigungsarten und Organisationstypen (Quelle: [West06])

Hinzu kommt, dass die Unternehmen ihre Produktionssegmente in der heutigen Zeit meist so konzipieren wollen, dass diese einerseits hohe Stückzahlen auswerfen, aber andererseits ein hohes Maß an Flexibilität aufweisen. Diese Flexibilität äußert sich dann in der Herstellung durch eine breite Variantenvielfalt.

■ 3.4 Nutzwertanalyse zur Bewertung von Handlungsalternativen

Die Nutzwertanalyse ist ein modernes Managementwerkzeug zur Analyse komplexer Handlungsalternativen. Hierzu werden bei der Nutzwertanalyse mehrere Entscheidungskriterien berücksichtigt, welche die spätere Zielgröße beeinflussen. Eine Nutzwertanalyse besteht immer aus den folgenden acht Verfahrensschritten:

1. **Erkennen von Zielen bzw. Bewertungskriterien**
   Im ersten Schritt werden die Ziele aus den verschiedenen Anforderungen an den Lösungsvorschlag festgestellt. Daraufhin werden verschiedene Kriterien aus den vorher definierten Zielen abgeleitet. Ein Ziel wäre zum Beispiel die Reduzierung des Aufwandes, welcher sich durch die Kosten oder die Qualität im Herstellungsprozess ergibt. Die Kosten und die Qualität wären dann das Kriterium, welches das Ziel beeinflusst.

2. **Untersuchen der Bedeutung für den Gesamtwert**
   Da die einzelnen Kriterien verschiedene Bedeutungen für den Lösungsvorschlag haben, wird ihnen anschließend eine Gewichtung gegeben. Diese Gewichtung wird oft in Prozentwerten ausgedrückt.

3. **Zusammenstellen der Eigenschaftsgrößen**
   Die Eigenschaftsgrößen haben die Aufgabe, die Anforderung im besten Fall in einer Einheit auszudrücken. Bei einer Nutzwertanalyse kann es vorkommen, dass die Eigenschaftsgrößen auch den Zielgrößen entsprechen.

4. **Beurteilung nach Wertvorstellungen**
   Dieser Schritt definiert, ab wann ein Kriterium gut oder schlecht umgesetzt ist. Meist werden hierzu Tabellen erstellt, in denen die einzelnen Eigenschaftsgrößen ausgewertet werden. Ausgeführt wird dies durch ein Bepunktungssystem von 1–4 oder 1–10. Der Wert 1 bedeutet hierbei eine geringfügige Überschneidung mit der Anforderung und der Wert 4 bzw. 10 volle Übereinstimmung.

5. **Bestimmen des Gesamtwertes**
   Darunter wird die Summierung der einzelnen, vorher berechneten Teilwerte verstanden. Die Teilwerte ergeben sich aus der Multiplikation der Gewichtung und der Wertvorstellung aus Schritt 4.

6. Vergleich der Lösungsvarianten

Als nächstes werden die verschiedenen Handlungsalternativen und die damit verbundenen Punktezahlen betrachtet. Zusätzlich kann hier nochmals unterschieden werden, ob die Lösung eher in die technische oder wirtschaftliche Richtung ausgerichtet werden soll.

7. Abschätzen von Beurteilungsunsicherheiten

Hierbei wird zwischen personenbedingten und verfahrensbedingten Fehlern innerhalb der Ausführung der Nutzwertanalyse unterschieden. Personenbedingte Fehler sind vor allem die subjektiven Einschätzungen oder die Vernachlässigung von bestehenden Abhängigkeiten der Bewertungskriterien. Zu den verfahrensbedingten Fehlern hingegen zählt meist die Festlegung der Eigenschaftsgrößen, welche nicht in jedem Fall eine feste Größe bilden und damit messbar sind.

8. Suchen nach Schwachstellen

Schwachstellen können mit Hilfe eines sogenannten Werteprofils dargestellt werden. Hierbei werden die Werte als Balken dargestellt. Die Balkenlänge bedeutet die Werthöhe aus Schritt 4 und die Balkendicke die Gewichtung des Kriteriums. Der dadurch entstehende Flächeninhalt der Balken entspricht dem Gesamtwert der Handlungsalternative. Grundsätzlich sollte die Lösungsvariante ein ausgeglichenes Balkenprofil in Länge und Breite aufweisen. Ein kurzer breiter Balken verdeutlicht beispielsweise erhebliches Verbesserungspotenzial.

Ein Beispiel einer Nutzwertanalyse ist in Tabelle 3.2 dargestellt. Dort wurden zwei verschiedene Optionen an vier verschiedenen Kriterien gewertet. Die letzten Schritte der Nutzwertanalyse werden aus Übersichtsgründen nicht abgebildet, jedoch werden diese Schritte im Fallbeispiel später angewendet.

Tabelle 3.2 Schema einer Nutzwertanalyse (Quelle: in Anlehnung an [Pahl97])

	Bewertungskriterien		Eigenschaftsgrößen		Variante A			Variante B		
Nr.		Gew.		Einheit	Eigenschaften e_{i1}	Wert W_{i1}	Gew. Wert wg_{i1}	Eigenschaften e_{i2}	Wert W_{i2}	Gew. Wert wg_{i2}
1	Geringer Kraftstoffverbrauch	0,30	Kraftstoffverbrauch	g/kwh	240	3	0,9	300	2	0,6
2	Leichte Bauart	0,15	Leistungsgewicht	Kg/kW	1,7	4	0,6	2,7	2	0,3
3	Einfache Fertigung	0,10	Einfachheit Gussteile	-	niedrig	1	0,1	mittel	2	0,2
4	Hohe Lebensdauer	0,20	Lebensdauer	Fahr-km	80.000	1	0,2	150.000	3	0,6
i	----	g_i	----	----	e_{i1}			e_{i2}		
n	----	g_n	----	----	e_{n1}			e_{n2}		
		Summe $g_i=1$								

■ 3.5 Nutzwertanalyse für die Produktion eines KMU

In diesem Abschnitt soll mit Hilfe einer Nutzwertanalyse aktiv eine Produktion eines kleinen mittleren Unternehmens auf vorher festgelegte Kriterien untersucht werden. Um diese Analyse vergleichbar und übertragbar auf andere Unternehmen zu machen, gelten die folgenden Rahmenbedingungen für die Untersuchung:

- Das Herstellungsvolumen liegt bei unter 100 Stück im Monat.
- Das Bauteil weißt einen sehr hohen Handlings-Aufwand auf.
- Das Bauteil ist charakterisiert durch mehrere aufeinanderfolgende manuelle Tätigkeiten bzw. prozessbedingte Liegezeiten.
- Das Unternehmen produziert neben dem betrachteten Bauteil noch andere Bauteile, welche den innerbetrieblichen Ablauf beeinflussen können.
- Bei dem betrachteten Produkt aus der Untersuchung handelt es sich um einen Konsolen-Bewegungs-Adapter (kurz: KBA). Hergestellt wird dieser Adapter in einem kleinen mittleren Unternehmen, welches innerhalb der Automobilbranche als Komponentenlieferant (Tier-2) angesiedelt ist.

Im ersten Schritt, wird mit Hilfe der verschiedenen Organisationformen die Fertigungsart festgelegt. Betrachtet werden hierbei die Einmal-, Wiederhol-, Sorten-, Serien- und Massenfertigung.

Diese Einsortierung geschieht aufgrund der Stückzahlen und Wiederholungshäufigkeit des Bauteils. Die Anzahl des Konsolen-Bewegungs-Adapters wird für die Untersuchung auf maximal 40 Adapter limitiert. Aus diesem Grund fallen bei der Auswahl der Fertigungsart die Einmal-, Serien-, und Massenfertigung aus dem vorgegebenen Muster heraus. Übrig bleiben in diesem Fall lediglich die Wiederhol- und/oder Sortenfertigung.

Durch die Auswahl der Fertigungsarten ist das Analyseumfeld in Bezug auf die Fertigungsprinzipien eingegrenzt und festgelegt. Aus diesem Grund eignen sich für die Erarbeitung eines Konzeptes nur die folgenden acht Prinzipien der Fertigung:

- Betriebliche Baustellenfertigung
- Werkbankprinzip
- Werkstättenprinzip
- Fertigungszentrum
- Fertigungszelle
- Flexibles Fertigungssystem
- Reihenfertigung
- Flexible Taktfertigung

3.5.1 Erkennen von Zielen bzw. Bewertungskriterien

Als nächstes werden die Ziele, welche der Lösungsvorschlag erfüllen sollte, ausgewählt und festgelegt. In Tabelle 3.3 sind die Ziele samt den abgeleiteten Zielkriterien abgebildet. Bei der Zielfindung wurde bewusst auf eher allgemeine Ziele, wie beispielsweise die Sicherheit für Mensch und Umgebung verzichtet, um fokussiert die genannten Ziele zu untersuchen. Im weiteren Vorgehen werden nun die Bewertungskriterien kurz erläutert, um ein einheitliches Verständnis von diesen zu gewähren.

Tabelle 3.3 Übersicht über die Bewertungskriterien

Ziele	Bewertungskriterien
Erfüllung des Herstellprozesses	Herzustellende Stückzahl
	Montagefähigkeit
	Erweiterung der Anlage
Hohe Prozesssicherheit	Flexibilität der Fertigung (Umbau auf andere Produkte)
	Automatisierbarkeit
Gutes Kosten-Nutzenverhältnis	Aufzubringendes Know-How
	Entstehende Kosten

Herzustellende Stückzahl

Hierunter werden die im Jahr produzierbaren KB-Adapter verstanden, welche mit dem jeweiligen Fertigungsprinzip hergestellt werden können. Eine hohe Stückzahl ist dabei als gut, eine geringe Stückzahl dementsprechend als schlecht anzusehen. Dieses ist ein wichtiges Kriterium in Bezug auf die spätere Erarbeitung des Soll-Konzeptes, da die herzustellende Stückzahl maßgeblich den Umsatz beeinflusst. Der Umsatz wiederrum beeinflusst die Investitionskosten, welche getätigt werden können, bzw. für eine wirtschaftliche Produktion von Nutzen wären.

Montagefähigkeit

Die Montageeigenschaften sind ein wichtiges Kriterium für die Gestaltung der Produktion, da der Herstellungsprozess zu großen Teilen aus Montagetätigkeiten besteht.

Erweiterung der Anlage

Unter der Flexibilität der Fertigung wird die Wandlungsfähigkeit des entwickelten Soll-Konzeptes verstanden. Hierbei fällt das Hauptaugenmerk auf die Ausweitung der Produktpalette mit Hilfe des ausgewählten Fertigungsprinzips. Es ist dem Unternehmen wichtig, eventuell andere Bauteile später darauf zu fertigen und somit flexibel auf andere Aufträge wechseln zu können.

Automatisierbarkeit

Im Allgemeinen können bei der Automatisierung zwei verschiedene Lösungswege unterschieden werden. Zum einen kann in die IT-Struktur und das damit verbundene Manufacturing Execution System (Fertigungsmanagementsystem) investiert werden. Durch diesen Ansatz kann die Automatisierbarkeit im Punkt der Steuerung und Standardisierung vorangetrieben werden. Zum anderen können neue und verbesserte Maschinen angeschafft werden, welche dem LEAN-Gedanken verfolgen. Durch beispielsweise fortschrittliche Transportsysteme oder neues Robotermontagelinien kann zusätzlich Verschwendung beseitigt werden.

Im Zuge der Nutzwertanalyse wird jedoch nicht weiter zwischen diesen zwei Ansätzen unterschieden, da die zwei Lösungsansätze vom Prinzip her eine Automatisierbarkeit beschreiben. Egal welcher gewählt werden würde, der eine schließt den anderen mit ein, d.h. sollte das Unternehmen zum Beispiel besser vernetzt werden, werden meist auch neuere Maschinen benötigt. Andersherum genauso, da neue Maschinen meist auch modernere Steuerungssysteme benötigen.

Know-how

Hierunter werden die Anforderungen an die Mitarbeiter definiert, welche mit der Herstellung des Adapters direkt zu tun haben. Konkret heißt dies: Wie müssen die Produktionsmitarbeiter ausgebildet sein, um innerhalb des Fertigungsprinzips erfolgreich arbeiten zu können und ein qualitativ gutes Produkt zu gewährleisten.

Kosten

Auch wenn der finanzielle Rahmen schwer einzuschätzen ist, sollte er nicht außen vorgelassen werden. Die entstehenden Kosten sind ein Kriterium, welches in der Summe betrachtet werden sollte und vom Unternehmen abhängig ist. Hierunter fallen konkret die Investitionskosten des ausgewählten Fertigungsprinzips, welche meist schwer in Zahlen zu fassen sind. Aus diesem Grund werden für die Kosten im Laufe der Analyse Annahmen getroffen.

3.5.2 Untersuchen der Bedeutung für den Gesamtwert

Durch die Festlegung der Bewertungskriterien werden diese nun gewichtet und mit Bezug auf das Gesamtergebnis einzelnen Prozentwerten zugeordnet. Die Gewichtung basiert auf den Annahmen des betrachteten Komponentenzulieferers. Diese stellen gleichzeitig die groben Strukturen und Werte von meist kleinen und mittleren Unternehmen dar.

Tabelle 3.4 Gewichtung der Bewertungskriterien

Bewertungskriterium	Gewichtung
1. Herzustellende Stückzahl	0,3
2. Montagefähigkeit	0,2
3. Erweiterbarkeit der Anlage	0,2
4. Flexibilität der Fertigung (Umbau auf andere Produkte)	0,1
5. Automatisierbarkeit	0,1
6. Know-how	0,05
7. Kosten	0,05
Summe	1

In Tabelle 3.4 ist zu ersehen, dass die herzustellende Stückzahl im Vordergrund der Betrachtung steht und damit den wichtigsten Teil bei der Realisierung des Soll-Konzeptes übernimmt. Das Kriterium der Montagefähigkeit und der Erweiterbarkeit der Anlage rückt hinter dasjenige der herzustellenden Stückzahl auf den zweiten Platz der Gewichtungsskala. Die Flexibilität der Anlage spielt vorerst eine nicht so große Rolle, da das Lösungskonzept in erster Linie nur für den KB-Adapter angefertigt werden soll. Dadurch, dass im Herstellungsprozess große Anteile auf die Montage entfallen und der Tier-2-Lieferant dies auch in Zukunft weiter in Handarbeit umsetzen möchte, wird dieses Kriterium ebenso nicht so stark gewertet. Die restlichen zwei Kriterien sollten trotz schwacher Gewichtung in Bezug auf die Erarbeitung der Lösungsvariante betrachtet werden.

3.5.3 Zusammenstellen der Eigenschaftsgrößen

Beim Zusammenstellen der Eigenschaftsgrößen werden die Kriterien näher definiert. Mit Hilfe der Arbeitsvorbereitung des Komponentenlieferanten wurden die in Tabelle 3.5 abgebildeten Eigenschaftsgrößen zusammen erarbeitet.

Tabelle 3.5 Definieren der Eigenschaftsgrößen

Bewertungskriterium	Gewichtung	Eigenschaftsgrößen	Einheit
1. Herzustellende Stückzahl	0,3	Stückzahl	St./Monat
2. Montagefähigkeit	0,2	Montagegeeignet	-----
3. Erweiterbarkeit der Anlage	0,2	Erweiterbarkeit der Anlage	-----
4. Flexibilität der Fertigung (Umbau auf andere Produkte)	0,1	Ausrichtung auf den KB-Adapter	-----
5. Automatisierbarkeit	0,1	Automatisierbarkeit	-----
6. Know-how	0,05	Qualifikation der Mitarbeiter	-----
7. Kosten	0,05	Investitionskosten	€
Summe	1		

Auffällig ist hierbei, dass lediglich zwei der sieben Bewertungskriterien eine feste Einheit besitzen. Die Stückzahl pro Monat und die Investitionskosten in € sind messbare Größen, wohingegen die anderen Werte eher als subjektiv zu betrachten sind. Eine weitere Besonderheit der Nutzwertanalyse ist, dass das Bewertungskriterium gleich der Bewertungseigenschaft ist, wie im Falle von Anforderung 3 und 5. Die subjektiv festgelegten Werte werden daher für die weitere Untersuchung als Annahme festgehalten.

3.5.4 Beurteilung nach Wertvorstellung

Um die Eigenschaftsgrößen nun auch in Bezug auf die Nutzwertanalyse auswertbar zu machen, wird ein Bepunktungssystem aufgestellt. Bewertet werden die Anforderungen an die Lösungsvariante mit den Punktezahlen von 1 bis 4. Vier Punkte sind hierbei immer das beste Ergebnis und nur ein Punkt dementsprechend das schlechteste. Bezüglich der Anforderungen heißt dies: Inwieweit stimmt der Lösungsvorschlag mit der gestellten Anforderung überein? Tabelle 3.6 zeigt konkret, wie dies im Falle der erarbeiteten Nutzwertanalyse aussieht.

Tabelle 3.6 Beurteilung nach Wertvorstellung

Eigenschaftsgrößen		Bepunktungssystem			
	Einheit	1	2	3	4
1. Stückzahl	St./Monat	0-4 St./Monat	4-10 St. / Monat	Bis 20 St./Monat	40 St./Monat
2. Montagegeeignet	-----	Eher nicht	Zu geringen Anteilen	Zu großen Anteilen	Absolut
3. Erweiterbarkeit der Anlage	-----	Extrem schwer	Schwer	Mittel	Leicht
4. Ausrichtung auf den KB-Adapter	-----	Hoch	Mittel	Gering	Sehr gering
5. Automatisierbarkeit	-----	Eher nicht	Zu geringen Anteilen	Zu großen Anteilen	Absolut
6. Qualifikation der Mitarbeiter	-----	Hoch	Mittel	Gering	Sehr gering
7. Investitionskosten	€	Hoch	Mittel	Gering	Sehr Gering

Auffällig ist hierbei eine Obergrenze bei der Stückzahl. Auf Wunsch des Unternehmens und aufgrund der vorliegenden Umsatzprognose sollen vorerst höchstens 40 KB-Adapter pro Monat in einem Einschichtsystem hergestellt werden. Die Montageeignung und die Automatisierbarkeit werden durch die Einstufung von „Eher nicht" bis hin zu „Absolut" gekennzeichnet. Im konkreten Fall heißt dies: Inwieweit erfüllt der Lösungsansatz diese zwei Kriterien? Die Erweiterbarkeit wird in einer Skala von „extrem schwer" bis hin zu „leicht" bewertet. Die restlichen drei Anforderungen werden jeweils von „hoher" Übereinstimmung bis „sehr geringer" Erfüllung beschrieben. Hierbei muss zusätzlich erwähnt werden, dass für die Investitionskosten extra keine konkreten Zahlen verwendet wurden, sondern nur subjektive Annahmen, da diese sehr stark von den eingesetzten Anlagen und Herstellern abhängig sind.

3.5.5 Bestimmen des Gesamtwertes

In diesem Schritt findet die eigentliche Nutzwertanalyse statt. Hierbei werden die einzelnen Bewertungskriterien, bestehend aus den Eigenschaftsgrößen mit ihren möglichen Bewertungspunkten aus dem vorherigen Schritt, konkret auf die Fertigungsprinzipien angewendet. Anschließend werden die Werte mit der Gewichtung multipliziert. Es ergibt sich durch die Summierung ein Gesamtwert für jede Handlungsalternative. Aus Übersichtsgründen wird die Nutzwertanalyse in vier gleich aufgebauten Tabellen für je zwei Fertigungsprinzipien nacheinander abgearbeitet und anschließend erläutert.

Tabelle 3.7 Nutzwertanalyse betriebl. Baustellenfertigung/Werkbankprinzip

Bewertungskriterien			Eigenschaftsgrößen		Betriebl. Baustellenfertigung			Werkbankprinzip		
Nr.		Gew.		Ein-heit	Eigen-schaften	Wert	Gew. Wert	Eigen-schaften	Wert	Gew. Wert
1.	Herzustellende Stückzahl	0,30	Stückzahl	St./ Mon.	4-10 St./Mon.	2	0,60	Bis 20 St./Mon.	3	0,90
2.	Montagefähigkeit	0,20	Montage-geeignet	-----	Eher nicht	3	0,60	Absolut	4	0,80
3.	Erweiterbarkeit der Anlage	0,20	Erweiter-barkeit der Anlage	-----	Schwer	2	0,40	Leicht	4	0,80
4.	Flexibilität der Fertigung (Umbau auf andere Produkte)	0,10	Ausrichtung auf den KB - Adapter	-----	Sehr gering	4	0,40	Gering	3	0,30
5.	Automatisier-barkeit	0,10	Automatisier-barkeit	-----	Zu geringen Anteilen	2	0,20	Zu großen Teilen	3	0,30
6.	Know-how	0,05	Qualifikation der Mitarbeiter	-----	Hoch	1	0,05	Hoch	1	0,05
7.	Kosten	0,05	Investitions-kosten	€	Mittel	2	0,10	Sehr gering	4	0,20
Summe							2,35			3,35

Auswertung Baustellenfertigung

Die betriebliche Baustellenfertigung wird oft bei komplexen und großvolumigen Produkten angewendet. Aus diesem Grund wurde auch die Annahme von vier bis zehn KB-Adaptern pro Monat als Stückzahl getroffen. Trotz dieser Eigenschaft schneidet dieses Fertigungsprinzip mit 2,35 von 4 möglichen Punkten relativ gut ab. Grund dafür sind zum einen die Flexibilität, da der Lösungsvorschlag nicht nur auf die Produktion eines KB-Adapters aufgebaut ist, sondern auch für die Herstellung von anderen Produkten gut genutzt werden kann. Zum anderen kann dieses Prinzip sehr gut auf Montagetätigkeiten angewendet werden. Auch in dieser Anforderung bekommt das Fertigungsprinzip eine hohe Punktzahl. Der größte Kritikpunkt ist die hohe Qualifikation der Mitarbeiter, welche jedoch nicht grundsätzlich nur als Nachteil zu sehen ist. Durch die gut ausgebildeten Mitarbeiter kann zeitgleich ein hoher Qualitätsstandard und eine gewisse Prozesssicherheit gewährleistet werden.

Auswertung Werkbankprinzip

Da bei dem Komponentenlieferanten der Montageprozess durch den Mitarbeiter im Mittelpunkt stehen soll, ist es nicht verwunderlich, dass das Werkbankprinzip mit am besten abschneidet. Besonders in der herzustellenden Stückzahl und seiner Montagefreundlichkeit ist dieses Fertigungsprinzip für die KBA-Herstellung geeignet. Hinzu kommt, dass die Ausrüstung der Arbeitsplätze durch geringe finanzielle Mittel zu realisieren ist und es deshalb auch leicht erweiterbar sein muss. Auch die Automatisierung ist durch den weniger komplexen Aufbau als einfach anzusehen. Die große Fachkompetenz der Montagemitarbeiter führt – wie bei der Baustellenfertigung – zu höheren Arbeitslöhnen, kann gleichzeitig aber auch eine höhere Qualität bedeuten.

Tabelle 3.8 Nutzwertanalyse Werkstättenprinzip/Fertigungszentrum

Nr.	Bewertungskriterien	Gew.	Eigenschaftsgrößen	Einheit	Werkstättenprinzip Eigenschaften	Wert	Gew. Wert	Fertigungszentrum Eigenschaften	Wert	Gew. Wert
1.	Herzustellende Stückzahl	0,30	Stückzahl	St./Mon.	Bis 20 St./Mon.	3	0,90	0-4 St./Mon.	1	0,30
2.	Montagefähigkeit	0,20	Montagegeeignet	-----	Zu großen Anteilen	3	0,60	Eher nicht	1	0,20
3.	Erweiterbarkeit der Anlage	0,20	Erweiterbarkeit der Anlage	-----	Mittel	3	0,60	Mittel	3	0,60
4.	Flexibilität der Fertigung (Umbau auf andere Produkte)	0,10	Ausrichtung auf den KB-Adapter	-----	Gering	3	0,30	Sehr gering	4	0,40
5.	Automatisierbarkeit	0,10	Automatisierbarkeit	-----	Zu großen Anteilen	3	0,30	Zu geringen Anteilen	2	0,20
6.	Know-how	0,05	Qualifikation der Mitarbeiter	-----	Hoch	1	0,05	Mittel	2	0,10
7.	Kosten	0,05	Investitionskosten	€	Gering	3	0,15	Mittel	2	0,10
Summe							2,90			1,90

Auswertung Werkstättenprinzip

Das Werkstättenprinzip ist im Falle des Herstellungsprozesses des KB-Adapters als Aufteilung der verschiedenen Montagetätigkeiten zu sehen. Der Unterschied zum Werkbankprinzip ist zum einen die räumliche Aufteilung und zum anderen die Anwendung bei einer großen Variantenvielfalt. So müsste der Herstellungsprozess konkret in verschiedene Abschnitte aufgeteilt und anschließend in diesen verschiedenen Bereichen gefertigt werden. Durch die hohe Flexibilität der Fertigung wird dieses Fertigungsprinzip vor allem bei Unternehmen mit einer großen Produktvielfalt mit daraus resultierenden verschiedenen, aber im groben gleichen Arbeitsplänen angewendet. Da die Variantenvielfalt bei dem betrachteten System- bzw. Komponentenlieferanten gerade in Bezug auf das untersuchte Herstellungsverfahren keine große Rolle spielt, ist von diesem Fertigungsprinzip abzuraten, da auch die räumliche Trennung in diesem Fall zu viel Planungs- und Steuerungsaufwand bedeutet würde. Die durch die Ausstattung der Montageplätze entstehenden Kosten wären für das Unternehmen nicht wirtschaftlich.

Auswertung Fertigungszentrum

Die Auswertung bezüglich des Fertigungszentrums gestaltet sich bei der Adapter-Herstellung als schwierig. Ein Fertigungszentrum wird in der Praxis meist bei Bauteilen aus Metall angewendet, welche durch Fertigungsverfahren wie zum Beispiel Fräsen, Bohren oder Drehen in ihre endgültige Form gebracht werden. Da bei dem betrachteten Produktionsprozess größtenteils verschiedene Montagetätigkeiten anfallen, ist die Fertigung des KB-Adapters mit einem Fertigungszentrum nicht möglich. Auch die komplexen Lackierarbeiten können bei diesem Fertigungsprinzip nicht durchgeführt werden. Aus diesen Gründen wurde das Prinzip bei dem Kriterium der herzustellenden Stückzahl so schlecht bewertet. Trotz der Nichteignung wurde dennoch eine Bewertung in den anderen Kriterien vorgenommen, worauf aber nicht näher eingegangen wird.

Tabelle 3.9 Nutzwertanalyse Fertigungszelle/Flexibles Fertigungssystem

Bewertungskriterien			Eigenschaftsgrößen		Fertigungszelle			Flexibles Fertigungssystem		
Nr.		Gew.		Einheit	Eigenschaften	Wert	Gew. Wert	Eigenschaften	Wert	Gew. Wert
1.	Herzustellende Stückzahl	0,30	Stückzahl	St./Mon.	0-4 St./Mon.	1	0,30	0-4 St./Mon.	1	0,30
2.	Montagefähigkeit	0,20	Montagegeeignet	-----	Eher nicht	1	0,20	Eher nicht	1	0,20
3.	Erweiterbarkeit der Anlage	0,20	Erweiterbarkeit der Anlage	-----	Mittel	3	0,60	Mittel	3	0,60
4.	Flexibilität der Fertigung (Umbau auf andere Produkte)	0,10	Ausrichtung auf den KB-Adapter	-----	Sehr gering	4	0,40	Sehr gering	4	0,40
5.	Automatisierbarkeit	0,10	Automatisierbarkeit	-----	Absolut	4	0,40	Absolut	4	0,40
6.	Know-how	0,05	Qualifikation der Mitarbeiter	-----	Mittel	2	0,10	Mittel	2	0,10
7.	Kosten	0,05	Investitionskosten	€	Mittel	2	0,10	Hoch	1	0,05
Summe							2,10			2,05

Auswertung Fertigungszelle

Da die Fertigungszelle sich lediglich durch die maschinenunabhängige Werkstück-speichereinrichtung von dem Fertigungszentrum unterscheidet, treffen alle oben aufgezählten Argumente auch hier zu. Durch die Werkstückspeichereinrichtung ergibt sich lediglich eine höhere Bepunktung bei der Automatisierung, da so einfacher ohne manuelle Zwischenschritte Produkte hergestellt werden können. Im Gesamten ähnelt also das Bewertungsschema durch die vielen Überschneidungen beider Fertigungsprinzipien sehr stark dem vorherigen.

Auswertung Flexibles Fertigungssystem

Auch die Auswertung des flexiblen Fertigungssystems geschieht unter den gleichen Gesichtspunkten wie bei derjenigen des Fertigungszentrums und der Fertigungszelle. Auch hier sind meist Werkzeugmaschinen am Herstellungsprozess beteiligt. Eine Fertigung wäre zwar durch den Einsatz von beispielsweise Roboterarmen möglich, entspricht aber durch die vom Tier-2-Lieferanten geforderte manuelle Montage nicht den Zielkriterien. Aus diesem Grund unterscheidet sich das flexible Fertigungssystem lediglich hinsichtlich der zu erwartenden Kosten von der Fertigungszelle. Diese sind in einem flexiblen Fertigungssystem höher, da in der Regel mehr Komponenten miteinander kommunizieren und dadurch ein höherer Steuerungs- und Kommunikationsaufwand betrieben werden muss.

Tabelle 3.10 Nutzwertanalyse Reihenfertigung/Flexible Taktfertigung

	Bewertungskriterien		Eigenschaftsgrößen		Reihenfertigung			Flexible Taktfertigung		
Nr.		Gew.		Einheit	Eigenschaften	Wert	Gew. Wert	Eigenschaften	Wert	Gew. Wert
1.	Herzustellende Stückzahl	0,30	Stückzahl	St./Mon.	40 St./Mon.	4	1,20	40 St./Mon.	4	1,20
2.	Montagefähigkeit	0,20	Montagegeeignet	----	Absolut	4	0,80	Absolut	4	0,80
3.	Erweiterbarkeit der Anlage	0,20	Erweiterbarkeit der Anlage	----	Mittel	3	0,60	Mittel	3	0,60
4.	Flexibilität der Fertigung (Umbau auf andere Produkte)	0,10	Ausrichtung auf den KB-Adapter	----	Mittel	2	0,20	Hoch	1	0,10
5.	Automatisierbarkeit	0,10	Automatisierbarkeit	----	Zu großen Anteilen	3	0,30	Zu großen Anteilen	3	0.30
6.	Know-how	0,05	Qualifikation der Mitarbeiter	----	Gering	3	0,15	Gering	3	0,15
7.	Kosten	0,05	Investitionskosten	€	Mittel	2	0,10	Hoch	1	0,05
Summe							3,35			3,20

Auswertung Reihenfertigung

Dadurch, dass es sich bei der Reihenfertigung um ein Fließ- bzw. Verrichtungsprinzip handelt, wird der Prozess meist in kleine Teile aufgeteilt und in der Herstellungsreihenfolge angeordnet. Durch diese besondere Anordnung der einzelnen Fertigungsstationen arbeitet die Produktion einerseits sehr produktiv mit höheren Stückzahlen und andererseits auch relativ flexibel, da das Produkt nicht alle Stationen wirklich durchlaufen muss. Vorgegeben wird die Fertigungsreihenfolge durch einen Arbeitsplan. Durch die Aufteilung des Herstellungsprozesses in kleine Teilarbeitsschritte ergeben sich meist nicht so hohe Anforderungen an den Mitarbeiter. Der Mitarbeiter arbeitet an einer definierten Arbeitsstation, wo er einen standardisierten Prozess ausführt und dort schnell eine gewisse Routine erlangt. Weiterhin eignet sich dieses Fertigungsprinzip besonders für die Montage und wurde deshalb im wichtigsten Kriterium, der Stückzahl, mit der vollen Punktezahl bewertet. Ein weiteres Argument für eine Reihenfertigung, sind die im Vergleich zur Taktfertigung geringeren Investitionskosten. Besonders interessant macht dieses Fertigungsprinzip die Kombinierbarkeit mit anderen Fertigungsprinzipien. Im Gesamten schneidet die Reihenfertigung dadurch hinter der Werkbankfertigung am besten ab.

Auswertung Flexible Taktfertigung

Die flexible Taktfertigung ist ähnlich wie die Reihenfertigung ein Fließ- bzw. Verrichtungsprinzip. Aus diesem Grund ähnelt die Bewertung sehr derjenigen der Reihenfertigung. Unterschiede ergeben sich jedoch hinsichtlich der Flexibilität und der anfallenden Investitionskosten. Unter Flexibilität ist in diesem Punkt die taktgebundene Zeit als Hauptkritikpunkt anzusehen, denn sie macht den Prozess immer ein Stück weit unflexibel. Hinzu kommt, auch wenn es sich um eine flexible Taktfertigung handelt, dass es sich meist um ein geschlossenes System handelt, welches sich nicht leicht umbauen lässt. Aus diesem Grund sind auch die Investitionskosten höher eingestuft, da solch ein komplexes System mehr Aufwand und gleichzeitig mehr Kosten beinhaltet. Dennoch schließt es bei der Nutzwertanalyse mit einem Wert von 3,2 von vier möglichen Punkten nicht schlecht ab.

3.5.6 Vergleich der Lösungsvarianten

Nach den einzelnen Nutzwertanalysen werden in diesem Schritt die Ergebnisse nochmals zusammen aufgelistet. Hierbei sind die zwei besten Lösungsvarianten in hellgrün farblich hinterlegt. Das Werkbankprinzip erreicht gemeinsam mit der Reihenfertigung eine Gesamtpunktezahl von 3,35.

Tabelle 3.11 Vergleich der Gesamtwerte

Fertigungsprinzip	Nutzwert
Betriebliche Baustellenfertigung	2,35
Werkbankprinzip	3,35
Werkstättenprinzip	2,90
Fertigungszentrum	1,90
Fertigungszelle	2,10
Flexibles Fertigungssystem	2,05
Reihenfertigung	3,35
Flexible Taktfertigung	3,20

3.5.7 Abschätzen von Beurteilungsunsicherheiten

Dieser Punkt nimmt in der Untersuchung eine eher zurückgestellte Rolle ein, da das entstanden Konzept zum Teil auch auf Wunsch des System- und Komponenten-lieferant so ausgeführt worden ist. So kann es beispielsweise vorkommen, dass bei der Auswahl der Anforderungen gewisse Abhängigkeiten zwischen den Kriterien vernachlässigt wurden. Hinzu kommt, dass es sich bei der Herstellung des Kon-solen-Bewegungs-Adapters um ein Produkt handelt, welches gerade erst aus der Entwicklungsphase heraus ist. In diesem Projektstadium sind Absatzprognosen und die damit herzustellenden Stückzahlen nur schwer einschätzbar. Aus diesem Grund sollen die Montagetätigkeiten auch manuell ausgeführt werden, um im ers-ten Schritt, falls die Absatzmenge stark steigt, erst einmal mit anderen Schicht-modellen die Kapazitätsengpässe aufzufüllen.

3.5.8 Suchen nach Schwachstellen

Für die Untersuchung der Schwachstellen werden die zwei bestbewerteten Ferti-gungsprinzipien ausgewählt und in einem sogenannten Balkendiagramm aufge-zeigt und anschließend ausgewertet.

In Bild 3.10 sind die Werteprofile des Werkbankprinzips und der Reihenfertigung dargestellt. Hierbei sind auf der X-Achse das Bepunktungssystem von 1 bis 4 auf-getragen und auf der Y-Achse die sieben Bewertungskriterien aus der Nutzwert-analyse. Um dieses Werteprofil zu erhalten, werden zum einen die in der Nutz-wertanalyse erreichten Punkte des jeweiligen Fertigungsprinzips eingetragen. Zum anderen wird dann über die Breite der Balken die Gewichtung mitberück-sichtigt. Die Breite der Balken im Bild 3.10 ist jedoch nicht maßstabsgetreu, da durch die Übertragung aus dem Zeichenprogramm Abweichungen auftreten.

Trotzdem verdeutlichen die Balken durch die verschiedenen Größen und unterschiedlichen Gewichtungen der einzelnen Anforderungen die Verhältnisse innerhalb der Analyse.

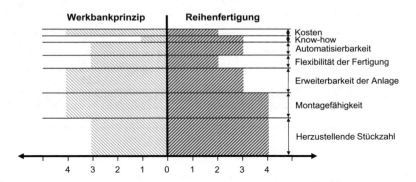

Bild 3.10 Werteprofile des Werkbankprinzips und der Reihenfertigung

Die Werteprofile beider Lösungsansätze gestalten sich sehr ausgeglichen. Beim Werkbankprinzip deutet sich lediglich im Punkt Know-how eine kleine Schwäche an, welche bereits in der Auswertung der einzelnen Nutzwertanalyse erläutert wurde. Zu ersehen ist, dass diese beiden Fertigungsprinzipien sich in der Summe sehr gut ergänzen würden. Beispielsweise ist die Werkbankfertigung als nicht so kostenintensiv einzustufen, wohingegen die Reihenfertigung hinsichtlich Know-how punktet. Auch in der wichtigsten Anforderung, der Stückzahl, erreicht die Reihenfertigung die volle Punktzahl. Jedoch ist die Reihenfertigung nicht so leicht erweiterbar wie die Werkbankfertigung. Im endgültigen Lösungsvorschlag wird das Soll-Konzept aus einer Mischform einer Werkbankfertigung und einer Reihenfertigung bestehen.

Lessons Learned

Die Effizienz und die Gestaltung der Produktionsabläufe beeinflussen maßgeblich die Effektivität eines Herstellungsbetriebes. Vor allem standardisierte und flussgebundene Produktionsschritte können Unternehmen dabei helfen, wirtschaftlich gut zu arbeiten, um gegenüber Konkurrenten einen Vorteil auf dem Markt zu erlangen.

Im ersten Schritt muss sich dabei das Unternehmen selber fragen, wo es hin will und welche Fertigungsorganisation zu seinen Produkten passt. Dabei ist es auch möglich, für verschiedene Produkte verschiedene Fertigungsorganisationen zu wählen, da sich die einzelnen Erzeugnisse in der Herstellungsreihenfolge sehr stark unterscheiden können.

In dieser Untersuchung wurde für den kleinen und mittleren System- bzw. Komponentenlieferanten aus der Automobilbranche in Bezug auf den Herstellungsprozess des Konsolen-Bewegungs-Adapters das Fertigungsprinzip der Werkbankfertigung gewählt. Das Werkbankprinzip besticht vor allem dadurch, dass es sehr gut in der Montage angewendet werden kann und sich vor allem für komplexe Bauteile eignet. Ein weiterer Vorteil ist, dass durch die Begleitung des KB-Adapters während der Montagetätigkeiten immer genau ein Mitarbeiter für die Montage und den Zusammenbau eines Adapters verantwortlich ist. Dies ist vor allem in Herstellungsbetrieben meist ein Zeichen von hoher Qualität und Wertschöpfung.

Zudem wurde mit Hilfe der Nutzwertanalyse herausgestellt, dass eine Anordnung entlang der Arbeitsgangreihenfolge durch die sogenannte Reihenfertigung sinnvoll ist. Dadurch ist die Produktionsstätte so angeordnet, dass der Konsolen-Adapter vom Einzelteil bis hin zum fertigen Enderzeugnis das Unternehmen durchläuft und somit eventuelle Mehrarbeit oder prozessbedingte Liegezeiten minimiert werden. Darüber hinaus wird in der Praxis häufig eine Mischform aus Reihen- und Werkbankfertigung für Erzeugnisse wie den KB-Adapter eingesetzt.

Abschließend ist zu sagen, dass der Second-Tier-Lieferant durch die Realisierung des angegebenen Konzeptes eine hohe Anzahl an Konsolen-Adaptern pro Jahr herstellen könnte. Hierzu müsste die aktuelle Produktion jedoch in einigen Bereichen angepasst und durch größere finanzielle Mittel erweitert werden. Durch die immer größer werdende Nachfrage ist es dem Unternehmen anzuraten, die Produktion des KB-Adapters getrennt von anderen Produkten zu betrachten. Durch diese Art Ausgliederung könnte der Prozess noch weiter verbessert und auf eine höhere Jahresstückzahl gesteigert werden. Darüber hinaus können durch die Einführung eines anderen Schichtsystems, wie beispielsweise einem Drei-Schicht-System, zusätzlich Kapazitäten freigesetzt und damit ein höheres Produktionsvolumen erreicht werden.

4 Reengineering einer Kleinserienfertigung zu einer optimierten Mittelserienfertigung

■ 4.1 Abgrenzung des Analyseumfeldes

In diesem Kapitel liegt das Hauptaugenmerk auf dem Reengineering von Kleinserienfertigungen in kleinen und mittleren Unternehmen. In diesem Zusammenhang werden verschiedene Managementmethoden vorgestellt, ausgewertet und erläutert. Anschließend wird eine favorisierte Vorgehensweise auf ein konkretes Beispiel angewendet und daraus Rückschlüsse für die Praxis gezogen. Um auch einen betriebswirtschaftlichen Faktor in die Analyse einzuspielen, wird zusätzlich eine Investitionsbetrachtung durchgeführt.

Schlüsselfragen

Mit welcher Methodik kann ein Herstellungsprozess abgebildet werden, um anschließend ein überarbeitetes Konzept für eine allgemeine, mittlere Serienfertigung abzubilden?

Welche konkreten Problemstellungen ergeben sich für kleine und mittlere Unternehmen beim Reengineering ihrer Produktion, wenn sie als System- bzw. Komponentenzulieferer in der Automobilbranche tätig sind?

Wie muss ein allgemeingültiger Herstellungsprozess mit hohen prozessbedingten Liegezeiten und Montageanteilen unter Berücksichtigung finanzieller Investitionen und räumlicher Kapazitäten beschaffen sein, um zu einer mittleren Serienfertigung ausgebaut werden zu können?

■ 4.2 Reengineering einer kleinen bzw. mittleren Fertigung

4.2.1 Die Gestaltung moderner Fertigungsstätten

Eine Produktion ist eine technische und organisatorische Einheit, welche die hergestellten Produkte über den gesamten Lebenszyklus hin betrachtet. Die Produktion umfasst somit die Erforschung und Entwicklung, die Herstellung, den Vertrieb und auch das Recycling der Erzeugnisse.

Unter dem Begriff der Fertigung wird hingegen nur die Herstellung von Produkten mit Hilfe von Ausgangsmaterialien, Energie, Menschen, Maschinen, Kapital, Informationen und Wissen verstanden. Im Gegensatz zur Produktion ist die Fertigung damit nur ein Teilprozess der gesamten Prozesskette. Eine Fertigung basiert auf den in Tabelle 4.1 genannten und definierten sechs Grundelementen.

Tabelle 4.1 Grundelemente eines Fertigungsunternehmens

Grundelement	Definition
Produktionsprozesse	Diese Art der Prozesse beschreibt die internen und externen Tätigkeiten in einem Unternehmen zur Leistungserstellung.
Geschäftsprozesse	Neben der Auftragsabwicklung gehören zusätzlich auch die Produktionsplanung und -steuerung zu den Geschäftsprozessen.
Materialfluss	Der Materialfluss beinhaltet die Transportaktivitäten zwischen den einzelnen Produktionsprozessen und die Steuerung der Bestände.
Informationsfluss	Der Informationsfluss besteht aus den Daten und Dokumenten, welche zwischen den Prozessarten ausgetauscht werden.
Kunde	Der Kunde gibt mit seiner Nachfrage das Produktionsvolumen vor und bestimmt somit die Auslastung der Produktion.
Lieferant	Der Lieferant versorgt die Unternehmen mit Produktions- und Rohmaterialien.

Aufbauend auf den Grundelementen einer Fertigung werden nachfolgend vier Methoden zum Reengineering einer Klein- bzw. Mittelserienfertigung vorgestellt und jeweils erläutert. Die etablierten Reengineering-Ansätze werden wie folgt abgehandelt:

- ■ Reengineering-Ansatz 1: Six Sigma-Methode
- ■ Reengineering-Ansatz 2: Methode des Lean Managements
- ■ Reengineering-Ansatz 3: Business Reengineering
- ■ Reengineering-Ansatz 4: Methode des Value Stream Managements

4.2.2 Prozessgestaltung mit Hilfe des Six-Sigma-Ansatzes

Mit Hilfe des Six Sigma-Ansatzes ist es Unternehmen möglich, durch den Einsatz von anerkannten Werkzeugen und Methoden ihre Prozesse zu analysieren und im Nachgang zu verbessern. Im Vordergrund stehen dabei die Kundenausrichtung und die damit geforderte Qualitätseinstellung eines Unternehmens. Durch faktenbasierte Analysen werden in der Praxis Fehler identifiziert und durch die Implementierung von Gegenmaßnahmen ausgebessert. Ziel eines jeden Six Sigma Projektes ist es, Kosten durch verschlankte Prozesse zu senken und gleichzeitig einen neuen Mehrwert für das Unternehmen zu schaffen.

Der Ursprungsgedanke von Six Sigma beinhaltet in der Praxis die nachfolgenden fünf Phasen einer Verbesserung, welche auch als DMAIC-Regelkreis bekannt sind. Die Abkürzung DMAIC steht für die einzelnen Begriffe Define (definieren), Measure (messen), Analyze (analysieren), Improve (verbessern) und Control (kontrollieren).

Der DMAIC-Regelkreis dient dazu, negative Qualität bei bestehenden Prozessen zu eliminieren und Mehrwert zu schaffen. Der Six Sigma-Ansatz beschäftigt sich darüber hinaus ebenso mit einem zweiten Ansatz, dem DMADV-Regelkreis. Hierbei stehen die einzelnen Variablen für Define (definieren), Measure (messen), Analyze (analysieren), Design (neugestalten) und Verify (verfeinern, bzw. verbessern). Dieser wird eingesetzt, um im Umkehrschluss aus der eliminierten negativen Qualität mit Hilfe des DMAIC-Regelkreises neue positive Qualität zu regenerieren.

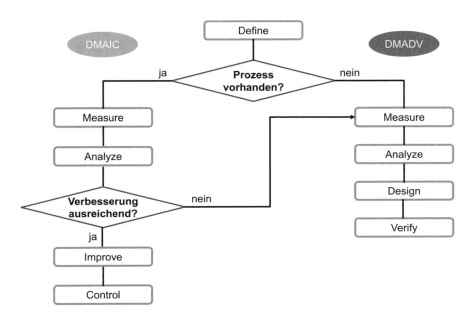

Bild 4.1 Entscheidungsbaum zum Einsatz von DMAIC- und DMADV-Zyklen

Aus Bild 4.1 erschließt sich, dass in Bezug auf die Neugestaltung, der DMADV-Regel-kreis dasjenige Verfahren ist, welches bei neuen Prozessen bzw. Produkten ange-wendet wird. Zusammengefasst werden diese Projekte meist als „Design for Six Sigma-Projekte" (DFSS-Projekte).

Um auch in der Praxis den Six Sigma-Ansatz umsetzen zu können, werden im Fol-genden die Vorgehensweise und die verschiedenen Werkzeuge eines DMADV-Re-gelkreises erläutert. Aus Umfangsgründen sind die folgenden Betrachtungen auf die wichtigsten Begrifflichkeiten konzentriert. Sie sollen einen Überblick über die genannte Methode schaffen. Eine ausführliche Erläuterung der Vorgehensweise sowie die genaue Anwendung der Werkzeuge kann aus der angegebenen Literatur entnommen werden.

Define

In der ersten Phase von Six Sigma-Projekten wird in der Praxis zuerst ein Projekt-charter aufgestellt und definiert. Hieraus ist ersichtlich, von welcher wirtschaftli-chen Lage (Business Case) ausgegangen wird, welche Probleme und Ziele bei dem Projekt auftreten können und, ob die verfügbaren Ressourcen bzw. die Rollen und Verantwortlichkeiten innerhalb des Projektteams klar definiert sind. Um dies um-zusetzen, werden beispielsweise Zeitpläne wie ein Gantt-Diagramm oder auch inner-halb einer Stakeholderanalyse feste Parameter definiert.

Measure

Sind die äußeren Parameter des Projektes definiert, können die einzelnen Kunden-anforderungen genau identifiziert und ein präzises Anforderungsprofil an das Pro-dukt erstellt werden. Als Hilfsmittel können beispielsweise eine Portfolioanalyse, ein Kano-Modell oder eine Kundeninteraktionsstudie dienen. Anschließend kön-nen die Qualitätsansprüche der Kunden – zum Beispiel mit der Design Scorecard – bestimmten Messgrößen und Zielvorstellungen zugeordnet werden.

Analyze

Bei der Analyse-Phase werden im ersten Schritt die vorher definierten Kundenan-forderungen auf ihre Korrelation untersucht, d. h. in wie weit beeinflussen sich die Parameter gegenseitig positiv oder negativ. Ein mögliches Verfahren ist das Qua-lity Function Deployment. Im nächsten Schritt wird dann versucht, die vorher fest-gestellten Probleme in Bezug auf die korrelierenden Kundenanforderungen zu mi-nimieren bzw. zu beseitigen. Dies kann wirtschaftlich, beispielsweise über die Zielkosten, oder technisch, mit Hilfe einer Produktfehlermöglichkeits- und Einfluss-analyse durchgeführt werden.

Design

Im vorletzten Arbeitsschritt wird nun geschaut, wie die vorher festgelegten Gestaltungsmerkmale des Produktes in der Praxis umgesetzt werden könnten. Hierbei steht vor allem die Lean-Philosophie im Vordergrund, um die Verschwendung innerhalb des Herstellungsprozesses so gering wie möglich zu halten. Umgesetzt werden kann dies beispielsweise mittels Simulationsprogrammen, welche den vorher entwickelten Herstellungsprozess simulieren und anschließend Engstellen aufdecken können.

Verify

Im letzten Schritt wird der entwickelte Produktionsprozess ausgerollt und auf seine Tauglichkeit geprüft. Die im Schritt „Measure" definierten kritischen und unkritischen Prozesskennzahlen können nun mit Hilfe der Datenerfassung bewertet werden. Durch die Auswertung der Kennzahlen resultiert im Folgeschritt eine kontinuierliche Verbesserung, da kritische Engpässe leichter identifiziert und eventuell beseitigt bzw. minimiert werden können.

4.2.3 Prozessgestaltung mit Hilfe des Lean Managements

Unter Lean Management wird die Integration von permanenten und konsequenten Anwendungen zur effektiven und effizienten Prozessverbesserung verstanden. Darüber hinaus wird bei diesem Ansatz die gesamte Wertschöpfungskette betrachtet, welche durch Verbesserungen zu einer Reduzierung der Verschwendungen beiträgt.

Der Hauptgedanke richtet sich hierbei an das Denken und Handeln in Bezug auf sachliche und wertmäßige Optimierungspotenziale. Auf sachlicher Ebene werden vor allem die Faktoren Qualität, Zeit bzw. Produktionsgeschwindigkeit, Flexibilität, Produktivität und Bestand betrachtet. Da jedoch nicht nur die Produktion untersucht werden kann, sind weitere wertbezogene Faktoren wie Kosten, Erlöse und Rentabilität nicht zu vernachlässigen. Der Ansatz des Lean Managements kombiniert zum einen das „Lean Enterprise", die schlanke Organisation und zum anderen die „Lean Production", also die schlanke Produktion.

Lean Enterprise

Der Lean Enterprise-Gedanke betrachtet in erster Linie alle Abläufe und Strukturen um den eigentlichen Herstellungsprozess herum. Hierunter fallen die Organisation und das Managen der Produktentwicklung sowie die Betrachtung von Unternehmensabläufen, Lieferanten und Kundenbeziehungen. Diese Managementmethode hat die folgenden fünf Ziele:

- *Kundenwert:* Produkte sollen schon in der Entwicklungsphase genau auf den Kunden abgestimmt werden, um Änderungsaufwand im späteren Herstellungsverlauf zu minimieren.

- *Wertstrom:* Die wertschöpfenden Tätigkeiten innerhalb der Unternehmensprozesse sollen so gestaltet sein, dass die Verschwendung so gering wie möglich gehalten wird. Hierbei sollen auch überflüssige Abläufe identifiziert und eliminiert werden.

- *Fließende Prozesse:* Prozesse innerhalb eines Unternehmens sollen ohne große Warteschleifen und Bestände ablaufen und somit flussgerecht konzipiert sein.

- *Pull:* Um beispielsweise hohe Bestände zu vermeiden, soll eine Organisation so gestaltet sein, dass erst auf Kundenwunsch flexibel und möglichst zeitnah hergestellt wird.

- *Perfektion:* Die Perfektion setzt eine kontinuierliche Verbesserung und das Streben nach immer effizienteren Abläufen als Grundlage voraus.

Lean Production

Wie der Name schon beschreibt, beschäftigt sich der Lean Production-Gedanke eher mit Komponenten innerhalb einer Fertigung. Verdeutlicht wird dies in Bild 4.2, welches die Grundelemente einer schlanken Fabrik aufzeigt. Aus Umfangsgründen wird hier nicht auf jede einzelne Strategie bzw. jedes einzelne Werkzeug eingegangen. Die Grundlagen hierzu wurden aus dem Buch „Lean oder MES in der Automobilzuliefererindustrie" von Gerberich entnommen.

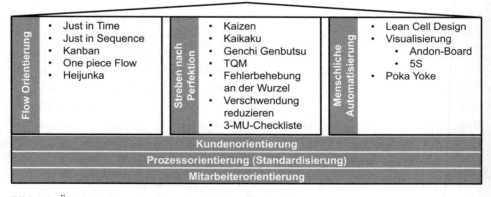

Bild 4.2 Überblick über die Elemente der Lean Production

Da Lean Production in der Umsetzung nicht ganz von Lean Enterprise getrennt werden kann, bilden sich beispielsweise mit der Flow- und Kundenorientierung sowie dem Streben nach Perfektion gewisse Parallelen. Grundsätzlich ist zu sagen, dass der Gedanke eines schlanken Herstellungsprozesses auf einem Grundgerüst aus drei Faktoren aufgebaut ist. Die Mitarbeiterorientierung bildet hierbei die erste Schicht. Dies verdeutlicht, dass durch eine Umstrukturierung nicht nur, wie oft in der Praxis gedacht, die Mitarbeiterzahl zu reduzieren ist, sondern das Arbeiten für die Mitarbeiter so angenehm und doch produktiv wie möglich zu konzipieren ist. Der zweite Faktor bezieht sich auf den eigentlichen Prozess. Die Herstellung eines Produktes sollte einerseits so gestaltet sein, dass möglichst wenig Verschwendung auftritt und andererseits ein gewisser Standard bei den Abläufen integriert wird. Wie auch beim Lean Enterprise spielt vor allem innerhalb der Produktion die Kundenausrichtung als dritter Faktor eine entsprechende Rolle und bildet die Grundlage, ob der spätere Verkauf des Erzeugnisses ein Erfolg wird.

Auf dem Fundament bilden diese drei Faktoren die Säulen für das Dach der Lean Production. Neben dem Flow und dem Streben nach Perfektion, welche im vorherigen Abschnitt bereits erläutert wurden, sind zusätzlich auch Werkzeuge und Strategien wie beispielsweise Just in Time-Produktion innerhalb der einzelnen Bereiche abgebildet. Darüber hinaus bildet die dritte Säule die so genannte menschliche Automatisierung. In diesem Abschnitt der schlanken Produktion sollen Fertigungsabläufe so gestaltet sein, dass diese nicht falsch oder nur mit großen Umwegen falsch durchgeführt werden können. Zum Beispiel kann mit Hilfe von „Poka Yoke" (unglückliche Fehler vermeiden) ein Montageprozess so gestaltet sein, dass dieser über die Geometrie der Bauteile nur in einer richtigen Art und Weise durchgeführt werden kann. Ein Praxisbeispiel wäre eine SIM-Karte, welche allein durch die Geometrie nur in einer Weise, nämlich richtig angewendet und eingelegt werden kann.

4.2.4 Prozessgestaltung mit Hilfe des Business Reengineerings

Das Business Reengineering ist eine Methode, um die Geschäftsprozesse auf die äußeren strategischen Veränderungen eines Unternehmens anzupassen. Dies wird eingesetzt, um weiterhin wettbewerbsfähig zu bleiben und bereits bestehende Strukturen innerhalb des Unternehmens, die Wachstum behindern oder einschränken, zu eliminieren. In der Literatur wird das Business Reengineering auch unter Begriffen wie Business Process Redesign, Process Innovation oder Neukonstruktion von Geschäftsprozessen eingeordnet. Hierbei kann in der Praxis unterschieden werden, ob nur einzelne Prozesse verändert werden (Business Process Reengineering) oder die gesamte Unternehmensstruktur umdisponiert werden soll (Business Reengineering).

Der Ursprungsgedanke von Hammer und Champy bildet einen prozessorientierten Ansatz, wobei zuerst die betrieblichen Abläufe definiert werden und anschließend die Organisationseinheiten hierzu gebildet werden. Für die meisten Unternehmen entsteht bei der Umsetzung nach diesem Prinzip eine radikale Strukturänderung ihrer gesamten Unternehmensabläufe. Diese umfassende Strukturänderung bedeutete jedoch für die Unternehmen in der Vergangenheit die Inkaufnahme enormer Risiken.

Die Weiterentwicklung des Ansatzes, welche hauptsächlich durch Scheer und Österle vorangetrieben wurde, beinhaltet die folgenden drei Kernpunkte:

- Die Neuentwicklung der Geschäftsstrategie in Form einer Unternehmensstruktur bildet die Rahmenbedingungen für das Unternehmen.
- Auf der Prozessebene werden im zweiten Schritt alle Verantwortlichen und deren Tätigkeitsbereiche und Tätigkeiten festgelegt.
- Geschäfts- und Prozessebene eines Unternehmens werden durch verschiedene Informations- und Kommunikationssysteme miteinander verknüpft und mit Datensätzen versorgt.

Durch die Umsetzung der oben genannten Kernpunkte können Unternehmen in Bezug auf die Neugestaltung ihrer Geschäftsprozesse viele Ziele erreichen, um in der heutigen Zeit wettbewerbsfähig zu bleiben, und, um sich von den Konkurrenten absetzen zu können. Die Umsetzung eines solchen Change-Prozesses kann aus Bild 4.3 entnommen werden. Dort sind die verschiedenen Ablaufstufen eines Business Reengineering-Projekts detailliert aufgeschlüsselt.

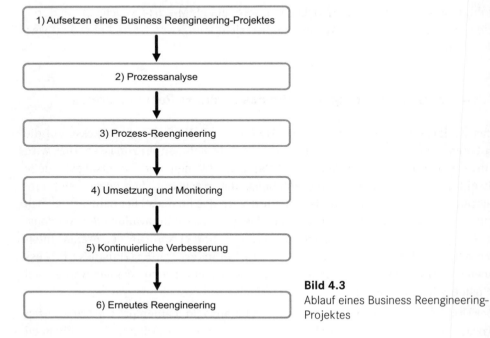

Bild 4.3
Ablauf eines Business Reengineering-Projektes

In der ersten Phase werden zunächst alle relevanten Geschäftsprozesse mit Hilfe einer Portfolio-Analyse identifiziert. Anschließend werden den neu zu gestaltenden Prozessen Ziele und Visionen zugeordnet. Diese Parameter richten sich nach der strategischen Ausrichtung des Unternehmens. Durchgeführt wird ein solches Business Reengineering-Projekt, welches eine Zeitdauer von einem halben Jahr nicht überschreiten sollte, in kleinen Projektgruppen. Diese Projektgruppen beginnen ab dem Kick-off mit dem Bearbeiten des Projektes, wobei immer kleine Meilensteine bzw. Teilprojekte abgeschlossen werden, um den Fortschritt überblicken und kontrollieren zu können.

Im zweiten Schritt, der Prozessanalyse, wird der Ablauf des zu untersuchenden Prozesses in Form von Flussdiagrammen und Dokumenten erfasst und meist mittels internen und externen Benchmarking-Studien oder Interviews ausgewertet. Die Ergebnisse werden anschließend mit Hilfe einer Stärken-, Schwächen-, Chancen-, und Risikomatrix (SWOT-Matrix) bildlich dargestellt.

Beim Prozess-Reengineering werden anschließend mit den Ergebnissen der SWOT-Matrix Alternativen für den betrachteten Prozess erarbeitet. Hierbei können Hilfsmittel wie eine Prozess-Erfolgsfaktoren-Matrix durch ihr Bepunktungssystem bei der Entscheidungsfindung helfen.

Ist dieser Schritt abgeschlossen, wird die favorisierte Vorgehensweise umgesetzt und parallel zum bestehenden Prozess als Projekt durchgeführt und getestet. Durch die zweigleisige Arbeitsweise wird das Tagesgeschäft nicht gestört und gleichzeitig können bei dem entwickelten Konzept Schwachstellen aufgedeckt und beseitigt werden. Ist der neue Prozess angepasst und erprobt, können die Mitarbeiter geschult werden und die neue Vorgehensweise in die Unternehmensstruktur überführt werden.

Unter dem Begriff einer kontinuierlichen Verbesserung wird die Stabilisierung des eingeführten Geschäftsprozesses verstanden. Hierbei kann flexibel auf äußere Änderungen reagiert und der Prozess nachträglich angepasst werden. Wenn das Ergebnis des neugestalteten Ablaufs jedoch nachlässt, entwickelt sich hieraus wieder ein neues Business Reengineering-Projekt mit der gleichen Vorgehensweise.

Mit Hilfe der eben beschriebenen Vorgehensweise können in Unternehmen mehrere Ziele erreicht werden. Das vorrangige Ziel bei dieser Vorgehensweise ist die Kunden- und Serviceorientierung der neuen Prozesse. Durch das interne/externe Benchmarking können durchaus Rückschlüsse von anderen Unternehmen gezogen werden, um in verschiedenen Positionen dem Kundenwunsch immer näher zu kommen. Meist entsteht darüber hinaus durch die Neugestaltung und dem Einsatz neuer Technik eine Durchlaufzeitverkürzung. Diese Durchlaufverkürzung erspart einerseits Kosten, bietet dem Unternehmen aber auch gleichzeitig eine gewisse Flexibilität, um auf Veränderungen in der Nachfrage schneller reagieren zu können. Zusätzlich kann meist durch die Kunden- und Serviceausrichtung sowie durch den Einsatz von Informations- und Kommunikationssystemen ein höheres Qualitätsniveau erreicht werden.

4.2.5 Prozessgestaltung mit Hilfe des Value Stream Managements

Das Value Stream Management, welches auch Wertstrommanagement genannt wird, ist eine Unternehmensphilosophie, die in der heutigen Zeit immer mehr an Bedeutung gewinnt. Mit dem Ziel, aus allgemeingültigen Lösungsvorschlägen praxisgerechte Ergebnisse innerhalb dieser Untersuchung zu erarbeiten, beschränkt sich die Literaturauswahl im Wesentlichen auf das Buch: „Wertstromdesign“. Dieses von Klaus Erlach verfasste Buch, ist das deutschsprachige, praxisbezogene Gegenstück zu den englischsprachigen und vor allem sehr theoriebezogenen Literaturquellen von Jeffery K. Liker und Mike Rother.

Im Allgemeinen definiert das Wertstrommanagement ein Planungs- und Steuerungskonzept, welches sich im Fabrikbetrieb über drei Ebenen erstreckt (vgl. Bild 4.4).

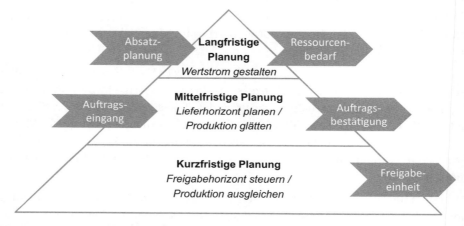

Bild 4.4 Planungsebenen im Value Stream Management

Die Spitze der Pyramide bildet die langfristige Planung des Fabrikbetriebes. Hierzu werden meist komplette Fertigungsprozesse neu definiert und nach einem effizienteren Ansatz neu konstruiert. Zum Aufgabengebiet zählt, den Wertstrom neu auszulegen, abzustimmen und zu konfigurieren. Ein Beispiel hierfür wäre das Einführen neuer Logistikprozesse, welche die Fertigung flexibler und auf den Kunden ausgerichtet arbeiten lässt. Somit sind die in Bild 4.4 aufgeführte Absatzplanung und der Ressourcenbedarf fester Bestandteil der langfristigen Planung. Für den unmittelbaren Fertigungsabschnitt eines Unternehmens spielen jedoch vorerst die mittel- und kurzfristige Planung eine größere Rolle. Bei der mittelfristigen Planung wird durch die Abwicklung des Auftragsmanagements der Lieferhorizont für die Produktion festgelegt. Neben der Auftragsabwicklung zählt das Einleiten von Maßnahmen zur kontinuierlichen Verbesserung oder das Überwachen von Lieferterminen mit zum Aufgabengebiet in dieser Planungsstufe im Wertstrommanagement. Die letzte Ebene umfasst den kurzfristigen Planungshorizont. Hierbei wird der Fertigungsbetrieb auf Basis der Feinplanung geplant und die Produktion ausgeglichen. Der Freigabehorizont für das Produktionsvolumen umfasst dabei meist die Durchlaufzeit für die verschiedenen Produkte. Zu den Aufgaben zählen beispielsweise die direkte Auftragsfreigabe in der Fertigung oder bei Problemen die Rückmeldung zur nächst höheren Planungsebene. Um diese Planungs- und Steuerungsaufgaben umzusetzen, ist der erste Schritt im Value Stream Management die Festlegung des Ist-Zustandes über das Value Stream Mapping und die Neustrukturierung über das Value Stream Design.

4.2.5.1 Value Stream Mapping

Das Value Stream Mapping, auch Wertstromaufnahme genannt, ist eine umfassende und detaillierte Methode, um Produktionsprozesse in herstellenden Unternehmen darzustellen. Um den Wertstrom eines Unternehmens abzubilden, werden die erwähnten Grundelemente einer Fertigung betrachtet. Darüber hinaus wird innerhalb von Fertigungsprozessen noch in wertschöpfende Tätigkeiten und nicht wertschöpfende Tätigkeiten unterschieden. Die wertschöpfenden Aktivitäten sind für die Erstellung des Produktes notwendig und verleihen dem Erzeugnis einen Mehrwert. Ein Beispiel hierfür wäre ein Montageprozess. Nicht wertschöpfende Prozesse werden nochmals in notwendige Aktivitäten wie beispielsweise Transportvorgänge und nicht notwendigen Aktivitäten wie Nacharbeit von fehlerhaften Bauteilen unterschieden.

Die Vorgehensweise bei der Wertstromaufnahme teilt sich bei produzierenden Unternehmen in vier aufeinander folgende Arbeitsschritte auf:

1. Start: Produktfamilienbildung

2. Vorbereitung: Kundenbedarfsanalyse

3. Durchführung: Wertstromaufnahme

4. Auswertung: Verbesserungspotenziale

Im weiteren Vorgehen werden diese vier Schritte ausführlich erläutert und definiert. Dazu finden meist innerhalb dieser Einteilung nochmals Unterteilungen statt, welche aus Übersichtsgründen nicht mit in der Aufzählung erwähnt wurden.

4.2.5.1.1 Produktfamilienbildung

Unter Produktfamilien werden einzelne Segmente oder die Zusammenfassung von Produkten verstanden, welche ein Unternehmen in seinem Portfolio anbietet. Bevor also zunächst die eigentliche Wertstromanalyse durchgeführt werden kann, muss der genaue Untersuchungsraum definiert werden. Grundsätzlich wird immer nur ein Produkt untersucht, da die unterschiedlichen Erzeugnisse meist unterschiedliche Wege innerhalb einer Fertigung zurücklegen und andere Komplexitätsgrade aufweisen können.

So ist es beispielsweise sinnvoll, bei einem Großserienfertiger mit einer geringen Produktvielfalt jedes Erzeugnis einzeln zu betrachten. Dahingegen ist diese Vorgehensweise bei einem Variantenfertiger nicht sinnvoll. Dieser erzeugt aus verschiedenen Produkten meist ähnliche Erzeugnisse mit überlagerten und sehr ähnlichen Herstellungsprozessen. Hierbei können verschiedene Produkte dann in Produktfamilien eingeordnet und zusammen betrachtet werden. In der Praxis können zur Bestimmung der Produktfamilien die folgenden zwei Werkzeuge eingesetzt werden.

Produktfamilien-Matrix

Mit Hilfe dieses Werkzeuges werden alle Produkte und die dazugehörigen Produktionsprozesse erfasst und anschließend gruppiert. Die Gruppierung umfasst ähnliche und gleiche Produktionsschritte, welche dann die einzelne Produktfamilie identifiziert. Zuerst werden alle Produkte senkrecht in einer Matrix aufgelistet. Als nächstes werden die zugehörigen Produktionsschritte waagerecht aufgelistet. Anschließend werden die Artikel den Produktionsverfahren zugeordnet. Ist dieser Schritt abgeschlossen, entsteht eine Matrix mit den verschiedenen Artikeln und den dazugehörigen Produktionsverfahren. Im letzten Schritt werden die Artikel mit gleichen Markierungen in der Spalte der Produktionsverfahren zu Produktfamilien zusammengefasst. Je nach Portfolio und Anzahl der verschiedenen Herstellungsprozesse kann diese Technik jedoch zu einer gewissen Unübersichtlichkeit führen. Darüber hinaus basiert dieses Werkzeug auf dem Prinzip der Ähnlichkeit. Die wirkliche Zuordnung der Produktfamilien liegt deshalb im Ermessen des Anwenders. Bild 4.5 zeigt ein Beispiel.

Artikel-nummer	Bohren	Fräsen (Vertikal)	Fräsen (Horizontal)	Waschen	Härten	Vor-montieren 1	Vor-montieren 2	Montieren 1	Montieren 2	
612680-20	X		X		X	X		X		⎫
612842-20	X		X		X	X		X		⎬ Produktfamilie 1
612682-20	X		X		X	X		X		⎭
615386-10		X	X					X	X	⎫
615387-10		X	X					X	X	⎬ Produktfamilie 2
615387-23		X	X					X	X	⎭
615389-10					X	X	X			⎫
612871-20					X	X	X			⎬ Produktfamilie 3
615502-10					X	X	X			⎭
615719-10	X	X	X	X	X			X		⎬ Produktfamilie 4

Bild 4.5 Beispielhafte Darstellung einer Produktfamilien-Matrix

Produktionsablauf- und Familienähnlichkeitsverfahren

Dieser Ansatz beschreibt im Gegensatz zur Produktfamilien-Matrix die umgekehrte Herangehensweise bei der Bildung der Produktfamilien. Hierzu werden zunächst die in einem Unternehmen vorkommenden Produktionsprozesse und deren Ablauf in einem sogenannten Produktionsablaufschema dargestellt. Ziel ist es hierbei, einen Überblick über die verschiedenen Produktionsabfolgen in einem Unternehmen zu erlangen. Im zweiten Schritt werden die Anforderungen an den Produktionsablauf berücksichtigt. So kann beispielsweise der gleiche Ablauf eines Drehprozesses in einen komplexen Drehprozess und einen weniger komplexen Drehprozess unterschieden werden. Weitere Anforderungen können zum Beispiel die verwendeten Rohmaterialteile oder die Produktkomplexität sein. Durch die Aufteilung der verschiedenen Anforderungen können auch Unternehmen mit sehr ähnlichen Produktionsabläufen ihre Produkte zu Familien zuordnen. Beispiele für ein Produktionsablaufschema, einen Anforderungskatalog an die verschiedenen Produkte und eine fertig durchgeführtes Verfahren sind in Bild 4.6 und Bild 4.7 sowie in Tabelle 4.2 dargestellt.

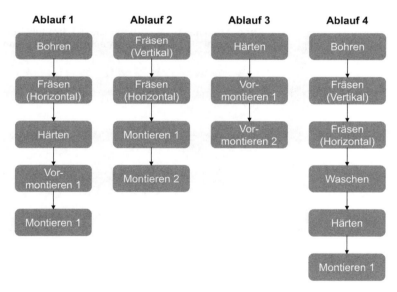

Bild 4.6 Beispielhafte Darstellung eines Produktionsablaufschemas

Tabelle 4.2 Auflistung typischer Produkt- und Telemerkmale

Hauptmerkmal	Definition
Rohmaterialteile	Prozessanforderung (Schmiermittel, Werkzeuge, Kombination, ...)
	Haltbarkeit
Produktgeometrie	Gewicht
	Volumen oder Größe der Abmessung
	Kundenspezifik (standardisiert, parametrisiert, freie Form)
Produktkomplexität	Anzahl montierter Teile
	Summe der Arbeitsinhalte
	Änderungshäufigkeit der Teile
Produktfunktionalität	Kundenspezifik (Standard, Optionen, Anpassungskonstruktion)
	Anzahl möglicher Varianten
	Prüfanforderungen
Handhabung	Handhabbarkeit der Produkte und Teile
	Schutzbedürftigkeit einiger Teile (Oberfläche, Reinheit, ...)
	Wert der Teile (Bestandsführung, Diebstahlschutz)

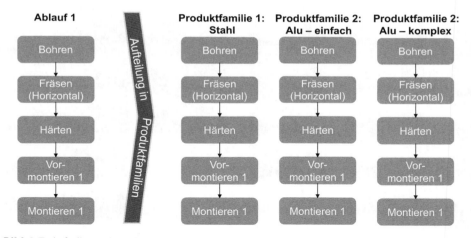

Bild 4.7 Aufteilung eines Produktablaufschemas

4.2.5.1.2 Kundenbedarfsanalyse

Ziel des kompletten Value Stream Managements ist es, zum einen einen effektiven und gut strukturierten Produktionsablauf zu erhalten, andererseits aber auch die Befriedigung des Kundenwunsches in den Vordergrund zu stellen. Ist nun die Produktfamilie ausgewählt, gilt es, nun den Kundenbedarf festzulegen. Um dies abzubilden, erhalten die Kunden im späteren Schaubild ein spezielles Symbol, welches in Bild 4.8 A) wiedergegeben ist. In dieses Symbol wird zunächst die Kundengruppe bzw. der Kunde eingetragen. In der Praxis können Kunden entweder andere Unternehmen sein, welche das hergestellte Erzeugnis weiterverarbeiten oder direkte Händler, die das Produkt an den Endkonsumenten weiterverkaufen. Darüber wird die vorher festgelegte Produktfamilie, die Anzahl an Varianten und der Repräsentant hinzugefügt. Um nicht jede Artikelnummer innerhalb des Kundensymbols zu erwähnen, steht der Repräsentant für eine Anzahl an Artikeln aus der Produktfamilie.

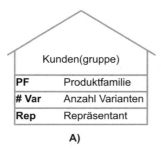

Stck	Jahresstückzahl
FT	Fabriktage
AZ	Arbeitszeit
KT	Kundentakt
LZ	Lieferzeit
LT	Liefertreue

A)   B)

Bild 4.8 Wertstromsymbole für Kunden(gruppen)

Zusätzlich erhält der Kunde einen Datenkasten, welcher unter dem Symbol angebracht wird. Eine beispielhafte Darstellung eines solchen Datenkastens ist aus Bild 4.8 B) zu ersehen. Die zentrale Kennzahl ist hierbei der Kundentakt, welcher durch die folgenden drei Formeln errechnet werden kann.

Formel 4.1 Berechnung des Kundentaktes

$$Kundentakt = \frac{verfügbare\ Betriebszeit\ pro\ Jahr}{Kundenbedarf\ pro\ Jahr}$$

$$Kundentakt = \frac{FT \times AZ}{Stck} \qquad oder: \qquad Kundentakt = \frac{AZ}{TB}$$

KT = Kundentakt [Zeiteinheit / Stück]	FT = Fabriktage [Tage / Jahr]
AZ = tägliche Arbeitszeit [Zeiteinheit / Tag]	Stck = Jahresstückzahl [Stück / Jahr]
TB = Tagesbedarf [Stück / Tag]	

Zusätzlich können neben dem Kundentakt noch die gewünschte Lieferzeit und damit verbundene Liefertreue in den Datenkasten eingetragen und abgebildet werden. Hierbei beschreibt die Lieferzeit zum Beispiel die garantierte Lieferung innerhalb von 24 Stunden nach Bestelleingang. Die Liefertreue spielt hierbei eine eher untergeordnete Rolle, da diese von vielen unternehmensspezifischen Faktoren abhängen kann.

Darüber hinaus treten in der Praxis im Value Stream Mapping beim Betrachten des Kunden Bedarfsschwankungen auf. Diese können durch eine gewisse Lagerhaltung oder durch eine flexible Gestaltung der Produktion ausgeglichen werden.

4.2.5.1.3 Durchführung der Wertstromaufnahme

Der dritte Schritt des Value Stream Mapping ist die Wertstromaufnahme, welche vor Ort durchgeführt und in der Praxis meist mit Hilfe einer Skizze vorgezeichnet wird. Da die Abbildung des kompletten Produktionsprozesses meist ein sehr umfangreicher Themenkomplex ist, wird die Wertstromaufnahme in zwei Durchgängen durchgeführt. Beim ersten Durchgang werden die Produktionsprozesse und die damit verbundenen Materialflüsse aufgenommen. Hierbei beginnt die Untersuchung meist an der Schnittstelle zwischen Kunde und dem Versand. Von dort aus werden alle Produktionsprozesse bis hin zur Entnahme der Rohmaterialien aufgezeichnet.

Im zweiten Durchgang werden dann die Geschäftsprozesse zur Auftragsabwicklung aufgenommen. Dieses beinhaltet zusätzlich auch alle Informationsflüsse. Dazu wird meist in der Praxis bei der Auftragsannahme gestartet und bei den jeweiligen Arbeitsplätzen, wo die Papiere erstellt und verteilt werden, aufgehört.

Nachdem mit Hilfe der zwei vorangegangenen Untersuchungen ein grober Prozessablauf samt Informations- und Materialflüssen erarbeitet wurde, gilt es nun, diesen zu verfeinern, um noch mehr Informationen zur betrachteten Produktfamilie zu erhalten. Hierbei ist es wichtig, möglichst nah am Produktionsprozess zu arbeiten, um den wirklichen Ist-Zustand durch Befragung der Vorarbeiter bzw. Mitarbeiter abzubilden. Die Grundvoraussetzung für diesen nächsten Untersuchungsschritt ist die Genehmigung des Betriebsrates. Hierzu werden in der Praxis die folgenden vier Fragen an die jeweiligen Mitarbeiter gestellt:

- Was sind Ihre Tätigkeiten?
- Woher wissen Sie, was Sie wann zu tun haben?
- Wie groß ist Ihr Bestand beziehungsweise Ihr Arbeitsvorrat?
- Woher erhalten Sie das von Ihnen benötigte Material beziehungsweise Ihre Arbeitsaufträge?

Um diese Untersuchung auch im Wertstromformat darstellen zu können, werden im Folgenden die restlichen Symbole und Rechenwege für die Wertstromaufnahme aufgezeigt und erläutert. Orientierung bieten die sechs Grundelemente einer Fertigung. Eine Übersicht über die gängigsten Symbole bei einer Wertstromdarstellung wird in Bild 4.9 aufgezeigt.

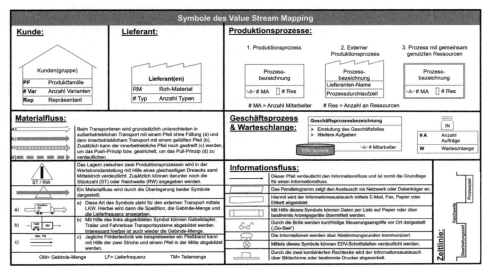

Bild 4.9 Gängigste Symbole bei einer Wertstromdarstellung

Produktionsprozesse

Eine Produktion besteht aus einer Abfolge von Produktionsprozessen. Aus diesem Grund wird bei der Wertstromaufnahme in die in Bild 4.10 dargestellten Prozesse unterschieden.

Bild 4.10 Arten von Produktionsprozessen

Hierbei ist es wichtig zu erwähnen, dass unter den Produktionsprozessen nicht nur technische Prozesse wie das Drehen oder Fräsen verstanden werden. Auch Tätigkeiten wie das Versenden oder Qualitätsprüfungen werden dieser Kategorien zugeordnet. Dabei werden in der Wertstromdarstellung auch immer die verwendeten Ressourcen aufgelistet. Zum einen werden die benötigten Mitarbeiter durch einen kleinen Kopf samt den Armen dargestellt, zusätzlich aber auch die benötigten Ressourcen in Form von Betriebsmitteln. Dies ist in Bild 4.10 bei den Produktionsprozessen unten links bzw. rechts zu ersehen. Dadurch ist sichergestellt, dass die Prozesse auch vergleichbar und mit ihren Parametern abgebildet sind. Die externen Produktionsprozesse sind Tätigkeiten, für deren Durchführung das Erzeugnis das Unternehmen verlässt. Hierbei sind die Prozesslaufzeit und der Lieferanten-Name die zwei wesentlichen Parameter. Eine der wichtigsten Darstellungen in Bezug auf die Erarbeitung eines Soll-Konzepts sind die Prozesse mit gemeinsam genutzten Ressourcen. Hierunter werden Prozesse verstanden, welche auch von anderen Produktfamilien benötigt werden. Dadurch ergeben sich eventuell später Kapazitätsengpässe, welche auf jeden Fall berücksichtigt werden sollten. In der späteren Analyse ist es auch möglich, Produktionsprozesse zusammenzufassen und somit den Detaillierungsgrad aus Übersichtsgründen geringer zu halten.

Genau wie bei der Kundenbedarfsanalyse gibt es bei den Produktionsprozessen auch weitere Parameter, um den Prozess genauer zu beschreiben. Diese fünf Kennzahlen sind in Bild 4.11 A) dargestellt.

Betriebsmittel-Name	
BZ	Bearbeitungs- zeit
PZ	Prozesszeit
PM	Prozessmenge
# T	Anzahl Teile je Produkt
ZZ	Zykluszeit

A)

RZ	Rüstzeit
LG	Losgröße
# Var	Anzahl an Teile-Varianten
V	Verfügbarkeit [%]
EPEI	EPEI-Wert

B)

↑	Gutausbeute [%]
↓	Ausschuss [%]
↵	Nacharbeit [%]
AZ_P	Prozess- Arbeitszeit je Tag
$Stck_P$	Prozess- Jahresstückzahl
KT_P	Prozess- Kundentakt

C)

Bild 4.11 Datenkasten der Produktionsprozesse

Die Bearbeitungszeit gibt an, wie lange sich ein Erzeugnis im entsprechenden Produktionsprozess befindet. Hierzu gehören zum Beispiel bei einem konventionellen Fräsprozess das Einlegen des Produktes, die allgemeine Fräszeit und die Entnahme samt der anschließenden Entgratung. Wenn zeitgleich nur ein Bauteil bearbeitet werden kann, entspricht die Bearbeitungszeit auch der Prozesszeit. Bei mehreren Bauteilen wird die Prozesszeit errechnet, indem die Bearbeitungszeit durch die gefertigten Bauteile dividiert wird. Die wichtigste Prozesskennzahl ist bei der Wertstrommethode die Zykluszeit. Diese gibt an, wie lange ein Produkt in einem Produktionsprozess verweilt, bis es fertiggestellt wird. Steht hierbei nur ein Betriebsmittel zur Verfügung, ist diese Zeit gleich der Bearbeitungszeit. Wird ein Prozess mit mehreren Betriebsmitteln oder ein Taktprozess untersucht, muss die Zykluszeit mit Hilfe der Formel 4.2 errechnet werden. Somit stellt die Zykluszeit die Leistungsfähigkeit eines Produktionsprozesses dar.

Formel 4.2 Berechnung der Zykluszeit

$\text{Zykluszeit} = \dfrac{BZ \times \#T}{\#Res}$ oder: $\text{Zykluszeit} = \dfrac{PZ \times \#T}{PM \times \#Res}$	
ZZ = Zykluszeit [Zeiteinheit] **PZ** = Prozesszeit [Zeiteinheit]	
BZ = Bearbeitungszeit [Zeiteinheit] **# Res** = Anzahl gleicher Ressourcen [Stück]	
# T = Anzahl an Gleichteile pro Endprodukt [Stück]	
PM = Prozessmenge bei Chargen oder im Durchlauf [Stück]	

Zusätzlich kann es von Nutzen sein, die in Bild 4.11 B) abgebildeten Kennwerte für einen Produktionsprozess zu definieren bzw. zu errechnen. Die Rüstzeit beschreibt hierbei, wie lange ein Betriebsmittel nicht genutzt werden kann, da Vorrichtungen, Werkzeuge oder das Material gewechselt werden. Hierbei können mit Hilfe einer sogenannten Rüstmatrix auch unterschiedliche Rüstzeiten in den Prozess mit einfließen. Die Losgröße gibt im Datenkasten an, wie viele Gleichteile in direkter Abfolge im Produktionsprozess bearbeitet werden. Sie unterscheidet sich zur Prozessmenge dadurch, dass die Teile in einem Los nicht gleichzeitig bearbeitet werden. Um die optimale Losgröße zu berechnen wird in der Praxis Formel 4.3 verwendet.

Formel 4.3 Berechnung der optimalen Losgröße

$\text{Optimale Losgröße} = \sqrt{\dfrac{200 \times RK \times \#Jvar}{HK \times BKF}}$
LGopt = Optimale Losgröße einer Variante [Stück]
HK = Herstellkosten [€]
BKF = Bevorratungskostenfaktor [%]
RK = Rüstkosten [€]
 # Jvar = Jahresstückzahl der Variante [Stück]

Mit der Verfügbarkeit eines Betriebsmittels wird berücksichtigt, dass ein Betriebsmittel geplant oder ungeplant nicht zur Verfügung steht. Dies ist jedoch in der Praxis häufig ein Schätzwert und unterscheidet sich von Unternehmen zu Unternehmen. In Bezug auf Lean Production wird die Verfügbarkeit meist im Zuge der Ermittlung der Gesamtanlageneffektivität (Overall Equipment Efficiency, OEE) errechnet. Dies wird jedoch bei der Wertstromaufnahme eher vernachlässigt. Die letzte Kennzahl im Datenkasten der Produktionsprozesse ist der Wert „Every Part – Every Interval" (EPEI-Wert). Dieser Wert ergibt sich aus der Summe der Bearbeitungszeiten für alle Produktvarianten in den jeweils vorgegebenen Losgrößen. Zusätzlich werden auch die geplanten und ungeplanten sowie die Rüstzeiten berücksichtigt. Formel 4.4 wird in diesem Zusammenhang zur Berechnung verwendet. Mit Hilfe dieses Wertes kann sehr schnell ersehen werden, wie flexibel ein

Produktionsprozess in der Praxis ist, da er abbildet, welche Zeitspanne benötigt wird, um alle Produkte unter den aktuellen Bedingungen einmal zu produzieren.

Formel 4.4 Berechnung des EPEI-Wert es

$$\text{Every Part – Every Interval} = \frac{\sum BZ + \sum RZ}{\# Res \times AZ} = \frac{\# Var}{\# Res} \times \frac{((LG \times BZ) + RZ)}{AZ}$$

EPEI = Every Part - Every Interval [Tage]	
# Var = Anzahl an Varianten [Stück]	**# Res** = Anzahl an Ressourcen [Stück]
LG = Ø Losgröße [Stück]	**BZ** = Ø Bearbeitungszeit pro Stück [Zeiteinheit]
RZ = Rüstzeit [Zeiteinheit]	**AZ** = tägliche Arbeitszeit [Zeiteinheit / Tag]

Um auch wirklich den realen Prozess abzubilden, wird im letzten Datenkasten der Produktionsprozesse die Prozessqualität berücksichtigt. Qualitätsmängel werden mit Hilfe von Symbolen wie sie in Bild 4.11 C) dargestellt sind wiedergegeben. Nacharbeit oder Ausschuss werden in der Wertstrommethode nicht als eine Bedarfssteigerung angesehen, sondern also Verschlechterung der Leistung des Produktionsprozesses. Aus diesem Grund verschlechtert sich im Falle der Nacharbeit oder des Ausschusses die Zykluszeit. Wenn jedoch für die Nacharbeit ein eigener Arbeitsplatz eigerichtet wird, zählt dieser nicht zu dem dafür verantwortlichen Arbeitsplatz hinzu. Hierzu wird die Zykluszeit mit dem Faktor für die Qualitätsverluste multipliziert (siehe Formel 4.5).

Formel 4.5 Berechnung der korrigierten Zykluszeit

$$\text{Korrigierte Zykluszeit} = ZZ^m_{netto} \times QV^m = ZZ^m_{netto} \times (\downarrow_m + \sum_{pnf=1}^{m} (1 - \uparrow_{pnf}))$$

pnf = Index für m-1 Nachfolgeprozesse zu Produktionsprozess m	
ZZQ = Qualitätsmangelbedingte Verlustzeit [Zeiteinheit]	
ZZnetto = Zykluszeit [Zeiteinheit]	**QV** = Faktor der Qualitätsverluste [%]
↑ **bzw.** ↓ = Gutausbeute bzw. Ausschuss [%]	↓ = Nacharbeit [%]

Ebenso sollte der prozessspezifische Kundentakt nicht vernachlässigt werden, da die Produkte einer Produktfamilie nicht immer alle beinhalteten Produktionsprozesse durchlaufen. Aus diesem Grund kann im Wertstrom ein Pfad mit zwei parallelen Produktionsprozessen ablaufen. Dieses muss dann aber im Datenkasten mit Hilfe des prozessspezifischen Kundentaktes berücksichtigt werden. Dieser ergibt sich aus der Multiplikation von Kundentakt, einem Quotienten der Jahresstückzahl und dem Anteil der prozessbezogenen Jahresstückzahl, sowie dem Quotienten der Arbeitszeit und der prozessspezifischen Arbeitszeit (siehe Formel 4.6).

Formel 4.6　Berechnung des prozessspezifischen Kundentakts

$$\text{Prozessspezifischer Kundentakt} = KT \times \frac{Stck}{Stckp} \times \frac{AZp}{AZ} = \frac{FT \times AZp}{Stckp}$$

KT_p = prozessspezifischer Kundentakt [Zeiteinheit]

AZ_p / AZ = prozessspezifische Arbeitszeit bezogen auf generelle Arbeitszeit [%]

$Stck_p$ / $Stck$ = Anzahl der prozessbezogenen Jahresstückzahl [%]

FT = Fabriktage [Tage / Jahr]

Materialfluss

Nachdem die Produktionsprozesse eingezeichnet und mit ihren Kennzahlen versehen wurden, gilt es nun, diese mit den Materialflüssen zu verbinden. Der Materialfluss kann in der Wertstromdarstellung über die in Bild 4.12 dargestellten Symbole abgebildet werden.

Symbol	Definition
a) b) c) d)	Beim Transportieren wird grundsätzlich unterschieden in außerbetrieblichen Transport mit einem Pfeil ohne Füllung (a) und dem innerbetrieblichem Transport mit einem gefüllten Pfeil (b). Zusätzlich kann der innerbetriebliche Pfeil noch gestreift (c) werden, um das Push-Prinzip bzw. gestrichelt, um das Pull-Prinzip (d) zu verdeutlichen .
ST / RW	Das Lagern zwischen zwei Produktionsprozessen wird in der Wertstromdarstellung mit Hilfe eines gleichseitigen Dreiecks samt Mittelstrich verdeutlicht. Zusätzlich können darunter noch die Stückzahl (ST) oder Reichweite (RW) angegeben werden.
	Ein Materialfluss wird durch die Überlagerung beider Symbole dargestellt.
a) Spedition GM LF	a) Diese Art des Symbols steht für den externen Transport mittels LKW. Hierbei wird dann die Spedition, die Gebinde-Menge und die Lieferfrequenz angegeben.
b) Fahr plan GM	b) Mit Hilfe des links abgebildeten Symbol können Gabelstapler, Trailer und Fahrerlose Transportsysteme abgebildet werden. Interessant hierbei ist auch wieder die Gebinde-Menge.
c) Max. TM	c) Jegliche Fördertechnik wie beispielsweise ein Fließband kann mit Hilfe der zwei Striche und einem Pfeil in der Mitte abgebildet werden.
GM= Gebinde-Menge　　　　LF= Lieferfrequenz　　　　TM= Teilemenge	

Bild 4.12　Wertstromsymbole für den Transport, die Transportmittel und das Lagern

Bei den Pfeilen für den Materialfluss wird zusätzlich in vier Kategorien unterschieden: den inner- bzw. außerbetrieblichen Transport und den Push- bzw. Pull-Transport. Ein Push-Pfeil besagt, dass der Prozess ohne Rücksicht auf den Kundentakt produziert und das Erzeugnis somit durch die Produktion drückt. Beim Pull-Symbol hingegen gibt der Kunde den Ausschlag für die Produktion. Dies hat den Vorteil, dass die Produktion flexibler wird und das Unternehmen ein geringeres gebundenes Kapital aufweist.

Ähnlich wie bei den Produktionsprozessen gelten auch für das Lagern bzw. für die Bestände gewisse Kennzahlen, die in Form eines Datenkastens in die Wertstromaufnahme mit aufgenommen werden können. Eine beispielhafte Darstellung eines solchen Datenkastens ist Bild 4.13 zu entnehmen.

Bezeichnung Lager, Lagerort	
Bezeichnung Material	
# LP	Anzahl der Lagerplätze
BM	Bestandsmenge
# T	Anzahl Teile je Produkt
RW	Reichweite

Bild 4.13
Datenkasten für Lager- und Bestandsdaten

Zuerst werden die Bezeichnung des Lagerorts sowie die Anzahl der Lagerplätze in den Datenkasten eingetragen. Anschließend wird der Lagerbestand wenn möglich vor Ort gezählt und bei der Wertstromaufnahme mit aufgenommen. Die wichtigste Kennzahl im Zusammenhang mit dem Lagerort ist die Reichweite. Diese setzt sich aus einer einfachen Division von Bestandmenge mal Gutausbeute in % im Zähler und dem Tagesbedarf multipliziert mit der Anzahl der Gleichteile pro Produkt im Nenner zusammen (Formel 4.7).

Formel 4.7 Berechnung der Reichweite

$$\text{Reichweite} = \frac{BM \times \uparrow}{TB \times \#T}$$

RW = Reichweite [Tage]   BM = Bestandsmenge [Stück]

TB = Tagesbedarf [Stück / Tag]   ↑ = Gutausbeute [%]

#T = Anzahl an Gleichteilen pro Produkt

Lieferanten

Das Versenden und Anliefern bildet die Schnittstelle zum vierten Grundelement einer Fertigung, den Lieferanten. Verbunden wird das in Bild 4.12 dargestellte Symbol eines Lieferanten mit den Materialflusspfeilen und den Symbolen für den außerbetrieblichen Transport, die Tabelle 4.4 zu entnehmen sind. Zur Beschreibung des Lieferanten hat das Lieferantensymbol einen integrierten Datenkasten. Dort wird zuerst eine allgemeine Beschreibung über den Namen und das zu liefernde Material vorgenommen. Da manche Endprodukte aus einer Reihe von Lieferanten bedient werden, ist es hierbei wichtig, lediglich diejenigen Lieferanten zu nennen, welche direkten Einfluss auf das Erzeugnis und somit eine zentrale Bedeutung für den Wertstrom haben. Die weiteren Kennzahlen des Datenkastens können als eine Art Lieferantenbewertung angesehen werden. Dort werden Faktoren wie die Fehlerquote, die Mengentreue und die Liefertreue aufgeführt.

WBZ	Wiederbeschaffungszeit
FQ	Fehlerquote
MT	Mengentreue
LT	Liefertreue

Lieferant(en)	
RM	Roh-Material
# Typ	Anzahl Typen

Bild 4.14 Symbole der Lieferanten im Value Stream Mapping

Geschäftsprozesse

Damit ein Produktionsprozess in der Praxis überhaupt funktionieren kann, befindet sich hinter jedem Prozess innerhalb der Produktion auch immer ein Geschäftsprozess. Dieser erzeugt, verarbeitet und speichert Informationen, die zur Erfüllung der Kundenaufträge nötig sind. Dargestellt werden Geschäftsprozesse mit Hilfe eines rechteckigen Kastens. Zusätzlich können hierbei die Mitarbeiter, wie beim Produktionsprozess, über ein Symbol definiert werden. Bei der Darstellung der Geschäftsprozesse ist es wichtig, eine gewisse Übersicht zu erhalten und nicht jeden Prozess bis ins Detail zu beschreiben. So kann zum Beispiel das Anfragen, Bestellen und Einbuchen von Erzeugnissen als Auftragsabwicklung umschrieben und zusammengefasst werden. Ein weiteres wichtiges Kriterium bei einem Geschäftsprozess ist die Einstufung und damit die Wichtigkeit der Tätigkeit. Hierbei kann zum Beispiel in „eilig", „normal" oder „Chef-Auftrag" unterschieden werden. Neben dem reinen Prozess wird meist zur Abwicklung auch ein entsprechendes EDV-System verwendet. Dies wird über eine Art Zylinder im Wertstrom dargestellt. Ein beispielhafter Aufbau eines Geschäftsprozesses ist Bild 4.15 A) zu entnehmen. Dort sind die beschriebenen Symbole miteinander verknüpft dargestellt. Bei einer Wertstromanalyse ist der erste Geschäftsprozess meist die Auftragserfassung. Da hierbei meist nicht alle Aufträge gleichzeitig bearbeitet werden können, bildet sich eine Warteschlange, welche über das Symbol in Bild 4.15 B) abgebildet werden kann. Mit Hilfe dieses zusätzlichen Datenkastens können die Anzahl der Aufträge in einer Warteschlange und die Warteschlange selber abgebildet werden.

A)　　　　　　　　　　　　　　　　　　　　　B)

Bild 4.15 Symbol eines Geschäftsprozesses samt Warteschlange

Um die Warteschlange zu berechnen, kann Formel 4.8 verwendet werden. Dort wird die Anzahl der Aufträge mit dem, in den vorherigen Schritten berechneten Kundentakt, multipliziert.

Formel 4.8　Berechnung der Warteschlange

<table>
<tr><td colspan="2" align="center">**Warteschlange** = #A × KT</td></tr>
<tr><td>**W** = Warteschlange [Zeiteinheit]</td><td>**KT** = Kundentakt [Zeiteinheit / Stück]</td></tr>
<tr><td>**TB** = Anzahl der wartenden Aufträge [Stück]</td><td></td></tr>
</table>

Informationsfluss

Da auch einzelne Geschäftsprozesse miteinander kommunizieren und arbeiten müssen, bildet der Informationsfluss die Schnittstelle. Symbolisiert wird dies mit dünnen Pfeilen, welche mit Hilfe ihrer Pfeilspitze die Informationsrichtung angeben. Welche Dokumente oder Informationen von Geschäfts- zu Geschäftsprozess weitergegeben werden können, ist Bild 4.16 zu entnehmen. Dort sind die verschiedenen Symbole für den Informationsfluss abgebildet.

Symbol	Definition
⟶	Dieser Pfeil verdeutlicht den Informationsfluss und ist somit die Grundlage für einen Informationsfluss.
▱	Das Parallelogramm zeigt den Austausch via Netzwerk oder Datenträger an.
▭	Hiermit wird der Informationsaustausch mittels E-Mail, Fax, Papier oder Etikett abgebildet.
⊏▯⊐	Mit Hilfe dieses Symbols können Daten per Liste auf Papier oder über bestimmte Anzeigegeräte übermittelt werden.
ᏸᏸ	Durch die Brille werden kurzfristige Steuerungseingriffe vor Ort dargestellt („Go-See")
⬭	Die Informationen werden über Abstimmungsrunden kommuniziert.
⊗	Mittels dieses Symbols können EDV-Schnittstellen verdeutlicht werden.
⊓	Durch die zwei kombinierten Rechtecke wird der Informationsaustausch über Bildschirme oder bestimmte Drucker abgewickelt.

Bild 4.16 Symbolik des Informationsflusses

4.2.5.1.4 Verbesserungspotenziale

Mit dem Erstellen des Wertstromes mit Hilfe der erwähnten Symbolik ist die Wertstromaufnahme an sich jedoch noch nicht endgültig abgeschlossen. Da die Wertstromanalyse zu einer Verbesserung der Prozessstruktur führen soll, lassen sich durch die Betrachtung von Durchlaufzeit und Taktabstimmung zwischen den Prozessen weitere Potenziale erkennen.

Durchlaufzeit

Die Durchlaufzeit allgemein beschreibt, wie lange ein Produkt benötigt, um den Produktionsprozess einmal zu durchlaufen. Hierrunter wird die Zeit von Wareneingang bis Warenausgang verstanden. Im Zuge der Wertstrombetrachtung wird in der aufgezeichneten Wertstromaufnahme eine sogenannte Zeitlinie eingezeichnet. Diese Zeitlinie besteht im Allgemeinen aus zwei verschiedenen Sprunglinien mit unterschiedlichen Abstufungen. Die höher gelegene Zeitlinie wird dem Materialfluss zugeordnet, die untere hingegen den Produktionsprozessen. Auf der Zeitlinie des Materialflusses wird in der Praxis die Reichweite der im jeweiligen Prozess befindlichen Teile aufgezeichnet. Die Zeitlinie der Produktionsprozesse wird zusätzlich nochmals in Bearbeitungszeit und Prozesszeit unterschieden. Diese Betrachtung ist durchaus sinnvoll, da sich die Bearbeitungszeit in einem Produktionsprozess durch unterschiedliche Losgrößen stark von der reinen Prozesszeit unterscheiden kann. Am Ende, also am letzten Prozessschritt der Wertstromanalyse, befindet sich zur Übersicht ein weiterer Datenkasten, welcher jeweils die aufsummierte Durchlauf-, Bearbeitungs- und Prozesslaufzeit weidergibt (vgl. Bild 4.17).

Bild 4.17 Darstellung einer Zeitlinie

Taktabstimmung

Ein weiteres Hilfsmittel zur Optimierung der Produktionsprozesse bildet die Taktabstimmung. Im ersten Schritt werden hierbei zuerst alle Produktionsprozesse und die dazugehörigen Zykluszeiten in einem Diagramm aufgetragen. Durch dieses Bild kann im direkten Vergleich der Prozess mit der längsten Zykluszeit identifiziert werden. Auf dieser Grundlage kann ein sogenanntes Kapazitätsprofil gebildet werden. Hierzu werden die einzelnen Zykluszeiten in Form eines Balkendiagramms abgebildet. Mit Hilfe dieses Balkendiagramms ergeben sich in der

Wertstrombetrachtung zwei grundlegende Vorteile. Zum einen kann durch den Abgleich des Kundentaktes mit der längsten Zykluszeit eine Aussage getroffen werden, ob der gewünschte Kundentakt mit den jetzt vorliegenden Ressourcen überhaupt realisierbar ist. Zum anderen können Engpässe bzw. Überkapazitäten bei bestimmten Produktionsprozessen direkt erkannt werden. Die Überkapazität kann mit Formel 4.9 berechnet werden.

Formel 4.9 Berechnung des Auslastungsgrad einer Fertigung

$$\text{Auslastungsgrad der Fertigung} = \frac{1}{n} \times \sum_{i=1}^{Prozess\ n} \frac{ZZ\ i}{KTi} \times 100$$

AG = Auslastungsgrad [%]   ZZ = Zykluszeit [Zeiteinheit]

n = Zahl der Produktionsprozesse im Wertstrom

KT = Kundentakt [Zeiteinheit / Stück]

Eine einfache Betrachtung der Formel beschreibt die Differenz zwischen den einzeln betrachteten Zykluszeiten und dem Kundentakt. Hierbei werden jeweilige Ausfallzeiten durch beispielsweise Rüsten der Anlage nicht berücksichtig. Um die Zykluszeit entsprechend zu korrigieren, kann die Formel 4.9 genutzt werden. Somit können auch die Brutto-Zykluszeit, d. h. die eigentliche Zykluszeit plus die entsprechenden Ausfallzeiten, in die Berechnung integriert und berücksichtigt werden, um den Prozess so real wie möglich abzubilden.

Formel 4.10 Berechnung der rüstbedingten Verlustzeiten

$$\text{Rüstzeitbedingte Verlustzeit} = ZZ_{netto} \times RV = ZZ_{netto} \times \sum_{i=1}^{\#\ Var} \frac{RZi}{LGi \times BZi} \times \frac{Stcki}{Stck}$$

$$\text{Rüstzeitbedingte Verlustzeit} = ZZ_{netto} \times \frac{RZ}{LG\varnothing \times BZ}$$

ZZRZ = Rüstzeitbedingte Verlustzeit   **# Var** = Anzahl an Varianten

ZZnetto = Zykluszeit nach Formel 6-2 [Zeiteinheit]

RV = Faktor für Rüstverluste [%]   **Stck** = Jahresstückzahl [Stück / Jahr]

BZ = Bearbeitungszeit [Zeiteinheit]   **LG** = Losgröße [Stück]

LGø = durchschnittliche Losgröße [Stück]   **RZ** = Rüstzeit [Zeiteinheit]

Ein vereinfachtes Ergebnis des Value Stream Mapping mit mehreren Geschäfts- und Produktionsprozessen ergibt sich gemäß Formel 4.10. Die Berechnungen werden in diesem Beispiel vernachlässigt, da es hauptsächlich um die Bild eines kompletten Fertigungsprozesses geht.

In Bild 4.18 ist ein einfaches Value Stream Design abgebildet, das alle im Kapitel genannten Komponenten zusammenfassend darzustellen.

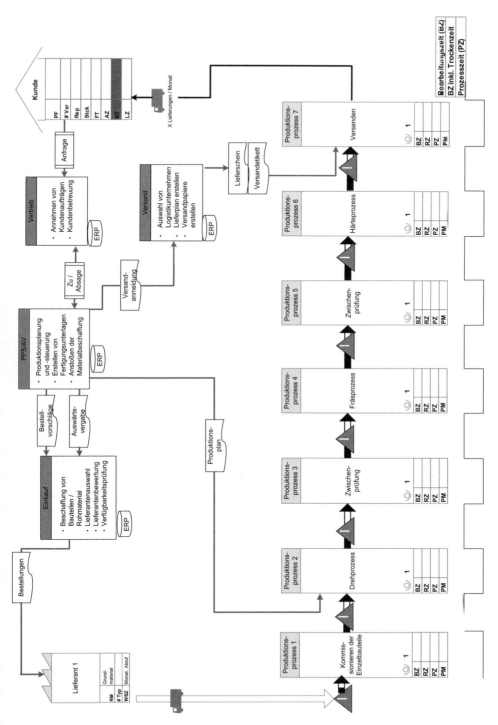

Bild 4.18 Vereinfachtes Schema des Value Stream Mapping

4.2.5.2 Anwendung des Value Stream Designs

Beim Erstellen eines Value Stream Designs werden in der Praxis meist die folgenden fünf Schritte angewendet, um eine Beschreibung des Soll-Prozesses zu erarbeiten.

1. Gliederung der Fabrik: Produktionsstrukturierung

2. Gestaltung der Produktionsprozesse: Kapazitätsdimensionierung

3. Gestaltung des Materialflusses: Produktionssteuerung

4. Gestaltung des Informationsflusses: Produktionsplanung

5. Planung der Umsetzung: Verbesserungsmaßnahmen

Gliederung der Fabrik: Produktionsstrukturierung

Hauptziel beim ersten Schritt des Value Stream Designs ist es, den einzelnen Wertstrom eines Produktes innerhalb einer Fertigung zu definieren und damit die zukünftige Produktionsstruktur festzulegen. Dies kann unter zwei verschiedenen Geschichtspunkten geschehen. Zum einen über die Orientierung an den Produktionsabläufen und Merkmalen eines Produktes und zum anderen anhand der erforderlichen Ressourcen.

Gestaltung der Produktionsprozesse: Kapazitätsdimensionierung

Im Anschluss an die Strukturierung werden die einzelnen Produktionsprozesse kapazitätsmäßig aufgerüstet. Um dies zu gewährleisten, müssen gleichzeitig meist auch die technologischen Komponenten eines Prozesses angeglichen werden.

Gestaltung des Materialflusses: Produktionssteuerung

Bei der Produktionssteuerung wird der Ablauf der verschiedenen Produktionsprozesse festgelegt. Darunter fallen nicht nur die Verknüpfung über den Materialfluss, sondern auch die abgestimmte Taktung zwischen den einzelnen Abläufen.

Ein wichtiges Ziel des Wertstromdesigns liegt in der flussgesteuerten Verknüpfung der Produktionsprozesse. Ein besonderes Augenmerk wird in der Praxis auf das Pull-System gelegt. Mit Hilfe der kundenbedarfsgerechten Steuerung der Produktion und der Verknüpfung von Material- und Informationsfluss, können Durchlaufzeiten und gleichzeitig auch Bestände innerhalb der Produktion gesenkt werden. Darüber hinaus wird in dem später erarbeiteten Ablaufschema nicht nur der Einzelprozess betrachtet, sondern das Hauptaugenmerk auf den gesamten Prozess gerichtet. Durch diese Abstimmungen und die installierten Frühwarnsysteme können Fehler frühzeitig erkannt werden und zu einem gesteigerten Qualitätsniveau beitragen.

Da das Value Stream Design auf dem Value Stream Mapping basiert, wird bei der Umstrukturierung bzw. Neugestaltung des Produktionsprozesses zuerst der Kundentakt aus dem Value Stream Mapping entnommen. Anschließend werden die Fertigungsmittel flussspezifisch entsprechend der Ablauffolge angeordnet. Hierbei spielt vor allen Dingen die fachgerechte Dimensionierung der einzelnen Arbeitsplätze eine wichtige Rolle. Sind die Produktionsprozesse angeordnet, kann damit begonnen werden, die einzelnen Prozesse flussaufwärts, d. h. vom Versenden an rückwärts mittels verschiedener Logistikstrategien zu verketten. Ein Beispiel wäre die „First In – First Out"-Logik (FIFO-Logik). Anschließend können für die schnellere Materialversorgung sogenannte Materialbahnhöfe installiert werden. Um die entsprechenden Produktionsparameter wie die Losgröße oder die zwischengelagerten Bestände zu definieren, muss nun der Prozess mit der längsten Durchlaufzeit identifiziert werden. Dieser sogenannte Schrittmacher-Prozess gibt die Taktung des Fertigungsablaufes vor. Erst wenn dieser Engpass identifiziert wurde, können entsprechenden Losgrößen des Fertigproduktes, aber auch der Einzelteile in den vorgelagerten Produktionsprozessen festgelegt werden. In der Praxis wird dies meist mit Hilfe von Kanban -Systeme umgesetzt. Aus diesem Grund werden in Bild 4.19 zwei Arten von bespielhaften Kanban-Steuerungen mit den möglichen Komponenten aufgezeigt und anschließend erläutert.

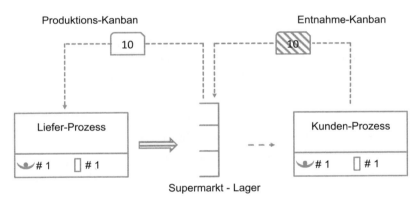

Bild 4.19 Arten der Kanban-Steuerung im Value Stream Management

In der linken Hälfte von Bild 4.19 befindet sich ein sogenanntes Produktions-Kanban. Dieser besagt, dass der vorgelagerte Liefer-Prozess bei Unterschreitung einer Mindestmenge das Supermarkt-Lager mit einer festgelegten Menge nachfüllt. Somit ist zum einen sichergestellt, dass das sogenannte Supermarkt-Lager niemals leerläuft und zum anderen der danach abgebildete Kunden-Prozess niemals ohne Ausgangsmaterial dasteht. Dasselbe Prinzip ist in umgedrehter Reihenfolge bei einem Entnahme-Kanban der Fall. Im Zusammenspiel bedeutet das für die Praxis, dass durch den dickeren gestrichelten Pfeil das Pull-Prinzip in die Fertigung integriert wird, indem immer genügend Zwischenerzeugnisse im Supermarkt liegen. Das Produkt wird sozusagen in die Produktion gedrückt. Durch den kleineren gestrichelten Pfeil hinter dem Supermarkt wird daraufhin das Push-Prinzip visualisiert. Dieses erzeugt durch die Entnahme der Zwischenerzeugnisse einen Bedarf, welcher dann verbrauchsbezogen nachproduziert wird. Das eigentlichen Kanban kann hierbei beispielsweise durch ein visuelles Signal oder eine tägliche bzw. stündliche Kontrolle ausgelöst werden.

Gestaltung des Informationsflusses: Produktionsplanung

Mit den vorher definierten Rahmenbedingungen ist es nun möglich, die Art und Weise festzulegen, in welcher Form die Produktionsaufträge geplant und freigegeben werden. Als Planungsgrundlage dient hierbei vor allem die Differenz zwischen Kundenbedarf und Lagerbestand, welcher in der Praxis über den Kundentakt ausgedrückt wird.

Planung der Umsetzung: Verbesserungsmaßnahmen

Sind diese Zielgrößen definiert, ist das Value Stream Design jedoch noch nicht abgeschlossen. Anschließend wird der erstellte Prozessablauf auf etwaige Engstellen und Fehlfunktionen untersucht. Mögliche Schwachstellen werden dann mit Hilfe eines sogenannten Kaizen-Blitzes gekennzeichnet. Sind die Engstellen eines Prozessablaufes identifiziert, wird anschließend ein Maßnahmenkatalog mit den möglichen Gegenmaßnahmen, den Verantwortlichen und ein Fälligkeitsdatum definiert. Gerade in Bezug auf die Steigerung einer Klein- zu einer Mittelserienfertigung wird im späteren Verlauf der Grundstein für eine Ausarbeitung eines allgemeinen Konzeptes gelegt.

Die nachfolgende Auflistung zeigt typische Verbesserungsmaßnahmen.

- Reduzierung der Durchlaufzeit durch die Einführung eines Flussprinzips
- Verminderung bzw. Eliminierung der Verschwendung
- Bessere Anlagenverfügbarkeit durch planmäßige Wartungstätigkeiten
- Reduzierung von Rüstzeiten
- Einführung von Konzepten, bei denen ein Mitarbeiter mehrere Maschinen bedienen kann
- Qualität der Zulieferer steigern, beispielsweise durch eine Wertstromanalyse

4.2.6 Investitionsrechnung im Zusammenhang mit Value Stream Management

Die Investitionsrechnung ist eine Entscheidungshilfe für Investitionen. Für den Planer einer Investition ist sie für die Vorauswahl von Bedeutung. Der Planer liefert dabei die notwendigen technologischen, organisatorischen und personellen Daten. Die Investitionsrechnung wird verifiziert durch das Controlling. Die Investitionsrechnung ist unabhängig von der Investitionsentscheidung. Zur Erinnerung sind wichtige Begriffe der Kostenrechnung in Tabelle 4.3 aufgeführt.

Tabelle 4.3 Übersicht über die verschiedenen Kostenarten eines Unternehmens

Kostenart	Definition	Beinhalten:
Fixe Kosten	Diese Kostenart beinhaltet Kostenpunkte, welche immer anfallen, egal ob ein Produkt hergestellt wird oder nicht.	• Abschreibungen • Verringerung des Liquidationswertes • Zinsen • Raumkosten • Instandhaltungskosten • Gehälter • Sonstige fixe Kosten
Variable Kosten	Variable Kosten fallen nur dann an, wenn ein Produkt hergestellt wird und sind meistens anteilig zu berechnen.	• Löhne • Materialkosten • Energiekosten • Werkzeugkosten • Sonst. variable Kosten
Betriebskosten	Sind ein Mix aus den fixen und variablen Kosten ohne die Zinsen und Abschreibungen	• Löhne • Gehälter • Sozialleistungen • Fertigungsstoffe • Hilfsstoffe • Betriebsstoffe • Instandsetzungskosten • Inspektionskosten • Wartungskosten

Unter dem Begriff der Investition versteht man in der Betriebswirtschaftslehre die Kapitalverwendung für Sachgüter oder Rechte. Somit beinhaltet eine Investition meist einen langfristigen Geldabfluss aus dem Unternehmen. Durch eben diesen langfristigen Charakter der Investitionen bergen diese auch immer erhebliche Liquiditätsrisiken für ein Unternehmen. Aus diesem Grund können Investitionen auch ein gewisses finanzielles Bestandsrisiko abbilden.

Investitionen haben in der Praxis die folgenden Ziele:

• Die Liquidität eines Unternehmens soll langfristig sichergestellt werden.

• Durch die Risikominimierung sollen Investitionen zum Bestehen und Überleben des Unternehmens beitragen.

• Mit Hilfe der Investition soll die Rentabilität gesteigert werden.

• Eine gewisse Unabhängigkeit soll gesichert werden.

Um zu entscheiden, ob eine Investition risikoreich ist bzw. sie sich für ein Unternehmen lohnt, können verschiedene mathematische Hilfsmittel benutzt werden. In der Praxis wird zwischen der statischen und dynamischen Investitionsrechnung unterschieden.

Statische Investitionsrechnung

Bei dieser Art der Investitionsrechnung wird ein vorher festgelegter Zeitabschnitt in Bezug auf die Geldflüsse der Investition betrachtet. Dies kann beispielsweise einen Betrachtungszeitraum von einem Quartal oder einem kompletten Geschäftsjahr beinhalten. Die statischen Rechnungen unterscheiden sich in der Praxis im Groben lediglich an den auszuwertenden Zielgrößen. Es wird unterschieden in Kosten-, Gewinn-, und Rentabilitätsvergleichsrechnung sowie die statische Amortisationsrechnung.

Kostenvergleichsrechnung

Das Kostenvergleichsverfahren ist das einfachste Verfahren der statischen Investitionsrechnung. Hierbei werden die einzelnen Kostenfaktoren, wie Personal- und Materialkosten, Abschreibungen, Zinsen, Steuern, Gebühren, Beiträge und Kosten für Fremdleistungen summiert und anschließend mit den anderen Investitionsalternativen verglichen. In der Praxis werden diese Kosten zusätzlich unter die Kategorien fixe und variable Kosten aufgeteilt. Bei einer solchen Vergleichsrechnung kann die Betrachtung immer auf eine Periode oder auf das einzelne Stück berechnet werden. Die sich aus den Investitionen ergebenen Erlöse bleiben bei dieser Art der Berechnung und Entscheidungsfindung unbeachtet. Bei dieser Methode ist die Investitionsentscheidung nur dann sinnvoll, wenn entweder die Kosten bei einem Investitionsobjekt geringer sind als bei einem anderen oder falls die Investitionskosten geringer sind als die der Unterlassungsalternative.

Formel 4.11 Berechnung der Investitionskosten

Kosten einer Investition $= B_I + \dfrac{A_I + RW}{2} \times i + \dfrac{A_I - RW}{2}$	
B_I = Betriebskosten [€ / Zeiteinheit]	RW = Restwert [€]
A_I = Anschaffungswert der Investition [€]	i = Kalkulationszinssatz [%]

Der Kapitaldienst setzt sich zusammen aus zwei Produkten. Zum einen die Abschreibung plus dem Restwert geteilt durch zwei und zum anderen die Abschreibung minus dem Restwert geteilt durch zwei und ergänzt um die Multiplikation des Kalkulationszinssatzes des Unternehmens. Um im Anschluss daran die Vorteilhaftigkeit zu einer schon bestehenden Investition bewerten zu können, werden bei der Kostenvergleichsmethode die neuen Kapitalkosten mit den Betriebskosten addiert und den alten Betriebskosten gegenübergestellt.

Gewinnvergleichsrechnung

Bei der Gewinnvergleichsrechnung werden zusätzlich zu den Kosten auch die Erlöse einer Investition betrachtet und mit in die Entscheidungsfindung einbezogen. Hierbei gilt der Leitsatz, dass eine Investition immer vorteilhaft ist, wenn der Gewinn größer ist als null. In der Praxis kristallisiert sich dies jedoch als nicht so einfach heraus, da, wie am Anfang beschrieben, eine Investition auch immer gewisse Risiken birgt. Aus diesem Grund wird je nach Unternehmensart ein Mindestgewinn zwischen zehn und zwanzig Prozent vorausgesetzt.

Um den Gewinn einer Investition zu berechnen, werden die Kosten vom Erlös subtrahiert. Bei dieser Art der Betrachtung stellt meist die herzustellende Menge ein wichtiges Entscheidungskriterium dar. Deshalb ist es möglich, mit Formel 4.12 die kritische Menge an Produkten zu errechnen. Somit stellen sich bei der Gewinnvergleichsmethode zwei Kernparameter heraus. Zum einen die herzustellende Stückzahl und zum anderen die Gewinnchancen einer Investition. Dadurch, dass die Gewinnvergleichsrechnung teilweise auf der Kostenvergleichsrechnung basiert, können mit jeder Betrachtung auch die verschiedenen Kostenarten einer Investition genau beleuchtet werden. Aus diesem Grund wird die Aussagekraft dieses Verfahrens zusätzlich verstärkt.

Formel 4.12 Berechnung des erhofften Gewinns/der kritischen Auslastung

$$\text{Erhoffter Gewinn einer Investition} = P_I \times X - K_{VI} \times X - K_{fI}$$

$$\text{Kritische Auslastung} = \frac{G + K_{fI}}{P_I - K_{VI}}$$

G = Erhoffter Gewinn einer Investition [€]	**X** = kritische Auslastung [Stück]
PI = Preis pro Stück [€/Stück]	**K**VI = Variable Kosten pro Stück [€/Stück]
KFI = Fixe Kosten [€/Zeiteinheit]	

Rentabilitätsvergleichsrechnung

Die Rentabilitätsvergleichsrechnung berücksichtigt im Gegensatz zu den zwei vorher vorgestellten Verfahren auch das eingesetzte Kapital. Um das eingesetzte Kapital zu berücksichtigen, werden in der Praxis die Ergebnisse aus der Kosten- und Gewinnvergleichsrechnung durch das durchschnittlich eingesetzte Kapital dividiert und mit dem Faktor 100 multipliziert. Formel 4.13 bildet den Rechenweg ab.

Der Prozentwert, welcher für ein Unternehmen als rentabel gilt, ist abhängig von der zu beliefernden Branche und dem unternehmensspezifisch festgelegten Wert. Entstehen zwischen zwei Investitionsalternativen Unterschiede in der Nutzungsdauer, so müssen diese mit Hilfe eines Differenzbetrages eingerechnet werden, um das Ergebnis nicht zu verfälschen. Diese Betrachtung wird jedoch aus Umfangsgründen nicht weiter ausgeführt.

**Formel 4.13 Berechnung der Rentabilität/des durchschnittlichen Kapital-
einsatzes**

$$\text{Rentabilität} = \frac{E - K}{D} \; x100$$

$$\text{Durchschnittlicher Kapitaleinsatz} = \frac{A - RW}{2}$$

R = Rentabilität [%]	**D** = durchschnittlicher Kapitaleinsatz [€]
E = Erlöse [€]	**K** = Kosten [€]
A = Anschaffungswert [€]	**RW** = Restwert [€]

Statische Amortisationsrechnung

Bei der statischen Investitionsrechnung wird die Vorteilhaftigkeit anhand der Amortisationsdauer gemessen. Diese beschreibt die Zeitspanne, welche vergeht, bis dass das eingesetzte Kapital wieder zurück ins Unternehmen geflossen ist. Je kürzer hierbei die Amortisationszeit, desto geringer ist das Risiko des Unternehmens und damit eine positive Freigabe für die Investition. Auch bei dieser Methode sollte die Art der Investition betrachtet werden, um die Vorteilhaftigkeit zu definieren. In herstellenden Unternehmen wird in der Regel von einer guten Amortisationszeit gesprochen, wenn die Zeitspanne zwischen ein und zwei Jahren liegt.

Die Amortisationszeit wird laut Literatur berechnet, indem der Restwert vom Kapitaleinsatz subtrahiert wird und durch den durchschnittlichen Rückfluss der Investition dividiert wird. Ergänzt werden kann der untere Term des Bruches durch die jährliche Abschreibung, welche dann zu den Rückflüssen addiert wird. Bei Ersatzinvestitionen oder Rationalisierungen durch eine Investition wird der durchschnittliche jährliche Gewinn, als die ersparten Kosten angesehen. Abgebildet ist dies in den Berechnungen gemäß der Formeln 4.14.

Durch seine Einfachheit und Anwenderfreundlichkeit bei gleichzeitig aussagefähigem Ergebnis wird die statische Amortisationsrechnung in einer Vielzahl von Unternehmen eingesetzt. Die errechnete Zeitspanne macht es den Investoren leicht, die Vorteilhaftigkeit einer Investition auf einen Blick abzuschätzen und gibt darüber hinaus einen Überblick über das Risiko, welche das Unternehmen eingeht.

Da im späteren Verlauf der Umsetzung lediglich anhand der statischen Methoden zur Investitionsbewertung entschieden wird, werden die dynamischen Investitionsberechnungen außen vorgelassen und nicht ausgeführt.

Formel 4.14 Berechnung der Amortisationszeit

$$\text{Amortisationszeit} = \frac{A - RW}{D + b}$$

$$\text{Amortisationszeit} = \frac{D_{zu}}{K_e + b_{zu}}$$

t_w = Amortisationszeit [Jahre]	A = Anschaffungswert [€]
D = durchschnittlicher Kapitalrückfluss [€/ Zeiteinheit]	
RW = Restwert [€]	b = jährliche Abschreibung [€/Zeiteinheit]
K_e = ersparte Kosten [€/Zeiteinheit]	D_{zu} = zusätzlicher Kapitaleinsatz [€]
b_{zu} = Zusätzliche Abschreibungen [€/Zeiteinheit]	

■ 4.3 Bewertung der vorgestellten Reengineering-Methoden

Im folgenden Abschnitt wird nun mit Hilfe der Nutzwertanalyse die Management-methode herausgestellt, um den Herstellungsprozess im Ist-Zustand abzubilden. Darauf aufbauend wird dann mittels der Prozessgestaltungsmethoden der Soll-Zu-stand einer Fertigung erarbeitet. Es ist wichtig zu bedenken, dass es sich hierbei vorerst um ein allgemeingültiges und übertragbares Herstellungssystem handeln muss. Die Vorgehensweise einer Nutzwertanalyse ist Kapitel 3 zu entnehmen.

Das Ergebnis bildet letztendlich die Grundlage für das weitere Vorgehen. Unter-sucht werden die folgenden vier Methoden zur Prozessuntersuchung, -verbesse-rung und -neugestaltung:

1. Six Sigma-Ansatz

2. Lean Management

3. Business Reengineering

4. Value Stream Management

4.3.1 Erkennen von Zielen bzw. Bewertungskriterien

Im nächsten Schritt werden die Ziele und die damit verbundenen Bewertungskrite-rien festgelegt, welche die Managementmethode erfüllen sollte. Die festgelegten Ziele sowie die Bewertungskriterien sind in Tabelle 4.4 abgebildet.

Tabelle 4.4 Ziele und Bewertungskriterien der Nutzwertanalyse

Ziele	Bewertungskriterien
Allgemeinheit des Konzeptes	Abbildung der kompletten Wertkette
	Übertragbarkeit auf andere Unternehmen
	Abbildung von Kennzahlen
	Beinhalten von Methoden zur Prozessverbesserung
Gutes Aufwand-Nutzenverhältnis	Anwendbar in KMU
	Aufzubringendes Know-how
Realisierbarkeit der Prozessanforderungen	Steigerung des Herstellungsvolumens

- **Abbildung der kompletten Wertkette**

  Dieses Bewertungskriterium erstreckt sich im Wesentlichen auf einen zentralen Punkt. Mit der ausgewählten Managementmethode soll die gesamte Wertkette des zu untersuchenden Herstellungsprozesses abgebildet werden können. Hierbei sollen nicht nur die Produktionsprozesse dargestellt und bewertet werden, sondern auch alle notwendigen Geschäftsprozesse, die zur Leistungserstellung notwendig sind.

- **Übertragbarkeit auf andere Unternehmen**

  Da die Übertragbarkeit gleichzusetzen ist mit der Abstraktionsebene einer wissenschaftlichen Arbeit, soll mit diesem Bewertungskriterium sichergestellt werden, dass mit Hilfe der ausgewählten Methode ein allgemeingültiges Lösungskonzept erarbeitet werden kann.

- **Abbildung von Kennzahlen**

  Um einen Prozess genau zu analysieren und die Engstellen aufdecken zu können, ist es von besonderer Wichtigkeit, auch entsprechende Kennzahlen wie die Durchlaufzeit abbilden zu können. Auf Grundlage dieser Kennzahlen können beispielsweise wichtige Aussagen über die Effektivität der einzelnen Prozessschritte getroffen werden.

- **Beinhalten von Methoden zur Prozessverbesserung**

  Mit diesem Kriterium soll die Anzahl der Methoden zur Prozessverbesserung bzw. -neugestaltung abgebildet werden. Es ist ein wichtiges Kriterium, da die Managementmethode einerseits zu einem allgemeinen Lösungsansatz führen und andererseits auch spezifische Methoden enthalten soll.

- **Anwendbar in kleinen- und mittleren Unternehmen**

  Da das Lösungskonzept auch einen Praxisbezug herstellt, ist es wichtig, dass die Vorgehensweise auch bei kleinen- und mittleren Unternehmen angewendet werden kann.

- **Aufzubringendes Know-how**

  Bei diesem Bewertungskriterium muss in zwei Kategorien unterschieden werden. Zum einen wird das Know-how betrachtet, welches das Unternehmen zur wirklichen Umsetzung der Managementmethode benötigt. Zum anderen ist mit diesem Punkt aber auch das Wissen verdeutlicht, welches integriert werden muss, um die Methode durchführen zu können.

▪ **Steigerung des Herstellungsvolumens**

Das letzte Kriterium bildet das Herstellungsvolumen ab. Da ein Unternehmen einen Prozess meist nur dann verändert bzw. neugestaltet, wenn sich die Nachfrage oder die Qualitätsanforderungen verändern, sollte es möglich sein dies mit dem Konzept zu berücksichtigen.

4.3.2 Untersuchen der Bedeutung für den Gesamtwert

Nachdem die Bewertungskriterien in vorherigen Abschnitt festgelegt wurden, gilt es, diese nun mit der Bedeutung für die Nutzwertanalyse zu verknüpfen. Zum einen wurde das Bewertungssystem auf Grundlage der Anforderungen an eine wissenschaftliche Arbeit gewählt, zum anderen auf Annahmen eines Unternehmens, welches den Praxisbezug der Thematik herstellt.

Tabelle 4.5 Gewichtung der Bewertungskriterien

Bewertungskriterium	Gewichtung
1. Abbildung der kompletten Wertkette	0,2
2. Übertragbarkeit auf andere Unternehmen	0,2
3. Abbildung von Kennzahlen	0,1
4. Beinhalten von Methoden zur Prozessverbesserung	0,1
5. Anwendbar in KMU	0,2
6. Aufzubringendes Know-how	0,1
7. Steigerung des Herstellungsvolumens	0,1
Summe	**1**

Aus Tabelle 4.5 sind die verschiedenen Gewichtungen ersichtlich, welche für die Nutzwertanalyse festgelegt wurden. Hierbei wurden die ersten beiden Bewertungskriterien mit einer Gewichtung von 0,2 Punkten versehen. Dies ist vor allem darauf zurückzuführen, dass mit Hilfe der ausgewählten Managementmethode ein Herstellungsprozess zum einen gut abgebildet werden und zum anderen die Allgemeingültigkeit bewahrt werden soll. Die weiteren Kriterien, welche die Abbildung von Kennzahlen und die Anzahl an Methoden zur Prozessverbesserung beinhaltet, tragen dazu bei, möglichst viel über den gesamten Prozess zu erfahren. Nur wenn die ersten vier Kriterien möglichst gut erfüllt werden, ist es im späteren Vorgehen möglich, eine Analyse durchzuführen und ein allgemeingültiges Konzept zu erarbeiten. Neben der Anwendung in einem kleinen bzw. mittleren Unternehmen sollte zusätzlich auch die Steigerung des Produktionsvolumens abschließend als Kriterium nicht vernachlässigt werden.

4.3.3 Zusammenstellen der Eigenschaftsgrößen

Im nächsten Schritt werden die verschiedenen Kriterien mit bestimmten Eigenschaftsgrößen verknüpft, um sie näher zu definieren.

Tabelle 4.6 Definieren der Eigenschaftsgrößen

Bewertungskriterium	Gewichtung	Eigenschaftsgrößen	
			Einheit
1. Abbildung der kompletten Wertkette	0,2	Gesamtheit des Konzeptes	%
2. Übertragbarkeit auf andere Unternehmen	0,2	Übertragbarkeit des Konzeptes	%
3. Abbildung von Kennzahlen	0,1	Anzahl von Kennzahlen	—
4. Beinhalten von Methoden zur Prozessverbesserung	0,1	Anzahl an Methoden zur Prozessverbesserung	—
5. Anwendbar in KMU	0,2	Anwendbarkeit in KMU	—
6. Aufzubringendes Know-how	0,1	Aufwand	—
7. Steigerung des Herstellungsvolumens	0,1	Fertigungsart	—
Summe	1		

Bei den in Tabelle 4.6 definierten Eigenschaftsgrößen lässt sich erkennen, dass keine der sieben Kriterien in festen Einheiten gemessen werden kann. Die ersten beiden Kriterien sind zwar mit Prozentangaben versehen, diese sind aber eher als subjektive Kennzahlen anzusehen und nicht durch Berechnungen festgelegt worden.

Bei Kriterien wie der Anzahl von Kennzahlen, der Anzahl von Methoden zur Prozessverbesserung und der Stückzahl des herzustellenden Produktes wurden keine festen Größen hinterlegt. Diese Werte variieren von Unternehmen zu Unternehmen und müssen deshalb speziell auf das zu betrachtende Praxisbeispiel angepasst werden. In diesem Punkt spielen vor allem die Anforderungen des Unternehmens eine wichtige Rolle. Darüber hinaus gilt, dass der Aufwand bewusst nicht direkt mit Kosten in Form von € gewählt wurde, da dieser ein nur schwer einschätzbarer Wert wäre.

4.3.4 Beurteilung nach Wertvorstellung

Nachdem die Eigenschaftsgrößen festgelegt wurden, müssen diese nun für die Nutzwertanalyse auswertbar gemacht werden. Dies geschieht durch ein Bepunktungssystem. Dieses ist so aufgebaut, dass die verschiedenen Anforderungen mit einer Punktezahl von 1 bis 4 bewertet werden können. Vier Punkte sind im Falle der erstellten Nutzwertanalyse das beste Ergebnis und ein Punkt dementsprechend das schlechteste. Bezogen auf die Kriterien heißt dieses: Inwieweit stimmen der Lösungs-

vorschlag und die gestellte Anforderung überein? Abgebildet ist das Bepunktungssystem in Tabelle 4.7.

Tabelle 4.7 Beurteilung nach Wertvorstellung

Eigenschaftsgrößen		Bepunktungssystem			
	Einheit	1	2	3	4
1. Gesamtheit des Konzeptes	%	> 24,99 %	25 – 49,99 %	50 – 74,99 %	< 75 %
2. Übertragbarkeit des Konzeptes	%	> 24,99 %	25 – 49,99 %	50 – 74,99 %	< 75 %
3. Anzahl von Kenn-zahlen	——	Sehr gering	Gering	Mittel	Hoch
4. Anzahl an Methoden zur Prozessverbes-serung	——	Sehr gering	Gering	Mittel	Hoch
4. Anwendbarkeit in KMU	——	Eher nicht	Zu geringen Anteilen	Zu großen Anteilen	Absolut
5. Aufwand	——	Hoch	Mittel	Gering	Sehr gering
6. Fertigungsart	——	Einmal-fertigung	Wiederhol-fertigung	Klein-serienfertigung	Mittlere Serienfertigung

Wie im vorherigen Abschnitt erwähnt, sind die ersten beiden Kriterien zwar mit
Prozentangaben hinterlegt, sollen jedoch lediglich die Übereinstimmung der Anforderungen mit dem Soll-Konzept verdeutlichen. In der Umsetzung ist hierbei die
Übereinstimmung der Prozessgestaltungsziele mit der Managementmethode zu
berücksichtigen. Die nächsten vier Kriterien bringen den Unternehmensbezug
in die Untersuchung. Hier wurde jedoch auch auf feste Werte verzichtet, da es in
der Praxis schwierig ist, feste Werte zuzuordnen. Die letzte Wertvorstellung beinhaltet die Industrialisierung des zu untersuchenden Prozesses. Aus diesem
Grund wurden hier bewusst die einzelnen Fertigungsarten in das Bepunktungssystem integriert.

4.3.5 Bestimmen des Gesamtwertes

In diesem Schritt findet die eigentliche Bewertung der Handlungsalternativen
statt. Hierbei werden die einzelnen Bepunktungsvarianten konkret auf die vorgestellten vier Managementmethoden angewendet. Anschließend werden die heraus-
gestellten Werte mit der Gewichtung multipliziert und durch Summierung ein Gesamtwert für jede Handlungsalternative errechnet. Aus Übersichtsgründen wird die
Nutzwertanalyse der vier Methoden in die zwei gleich aufgebauten Tabellen 4.8
und 4.9 verteilt.

Tabelle 4.8 Nutzwertanalyse Six Sigma-Ansatz/Lean Management

Bewertungskriterien			Eigenschaftsgrößen		Six Sigma-Ansatz			Lean Management		
Nr.		Gew.		Einheit	Eigenschaften	Wert	Gew. Wert	Eigenschaften	Wert	Gew. Wert
1.	Abbildung der kompletten Wertkette	0,2	Gesamtheit des Konzeptes	%	50 – 74,99 %	3	0,6	50 – 74,99 %	3	0,6
2.	Übertragbarkeit auf andere Unternehmen	0,2	Übertragbarkeit des Konzeptes	%	50 – 74,99 %	3	0,6	50 – 74,99 %	3	0,6
3.	Abbildung von Kennzahlen	0,1	Anzahl von Kennzahlen	—	Gering	2	0,2	Mittel	3	0,3
4.	Beinhaltung von Methoden zur Prozessverbesserung	0,1	Anzahl von Methoden zur Prozessverbesserung	—	Gering	2	0,2	Hoch	4	0,4
5.	Anwendbar in KMU	0,2	Anwendbarkeit in KMU	—	Eher nicht	1	0,2	Zu großen Anteilen	3	0,6
6.	Aufzubringendes Know-how	0,1	Aufwand	—	Hoch	1	0,1	Mittel	2	0,2
7.	Steigerung des Herstellungsvolumens	0,1	Fertigungsart	—	Mittlere Serienfertigung	4	0,4	Mittlere Serienfertigung	4	0,4
Summe							2,3			3,1

Auswertung Six Sigma-Ansatz

Der Six Sigma-Ansatz ist eine Managementmethode, die vor allem in größeren und gut strukturierten Unternehmen angewendet wird. Hierbei wird in der Praxis so verfahren, dass entweder Mitarbeiter in kostspieligen Fortbildungen geschult werden oder ein externer Berater die einzelnen Prozesse auf Potenziale hin untersucht. Gerade wegen dieses Aufwandes ist es meist für kleinere Unternehmen nicht wirtschaftlich, durch solche Maßnahmen die Prozesse umstrukturieren zu lassen. Natürlich werden bei dieser Vorgehensweise Kennzahlen und gewisse Methoden zur Prozessabbildung verwendet, weshalb die Bewertung auf den ersten Blick falsch erscheint. Jedoch ist es beim Six Sigma-Ansatz so, dass Systeme und Kennzahlen eingesetzt werden, aber es keine strikte Vorgehensweise hierbei gibt. Aus diesem Grund ist die Vorgehensweise für jedes Unternehmen bzw. jeden Produktionsprozess getrennt zu betrachten. Daraus resultiert, dass durch den Six Sigma-Ansatz kein wirkliches allgemeingültiges Konzept erarbeitet werden kann, da sich die Prozesse unternehmensübergreifend sehr unterscheiden. Entsprechend dem Bewertungskatalog erreicht dieser Ansatz eine Punktezahl von 2,3 von 4 möglichen Punkten.

Auswertung Lean Management

In den ersten beiden Kriterien schnitt das Lean Management aus den gleichen Gründen der Übertragbarkeit und der Gesamtheit genauso ab wie der Six Sigma-Ansatz. Jedoch lässt sich durch die im Abschnitt „Prozessgestaltung mit Hilfe des Lean Managements" eine größere Anzahl an Kennzahlen feststellen, wodurch der Prozess und die Potenziale besser aufgedeckt werden können. Hierbei ist der einzige Kritikpunkt, auch wie oben erwähnt, dass es keine feste Vorgehensweise gibt, da sich die Herstellungsprozesse zu sehr von Unternehmen zu Unternehmen unterscheiden. Dadurch, dass die verschiedenen Methoden darüber hinaus größtenteils unabhängig voneinander einsetzbar sind, eignet sich diese Managementmethode eher für kleinere und mittlere Unternehmensstrukturen. Jedoch ist es auch in der Gesamtheit bei der mittleren Serienfertigung bis hin zur Massenfertigung möglich, diesen Ansatz in Unternehmen zu integrieren. Der Faktor des Mitarbeiters, welcher die Verbesserungen identifizieren und die Anleitung zur Behebung gibt, sollte jedoch nicht vernachlässigt werden. Aus diesem Grund wurde der Aufwand entsprechend mit zwei Punkten als relativ aufwändig betrachtet.

Tabelle 4.9 Nutzwertanalyse Business Reengineering/Value Stream Management

Bewertungskriterien			Eigenschaftsgrößen		Business Reengineering			Value Stream Management		
Nr.		Gew.		Einheit	Eigenschaften	Wert	Gew. Wert	Eigenschaften	Wert	Gew. Wert
1.	Abbildung der kompletten Wertkette	0,2	Gesamtheit des Konzeptes	%	25 – 49,99 %	2	0,4	< 75 %	4	0,8
2.	Übertragbarkeit auf andere Unternehmen	0,2	Übertragbarkeit des Konzeptes	%	50 – 74,99 %	3	0,6	50 – 74,99 %	3	0,6
3.	Abbildung von Kennzahlen	0,1	Anzahl von Kennzahlen	—	Sehr gering	1	0,1	Hoch	4	0,4
4.	Beinhaltung von Methoden zur Prozessverbesserung	0,1	Anzahl von Methoden zur Prozessverbesserung	—	Sehr gering	1	0,1	Gering	2	0,2
5.	Anwendbar in KMU	0,2	Anwendbarkeit in KMU	—	Zu großen Anteilen	3	0,6	Absolut	4	0,8
6.	Aufzubringendes Know-how	0,1	Aufwand	—	Gering	3	0,3	Hoch	1	0,1
7.	Steigerung des Herstellungsvolumens	0,1	Fertigungsart	—	Wiederholfertigung	2	0,2	Mittlere Serienfertigung	4	0,4
Summe							2,3			3,3

Auswertung Business Reengineering

Der ursprüngliche Gedanke des Business Reengineering beinhaltet die Neustrukturierung bzw. Verbesserung von Geschäftsprozessen. Da aber im ersten Kriterium die gesamte Wertkette als Betrachtungsumfang festgelegt wurde, schneidet dieses Verfahren dort entsprechend eher mäßig ab. Natürlich ist es im Nachgang an die Verbesserung möglich, die Prozesse in gewisser Art und Weise auf andere Unternehmen zu übertragen, da auch beispielsweise ein verbesserter Beschaffungsprozess überall übertragbar wäre. Der Ansatz des Business Reengineering verfolgt in der Literatur zwar die in dem entsprechenden Abschnitt abgebildeten Verfahrensablauf, benutzt hierbei jedoch keine festgelegten Kennzahlen oder Methoden. In der Praxis wird bei dieser Vorgehensweise jeder Prozess betrachtet und auf seine Potenziale durch kritisches Hinterfragen verbessert. Aus diesem Grund gestaltet sich der Aufwand im Gegensatz zu den anderen Methoden als eher gering und eignet sich in erster Linie auch deshalb gut als Ausgangspunkt für kleinere Unternehmenstypen bzw. Fertigungsarten.

Auswertung Value Stream Management

Das Value Stream Management ist ein ganzheitlicher Ansatz zur Darstellung und Untersuchung von Produktionsprozessen entlang der kompletten Wertschöpfungskette. Aus diesem Grund schneidet dieser Ansatz im ersten Kriterium mit der höchsten Punktezahl ab. Aber wie auch bei den anderen Ansätzen muss der festgestellte Ist-Zustand und der später entwickelte Soll-Zustand leicht abgeändert werden, um als ein allgemeingültiges Konzept betrachtet werden zu können. Mit Hilfe der entsprechenden Datenkästen ist es bei dieser Vorgehensweise möglich, sehr viele Informationen zu sammeln und einen Prozess und die dabei vorliegenden Probleme genau zu definieren. Beim Punkt der Methoden gibt es zwar eine Vorgehensweise, die aber sehr prozessspezifisch ist und deshalb bei diesem Punkt der Nutzwertanalyse etwas schlechter abschneidet. Wie auch bei den anderen Methoden ist eine gewisse Know-how-Aufwendung nötig, aber dieses ist beim Value Stream Mapping im Vergleich zum Six Sigma-Ansatz als geringfügig einzuordnen. Gleichzeitig ist das Value Stream Management durch die Gesamtheit und die relativ einfache Anwendung ein gutes Werkzeug, um auch bei kleineren Unternehmen eingesetzt zu werden. Darüber hinaus eignet sich diese Managementmethode sehr für die Umstrukturierung und Aufstockung von Produktionsprozessen und deshalb besonders für die Serienfertigung wie auch für die Massenfertigung.

4.3.6 Vergleich der Lösungsvarianten und Abschätzen der Beurteilungsunsicherheit

Vergleich der Lösungsvarianten

In Tabelle 4.10 werden nun kurz die Ergebnisse der Nutzwertanalyse auf einen Blick zusammengefasst.

Tabelle 4.10 Vergleich der Lösungsvarianten

Managementmethode	Nutzwert
Six Sigma-Ansatz	2,3
Lean Management	3,1
Business Reengineering	2,3
Value Stream Management	3,3

Die Managementmethoden Lean Management und Value Stream Management schneiden bei der Nutzwertanalyse mit einer Punktezahl von 3,1 bzw. 3,3 deutlich am besten ab. Die entsprechenden Begründungen sind aus den einzelnen Bewertungen der Nutzwertanalyse zu entnehmen.

Abschätzen von Beurteilungsunsicherheiten

Dieser Abschnitt nimmt in der Betrachtung eine eher zurückgestellte Bedeutung ein, da wie in den vorherigen Abschnitten erwähnt der Bewertungsprozess auf subjektiven Einschätzungen und Annahmen eines kleinen bzw. mittleren Unternehmens basiert. So kann es bei der Anwendung auch vorkommen, dass beispielsweise bei der Auswahl der Anforderungen gewisse Abhängigkeiten zwischen den einzelnen Kriterien vernachlässigt wurden, um den Zusammenhang und die Übertragbarkeit in die Praxis zu gewährleisten.

4.3.7 Suchen nach Schwachstellen

Für die Aufdeckung von Schwachstellen werden in Bild 4.20 die zwei bestbewerteten Managementmethoden ausgewählt und mittels des sogenannten Balkendiagramms grafisch aufbereitet.

Bild 4.20 Werteprofil des Lean und des Value Stream Managements

Im Balkendiagramm sind auf der X-Achse das Bepunktungssystem von 1 bis 4 aufgetragen und auf der Y-Achse die sieben Bewertungskriterien aus der Nutzwertanalyse. Um dieses Werteprofil zu erhalten, werden zum einen die in der Nutzwertanalyse erreichten Punkte der jeweiligen Methode zur Prozessverbesserung und

-neugestaltung eingetragen. Zum anderen wird dann über die Breite der Balken die Gewichtung berücksichtigt und visualisiert. Die Breite der Balken in Bild 4.20 ist jedoch nicht maßstabsgetreu, da durch die Übertragung aus dem Zeichenprogramm in das endgültige Format gewisse Abweichungen auftreten. Trotzdem verdeutlichen die Balken durch die verschiedenen Größen und unterschiedlichen Gewichtungen der einzelnen Anforderungen die Verhältnisse innerhalb der Nutzwertanalyse.

Wie aus Bild 4.20 hervorgeht, gestalten sich die Wertprofile der beiden Managementmethoden sehr ausgeglichen. Auffällig sind hierbei zwei Merkmale. Zum einen schneidet das Value Stream Management in der Gesamtwertung und der Verteilung der Werteprofile deutlich besser ab als das Lean Management. Dies macht sich besonders im Punkt „Anwendbarkeit auf KMU" bemerkbar. Für das Lean Management spricht besonders der Punkt „Beibehalten von Methoden zur Prozessverbesserung". Um im späteren Verlauf einen allgemeingültigen Lösungsansatz zu erarbeiten, werden aus diesem Grund nicht nur die Methoden des Value Stream Managements zur Prozessgestaltung angewendet, sondern ergänzend teilweise auch die erwähnten Methoden des Lean Managements. Zum anderen wird durch die Visualisierung der Nutzwertanalyseergebnisse der Unterschied im entstehenden Aufwand deutlich. Dies kann jedoch vernachlässigt werden, da dies daraus resultiert, dass in der Praxis beim Value Stream Management immer die komplette Wertkette betrachtet wird und im ersten Schritt mittels des Value Stream Mapping aufwändig die Ausgangssituation erarbeitet wird. Eine ausführliche Beschreibung der Ausgangssituation bildet gerade, wenn Schwachstellen innerhalb eines Prozesses identifiziert werden, die Grundlage zur Verbesserung. Darüber hinaus können durch das Value Stream Mapping komplexe Zusammenhänge mit relativ einfachen Mitteln erkannt und abgebildet werden, bevor anschließend der Prozess auf Potenziale hin untersucht wird.

Aus den hier dargestellten Gründen wird für die weitere Vorgehensweise innerhalb der Betrachtung der Ansatz des Value Stream Managements verwendet. Lediglich in der Erarbeitung des Soll-Konzeptes werden, um die Allgemeingültigkeit nicht zu vernachlässigen, Methoden des Lean Managements eingearbeitet.

■ 4.4 Value Stream Mapping bei einer Kleinserienfertigung

Mittels des Value Stream Mapping wird in diesem Kapitel ein exemplarischer Herstellungsprozess eines mittleren Unternehmens untersucht. Hierbei wurden lediglich die Kundenparameter und die verschiedenen Ebenen der Zeitlinie aus dem in

Kapitel 4.5 abgebildeten konkreten Beispiel übernommen. Diese Werte wurden bewusst gewählt, um einen gewissen Praxisbezug herzustellen und einige entstehende Problemstellungen noch besser aufzuzeigen. Jedoch ist erneut zu betonen, dass der in diesem Kapitel dargestellte Wertstrom auf einer allgemeingültigen Ebene erstellt wurde und auf andere Unternehmen mit ähnlichen Ausgangssituationen übertragbar ist. Die dabei zu betrachtenden Herstellungsprozesse sollten hierbei einen großen Anteil an manuell durchgeführten Arbeitsschritten mit großen prozessbedingten Ausfallzeiten, wie beispielsweise Trocknungszeiten, aufweisen. Basierend auf dieser Ausgangssituation wurde das unten dargestellte Value Stream Mapping erstellt. Aus Darstellungsgründen wird der Materialfluss außerhalb der Produktionsprozesse, hingegen zum ursprünglichen Design durch eine einfache schwarze Linie dargestellt. Der Informationsfluss wird ebenso aus diesem Grund mit Hilfe von einfachen bzw. gezackten dunkelgrauen Linien dargestellt.

Kunde

Laut der Vorgehensweise beim Value Stream Mapping wird zuerst der Kunde für die Enderzeugnisse definiert und dessen Parameter bestimmt. Aus der Nachfrage wird dann mit Hilfe verschiedener Formeln der Kundentakt errechnet. Wie oben erwähnt, wurde hierbei der Kundentakt aus dem nachfolgenden Praxisbeispiel verwendet. Der Kundentakt liegt im angenommenen Betrachtungsfall bei vier Stunden pro Enderzeugnis.

Lieferanten

Im nächsten Schritt werden die Lieferanten über die in der oberen linken Ecke dargestellten Symbole verdeutlicht. In diesem allgemeingültigen Konzept wird ein Lieferant für die Grundmaterialien und ein weiterer Lieferant für die verschiedensten Norm- und Kleinteile angenommen. Aufgrund meist langer Lieferzeiten versenden die Lieferanten die geforderten Waren über einen monatlichen Abruf. Die festgelegten Mengen können sich hierbei von Unternehmen zu Unternehmen unterscheiden und sind variabel wählbar. Darüber hinaus könnte zur Durchführung von Tätigkeiten außerhalb der Kernkompetenzen ein weiterer externer Lieferant abgebildet werden. Dieser führt ausgelagerte, aber notwendige Fertigungsschritte am eigentlichen Produkt für das Unternehmen durch.

Produktionsprozesse

Grundsätzlich startet die Produktion der Enderzeugnisse mit dem Erstellen und der Weitergabe von Fertigungsaufträgen. Ob diese in Form von Papier oder elektronisch auf sogenannte Displays übermittelt werden, ist im dargestellten Konzept zu vernachlässigen. Sind die Fertigungsaufträge erstellt und verteilt, wird der eigentliche Wertstrom innerhalb des Herstellungsprozesses über die verschiedenen Produktionsprozesse betrachtet.

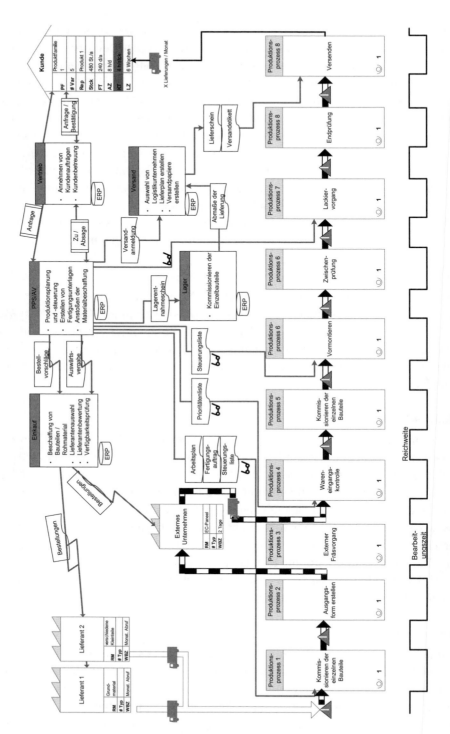

Bild 4.21 Exemplarische Darstellung einer Kleinserienfertigung mit Hilfe des Value Stream Mappings

Der erste Produktionsprozess beinhaltet das Kommissionieren der Einzelteile bzw. der vorgelagerten Baugruppen. Meist startet ein Herstellungsprozess mit dem Kommissionieren, jedoch kann dieser Produktionsschritt auch anders angeordnet und zu einem späteren Zeitpunkt im Herstellungsprozess angeordnet werden. Dies hängt in der Praxis von den Ausgangsbedingungen eines Unternehmens ab. Nach dem Kommissionieren wird die Ausgangsform des Erzeugnisses hergestellt. Anschließend erfolgt ein externer Fräsvorgang. Bei diesem Schritt tritt eine Besonderheit in der Darstellungsform in Bild 4.21 auf. Verdeutlicht wird dieser Prozess über ein externes Unternehmen, welches auch mit dem Materialfluss verbunden ist. In der Praxis fallen hierbei jedoch auch Zeiteinheiten an, da das Erzeugnis nicht verfügbar ist und nicht zur weiteren Verarbeitung genutzt werden kann. Aus diesem Grund befindet sich im Value Stream Mapping ein Produktionsschritt „Externer Fräsvorgang", welcher nicht mit dem eigentlichen Materialfluss in der Abfolge verbunden ist. Im Umfang der Untersuchung versorgt der externe Lieferant die Fertigung des Unternehmens zweimal wöchentlich und untersteht somit einem Lieferrhythmus von zwei Tagen.

Nachdem die bearbeitete Ware wieder angeliefert wurde, durchläuft sie die Wareneingangskontrolle. Hierbei werden die vom externen Lieferanten durchgeführten Fertigungsprozesse überprüft. Anschließend werden die verschiedenen Erzeugnisse weiterverarbeitet und verschiedene Montagetätigkeiten durchgeführt. In diesem Schritt können beispielsweise auch prozessbedingte Liegezeiten wie das Abkühlen von Materialien oder Aushärtezeiten eines Klebstoffes eine große Rolle spielen. Um diesen Faktor abzudecken, könnte hierbei die Trockenzeit des Zwischenerzeugnisses aus dem Praxisbeispiel übernommen werden.

Um eine gleichbleibende Qualität und hohe Nacharbeitskosten durch Fehlteile zu vermeiden, durchlaufen die Bauteile im Nachgang eine Zwischenprüfung. Dieser Arbeitsschritt eignet sich vor allem bei sehr teuren und danach nicht mehr trennbaren Zwischenerzeugnissen. Darüber hinaus können durch den vorgelagerten Montageprozess Zwischenprodukte entstehen, welche aus rechtlichen bzw. vorher festgelegten Gründen geprüft werden müssen.

Durch den darauf folgenden Lackiervorgang des Produktes wird der eigentliche Herstellungsprozess im Anschluss beendet. Hierbei fallen durch die verschiedenen Lacksorten und die damit verbundenen Trockenzeiten enorme prozessbedingte Liegezeiten an. Diese ergeben sich durch die detaillierte Bearbeitungsreihenfolge des Grundierens, Vorlackierens und des Endlackierens. Anschließend werden die Produkte durch einen zugelassenen und zertifizierten Prüfer anhand eines Kriterienkatalogs getestet und durch die Versandabteilung des Unternehmens verpackt und durch die Freigabe aus der Arbeitsvorbereitung bzw. der Logistik versendet.

Zusammenfassend fallen die verschiedenen undefinierten Lager zwischen den einzelnen Produktionsabläufen auf. Zum einen wird hierdurch der Fluss der einzelnen Materialien behindert und zum anderen bedeuten Bestände immer gebundenes Kapital für ein Unternehmen. Durch dieses gebundene Material entstehen Zusatzkosten, welche sich im schlimmsten Fall in den Stückkosten niederschlagen können.

Geschäftsprozesse

Um das Value Stream Mapping so übersichtlich wie möglich zu gestalten, wurden die Geschäftsprozesse auf die fünf abgebildeten beschränkt. Auch die Aufgabengebiete der einzelnen Abläufe werden aus diesem Grund eher kompakter und allgemeiner gehalten. Dadurch, dass die Aufgabenpakete der verschiedenen Geschäftsprozesse in Bild 4.21 dargestellt sind, entfällt eine gesonderte Ausformulierung dieser Abläufe innerhalb dieses Abschnittes. Darüber hinaus können die Aufgabenprofile der einzelnen Abteilungen von Unternehmen zu Unternehmen variieren, da die Abläufe stark von der Organisationsform abhängig sind. Zusätzlich wird unterstützend ein ERP-System für die einzelnen Prozesse eingesetzt.

Material- bzw. Informationsfluss

Der Materialfluss im Value Stream Mapping wird innerhalb der Produktionsprozesse durch die Pull-Philosophie verdeutlicht. Außerhalb der eigentlichen Herstellungsabfolge werden darüber hinaus einfache, ausgefüllte schwarze Pfeile verwendet, welche einen nicht gesteuerten Materialfluss abbilden sollen.

Der Informationsfluss teilt sich hingegen in zwei Kategorien auf. Zum einen die durch gezackte dunkelgraue Pfeile dargestellte elektronische Informationsabwicklung, welche lediglich zwischen den einzelnen Geschäftsprozessen abgehalten wird und zum anderen die manuelle Informationsübertragung, welche durch einfache dunkelgraue Pfeile dargestellt ist. Die nötigen Informationen werden zwar teilweise auch per E-Mail versendet, aber die Erstellung gleicht der manuellen händischen Übergabe in Papierformat und erzeugt einen hohen Erstellungsaufwand. Verstärkt wird die manuelle Datenübertragung an den entsprechenden Stellen der Darstellung über eine sogenannte „Go-See-Steuerung". Hierdurch werden die einzelnen Produktionsprozesse vor Ort angestoßen und die Bearbeitungsreihenfolge festgelegt.

4.4.1 Verbesserungspotenziale des Value Stream Mapping

Dieser Abschnitt des Value Stream Mappings ist in Bezug auf Herstellungsprozesse mit langen prozessbedingten Liegezeiten immer schwierig zu deuten. Dies ist auch im Umfang der Untersuchung als Kritikpunkt anzusehen, da der vorgegebene Kundentakt von vier Stunden pro Enderzeugnis aus rein prozesstechnischen Gründen nur schwer bewältigt werden kann. Alleine durch den Trocknungsprozess einer Lackschicht entsteht beispielsweise eine Liegezeit von zwölf Stunden. Aus diesem Grund kann der Kundentakt nur über Skaleneffekte innerhalb der Losgröße erreicht werden.

4.4.2 Konkret resultierende Problemstellungen

Aus dem exemplarisch dargestellten Value Stream Mapping resultieren für die weitere Vorgehensweise bzw. Prozessneugestaltung die folgenden Problemstellungen, welche gesondert betrachtet werden. Diese Annahmen sind in leicht abgeänderter Form auf andere Unternehmen übertragbar, da bei einer mittleren Serienfertigung andere Anforderungen an ein mittleres Unternehmen gestellt werden. Vorab ist es jedoch zusätzlich wichtig zu erwähnen, dass nicht alle Probleme auf andere Unternehmen zutreffen, da dies immer von der Ausgangsposition der speziellen Fertigung abhängig ist. Aus Übersichtsgründen wurden die sogenannten Kaizen-Blitze deshalb nicht in der Darstellung eingezeichnet. Darüber hinaus würde durch den abgebildeten hohen Steuerungsaufwand der eigentliche Herstellungsprozess untergehen und eine Erkennung des Wertstromes erschwert werden. Im Value Stream Mapping wurden die folgenden Punkte als Eng- bzw. Problemstellen bei der Wandlung zu einer Mittelserienfertigung identifiziert:

Steigender Steuerungsaufwand

Der wohl größte Engpass bei der Steigerung zu einer Mittelserienfertigung ist der Kommunikationsaufwand innerhalb der aufgezeigten Fertigung. Wie auch in Bild 4.21 zu ersehen ist, bildet die Produktionssteuerung bzw. Arbeitsvorbereitung die zentrale Stelle der Steuerung. Meist werden einzelne Bearbeitungsschritte aufgrund von übergeordneten Planungsproblemen per täglicher Überwachung gesteuert und teilweise kurzfristig abgeändert. Daraus ergeben sich große kapazitive Personalbindungen, da bestimmte Mitarbeiter zwar ein Projekt betreuen, aber ein Großteil der Arbeitszeit damit verbringen, Produktionsabläufe zu kontrollieren und den nächsten Arbeitsgang voranzutreiben und anzustoßen. Somit ist es dem Teilprojektleiter, welcher die Fertigung betreut in mittelständischen Unternehmen im Umkehrschluss meist kaum möglich, beispielsweise Prozessverbesserung voranzutreiben oder durchzuführen.

Überschüssige Prozesse und Altlasten aus der Anfangszeit

Auch wenn dieser Punkt auf den ersten Blick sehr banal erscheint, ist es in der Praxis häufig so, dass innerhalb des Projektes Altlasten aus der Entwicklungszeit enthalten sind. Wenn nun einige Produkte innerhalb der Serienfertigung mehrmals pro

Monat oder täglich produziert werden, so fallen diese Fehler häufiger an und behindern damit den kompletten Produktionsfluss. Ein beliebtes Beispiel hierfür sind die Arbeitspapiere, welche meist mit der Einführung von neuen Hilfsmitteln oder Prozessvereinfachungen nicht nachgezogen werden. Wenn im konkreten Fall die Bearbeitungs- bzw. die Durchlaufzeit eines Produktes nicht angepasst wird, kann die computergestützte Planung nicht vernünftig planen und arbeitet mit veralteten Datensätzen und Prozessparametern. Ein anderes Beispiel sind Produktionsprozesse, welche durch ständige Verbesserungen im Vorfeld ausgelassen werden können. Im Falle solcher Problemstellungen im Herstellungsprozess können im Zeitalter der heutigen Industrie viele Folgefehler entstehen und die Durchlaufzeiten zusätzlich aufblähen. Neben den Zeitanteilen innerhalb der Arbeitspapiere sind auch die festgelegten Netto- bzw. Bruttoverbräuche ein Beispiel für ineffiziente Arbeitspapiere.

Lieferantenpolitik

Der gesteigerte Bedarf an Enderzeugnissen führt innerhalb der Fertigung automatisch zum Anstieg der Verbräuche von Roh-, Hilfs- und Verbrauchsmaterialien. Durch diese Aufstockung können zum einen Lagerungsprobleme auftreten und zum anderen durch das meist eingesetzte Single Sourcing Risiken für den flussgerechten Herstellungsbetrieb entstehen. Durch die Single Sourcing-Strategie ist ein Unternehmen sehr abhängig von einem Lieferanten und muss somit auch die im schlimmsten Fall entstehenden längeren Lieferzeiten akzeptieren. Jedoch sollte in diesem Punkt erwähnt werden, dass ein Lieferantenwechsel bzw. die Zertifizierung in vielen Branchen mit hohen Zusatzkosten verbunden sein können. Mit einer Zertifizierung soll sichergestellt werden, dass ein Zulieferer den Regularien des Endkunden entspricht und die Produkte im selben Anforderungsprofil liefern kann.

Kommunikationsschwierigkeiten innerhalb der Fertigung

Bei Produktionsabläufen mit einem großen Anteil an manuell ausgeführten Tätigkeiten kann durch eine Vielzahl von beteiligten Mitarbeitern ein hohes Maß an Kommunikationsaufwand entstehen. Hierbei ist es besonders wichtig, dass oft enge Abteilungsdenken zu unterbinden, sodass sich jeder Mitarbeiter in einem gewissen Grad auch für den vor- bzw. nachgelagerten Produktionsschritt verantwortlich fühlt und somit das gesamte Projekt vorantreibt. Gerade auch in Bezug auf die Personalpolitik ist es wichtig, einen gleichbleibenden Mitarbeiterstamm zu integrieren, um die Fertigung unter gleichen Bedingungen zu gewährleisten.

Steigendes Anforderungsprofil an das Enterprise Ressource Planning-System

Ein weiterer Punkt ist das ERP-System, welches innerhalb einer Mittelserienfertigung vor neue Herausforderungen gestellt wird. Hierbei spielt vor allem die Nachverfolgbarkeit der Produkte in den meisten Branchen eine große Rolle. Durch die Masse an Enderzeugnissen ist es nun komplexer und damit schwieriger, den Pro-

duktionsprozess über das ERP-System deutlich abzubilden und damit im Folge-
schluss eine richtige Steuerung zu gewährleisten. Darüber hinaus können durch
immer wieder auftretende Zeichnungsänderungen zusätzlich Probleme bei der
Dokumentenverwaltung auftreten. Im konkreten Praxisbeispiel bestellt der Kunde
immer Airline abhängig. Daraus resultiert, dass ein Enderzeugnis in beliebig vielen Zeichnungszusammensetzungen im Enterprise Ressource System enthalten
sein müsste, um die richtige Zeichnung mit dem richtigen Produkt zu verknüpfen.
Ist dies nicht der Fall, müssen alle Fertigungspapiere zusätzlich durch manuelles
Ausdrucken der Zeichnung identifiziert werden. Dieser zusätzliche Arbeitsschritt
birgt wiederrum das Risiko, dass falsche Fertigungspapiere in die Fertigung gegeben werden.

Prozessbedingte Liegezeiten

Bei manuellen Tätigkeiten mit prozessbedingten Liegezeiten treten, wie erwähnt,
meist enorme Differenzen zwischen Kundentakt und Durchlaufzeit der Produkte
auf. Diese können in der Praxis auf prozessbedingte Liegezeiten oder ineffiziente
Prozesse zurückgeführt werden. Hierdurch entstehen in der Umsetzung zwar
enorme Durchlaufzeiten, jedoch sind diese Zeiten durch Materialvorgaben meist
nicht oder nur schwer zu umgehen.

Flussgesteuerte Pull- und Push-Philosophie

Eine weitere Problemstellung ergibt sich aus dem Materialtransport zwischen den
einzelnen Bearbeitungsschritten. Hierbei wird unterschieden zwischen dem Pull-
Prinzip, also das Produkt durch die Fertigung zu „drücken", und dem Push-Prinzip,
also das Produkt durch die Fertigung zu „ziehen". In einer Kleinserienfertigung
kann es durch die verminderte Stückzahl durchaus sinnvoll sein, die Produkte im
Pull-Prinzip durch die Fertigung zu transportieren. Jedoch steigt dadurch mit immer größer werdenden Mengen der Steuerungsaufwand, welcher durch eine kom-
binierte Push- bzw. Pull-Steuerung minimiert werden könnte. Durch diese Strategie fühlt sich der nachgelagerte Mitarbeiter für das Enderzeugnis verantwortlicher
und fordert das Produkt zur richtigen Zeit in richtiger Form selbstständig an.

Externe Produktionsprozesse

Durch die Konzentration auf Kernkompetenzen stehen Unternehmen in der heutigen Zeit immer mehr im Konkurrenzkampf und greifen aus diesem Grund häufiger auf externe Dienstleister zurück. Dies ist zwar auf der einen Seite als positiv zu
bewerten, aber andererseits resultieren hierdurch hohe Anforderungen an die unternehmensinterne Logistik und Steuerung. Deshalb kann es durchaus Sinn machen, gewisse externe Tätigkeiten bei der Anwendung des Value Stream Managements zu hinterfragen und diese mittels Investitionsrechnungen genauer zu
betrachten.

Kommunikation mit dem Kunden

Ein weiterer Engpass kann die Kommunikation mit dem Kunden werden. Der Kunde hat meist langfristigere und damit höhere Anforderungen an das Serienprodukt als beispielsweise in der Einzelfertigung. Eine konkrete Anforderung könnte beispielsweise die Nachlieferung einer gewissen Menge innerhalb von 48 Stunden sein. Dieser Punkt ist meist unabhängig von dem vom Kunden ursprünglich kommunizierten Forecast, also der zukünftigen Absatzprognose. Ist der Planungszeitraum zum Beispiel anders gewählt als die Wiederbeschaffungszeit einzelner Bauteile, können in Bezug auf die Liefertreue Engstellen und daraus resultierende Lieferverzögerungen entstehen. Im Zusammenhang mit der Wiederbeschaffungszeit werden sogenannte Long Lead Items, also Bauteile mit einer langen Lieferzeit und meist einem hohen Wert zusätzlich zum Problem. Das Unternehmen muss dann zwischen einem hohen Bestandswert und einem Lieferengpass gegenüber dem Kunden wählen.

■ 4.5 Verifizierung des Value Stream Mappings bei einem Komponentenzulieferer

In diesem Auszug wird das konkrete Beispiel eines mittleren Komponentenlieferanten (im weiteren Verlauf auch Second-Tier genannt) mit Hilfe des Value Stream Managements untersucht und durch Value Stream Mapping abgebildet. Das Projektumfeld beschränkt sich, wie erwähnt, auf die Kleinserienfertigung zur Herstellung von Bauteilen für einen Zuginnenraum. Da das Praxisbeispiel die Grundlage des in Kapitel 4.4 abgebildeten allgemeinen Konzeptes bildet, kann es an einigen Stellen zu Überschneidungen kommen. Im folgenden Abschnitt wird nun der Ist-Zustand der Fertigung des Second-Tier über die vier folgenden Schritte des Value Stream Mappings definiert:

- Produktfamilienbildung
- Kundenbedarfsanalyse
- Value Stream Mapping
- Verbesserungspotenziale

4.5.1 Produktfamilienbildung

Im Zuge der Produktfamilienbildung wird aus Übersichtsgründen der Produktionsablauf- und das Familienähnlichkeitsverfahren ausgewählt, um die entsprechen-

den Produkte besser trennen zu können und zu definieren, welcher Herstellungsprozess in der Wertstromanalyse betrachtet werden soll.

Aus Bild 4.22 ist ersichtlich, dass vier verschiedene Produktionsabläufe innerhalb
der Fertigung durchgeführt werden. Qualitätskontrollen wurden hierbei aus Übersichtsgründen vernachlässigt. Der erste Produktionsablauf beschreibt die Herstellung einer Sorte Wabenprodukte. Unter dem Begriff Wabe wird ein Ausgangsmaterial verstanden, welches durch Auflegen von mehreren dünneren Schichten und
die Einwirkung von einem Temperatur- Druckverhältnis zu einer Wabenstruktur
geformt wird. Hierunter fallen im Speziellen Produkte wie zum Beispiel Sicht-
schütze und Vorhangsschienen. Zusammengefasst bildet diese Produktsparte die
„Wabenprodukte 1". Die nächste Kategorie bilden lackierte Wabenplatten für Notfallequipment im Zuginnenraum. Hierbei ist die Produktionsablauffolge leicht anders als bei den „Wabenprodukten eins". Das dritte Produktionsablaufschema umfasst im Großen und Ganzen Zukaufteile, welche vom Komponentenlieferanten
lediglich montiert und im Anschluss versendet werden. Abschließend bilden die
Stoffprodukte in Form von Vorhängen und Sichtschützen das letzte Produktablauf-
schema im Standort.

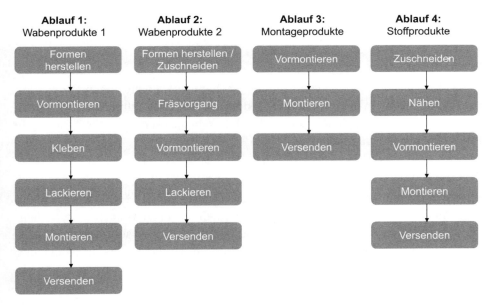

Bild 4.22 Produktionsablaufschemata des Komponentenzulieferers

Da im weiteren Verlauf der Anwendung die lackierten Wabenplatten mit Hilfe des
Value Stream Managements untersucht und optimiert werden sollen, wird Produktionsablaufschema 2 nun näher betrachtet.

Die eigentlichen Produkte unterteilen sich hierbei in sechs verschiedene Kategorien. Zum einen bilden die drei verschiedenen Typen von Wabenplatten die ersten drei Kategorien. Zusätzlich werden noch Stofftaschen, Gurtbänder und sogenannte Stauschränke hergestellt und an den Kunden geliefert. Auf Wunsch des Unternehmens werden zuerst die verschiedenen Herstellungsprozesse der drei Wabenplatten mit Hilfe des Value Stream Managements untersucht. Aus diesem Grund wird nun mit Hilfe der Familienähnlichkeit geschaut, ob sich die drei Produkte nochmals unterteilen lassen. Unterschieden werden die sogenannte „Wabenplatten-Autoklav", die „AC-Platten" und das „AC-Paneel". Die Abkürzung AC steht für eine herstellerspezifische Werkstoffangabe.

Rohmaterial für Teile

Grundsätzlich bestehen die drei Arten von lackierten Platten aus einer Wabenstruktur. Jedoch unterscheiden sich die einzelnen Wabenmaterialien in ihrer Form und Beschaffenheit nochmals untereinander. Die Wabenplatten-Autoklav werden mit Hilfe einer Wabenstrukturplatte und verschiedenen Lagen harzverstärktem Papier hergestellt. Die zweite Kategorie, die AC-Platten werden als Rohplatte mit fertigen Außenmaßen durch einen Lieferanten geliefert und anschließend durch den Second-Tier modifiziert. Die AC-Paneele bestehen aus einer anderen Art Wabenplatte, welche aber auch durch den oben genannten Lieferanten bezogen werden.

Produktgeometrie

In der Kategorie Produktgeometrie unterscheiden sich die einzelnen Erzeugnisse auf den ersten Blick nicht unbedingt. Jedoch ist vor allem durch die äußeren Abmaße und die verschiedenen Lochbilder der Wabenplatten eine unterschiedliche Produktgeometrie anzunehmen.

Produktkomplexität

Wie bei der Produktgeometrie setzt sich das Muster fort. Durch die unterschiedlichen Ausgangsmaterialien entstehen im Herstellungsprozess auch unterschiedliche Arbeitsgänge mit wechselnden Schwierigkeitsgraden. So steckt beispielsweise durch die Kombination von Wabe und harzgetränktem Papier in den „Wabenplatten-Autoklav" mehr Know-how des Unternehmens, als bei den schon von den Außenmaßen fertig angelieferten Platten.

Produktfunktionalität

Im Punkt Produktfunktionalität unterscheiden sich die verschiedenen Plattenarten nicht, da alle Enderzeugnisse als Grundauflagefläche bzw. als Halterung für Notfallequipment wie beispielsweise einem Feuerlöscher im Zuginnenraum dienen.

Handhabung

Die Kategorie der Teilemerkmale in der Betrachtung der Familienähnlichkeit beschäftigt sich mit der Handhabung, der Schutzbedürftigkeit und dem Wert der Enderzeugnisse. Beide Ablaufkategorien sind ähnlich in der Handhabbarkeit und der Schutzbedürftigkeit. Gerade durch die hochwertigen Anforderungen an die Lackierung ist hierbei keine Unterscheidung zu treffen. Bei dem Wert der Produkte ergeben sich durch die leicht abgeänderte Arbeitsgangreihenfolge und durch das unterschiedliche Ausgangsmaterial jedoch gewisse Unterschiede.

Der in Bild 4.22 abgebildete Produktionsablauf 2 wir im Folgenden in drei weitere Kategorien aufgeteilt (siehe Bild 4.23).

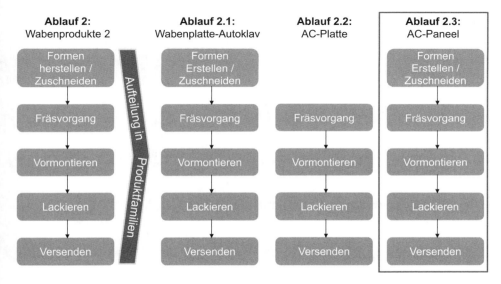

Bild 4.23 Aufteilung des Produktionsablaufschemas 2 in drei Unterkategorien

Aus Bild 4.23 ist ersichtlich, dass sich die Wabenprodukte 2 nochmals in drei Unterkategorien aufteilen. Auf Unternehmenswunsch wurde das Value Stream Mapping für alle drei Produktfamilien durchgeführt, um die Potenziale dieser Prozesse im Gesamten herauszuarbeiten und eventuelle Synergien zu erkennen. Der Produktionsablauf 2.3, soll jedoch in der folgenden Abhandlung als Praxisbeispiel dienen und wird deshalb als einziger in dieser Untersuchung aufgeführt und genauer analysiert.

4.5.2 Kundenbedarfsanalyse

Da nun die Produktfamilie und damit das Analyseumfeld definiert wurden, folgt nun die Kundenbedarfsanalyse. Im ersten Schritt werden der Kunde bzw. die Kunden mit Hilfe der Wertstromdarstellung (Bild 4.24 A)) definiert. Die nachstehenden Ausführungen beziehen sich konkret auf ein Unternehmensbeispiel, da nur so eine realistische Betrachtung möglich ist und, da später auch im allgemeingültigen Ist-Zustand die Problemstellen aufgezeigt werden sollen. Wie in der vorherigen Beschreibung erwähnt, teilen sich die drei Wabenplatten in drei Kategorien auf. Durch die verschiedenen Lochbilder und Außenmaße könnte die Variantenvielfalt nochmals in kleinere Unterbaugruppen unterteilt werden. Dies wird aber aus Übersichtsgründen im Zuge dieser Analyse nicht vorgenommen. Dieses Argument spielt lediglich in der Betrachtung des Ist-Zustandes eine Rolle. Neben der Aufteilung in die drei Arten der Wabenplatten kann der Kunde zusätzlich zwischen fünf Farbtönen entscheiden. Mit Hilfe eines Datenkastens (vgl. Bild 4.24 B)) werden die Parameter für den Kunden festgelegt.

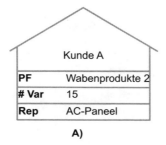

Bild 4.24 Kundenbedarfsanalyse bezogen auf ein AC-Paneel

Im Vordergrund steht hierbei vor allem der Kundentakt, welcher im Endeffekt die Geschwindigkeit innerhalb der Produktionsprozesse vorgibt. Neben dem Kundentakt werden auch organisatorische Kennzahlen wie die Fabriktage, die Lieferzeit, die Jahresstückzahl und die Arbeitszeit pro Tag im Datenkasten festgehalten. Die Liefertreue wird bei der Betrachtung außen vorgelassen, da hier aus den Vergangenheitsdaten keine qualitativen Rückschlüsse gezogen werden können. Die genaue Berechnung des Kundentaktes ist aus Formel 4.15 zu entnehmen.

Formel 4.15 Berechnung des Kundentakt es für die AC-Paneele

$$Kundentakt = \frac{FT \times AZ}{Stck} = \frac{240\ \frac{d}{a} \times 8\ \frac{h}{d}}{480\ \frac{St.}{a}}$$

$$Kundentakt = 4\ \frac{h}{St.} = 240\ \frac{min}{St.}$$

KT = Kundentakt [Stunden / Stück]	**FT** = Fabriktage [Tage / Jahr]
AZ = tägliche Arbeitszeit [Stunden / Tag]	**Stck.** = Jahresstückzahl [Stückzahl / Jahr]
TB = Tagesbedarf [Stückzahl / Tag]	

Aus der angewendeten Formel ist ersichtlich, dass der Kundentakt bei der zu betrachtenden Produktfamilie bei einer Durchlaufzeit von vier Stunden pro Stück liegt. Als Grundlage hierzu wird angenommen, dass der First-Tier acht Zuginnenausstattungssätze pro Monat bestellen möchte. Ein Innenausstattungssatz besteht durchschnittlich aus fünf verschiedenen AC-Paneel-Platten. Aus Losgrößengründen werden deshalb immer die geforderte Anzahl von fünf Paneelen in einem Fertigungslos zusammengefasst und gemeinsam betrachtet. Die in der Praxis vorkommenden Eilbestellungen von sechs bis acht Stück, welche durch verschiedene kundenseitige Bestell- oder Vollständigkeitsprobleme entstehen, werden aus Komplexitätsgründen vernachlässigt und fließen nicht mit in die Berechnung des Kundentaktes mit ein.

4.5.3 Angewendetes Value Stream Mapping

In diesem Abschnitt der Untersuchung wird mit Hilfe der Wertstromaufnahme der Ist-Zustand der konkreten Fertigung eines kleinen bzw. mittleren Komponentenzulieferers aufgenommen. Um das später abgebildete Value Stream Mapping besser verstehen zu können, wird der Herstellungsprozess zunächst kurz als Ablaufdiagramm dargestellt und später schriftlich ausformuliert.

Herstellungsprozess der AC-Paneel-Platten

Da der Herstellungsprozess die Grundlage für den späteren Verlauf und die Abbildung des Ist-Zustandes einer Fertigung ist, wird dieser mit Hilfe eines Ablaufdiagramms dargestellt (Bild 4.25).

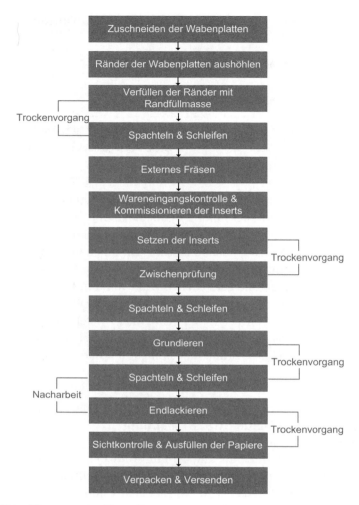

Bild 4.25 Ablaufdiagramm des Herstellungsprozesses eines AC-Paneels

Herstellungsprozess

Der Herstellungsprozess der sogenannten AC-Paneele beginnt mit der Erstellung
der Arbeitspapiere. Er ist aus Übersichtsgründen nicht mit in das Ablaufdiagramm
eingearbeitet worden. Bei dem betrachteten Projekt handelt es sich um eine Build
to Print-Dienstleistung. Dieses äußert sich in der Praxis so, dass der Kunde die
geforderten Zeichnungen und Stücklisten vorgibt und selber entwickelt. Der Komponentenzulieferer erhält im Anschluss daran eine Bestellung und setzt diese,
wenn technisch möglich, in die Realität um. Der Kunde bestellt die verschiedenen
Ausführungen der Platte immer zugbezogen. Das heißt beispielsweise einmal für
Zug Variante A und einmal für Zug Variante B. Da sich jeder Zug und jeder End-

kunde für andere Ausführungen entscheidet, werden die Artikel nicht nur über eine bestimmte Zeichnung und die Artikelnummer identifiziert, sondern über den sogenannten Issue-Stand des Enderzeugnisses. Dieser Issue-Stand bezeichnet die Aktualität der Zeichnung und die letztendliche Ausführung des Enderzeugnisses. In der Praxis entsteht dadurch für den Second-Tier ein enormer Mehraufwand, da eine anonyme Lagerproduktion der Wabenplatten nur bei bestimmten Produkten sinnvoll ist. Daraus resultiert, dass eine späte Variantenbildung in der Umsetzung nur bedingt möglich ist.

Zum Aktivieren der Bestellung werden die Fertigungsaufträge und Lagerentnahmescheine automatisch im ERP-System aus den angelegten Stücklisten generiert und anschließend ausgedruckt. Von den Kunden ist vorgeschrieben, dass bei jedem Fertigungsauftrag eine aktuelle Zeichnung des Bauteils angefügt wird. Das heißt für den Mitarbeiter der Arbeitsvorbereitung (kurz: AV), dass er für jedes Produkt die geforderte Zeichnung und Stückliste ausdrucken und den Fertigungspapieren zuordnen muss. Gesteuert wird der komplette Produktionsprozess mit Hilfe einer Produktionssteuerungsliste, welche für jede Bestellung durch einen Mitarbeiter der AV angefertigt wird.

Der eigentliche Herstellungsprozess innerhalb der Produktion startet nach dem Verteilen der Fertigungsaufträge mit dem Zuschnitt der Wabenstruktur. Hierzu werden 1,20 m × 2,5 m große Ausgangsplatten mit Hilfe einer Kreissäge auf die gewünschten Abmaße geschnitten. Sind die Wabenplatten auf die richtigen Maße zugeschnitten, wird der Rand bis zu einer Tiefe von fünf Zentimetern mit Hilfe einer Oberfräse ausgehöhlt und anschließend mit einer speziellen Randfüllmasse gefüllt. Dieser Vorgang ist nötig, um die Platten an den äußeren Strukturen zu verstärken und eine gewisse Festigkeit zu gewährleisten. Im Anschluss an eine zwölfstündige Trockenzeit wird der Randbereich dann an der Oberplatte der Wabenstruktur gespachtelt und geschliffen.

Der nächste Schritt im Herstellungsprozess ist das externe Fräsen. Dieser Arbeitsgang wird aus Kapazitätsgründen nicht von der in der Schlosserei verfügbaren CNC-Fräse durchgeführt, sondern von einem externen Dienstleister. Das Unternehmen bringt die Platten zum einen auf die genauen Außenmaße und zum anderen platziert er die meist komplexen Bohrbilder. Da zum jetzigen Zeitpunkt keine Zertifizierung zwecks Qualitätskontrolle mit diesem externen Dienstleister durchgeführt wurde, werden die Platten nach dem Fräsen einer internen Wareneingangskontrolle unterzogen. Entsprechen die Bohrbilder den vorgeschriebenen Zeichnungen, werden die Inserts für die Platten laut dem Lagerentnahmeschein kommissioniert. Die sogenannten Inserts sind Gewindeeinsätze, welche innerhalb der Platten verklebt werden, um später das Notfallequipment montieren zu können. Im Anschluss werden die Inserts mit Hilfe eines speziellen Klebers in der Wabenplatte verklebt und somit befestigt. Nachdem der Kleber zwölf Stunden ausgehärtet ist, werden noch kleinere Nacharbeiten wie beispielsweise das Entfernen von Kleberesten durchgeführt. Daraufhin wird geprüft, ob die Inserts frei von Verschmutzungen sind und senkrecht in der Platte verklebt wurden.

Ist diese Zwischenprüfung in Ordnung, ist der erste Arbeitsschritt in der Lackiererei das Spachteln und Schleifen. Da die Inserts nicht zu hundert Prozent genau mit der Oberfläche der Wabenplatte abschließen, müssen diese Unebenheiten vor dem Grundieren durch Spachtelmasse aufgefüllt werden. Darüber hinaus wird die komplette Oberfläche untersucht und wenn nötig durch Spachteln und Schleifen ausgebessert. Nachdem eine gleichmäßige und glatte Oberfläche erzeugt wurde, kann das AC-Paneel mit einer wasserbasierten Grundierung lackiert werden. Die Grundierung dient zum einen als Schutzschicht und zum anderen, damit der spätere Lack besser auf der Oberfläche haftet.

Nach dem Grundieren und einer zwölfstündigen Trockenzeit wird die Oberfläche nochmals leicht angeschliffen und wenn notwendig an manchen Stellen gespachtelt. Abschließend wird das AC-Paneel laut der in der Stückliste definierten Farbe endlackiert. Dadurch, dass vom Kunden eine gewisse Oberflächenstruktur gefordert ist und diese durch den wasserbasierten Lack schwer zu erhalten ist, entsteht in diesem Prozessschritt häufig die Notwendigkeit für eine Nacharbeit. Diese äußert sich in Form des nochmaligen Anschleifens und des erneuten Endlackierens. Dadurch, dass die Grundierung und der verwendete Lack eine Trockenzeit von jeweils zwölf Stunden haben, fallen hierbei die Nacharbeitszeiten dementsprechend groß aus.

Ein weiteres Problem, welches sich beim Lackiervorgang herauskristallisiert, ist die Rückverfolgbarkeit der einzelnen Platten. Dieser Prozess geschieht zuvor mit Hilfe der Fertigungspapiere, da immer AC-Paneel und Fertigungsauftrag zusammen die verschiedenen Abteilungen durchlaufen. Durch die Variantenvielfalt werden in der Lackiererei aber meist kleinere Losgrößen mit dem gleichen Farbton zusammengefasst und gemeinsam lackiert. Dadurch passiert es in der Praxis, dass teilweise mehrere Platten der gleichen Sorte auf einmal lackiert werden. Beim eigentlichen Lackiervorgang werden dann die Papiere vom Erzeugnis getrennt. Durch das Zusammenfassen der Losgrößen entsteht dann ein entsprechender Identifikationsaufwand, da jeder Fertigungsauftrag wieder der richtigen Wabenplatte zugeordnet werden muss.

Anschließend müssen die fertig lackierte AC-Paneele noch einer vorher festgelegten und immer einheitlichen Qualitätsprüfung unterzogen werden. Bei der Endabnahme werden die Oberfläche der Wabenplatte, die Prüfmaße und das Gewicht überprüft. Die Ergebnisse werden in einem Testprotokoll, dem sogenannten Acceptance Test Report (kurz: ATR) festgehalten. Zusätzlich zu einer Kopie des ATR erhält der Kunde eine Certificate of Conformity (kurz: COC). Dieses besagt, dass das Bauteil den Herstellungsregularien entspricht. Dies ist eine Art Versicherung des Komponentenzulieferers an den Kunden.

Nach der Qualitätsprüfung versieht der Prüfer das Enderzeugnis mit einem Label, worauf sich die Serial-Nummer und die genaue Artikelbezeichnung befinden. Die Serial-Nummer ist in diesem Fall von enormer Wichtigkeit, da diese laut den gesetzlichen Regularien, zwecks Nachverfolgung, nicht doppelt vergeben werden darf. Dadurch, dass das eingesetzte ERP-System die Vergabe der Serial-Nummern nicht erbringen kann, entsteht ein großer Steuerungs- und Mehraufwand in der Arbeitsvorbereitung.

Vor dem Versenden wird das Enderzeugnis durch das Lagerpersonal verpackt und für den Transport gesichert und vorbereitet. Dabei ist es nochmal wichtig zu erwähnen, dass alle in der Qualitätsprüfung ausgefüllten Dokumente mit zu verschicken sind, da der Kunde aus Sicherheitsgründen das Produkt ansonsten nicht entgegennehmen und im späteren Zug nicht verbauen darf. Zum besseren Verständnis ist in Bild 4.26 ein Beispiel eines AC-Paneels dargestellt.

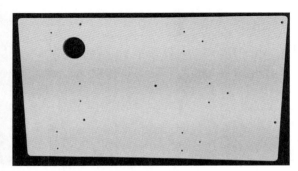

Bild 4.26
Beispielshafte Darstellung eines
AC-Paneels

Lieferanten

Da im Zuge der späteren Wertstromdarstellung auch die Lieferanten betrachtet werden, sind diese hier gesondert aufgeführt, obwohl sie nicht zum eigentlichen Herstellungsprozess gehören. Die Wabenstruktur, die als Ausgangsmaterial dient, wird lediglich von einem Lieferanten bezogen. Der wasserbasierte Lack bzw. die wasserbasierte Grundierung und der verwendete Kleber werden ebenso nur durch einen Lieferanten zur Verfügung gestellt. Die später verbauten Kleinteile in Form von Inserts werden vom Second-Tier aus Kostengründen jedoch über mehrere Lieferanten bezogen.

Erarbeitetes Value Stream Mapping

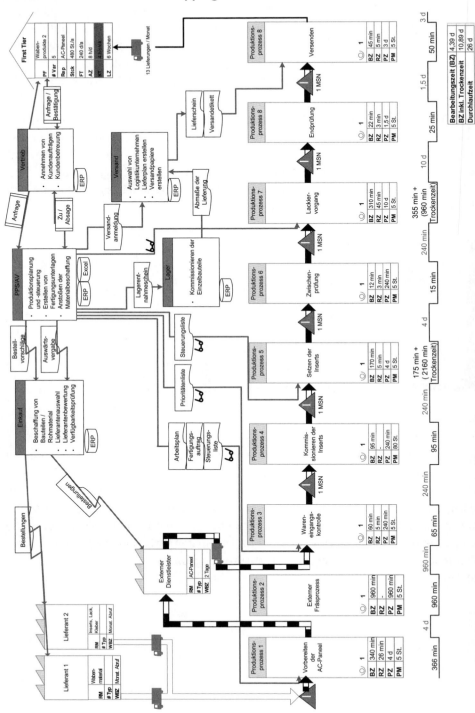

Bild 4.27 Value Stream Mapping eines Komponentenlieferanten

Im folgenden Abschnitt wird nun das Value Stream Mapping aus Bild 4.27 für den Herstellungsprozess der AC-Paneele erläutert und samt den Geschäftsprozessen weiter ausgeführt. Durch die ausführliche Beschreibung des Herstellungsprozesses werden die verschiedenen Prozesse an einigen Stellen gekürzt formuliert.

Wie im vorherigen Abschnitt erwähnt, beschränkt sich der Kundenkreis bei dem vorgestellten Enderzeugnis lediglich auf einen First-Tier. Dieser fordert das Produkt in einem Kundentakt von vier Stunden pro Enderzeugnis ein. Der Kundentakt wird in der Praxis durch 13 Lieferungen im Monat realisiert. Hierbei handelt es sich um einen Mittelwert, welcher durch Nachfrageschwankungen monatlich leicht variieren kann.

Bei der Untersuchung ist es auffällig, dass die Bestellungen teilweise über den Vertrieb und teilweise direkt an die Produktionssteuerung geleitet werden. Neben dem doppelten Aufwand innerhalb der internen Abteilungen bildet dies auch ein rechtliches Risiko. Gesetzlich ist es eine Grauzone, ob die Produktionssteuerung eine Bestellung annehmen darf. Das Vorgehen sollte aus diesem Grund mit sofortiger Wirkung unterbunden werden. Die komplette Kommunikation sollte ausschließlich über den Vertrieb abgewickelt werden. Grundproblem ist, dass der Kunde keine aktuelle Übersicht über die Durchlaufzeiten des Komponentenherstellers verfügbar hat und dementsprechend keine Planungsgrundlage zur Beschaffung innerhalb seines ERP-Systems besitzt. So kommt es in der Praxis dazu, dass besonders dringliche Bestellungen direkt zur Produktionssteuerung geleitet werden, um eine schnellere Bearbeitung zu gewährleisten.

Die Lieferantenstrategie bei der Produktgruppe der AC-Paneele beschränkt sich ausschließlich auf das Single Sourcing. Somit gibt es einen Lieferanten, welcher das Grundmaterial liefert und mehrere kleinere, welche einzeln für ein bestimmtes Kleinteil verantwortlich sind. Der Lieferant des Grundmaterials hat aus Spezifikationsgründen des Produktes eine Lieferzeit von 12–16 Wochen. Dem wird zwar durch vereinbarte monatliche Abrufe entgegengewirkt, kurzfristige Produktionsschwankungen können aber trotzdem zu Problemen führen. Bei dieser Problematik sollte jedoch erwähnt werden, dass ein Lieferantenwechsel des Grundmaterials meist mit enormen Mehrkosten verbunden ist. Wenn ein neuer Lieferant zugelassen werden soll, müssen die Zwischen- und Enderzeugnisse dementsprechend zahlreiche Test- und Prüfverfahren durchlaufen.

Wie weiter oben im Text erwähnt, wird der Produktionsprozess aus Wiederholungsgründen nicht nochmals ausführlich ausgeführt. Bemerkenswert sind die langen Trocknungs- und Liegezeiten, die bei den verschiedenen Bearbeitungsschritten auftreten. Aus diesem Grund wird die Aussage des Kundentaktes im nächsten Prozessschritt des Value Stream Mapping genauer betrachtet und bewertet.

Die Zwischenerzeugnisse werden durch die sogenannte Pull-Strategie durch die Fertigung transportiert. Hierbei entstehen jedoch, wie dem in Bild 4.27 dargestelltem Wertstrom zu entnehmen ist, zwischen den einzelnen Produktionsverfahren unbestimmte Lagerbestände. Um die Darstellung zu vereinfachen, wurde für die Wertstromanalyse eine Zwischenmenge von AC-Paneelen für einen Innenausstattungssatz angenommen. Dies ist gekennzeichnet durch die Abkürzung Manufacturing Serial Number (kurz: MSN). Die Zwischenbestände sind ein Zeichen für einen nicht flussgerichteten Produktionsprozess. Durch die Zwischenlagerung entsteht in der Praxis zum einen ein nicht einzuschätzender Bestand und zum anderen ein großer Planungsaufwand, um die Produkte innerhalb der Fertigung zu steuern und zum Ausliefertermin fertig zu stellen. Eine Besonderheit des Herstellungsprozesses ist die Einbindung eines externen Lieferanten, der die Fräsarbeiten am Endprodukt durchführt. Hierdurch können zwar Kosten innerhalb der Produktion gespart werden, jedoch entstehen durch die Lieferzeit und die damit verbundene Wareneingangskontrolle zusätzliche Aufwände, wodurch das Produkt physisch nicht zur Weiterverarbeitung innerhalb der Fertigung verfügbar ist. Der Kommissioniervorgang findet beim Komponentenlieferant aus dem Zentrallager statt, wo beispielsweise die Normteile oder Inserts zu den verschiedenen Prozessschritten gebracht werden. Darüber hinaus fiel bei den Inserts die schlechte Ausgangsqualität auf. Der Mitarbeiter muss dadurch 80 % der Inserts nacharbeiten.

Durch das hohe Maß an Sicherheit ist es besonders wichtig, dass die verschiedenen Zwischenprodukte sowie Enderzeugnisse lückenlose Nachverfolgbarkeit aufweisen. Beim Lackiervorgang ist es jedoch schwierig, das Produkt samt Fertigungspapieren zusammenzuhalten. Hierdurch entsteht zum einen ein großer Sortieraufwand nach dem Lackierprozess und zum anderen steigt die Verwechslungsgefahr der einzelnen Produkte stark an. Durch die Trennung von Produkt und Papierfluss ist es teilweise nur sehr schwer nachzuvollziehen, welches Produkt zu welchen Papieren gehört. Ist das Produkt geprüft, wird es im Versandlager verpackt. Beim Verpacken gestalten sich durch die Normgröße an Kartonage einige Verbesserungspotenziale, da meist mehrere Platten innerhalb eines Kartons verpackt werden und teilweise Transportschäden durch den Kunden gemeldet werden.

Der Informationsfluss (Bild 4.27) zwischen den Abteilungen unterscheidet sich in zwei Kategorien und wird größtenteils über die Arbeitsvorbereitung abgebildet. Zum einen die elektronische Informationsabwicklung, welche durch die gezackten dunkelgrauen Pfeile abgebildet wird und ausschließlich zwischen den Geschäftsprozessen stattfindet. Zum anderen die durch einfache dunkelgraue Pfeile dargestellte manuelle Informationsübertragung. Bei der manuellen Informationsübertragung zwischen den Produktionsprozessen wurde festgestellt, dass die einzelnen Abteilungen meist nicht wissen, zu welchem Zeitpunkt die vorgelagerten Prozesse fertig sein müssen, um den endgültigen Liefertermin einzuhalten. Daraus resultiert, wie auch schon bei der Koordination der einzelnen Produktionsabläufe erwähnt, ein sehr großer Steueraufwand, welcher durch die sogenannte „Go-See-Steuerung" nochmals verstärkt wird. Dies ist vor allem auf zwei Problemstellungen zurückzuführen. Zum einen stammen die Grunddaten noch aus der Entwicklungszeit des Produktes und sind beispielsweise mit völlig überzogenen Durchlaufzeiten angegeben. Die andere Schwachstelle bildet das Enterprise Ressource Planning System, welches die Abteilungen in den einzelnen Schritten unterstützt. Diese Systemkomponente eignet sich in gewissen Maßen zwar zur Steuerung von Produktionsprozessen, stößt aber in der Serienfertigung im Punkt Automatisierung und Überwachung an seine Grenzen. Aus diesem Grund arbeitet der Second-Tier sehr viel mit unterstützenden Excel-Listen, welche immer händisch aktualisiert und ausgegeben werden müssen.

■ 4.6 Reengineering einer Kleinserienfertigung mit Value Stream Design

Das in Bild 4.28 dargestellte Value Stream Design einer Mittelserienfertigung unterscheidet sich auf den ersten Blick in drei verschiedenen Gesichtspunkten von dem ursprünglichen erarbeiteten Value Stream Mapping aus Kapitel 4.4. Im folgenden Abschnitt werden diese drei Unterscheidungsmerkmale ausführlich erläutert und anschließend auf die hier, in Kapitel 4 definierten Problemstellungen angewendet.

4.6.1 Unterscheidung von Value Stream Mapping und Value Stream Design

Die Hauptunterscheidungsmerkmale lassen sich in den folgenden drei Hauptkategorien, welche im Anschluss weiter ausgeführt werden, zusammenfassen:

- Organisatorisches Reengineering
- Vereinfachter Informationsfluss
- Modifizierung des Herstellungsprozesses

Organisatorisches Reengineering

Auf den ersten Blick erscheint das Value Stream Design viel aufgeräumter und durch den geordneten und verringerten Informationsfluss übersichtlicher. Im Zuge der Erarbeitung wurden zunächst die organisatorischen Strukturen den heutigen Anforderungen angepasst. Dies äußert sich beispielsweise dadurch, dass in Bild 4.28 nun sechs anstatt der vorher abgebildeten fünf Geschäftsprozesse dargestellt sind. Zudem wurden bei einigen Abteilungen nicht nur der Name, sondern gleichzeitig mit der Namensänderung das Aufgabenprofil verändert und angepasst.

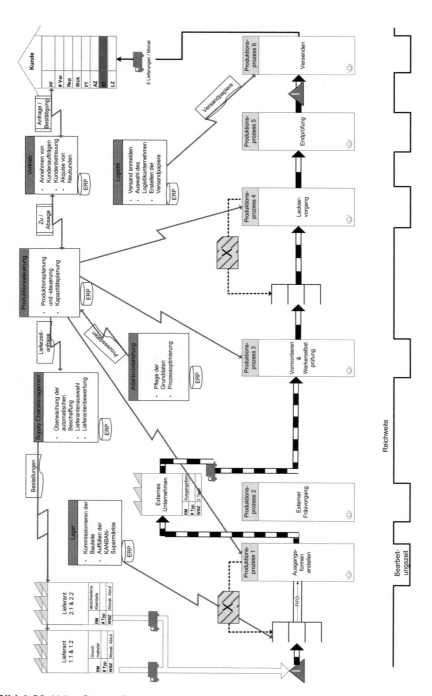

Bild 4.28 Value Stream Design einer optimierten Mittelserienfertigung

In der Umsetzung sind die Arbeitsvorbereitung und die Produktionssteuerung hierfür ein gutes Beispiel. Da es bei kleineren Unternehmen durch die räumlichen Gegebenheiten meist so ist, dass diese zwei Abteilungen unmittelbar nebeneinander angeordnet oder zusammengelegt sind, entsteht dort der Konflikt zwischen der Planung und der eigentlichen Umsetzung. Zum einen ist der direkte Kontakt und damit die direkte Kommunikation für die Planung ein Vorteil, jedoch wird durch auftretende Produktionsprobleme die Planungssicherheit durch ständiges schnelles und unbemerktes Ändern der Produktionsplanung gefährdet. Aus diesem Grund ist es wichtig, dass vor allem eine räumliche Trennung stattfindet, damit beide Abteilungen den Aufgabenprofilen entsprechend arbeiten können. Im erarbeiteten Value Stream Design sind die Aufgaben der Arbeitsvorbereitung hauptsächlich als die Pflege der Grunddaten, das Erstellen der Fertigungspapiere und als die Prozessoptimierung definiert. Wohingegen sich jetzt die Produktionssteuerung mit der gesamten Kapazität um die Produktionsplanung und die Einsteuerung der Kundenaufträge kümmern kann.

Der nächste Punkt im Zusammenhang mit der Prozessneugestaltung ist die Lieferantenpolitik, welche sich in der Ausgangssituation lediglich auf das Single Sourcing beschränkte. Bei einer mittleren Serienproduktion mit auftretenden Produktionsschwankungen ist es wichtig, auch bei Engpassmaterialien flexibel handeln zu können. Aus diesem Grund ist es für Unternehmen unerlässlich, zumindest einen bzw. mehrere Lieferanten für Normteile zu haben. Diese können dann auch aufgegliedert werden in A, B oder C-Lieferanten. Die zwei wichtigsten Unterscheidungsmerkmale sind dabei die Lieferzeit und die Kosten, welche beispielsweise durch kurzfristige Lieferungen entstehen könnten. Bei den Grundmaterialien ist der zusätzliche Lieferant in sehr vielen Branchen mit sehr hohen Zusatzkosten verbunden. Im verifizierten Praxisfall ist es beispielsweise der Fall, dass der Lieferant, auch wenn er ein Ausgangsmaterial mit genau derselben Spezifikation zur Verfügung stellt, trotzdem zertifiziert werden muss. In diesem Zertifizierungsverfahren müssen die Produkte dann zum Beispiel einem Zerreiß- oder einem Brandversuch standhalten und mindestens die gleichen Testparameter aufweisen. Solche Testreihen sind in der Praxis sehr kosten- und zeitaufwändig, können sich aber in Bezug auf ein sehr langlebiges und gefordertes Serienprodukt als sinnvoll erweisen. Dies ist jedoch von Branche zu Branche zu unterscheiden und abhängig vom betroffenen Unternehmen.

Der wichtigste Punkt im Zusammenhang des organisatorischen Reengineerings ist die Integrierung eines serienfähigen ERP-System. Dies kann im Rahmen der Umsetzung beispielweise über eine Aufstockung einer aktuellen Software über verschiedene Zusatzpakete (Add-Ons) geschehen oder über die vollständige Neueinführung eines ERP-System. Vor allem der Steueraufwand innerhalb der Fertigung senkt sich hierdurch enorm, da das Feinplanungstool eines solchen ERP-Systems die Fertigungssteuerung unterstützen und zum größten Teil selbstständig durchführen kann. Durch verschiedene Scanner- und Kommunikationssysteme via Display ermöglichen solche Systeme den schlankeren Kommunikationsprozess und tragen zudem zu einem insgesamt schlankeren Produktionsfluss bei. Somit ist es dem Fertigungsplaner bzw. -steuerer jederzeit möglich über den Computer zu ersehen, wo sich das Bauteil befindet und ob der nächste Bearbeitungsschritt angestoßen werden müsste. Darüber hinaus kann die Herstellung durch die Hinterlegung realistischer Grunddaten komplett über dieses System abgebildet und somit automatisch eine Kapazitätsprüfung durchgeführt werden. Die Aufgabe des Fertigungsplaners wird zusätzlich über das ERP-System unterstützt und hilft dabei, die Kundenaufträge automatisch einzusteuern. Im Zuge dessen ist es zudem möglich, automatisch zu überprüfen, ob zum einen genügend Lagerbestand für die Herstellung besteht und zum anderen die Fertigung bei derzeitiger Auslastung in der Lage wäre, die Bestellung zum geforderten Datum zu realisieren.

Vereinfachter Informationsfluss

In diesem Abschnitt werden die Vorteile des Value Stream Designs auf den Informationsfluss erläutert. Hierbei entstehen grundsätzlich zwei enorme Vereinfachungen. Der erste Punkt ist die Kommunikation innerhalb der Produktion, also zwischen den Abteilungen. Durch die erwähnte Aufstockung eines aktuellen oder durch die Einführung eines neuen ERP-Systems bekommen die jeweiligen Abteilungen jeden Arbeitstag ein tägliches Leistungspensum vorgegeben. Somit können die Unternehmensteile zum größten Teil unabhängig von den übrigen Abteilungen arbeiten. Zusätzlich ist es aber möglich, den gesamten Produktionsprozess mit Hilfe von sogenannten Tablets oder über verschiedene Monitorsysteme einzusehen. Somit wäre gewährleistet, dass der Mitarbeiter einerseits die vorgelagerten Prozesse überblicken kann und andererseits genau weiß, wann das von ihm zu bearbeitende Produkt zu welchem Zeitpunkt in welcher Menge und Form vorhanden sein muss.

Die andere Verschlankung durch das ERP-System ist der Kommunikationsprozess mit dem Kunden. Durch die automatische Kapazitätsplanung kann der Vertrieb durch das Anlegen eines Vertriebsauftrages direkt sehen, ob der Termin zu realisieren ist. Dies setzt jedoch eine saubere Grunddatenstruktur voraus, ansonsten entspricht die Planungsbasis nicht der Realität und das System arbeitet ineffizient. In diesem Zusammenhang entstehen kürzere Reaktionszeiten innerhalb des Vertriebes, wodurch auch sogenannte Eilbestellungen direkt bearbeitet und mit dem passenden Liefertermin ausgestattet werden können. Der nächste Schritt in der Verbesserung der Lieferanten-Kundenbeziehung wäre die Vernetzung der ERP-SCM-Systeme. Hierdurch ist es möglich, das System des Kunden und des Lieferanten mit Hilfe einer Planungsplattform zu verbinden. Mit Hilfe dieser Planungsplattform wäre es beispielsweise dem Lieferanten frühzeitig möglich, gewisse Produktionsschwankungen innerhalb des zukünftigen Produktionsvolumen zu vermerken, sodass der Lieferant diese erkennen kann und zeitgleich Gegenmaßnahmen einleiten könnte.

Modifizierung des Herstellungsprozesses

Neben den zwei davor genannten Ansatzpunkten beschäftigt sich die Modifizierung des Herstellungsprozesses mit der eigentlichen Anzahl und Abfolge der Produktionsprozesse. Den Grundstein einer strukturierten und geordneten Fertigung bilden die Arbeitspapiere. Diese enthalten zum einen eine Anleitung für den durchzuführenden Arbeitsschritt sowie die verschiedenen Bearbeitungs- Rüst- und Durchlaufzeiten. Somit bilden diese Papiere die Grundlage der Planung in der Produktionssteuerung. Es gibt zwei verschiedene Ansätze. Zum einen könnte das erarbeitete Value Stream Mapping mit den Zeiten und der Prozessabfolge nun in die Arbeitspapiere eingepflegt werden um den Ist-Zustand abzubilden. Im Nachgang sollte dann der Prozess innerhalb einer festdefinierten Zeitspanne auf den Soll-Zustand aus Bild 4.28 umgeändert und anschließend die verschiedenen Zeiten angepasst werden. Die zweite Möglichkeit wäre, die direkte Umstrukturierung nach dem Value Stream Design vorzunehmen. Hierbei wird zwar der doppelte Änderungsaufwand verhindert, jedoch ist eine solche Umstrukturierung im laufenden Produktionsbetrieb immer mit Risiken verbunden. Zeitgleich könnten sogenannte Altlasten, wie überflüssige Arbeitsschritte aus der Entwicklungszeit, in diesem Zuge angepasst oder sogar beseitigt werden. Darüber hinaus ist es durchaus sinnvoll, die Arbeitspläne so allgemein wie möglich zu halten, um dem Mitarbeiter eine immer gleichbleibende Struktur vorzugeben. Die detaillierten Prozessbeschreibungen können dann mit Hilfe von kompakten, aber leicht verständlichen Arbeits- und Herstellungsanweisungen abgehandelt werden. Diese Papiere müssten jedoch dem jeweiligen Mitarbeiter stetig zur Verfügung stehen und eine klare Vorgehensweise vorgeben. Somit wird im Arbeitsplan bei einem konkreten Herstellungsschritt, zum Beispiel dem des Fräsens, lediglich auf den allgemeinen Bearbeitungsschritt, die Zeichnung und die Arbeits- bzw. Herstellungsanweisung des Produktes verwiesen.

Die nächste Änderung innerhalb des Value Stream Designs beschreibt die Anordnung, das Wegfallen und die Ansteuerung der Produktionsprozesse. Innerhalb einer Serienfertigung überschreitet der Umfang der Zwischen- und Wareneingangsprüfung die vorhandenen Kapazitäten, wodurch unnötige Liegezeiten und ein Mehraufwand durch aufwändige Prüfverfahren entstehen. Aus diesem Grund wurde bewusst auf die Wareneingangsprüfung nach dem externen Produktionsprozess verzichtet. Ziel eines jeden Herstellers sollte es sein, die Prüfung an den Zulieferer auszulagern. Dies geschieht in der Praxis meist durch eine Zertifizierung des jeweiligen Lieferanten. Hierbei werden die verschiedenen Produktionsprozesse definiert und unter anderem auch die Prüfschritte bei einem Lieferanten vorgestellt. Diese Prüfmaße bzw. Prüfschritte können dann mit Hilfe eines fest vorgegebenen

Prüfkatalogs selbstständig vom Lieferanten durchgeführt werden. Somit ist ein einheitliches Qualitätsverständnis sichergestellt und der externe Dienstleister weiß genau, welche Spezifikationen relevant sind. Somit wäre der Lieferant auch für eine im Folgeprozess entstehende Mehrarbeit bzw. Folgekosten verantwortlich und finanziell zu belasten. Durch die Zertifizierung kann der Hersteller sichergehen, dass sein Produkt in der richtigen Menge und Qualität angeliefert wird und der Lieferant ist bestrebt, die richtige Qualität zu liefern, um Folgekosten zu vermeiden.

Zusätzlich wurden auch die verschiedenen internen Zwischenprüfungen der Produkte reduziert. Diese sollen durch die sogenannten, im Produktionsprozess verzeichneten, Werker-Selbstprüfungen abgedeckt werden. Bei dieser Vorgehensweise werden die Mitarbeiter so geschult, dass diese ihre verübten Prozessschritte mit Hilfe eines Prüfkataloges oder einer definierten Vorgehensweise durchführen. Durch diese Einführung werden zwar die Bearbeitungszeiten verlängert, jedoch entstehen keine Liegezeiten, da der Mitarbeiter nicht auf andere eingebundene Kapazitäten angewiesen ist. Darüber hinaus kann gleichzeitig eine höhere Identifikation der Mitarbeiter mit den Produkten erreicht werden, da diese sich mehr in die Verantwortung gerufen fühlen.

Durch die Einführung von sogenannten Supermärkten, also definierten Ausgangs- bzw. Zwischenlagern, würde darüber hinaus ein Kanban-System innerhalb der Fertigung integriert. Hierdurch würden gleichzeitig das Push- bzw. Pull-Prinzip in die Fertigung eingebunden. Der erste Supermarkt dient im Value Stream Mapping als Rohteile-Lager. Dort werden die verschiedenen Bauteile sowie Ausgangsstoffe mit Hilfe eines Kanban-Systems ständig aufgefüllt und zeitgleich der aufwändige Kommissionier-Vorgang innerhalb des Lagers entzerrt. Zeitgleich ist es dem Fertigungssteuerer möglich, durch die Trennung von wirklichem Lagerbestand und Produktionsbestand die bestandgeführten Bestände zu überwachen und frühzeitig Gegenmaßnahmen, wie beispielsweise die automatische Bestellung einer definierten Menge, einzuleiten. Wenn der Bearbeitungsprozess nun durch das steuernde ERP-System automatisch eingeleitet wird, entnimmt der Mitarbeiter die benötigten Bauteile und beginnt mit dem ersten Produktionsschritt. Da es sich je nach Anwendungsfall auch um verderbliche Ausgangsmaterialien handelt, wird nach dem „First In – First Out-Prinzip" gehandelt. Anschließend werden die bearbeiteten Produkte durch den Lieferanten automatisch zweimal pro Woche entnommen und weiterverarbeitet. Durch das Auslagern des Prüfprozesses entfällt anschließend die Wareneingangsprüfung und das Produkt wird direkt zum nächsten Produktionsschritt weitergeleitet. Dort wird das Produkt weiterverarbeitet und mit der oben beschriebenen Werker-Selbstprüfung im Anschluss an die Bearbeitung geprüft.

Anschließend wird der zweite integrierte Supermarkt mit dem Zwischenprodukt aufgefüllt. Dort verweilen die Erzeugnisse bis zu Beginn des nächsten Bearbeitungsschrittes in der Lackierabteilung. Da dieser Prozessschritt durch das Lackieren anderer im Unternehmen vorhandener Produkte meist nicht zur vollen Verfügung steht, ist es wichtig, hier einen definierten Lagerplatz zu integrieren. Zeitgleich können durch die Steuerung über das ERP-System die Weiterverarbeitung angesteuert und Produktionsschwankungen flexibel genutzt werden. Durch die große Variantenvielfalt ist es bei der Gestaltung des Supermarktes wichtig, dies durch klare Trennung zu berücksichtigen. Anschließend kann das Enderzeugnis geprüft und verpackt werden. Dies geschieht wie im Value Stream Mapping durch die Pull-Philosophie.

Die Zeitlinie des erstellten Value Stream Designs sieht auf den ersten Blick nach hohen Verschwendungszeiten aus. Ein Beispiel hierfür wäre die Einlagerung des Produktes in den Supermarkt zwischen dem Prozess des Vormontierens und dem des Lackierens. Diese Zeitspanne ist jedoch als variabel anzusehen. So ist es in der Praxis möglich, das Produkt auch bei sehr straff geplanten Durchlaufzeiten direkt in den Lackiervorgang einzusteuern. In diesem Falle entstehen keine Verschwendungszeiten. Diese Darstellung wurde bewusst so gewählt, da durch verschiedene Produktportfolios innerhalb einer Fertigung nicht immer alle involvierten Produktionsabteilungen verfügbar sind. Eine andere Variante wäre, für jedes Produkt eine eigene Fertigungslinie zu erstellen. Ob dies wirtschaftlich ist, ist jedoch fall-, produkt- und umsatzabhängig und von Unternehmen zu Unternehmen zu unterscheiden.

Ein weiterer Kritikpunkt der Untersuchung im Value Stream Mapping waren die prozessbedingten Liegezeiten. Hierbei handelt es sich um notwendige, aber nicht wertschöpfende Produktionsschritte, die lediglich durch die Integration neuer Fertigungsverfahren oder Designänderungen umgangen werden könnten. Beispielsweise könnte beim Lackierprozess ein schnelltrocknender oder anders beschaffener Lack verwendet werden, um Trockenzeiten zu umgehen. Solche Entscheidungen sind aber meist kundenbezogen und mit großen Folgekosten verbunden. Wie auch bei der Lieferantenzulassung müssen die vorgeschriebenen branchentypischen Testverfahren und Qualitätsprüfungen für ein Produkt nachgezogen werden.

Der letzte zu betrachtende Analysepunkt sind die externen Produktionsprozesse. Beim Erstellen des Value Stream Designs wurde bewusst der externe Produktionsschritt integriert, da dieser, auch wie die Einführung einer gesonderten Fertigungslinie, produktabhängig ist. Wie eine solche Entscheidungsfindung, d. h., ob die ausgelagerte Dienstleitung wirklich wirtschaftlich ist, aussehen kann, wird im Anschluss an dieses Kapitel mit Hilfe einer Investitionsrechnung betrachtet. Ergibt sich bei einer solchen Investitionsrechnung, dass diese Dienstleistung intern günstiger umgesetzt werden kann, sollte dies unter Berücksichtigung der räumlichen Kapazitäten und der Kernkompetenzen eines Unternehmens in die eigene Fertigung integriert werden.

4.6.2 Verifizierung des Value Stream Designs am Beispiel eines mittelständischen Komponentenzulieferers

Um auch beim Value Stream Design einen gleichbleibenden Aufbau zu gewährleisten, soll bei dem Komponentenzulieferer neben dem allgemeingültigen Value Stream Design zusätzlich ein Maßnahmenplan verwirklicht werden. Dieser Maßnahmenplan soll in erster Linie dem Unternehmen dabei helfen, den Produktionsprozess zu verschlanken und die steigende Nachfrage des Produktes innerhalb der Fertigung besser realisieren zu können. Der Maßnahmenplan wird aus Darstellungsgründen nicht in kompletter Größe abgebildet. In der Praxis werden im Zuge eines solchen Aufbaus zu jeder Maßnahme ein Endtermin und ein verantwortlicher Mitarbeiter zugeordnet. Dies ist aber für die beispielhafte Darstellung zu vernachlässigen. In Bild 4.29 wird zuerst ein Maßnahmenplan abgebildet, welcher hauptsächlich allgemeine Anweisungen in Bezug auf die Fertigung enthält. Darüber hinaus sind dort auch der Materialfluss und die Beschaffung der Ausgangsmaterialien aufgeführt. In Bild 4.30 wird zusätzlich näher auf einzelne Prozessparameter und konkrete Herstellungsprozesse eingegangen. Auf die genauen Punkte der Maßnahmenpläne wird in der Untersuchung nicht eingegangen, da dies zu fachspezifisch und unternehmensbezogen wäre.

Nr.	Betroffener Prozessschritt	Maßnahme zur Verbesserung
10	Allgemeine Verbesserungen im Herstellungsprozess	• Steuerungsliste der vor- und nachgelagerten Prozessschritte in allen Abteilungen • Pflege der Grunddaten (Fertigungsauftrag, Durchlaufzeiten, Arbeitspläne, Verfahrensanweisungen) • Bestimmung der optimalen Losgröße • Koordination der einzelnen Produktionsprozesse • Abschaffung der Zwischenlager • Verkürzung der Lieferzeiten durch Safety-Stock Konzept • Erweiterung des ERP-Systems • Kostenrechnung zur Anschaffung einer Portalfräsmaschine
20	Informationsfluss	• Kommunikationsprozess zwischen der Steuerung- und Umsetzung • Vereinfachung des Papierflusses • Reduzierung des Informationsaufwandes von der Produktionssteuerung / Arbeitsvorbereitung • Kommunikation zum Kunden
30	Beschaffung der Ausgangsstoffe	• Lieferzeit der Lieferanten

Bild 4.29 Allgemeiner Maßnahmenplan

Nr.	Betroffener Prozessschritt	Maßnahme zur Verbesserung
40	Kommissionieren der Normteile	• Einführung von Materialbahnhöfen • Auslagern der Normteile
50	Lackiervorgang	• Kennzeichnung der lackierten Platten während des Lackierprozesses • Kapazitätsplanung des Lackierbereiches
60	Lackiervorgang / Qualitätsmanagement	• Schaffung eines einheitlichen Qualitätsverständnisses für lackierte Endprodukte
70	Versenden	• Verpackungsanweisung der Produkte • Verpackungsmaschine der Enderzeugnisse
80	Vorbereiten der AC-PaneeleW	• Einführung einer unterstützenden Knetmaschine
90	Wareneingangskontrolle / Zwischenprüfung	• Erstellen und Einführen von Prüfschablonen
100	Setzen der Inserts	• Hilfsmittel zum vereinfachten Setzen der Inserts • Ausgangsqualität der Inserts verbessern

Bild 4.30 Prozessspezifischer Maßnahmenplan

■ 4.7 Investitionsrechnung

Dieser Abschnitt verdeutlicht eine allgemeine Vorgehensweise bei einer statischen Investitionsrechnung auf das abgebildete Praxisbeispiel. Aus diesem Grund wurden zur Berechnung konkrete Werte aus einem realen Umfeld eines Unternehmens angenommen und zur Auswertung genutzt.

4.7.1 Problemstellung

Eine Produktsparte eines mittelständischen Komponentenzulieferers muss im Zuge des Herstellungsverfahrens durch eine Computerized Numerical Control-Fräsmaschine (kurz: CNC-Fräsmaschine) bearbeitet werden. Dadurch, dass für diese Fremdleistung das Produkt immer mindestens zwei Tage für Transport und Bearbeitung unterwegs ist, entstehen für das Unternehmen große, nicht wertschöpfende Zeiteinheiten, welche die Durchlaufzeit des Produktes in die Länge ziehen. Um zu überprüfen, ob das Unternehmen durch die Fremdvergabe dieser Bearbeitungsprozesse kostenwirtschaftliche Vorteile erzielt, wird eine Investitionsrechnung durchgeführt. Da nicht nur die im Praxisbeispiel aufgeführten AC-Paneele auf dieser Maschine gefertigt werden können, sondern auch noch andere Produkte, gelten für die Rechnung die in Bild 4.31 dargestellten Annahmen.

Allgemeine Rahmenbedingungen		
• Stückzahl: 4680 Stück / Jahr		

Rahmenbedingungen: Externer Dienstleister 1	Rahmenbedingungen: Externer Dienstleister 2	Rahmenbedingungen: Eigenfertigung
Neuer Dienstleister: • **Herstellungskosten:** 19 € / Stück	Eingearbeiteter Dienstleister: • **Herstellungskosten:** 26 € / Stück	• **Investitionssumme:** 120.000 € • **Restwert:** 0 € • **Maschinenstundensatz:** 60 € / Stunde • **Stückzahl pro Stunde:** 7 Stück / Stunde • **Lohnkosten:** 35.000 € / Jahr

Bild 4.31 Rahmenbedingungen der Kostenrechnung

Als allgemeine Annahme ist aus Bild 4.31 eine Stückzahl von 4680 Produkten pro Jahr zu entnehmen. Diese kommt deshalb zu Stande, weil nicht nur die im Value Stream Mapping betrachtete Produktgruppe auf der Maschine bearbeitet werden würde, sondern auch andere, gleichwertige Produkte mit anderen Stückzahlen.

Zusätzlich werden zu einer reinen Maschineninvestition das Leistungsportfolio zweier Lieferanten verglichen. Zum einen ein neuer Lieferant, welcher die Bauteile für 19 € pro Stück herstellen kann und zum anderen ein schon eingearbeiteter Lieferant, welcher seine Dienste für 26 € pro Stück anbietet.

Bei der eigentlichen Investitionsbetrachtung in Form einer Eigenfertigung wird eine gebrauchte Dreiachs-Portalfräsmaschine mit einem Anschaffungswert von 120 000 € angenommen. Da die Maschine erst bei endgültigem Verschleiß wieder veräußert werden soll, wird der Restwert der Maschine mit 0 € beziffert. Der Maschinenstundensatz wird hierbei pauschal mit 60 € pro Stunde berechnet. Der Maschinenstundensatz beinhaltet Kostenanteile wie die Abschreibungen, Instandsetzungs- und Reparaturkosten und allgemeine Kostenträger wie Energie- und Platzkosten. Dadurch, dass so viele verschiedene Kostenarten in den Maschinenstundensatz einfließen, kann dieser von Unternehmen zu Unternehmen in der Höhe sehr stark variieren. Die eingesetzte dreiachsige Portalfräsmaschine würde im Durchschnitt pro Stunde sieben Produkte bearbeiten können. Hierbei ist es jedoch wichtig zu erwähnen, dass die Programme bzw. die vom Kunden bereitgestellten 3D-Daten direkt in ein Bearbeitungsprogramm umgeleitet werden können. Würde hierbei noch aufwändige Programmierarbeit anfallen, wäre die Stückzahl pro Stunde nicht zu realisieren. Zusätzlich müsste ein neuer Mitarbeiter eingestellt werden, welcher sich komplett um die Bearbeitung der Produkte auf der Fräsmaschine kümmern müsste. Dieser Mitarbeiter würde, während die Maschine den Bearbeitungsprozess durchführt, die verschiedenen Prüfmaße und Lochpositionen der einzelnen Produkte nachmessen. Somit ist die Bearbeitungszeit mit der Prüfung der Bauteile überbrückt und die eine Person komplett ausgelastet. Innerhalb eines Jahres entstehen durch den zusätzlichen Mitarbeiter Kosten in Höhe von 35 000 €. Diese umfassen nicht nur den Bruttolohn des Mitarbeiters, sondern auch alle zu leistenden Sozialversicherungsbeiträge des Unternehmens. Um die Rechnung zu verallgemeinern, wurde dann aufgerundet und der oben angegebene Wert angenommen.

4.7.2 Lösungsansatz

Als Bewertungsmethode der drei Investitionsalternativen wird eine abgewandelte Kostenvergleichsrechnung ausgewählt. Diese Methode wurde bewusst ausgesucht, da in Bezug auf betriebliche Kennzahlen ein gewisser Datenschutz innerhalb des Unternehmens vorliegt. Aus diesem Grund wird im Rahmen der Berechnung eine Vorarbeit für das unternehmensinterne Controlling geleistet. Durch die Rechenwege aus Bild 4.32 wird darüber hinaus ersichtlich, wie sich die entstehenden jährlichen Kosten zusammensetzen.

$$\textbf{\textit{Kosten Dienstleister 1}} = \text{Stückzahl pro Jahr} \times \text{Stückkosten}$$

$$\textbf{\textit{Kosten Dienstleister 1}} = 4680\,\frac{\text{Stück}}{\text{Jahr}} \times 19\,\frac{\text{€}}{\text{Stück}}$$

$$\textbf{\textit{Kosten Dienstleister 1}} = 88.920\,\frac{\text{€}}{\text{Jahr}}$$

$$\textbf{\textit{Kosten Dienstleister 2}} = \text{Stückzahl pro Jahr} \times \text{Stückkosten}$$

$$\textbf{\textit{Kosten Dienstleister 2}} = 4680\,\frac{\text{Stück}}{\text{Jahr}} \times 26\,\frac{\text{€}}{\text{Stück}}$$

$$\textbf{\textit{Kosten Dienstleister 2}} = 121.680\,\frac{\text{€}}{\text{Jahr}}$$

$$\textbf{\textit{Kosten: Eigenfertigung}} = \left(\left(\frac{\text{Jahresstückzahl}}{\text{Stückzahl pro Stunde}} \right) \times \text{Maschinenstundensatz} \right) + \text{Lohnkosten}$$

$$\textbf{\textit{Kosten: Eigenfertigung}} = \left(\left(\frac{4680\,\frac{\text{Stück}}{\text{Jahr}}}{7\,\frac{\text{Stück}}{\text{Stunde}}} \right) \times 60\,\frac{\text{€}}{\text{Stunde}} \right) + 35.000\,\frac{\text{€}}{\text{Jahr}}$$

$$\textbf{\textit{Kosten: Eigenfertigung}} = 75.114\,\frac{\text{€}}{\text{Jahr}}$$

Bild 4.32 Aufschlüsselung der Kostenberechnung

Die Auswertung und Zusammenfassung der drei Alternativen zeigt Bild 4.33.

Alternative	Kosten	Differenz zur Eigenfertigung
Lieferant 1	88.920 €	- 13.806 €
Lieferant 2	121.680 €	- 46.566 €
Eigenfertigung	75.114 €	-

Bild 4.33 Übersicht über die entstehenden Kosten der Alternativen

Bei den zwei externen Lieferanten wurde zum Ermitteln der entstehenden Kosten die Produktanzahl mit dem verhandelten Preis multipliziert. Somit ergeben sich beim ersten neuen Lieferanten jährliche Kosten von 88 920 € und beim zweiten eingearbeiteten Lieferanten Kosten in Höhe von 121 680 € pro Jahr. Bei der Betrachtung der Eigenfertigung entstehen im Jahr Betriebskoten von 75 114 €.

Zusätzlich zu den entstehenden Kosten werden in der zweiten Spalte die Einsparpotenziale der Eigenfertigung zu den anderen zwei Alternativen genannt. Hierbei fällt auf, dass im Vergleich zum neuen Lieferanten lediglich rund 13 000 € eingespart werden könnten. Bei einem Anschaffungspreis von circa 120 000 € entsteht ein schlechtes Kosten-Nutzen-Verhältnis. Darüber hinaus sollte im Zuge der Eigenfertigung noch erwähnt werden, dass die Dreiachs-Portalfräsmaschine bei 4680 Artikeln pro Jahr bei 220 Arbeitstagen mit acht Betriebsstunden lediglich zu rund einem Drittel ausgelastet sein würde. Da solche Maschinen jedoch meist mindestens in zwei Schichten arbeiten und nach ein bis zwei Jahren deutliche Gewinne erwirtschaften sollten, ist dieser Wert der größte Kritikpunkt an der Anschaffung.

Ein Vorteil dieser Investition wäre, dass die Durchlaufzeit verkürzt werden könnte. Durch die Eigenfertigung würde zum einen der aufwändige Logistikprozess entfallen und zum anderen Fehler am Produkt direkt hervortreten. Somit könnten recht kurzfristig und ohne großen Mehraufwand verschiedene Gegenmaßnahmen eingeleitet werden. Neben der Durchlaufzeitverkürzung agiert die Fertigung des Unternehmens auch deutlich flexibler. Somit entfällt beispielsweise der hohe und genaue Planungsaufwand der vorgelagerten Prozesse auf die Abholtermine des externen Dienstleisters.

■ 4.8 Fazit

Der Aufbau und die Effizienz der verschiedenen Prozesse innerhalb eines Unternehmens beeinflussen maßgeblich den wirtschaftlichen Output, also die Effektivität eines Herstellungsbetriebes.

Vor allem kleine und mittlere Unternehmen müssen sich in diesem Zusammenhang fragen, wie die unternehmensinternen und gegebenenfalls externen Prozesse aufgebaut und auf die Produkte abgestimmt sind. Befindet sich ein Unternehmen beispielsweise in der Entwicklung eines Serienproduktes, stellte aber in der Vergangenheit sehr viele Bauteile im Rahmen einer Einzelfertigung her, ist es von enormer Wichtigkeit, diese Produktgruppen und vor allem die Produktions- und Geschäftsprozesse auch getrennt voneinander zu betrachten.

Im Rahmen dieses Kapitels „Reengineering einer Kleinserienfertigung zu einer optimierten Mittelserienfertigung" wurde als erstes eine Möglichkeit ausgewählt, um die komplette Wertschöpfungskette eines Produktes zu untersuchen und im Nachgang neu zu gestalten. Mit Hilfe einer Nutzwertanalyse wurde hierbei festgestellt, dass sich das Value Stream Management vor allem für die Feststellung des Ist-Zustandes sehr gut eignet und somit die Grundlage für den Soll-Prozess aufzeigt. Neben dem Value Stream Management besitzt das Lean Management, eine zweite Methode zur Prozessverbesserung und -neugestaltung, verschiedene Tools, um die Prozesse innerhalb der Unternehmen auch in Bezug auf eine längerfristige Verbesserung voranzutreiben.

Mit der Methode des Value Stream Mappings, einem Bestandteil des Value Stream Managements, wurde eine mittelständische Kleinserienfertigung abgebildet und auf Verbesserungspotenziale und Prozessneugestaltungsmerkmale hin untersucht. Hierbei ergaben sich im Fokus drei Problemstellungen:

1. die Verbesserung der organisatorischen Struktur

2. die komplexe Abbildung der Informations- und Materialflüsse

3. die eigentliche Prozessverbesserung bzw. -neugestaltung.

Vor allem der komplexe Informationsfluss sorgt in kleinen und mittleren Unternehmen bei der Einführung von Serienprodukten zu erheblichem Mehraufwand. Darüber hinaus wurde das allgemeingültige Konzept anhand eines konkreten Praxisbeispiels bestätigt. Diese Annahmen können in einem gewissen Rahmen jedoch auch auf andere Branchen übertragen werden, umso eher falls der Herstellungsprozess hohe Montagetätigkeiten und prozessbedingte Liegezeiten aufweist.

Wie ein beispielhafter Soll-Herstellungsprozess mit allen internen und externen Komponenten aufgebaut sein kann, wurde im Soll-Zustand abgebildet. Hierbei wurde die Methodik des Value Stream Managements verwendet, um ein Wertstromdesign aufzuzeigen. Dieses Konzept beinhaltet konkrete Lösungsvorschläge, welche zur Linderung bzw. Beseitigung der im Ist-Zustand festgestellten Problemstellungen beitragen sollen. Ein Hauptaugenmerk wurde auf die Einsparung von Prozessschritten gelegt, da die vorhandenen finanziellen und räumlichen Mittel eines Unternehmens zuerst einmal möglichst unberührt bleiben sollen. In der Umsetzung wurden vor allem die beim Ist-Zustand festgestellten Problemstellungen betrachtet.

Das organisatorische Reengineering beinhaltet die Lieferantenpolitik, den steigenden Steuerungsaufwand und das größer werdende Anforderungsprofil des ERP-Systems eines Unternehmens. Bei der Lieferantenpolitik ist es schwer, eine klare Handlungsempfehlung zu geben, da je nach Branche und Produkt individuell entschieden werden muss, ob sich eine Zulassung des neuen Lieferanten kostentechnisch auszahlt. In Bezug auf den Steuerungsaufwand und das steigende Anforderungsprofil der IT-Systeme ist es auf jeden Fall sinnvoll, vorhandene ERP-Systeme auf ihre Tauglichkeit bei Serienprodukten zu überprüfen und sie zu erweitern oder eventuell neu einzuführen. Durch diese organisatorische Änderung, welche in der Umsetzung nicht einfach ist, wäre ein großer Teil der Problemstellungen abgedeckt. Im Zusammenhang mit dem ERP-SCM-System würde darüber hinaus nicht nur die Kommunikation innerhalb der einzelnen Bereiche verbessert, sondern auch die Kommunikation zum Kunden und zu den Lieferanten.

Jedoch ist zu betonen, dass ein System immer nur so gut arbeiten kann, wie die jeweilig eingepflegten Daten. Durch die Aufnahme eines Ist-Zustandes können neben den Grunddaten auch alle anderen prozessspezifischen Daten überprüft und dann überarbeitet in das ERP-SCM-System eingearbeitet werden. In diesem Zusammenhang können dann zeitgleich auch verschiedene Änderungen am Herstellungsprozess, wie beispielsweise das Einrichten von Materialbahnhöfen oder Kanban-Steuerungen, verwirklicht werden. Durch die erhöhte Herstellungsmenge sollten aufgezeigte Methoden, wie eine Kanban-Steuerung, für die zukünftige Prozessverbesserung bzw. -verschlankung definitiv berücksichtigt werden.

Im letzten Punkt wurde bezogen auf die konkrete Fremdfertigung eine abgewandelte Kostenrechnung als Grundlage für das unternehmensinterne Controlling durchgeführt. Diese Untersuchung ergab, dass es wahrscheinlich sinnvoll wäre, die Produkte weiterhin extern bearbeiten zu lassen. Dies ist jedoch abhängig davon, wie flexibel das Unternehmen den Herstellungsprozess modifizieren will und wie abhängig es von der jeweiligen Fehlzeit des Bauteils ist. Im konkreten Fall betrug die Nichtverfügbarkeit des Bauteils zwei Tage, was auf eine Durchlaufzeit von rund zehn Tagen gerechnet fast 20 % ausmacht.

Abschließend ist zu sagen, dass es durch die Realisierung des erarbeiteten Soll-Konzeptes kleinen und mittleren Unternehmen vereinfacht wird, mittlere Serienprojekte innerhalb des Unternehmens zu integrieren. Auch wenn eine Einführung oder Erweiterung der vorhandenen IT-Struktur mit großen kapazitiven und kostenintensiven Faktoren verbunden ist, ergibt sich für die jeweiligen Unternehmen ein großer Mehrwert. Dieser äußert sich nicht nur durch den gesenkten Steuerungsaufwand, sondern hilft auch in wachsenden Branchen, Nachfolgeaufträge zu akquirieren. Die Suche nach ineffizienten Prozessen bedeutet, einen ständigen Wandel in Kauf zu nehmen. Unternehmen sollten innerhalb ihrer Strukturen spezielle Prozessverbesserungsabteilungen fest integrieren.

5 Prozessenergiewertstrommethode in der Produktion eines Automobilzulieferers

■ 5.1 Energie als Ursache für alle Veränderungen in der Welt

Steigende CO_2-Emissionen, schwankende Rohstoffpreise und die damit einhergehende weltweite Auseinandersetzung sind Anlass genug, dem Thema der Energieeffizienz eine enorme Bedeutung beizumessen. Zusätzlich stellt die Ressourcenknappheit als Megatrend im 21. Jahrhundert Politik, Wirtschaft und Gesellschaft vor bisher unbekannte Herausforderungen, da die globale Nachfrage an Ressourcen permanent steigt. Infolgedessen ist der sparsame Umgang mit ihnen die Grundlage für das ökonomisch und ökologisch gewissenhafte Handeln geworden. Das Bundesministerium für Bildung und Forschung (BMBF) formuliert den notwendigen Paradigmenwechsel aus der Sicht der produzierenden Unternehmen wie folgt: „An die Stelle von maximalem Gewinn aus minimalem Kapital muss maximaler Gewinn aus minimalen Ressourcen treten" (vgl.: BMBF/PTKA, 2008, S. 3).

Aus diesem Grund ermöglicht der sinnvolle Energieeinsatz in produzierenden Unternehmen ein erhebliches Einsparpotenzial. Dies liegt zum einen an dem hohen Gesamtenergieverbrauch der deutschen Industrie und zum anderen an technologischen Innovationen, die es ermöglichen, den Produktionsprozess ressourceneffizient zu gestalten. Jedoch stehen viele der Unternehmen einer Umsetzung von Möglichkeiten zur Energieeinsparung in der Produktion kritisch gegenüber. Ein Grund dafür ist die Unsicherheit hinsichtlich potenzieller Auswirkungen auf das Produktionssystem. Zusätzlich fehlt den Unternehmen auch ein methodisches Konzept, um Maßnahmen zur Energieeinsparung transparent zu generieren und die Energieeinsparpotenziale nachfolgend zu visualisieren und umzusetzen. Dabei sollte ein methodisches Konzept sowohl in der Fabrikplanungsphase, als auch im laufenden Produktionsbetrieb Anwendung finden.

Bekanntlich werden nur Unternehmen mit effizienten Produktionsprozessen und einem methodischen Konzept zur nachhaltigen Energieeinsparung dem internationalen Wettbewerbsdruck in Zeiten der Globalisierung langfristig gewachsen sein.

Aus diesem Anlass findet die bislang stiefmütterlich betrachtete Thematik der Energieeffizienz in der heutigen Zeit eine immer größere Bedeutung. Auch die nicht energieintensiven Branchen haben mittlerweile erkannt, dass ein zu hoher Energieverbrauch zur Steigerung der Produktionskosten führt. Um den Wandel der Energieeffizienz zu fördern, entwickelte das Fraunhofer-Institut für Produktionstechnik und Automatisierung (IPA) die Energiewertstrommethode, welche nach kurzer Zeit in der Forschung sehr positive Resonanz erhielt. Jedoch findet die Methode nach mehreren Jahren in der Industrie nur bedingt Anwendung. Offenbar benötigt eine vollständige Akzeptanz eher Generationen statt Jahre. Vergleichbar ist dieses Phänomen mit den ersten Lean Management-Ansätzen und den damit einhergehenden Anfängen des Toyota Produktionssystems, die auf das Jahr 1942 zurückgehen.

Schlussfolgernd kann festgestellt werden, dass die Etablierung von Prozessoptimierungsmethoden nicht nur eine Frage der technischen Machbarkeit und der Wirtschaftlichkeit ist, sondern auch in den Köpfen der Mitarbeiter stattfinden muss. Diese Problematik und die fehlende Verwendung der entwickelten Energiewertstrommethode sind Gründe für die Initiative zur Erstellung der Prozessenergiewertstrommethode.

5.1.1 Problem innerhalb der Automobilindustrie

Die deutsche Automobilindustrie, eine der wirtschaftsstärksten Branchen weltweit, steht innerhalb Deutschlands mit einem Umsatz von 404,8 Mrd. € im Jahr 2015 an erster Stelle. Trotz der Wirtschafts- und Finanzkrise ab Mitte des Jahres 2008 konnte sich die Automobilindustrie von den stark zu spürenden Umsatzeinbrüchen schnell erholen. So konnten bereits im Jahre 2010 viele Automobilhersteller und -zulieferer einen globalen Zuwachs von rund 21 % mehr produzierten Fahrzeugen gegenüber dem Vorjahr verzeichnen. Mehr als die Hälfte dieses internationalen Wachstums ist im asiatisch-pazifischen Absatzmarkt entstanden, vor allem durch China und Indien. Aber auch der deutsche Markt hat sich von den Einbrüchen der Wirtschafts- und Finanzkrise erholt. Das Wachstum lag im Jahr 2015 bei rund 4 %.

Trotz allem steht die deutsche Automobilindustrie weiterhin vor technischen, wettbewerbsverstärkenden und handelspolitischen Herausforderungen. Dieses Kapitel stellt die wettbewerbsverstärkenden Herausforderungen in den Vordergrund. Die hohen Energiekosten am Industriestandort Deutschland und die existierenden sozialpolitischen Maßnahmen, wie beispielsweise die Einführung des Mindestlohns, sind schwer zu beeinflussende Hürden im Vergleich zu anderen Ländern.

So zahlte ein deutsches Industrieunternehmen im Jahr 2014 mit einem jährlichen Stromverbrauch zwischen 500 bis 2000 Megawattstunden ca. 15,53 €-Cent pro Kilowattstunde (kWh) Strom. Bild 5.1 kategorisiert ausgewählte europäische Länder nach der Höhe der Strompreise mit der bereits definierten Verbrauchsmenge. Aus ihr ist ersichtlich, dass die deutschen Industrieunternehmen im Durchschnitt 4,67 €-Cent mehr pro kWh Strom als vergleichbare europäische Länder zahlen. Nur die italienischen Unternehmen haben höhere Energiekosten. Infolge des Mindestlohns kostet die deutsche Arbeitsstunde im verarbeitenden Gewerbe durchschnittlich 37,00 €, während der EU-Durchschnitt bei 25,30 € liegt. Somit ist die Arbeitsstunde in deutschen Industrieunternehmen rund 46 % teurer. Derartige Herausforderungen führen zu höheren Produktionskosten am Industriestandort Deutschland und schwächen somit die Wettbewerbsfähigkeit.

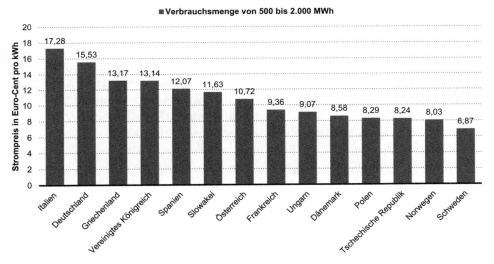

Bild 5.1 Strompreise für Unternehmen in europäischen Ländern im Jahr 2014 (Quelle: eigene Darstellung in Anlehnung an Statista 2015)

Um in der Zukunft wettbewerbsfähig zu bleiben, müssen zum einen die Energiekosten langfristig reduziert, zum anderen die Produktionsprozesse kontinuierlich verschlankt werden. Damit verfolgt nicht nur die Automobilindustrie das Ziel, Produkte wirtschaftlich, bedarfsgerecht und termingerecht mit der vom Kunden geforderten Qualität herzustellen. Zur Zielerreichung können Unternehmen wissenschaftlich anerkannte Prozessoptimierungsmethoden nutzen, die sich in den letzten Jahrzehnten und Jahren etabliert und bewährt haben.

Aufgrund der geographischen Lage hatten die Japaner schon immer mit vielen solchen Herausforderungen, wie z. B. der Rohstoffknappheit und der räumlichen Enge, zu kämpfen. Daher entwickelte Toyota über die vergangenen Jahre hinweg konsequent und kontinuierlich Systeme und Methoden, um schlanke Produktionsprozesse zu implementieren. Das wohl populärste System ist das Toyota Produktionssystem (TPS), welches zahlreiche Unternehmen bis heute versuchen, zu integrieren, um hocheffiziente Wertschöpfungsprozesse abzubilden. Bei der Einführung der Prinzipien der „schlanken Produktion" werden die Verschwendungsarten eliminiert. Zu den Verschwendungen, auch bekannt als „Muda", zählen beispielsweise die Überproduktion, die Wartezeit, die unnötigen Transporte sowie der zu hohe Anteil von ineffizienten Arbeitsprozessen. Auf diese Weise werden die Produktionskosten und Durchlaufzeiten in der Produktion systematisch reduziert. Aufgrund der neuen Herausforderungen hinsichtlich Energieeffizienz und Ressourcenknappheit zählt die Energie in der heutigen Zeit als weitere, achte Verschwendungsart.

Durch die kontinuierliche Nutzung von Prozessoptimierungsmethoden und die damit verbundene Eliminierung der konventionellen sieben Verschwendungsarten wurde die Arbeitsproduktivität im letzten halben Jahrhundert auch in Deutschland stark erhöht. Die Energieproduktivität ist hingegen in der gleichen Betrachtungszeit leicht angestiegen. Dies ist primär nicht auf den erhöhten Energieverbrauch im Zusammenhang mit der gesteigerten Arbeitsproduktivität zurückzuführen, sondern auf die fehlende Reduktion der achten Energieverschwendungsart. Deshalb besteht zwingend ein sehr hoher Handlungsbedarf hinsichtlich der Entwicklung eines methodischen Konzepts zum Zweck nachhaltiger Energieeinsparungen. Das Bundesministerium für Bildung und Forschung und die Fraunhofer Gesellschaft sehen ebenfalls Handlungsbedarf in der Entwicklung einer Bewertungsmethode zur Beurteilung und wirtschaftlichen Optimierung der Energieeffizienz firmenspezifischer und -übergreifender Prozessketten in der Produktion.

5.1.2 Zielsetzung

Die Zielsetzung besteht in der Entwicklung und Verifizierung der Prozessenergiewertstrommethode für einen mittelständischen Automobilzulieferer. Damit sollen die Prozessverschwendungen, inkl. der Energieverschwendung, eliminiert sowie die Produktionskosten nachhaltig reduziert werden.

Zur Zielerreichung werden akzeptierte Prozessoptimierungsmethoden aus der Praxis, u. a. die Wertstrommethode und Six Sigma miteinander verglichen. Die daraus resultierende Beurteilung dient dazu, Schwächen und Stärken der einzelnen Methoden zu analysieren und eine der Methoden als Basis für die Konzeptentwicklung zu priorisieren. Anschließend entsteht mit Hilfe der ausgewählten Methode und zusätzlichen Weiterentwicklungsansätzen das Konzept der Prozessenergiewertstrommethode. Die Methodenvalidierung bei einem mittelständischen Automobilzulieferer dient als Nachweis einer Einsatzeignung.

Um die Entwicklung einer praxistauglichen Prozessenergiewertstrommethode unter besonderer Berücksichtigung der Energieeffizienz zu garantieren, ist die Beantwortung folgender Schlüsselfragen notwendig:

Schlüsselfragen

- Mit welcher der Prozessoptimierungsmethoden kann die Eliminierung der Verschwendungsarten, inkl. der Energieverschwendung, in einer Produktion gewährleistet werden?
- Welche konkreten Schwächen und Stärken existieren in der Energiewertstrommethode und in den Weiterentwicklungsansätzen, die als Potenziale für die Konzeptentwicklung angesehen werden können?
- Wie muss die Prozessenergiewertstrommethode konzipiert sein, damit alle Prozessverschwendungen systematisch, kontinuierlich und bewertbar eliminiert und die erkannten Potenziale vollständig umgesetzt werden?
- Welche wettbewerbsstärkenden Vorteile ergeben sich bei einem mittelständischen Automobilzulieferer bei der Anwendung der konzipierten Prozessenergiewertstrommethode?

■ 5.2 Prozessdefinition

In Literatur und Praxis existieren zahlreiche Definitionen des Begriffs „Prozess". In Abhängigkeit von den Anwendungsbereichen existieren unterschiedliche Auffassungen und Konkretisierungsgrade. Die offizielle Norm für Qualitätsmanagementsysteme definiert den Prozess als Wechselbeziehungen von Tätigkeiten, indem Eingaben in Ergebnisse umgewandelt werden. Diese Definition lässt jedoch in ihrer Anwendung einen großen Handlungsspielraum. Die Abfrage nach Ziel, Anstoß, Reichweite, Inhalt, Struktur, Ergebnis und Empfänger des Ergebnisses wird in erster Linie nicht beachtet. Dementsprechend kann die Kombination weniger Tätigkeiten, welche zu einem Ergebnis führen, als Prozess bezeichnet werden.

In dem vorliegenden Kapitel werden überwiegend fertigungsrelevante Prozesse betrachtet, die in produzierenden Unternehmen einen wertschöpfenden Beitrag leisten. Deshalb wird die Begrifflichkeit „Prozess" als gleichbedeutend mit „Produktionsprozess" angesehen. Produktionsprozesse sind unmittelbar produzierende Tätigkeiten in der Fabrik.

■ 5.3 Prozessoptimierung mit Lean Production

Um in dem anspruchsvollen Umfeld des 21. Jahrhundert nicht unterzugehen, muss sich ein Unternehmen von der Konkurrenz abgrenzen, Veränderungen frühzeitig erkennen und darauf eingehen. Dabei spielt die Prozessoptimierung eine bedeutende Rolle, d. h. sich den ständig verändernden Herausforderungen des steigenden Wettbewerbsdrucks zu stellen. Durch die kontinuierliche Prozessoptimierung soll die Produktivität und Qualität erhöht sowie der Ressourceneinsatz während der wertschöpfenden Tätigkeiten reduziert werden.

In der Unternehmenspraxis existieren viele, zum Teil widersprüchliche Optimierungsansätze, die Verbesserungsmöglichkeiten in der Produktion beschreiben. Die Methodenentwicklung konzentriert sich auf den in den letzten Jahrzehnten bewiesenen Ansatz der schlanken Produktion, da die Prozessoptimierung systematisch durch die Vermeidung von Verschwendungen mit Hilfe von Prinzipien geschieht.

Der Begriff „Lean Production" (dt. schlanke Produktion) wurde in einer Studie des Massachusetts Institute of Technology (MIT) von den Autoren Womack, Jones und Ross in den 1990er Jahren etabliert, um die neuartigen Produktionsmethoden von Toyota zu charakterisieren. Den Ursprung der Lean Methoden legte jedoch Taiichi Ohno, als er den Ansatz wagte, die bereits in Amerika bei Ford eingesetzte Fließfertigung noch flexibler und schlanker zu gestalten. Hauptziel war es, den japanischen Markt mit einer hohen Variantenvielfalt in kleiner Stückzahl zu beliefern. Das TPS setzte sich zum Ziel, durch die Umsetzung verschiedener Prinzipien, eine vollständige Eliminierung der Verschwendungsarten zu realisieren. Die dadurch resultierende Produktivitätssteigerung und beschleunigte Fertigstellung von Produktionsaufträgen sind entscheidende Wettbewerbsfaktoren.

Die schlanke Produktion ist daher keine generelle Methode, sondern eine Denkweise zur Optimierung von Prozessen mit Hilfe unterschiedlicher Prinzipien, die innerhalb eines Unternehmens individuell umzusetzen sind. Das Ziel von Lean ist die Konzentration auf die Wertschöpfung und die ganzheitliche Vermeidung von Verschwendung. Wertschöpfung definiert sich dabei über den vom Kunden verstandenen Wert. Aus diesem Grund sind alle Tätigkeiten, die für den Kunden, d. h. dem nachfolgenden Prozessschritt einen Mehrwert darstellen, als Wertschöpfung anzusehen. Alle anderen Tätigkeiten können als Verschwendung angesehen werden. Die Verschwendung umfasst sämtliche Aktivitäten, die Ressourcen wie z. B. Material, Energie und Personal verbrauchen, ohne jedoch einen Mehrwert zu liefern. Damit erhöhen sich die Kosten im Unternehmen, ohne zusätzlich Umsatz bzw. Gewinn zu erwirtschaften.

5.3.1 Sieben Verschwendungsarten

Das primäre Ziel von Lean Production ist jegliche Verschwendung zu vermeiden. Aufgrund dessen werden zunächst die Verschwendungsarten erläutert. Dabei ist anzumerken, dass die jeweiligen Bezeichnungen in der Literatur zum Teil leicht voneinander abweichen. Die Zuordnung fällt i. d. R. nicht schwer, auch wenn nicht immer eine eindeutige Abgrenzung zwischen den einzelnen Verschwendungsarten möglich ist, da eine Ursache oft mehr als eine Art von Verschwendung zur Folge hat.

1. Überproduktion

Die schlimmste Form von Verschwendung ist die Überproduktion, welche auch als die Grundlage für weitere Formen der Verschwendung angesehen wird. Unter Überproduktion versteht man zum einen, mehr zu produzieren als der Kunde benötigt und zum anderen eine Produktion ohne einen Kundenauftrag. Im Rahmen der Produktion ohne Kundenauftrag wird häufig ein Vielfaches der bestellten Menge produziert, um die Ressourcen voll auszulasten und häufiges Umrüsten der Produktionsanlagen zu reduzieren. Zusätzlich wird durch die bereits verbrauchten und produzierten Materialien unnötig Kapital gebunden und zusätzliche Lagerfläche benötigt.

2. Wartezeit

Eine weitere Form von Verschwendung sind Wartezeiten. Diese entstehen, wenn Prozesse nicht aufeinander abgestimmt sind. Neben dem Warten bzw. Überwachen einer Produktionsanlage durch einen Mitarbeiter zählt aber auch zu langes Umrüsten und vor allem das Warten auf Produktionsmaterialien zu dieser Verschwendungsart. Darüber hinaus entstehen Wartezeiten durch ungeplante Maschinenausfälle.

3. Transport

Die dritte Verschwendungsart fordert die Vermeidung von Transporten, da der Transport von Materialien oder Dokumenten nicht zur Wertschöpfung eines Produktes beiträgt. Durch zu lange Wege zwischen den einzelnen Prozessen und dem Transport in Zwischenlager kommt es zu unnötig langen Transportwegen. Solch lange Transportwege erfordern einen zusätzlichen Verwaltungsaufwand, eine höhere Mitarbeiterkapazität und weitere Transporteinrichtungen, die geschaffen und unterhalten werden müssen.

4. Arbeitsaufwand

Die Prozessschritte, die nicht zur Wertschöpfung beitragen, verursachen unnötigen Arbeitsaufwand und zählen als vierte Verschwendungsart. Es handelt sich hierbei um Arbeitsschritte, die an einer nachfolgenden Arbeitsstation teilweise wieder rückgängig gemacht werden, oder um Tätigkeiten, die durch schlechte Werkzeuge erzwungen werden. Diese Verschwendungsform liegt ebenso vor, falls eine höhere Produktqualität erreicht wird als vom Kunden gefordert.

5. Bestände

Die sichtbarste Form von Verschwendung sind Bestände. Sowohl in den Lagern, als auch an den einzelnen Arbeitsplätzen sind bei einer klassischen Massenproduktion gewöhnlich Unmengen von Teilen zu entdecken. Unternehmen versuchen damit, das Risiko zu minimieren, die Produktion aufgrund von Materialengpässen unterbrechen zu müssen. Eine hohe Kapitalbindung und die Intransparenz zählen zu den Folgen von zu hohen Beständen.

6. Bewegung

Unnötige Bewegungen der Mitarbeiter sind als eine weitere Form der Verschwendung anzusehen. Hier können z. B. eine suboptimale Anordnung der Werkzeuge oder Betriebsmittel an einem Arbeitsplatz angeführt werden, wodurch die Mitarbeiter gezwungen sind, sich mehr zu bewegen als es bei einer idealen Anordnung der Fall wäre. Zu dieser Form der Verschwendung zählt auch die unnötige Suche nach Teilen, Materialien, Informationen oder Werkzeugen.

7. Fehlerhafte Teile

Die siebte und letzte Verschwendungsart ist die Herstellung von fehlerhaften Teilen und die darauf folgende notwendige Nacharbeit. Allerdings werden fehlerhafte Teile im Allgemeinen durch den Produktionsprozess geschleust, auch wenn der Fehler bereits erkannt wurde. Eine Beseitigung im laufenden Produktionsprozess kann deshalb einen Stillstand der gesamten Produktionslinie bedeuten. Aus diesem Grund werden fehlerhafte Teile erst am Ende beseitigt, wodurch gewöhnlich ein hoher Nacharbeitsaufwand ausgelöst wird.

5.3.2 Energie – die achte Verschwendungsart

Um eine Produktion in der heutigen Zeit ökologisch nachhaltig gestalten zu können, sind Verschwendungen von Energie zu vermeiden. Die Energiewertstrommethode konzentriert sich auf die Energiearten Strom, Gas und Druckluft. Da Energieverschwendungen in der heutigen Zeit zu vermeiden sind, ist eine Verknüpfung der traditionellen sieben Verschwendungsarten mit der Energieverschwendung naheliegend und wird aktuell in der Unternehmenspraxis und Literatur als Problem diskutiert. Viele Lean-Experten sehen die Energie als die achte Verschwendungsart im TPS an und weisen auf eine erforderliche Weiterentwicklung sämtlicher Produktionssysteme hinsichtlich einer Methode zur Reduzierung der Energieverschwendung hin. Im Rahmen einer Praxisstudie ist festgestellt worden, dass sich bereits 77 % der befragten Energieexperten deutscher Automobilhersteller mit der Thematik intensiv beschäftigen.

Tatsache ist, dass die produzierenden Unternehmen zur Steigerung der Energieeffizienz genaue Kenntnisse über die Energieverbräuche sowie eine systematische Generierung von Energieverbesserungsmaßnahmen voraussetzen. Um diesen Voraussetzungen gerecht zu werden und damit die achte Verschwendungsart zukünftig reduzieren zu können, wird die Energiewertstrommethode auf Basis vorhandener Methodenansätze neu konzipiert.

5.3.3 Fünf Lean Thinking-Prinzipien

Im zweiten Buch der Autoren Womack und Jones mit dem Titel „Lean-Think" werden fünf Prinzipien für den Ansatz zum schlanken Unternehmen beschrieben. Die Prinzipien dienen dabei als „starkes Mittel" gegen die Vermeidung der Verschwendungen und als Ansatz zu einem schlanken Unternehmen.

1. Spezifikation des Wertes

Um wertschöpfende und nicht wertschöpfende Tätigkeiten erkennen zu können, muss nach Womack und Jones zunächst einmal der Wert eines Produktes oder einer Dienstleistung spezifiziert werden. Diese Spezifikation kann nur durch den Kunden bzw. den Endverbraucher erfolgen, der den Bedarf einem bestimmten Preis gegenüberstellt. Unter dem Begriff „Bedarf" werden der richtige Zeitpunkt, der richtige Ort und ein Service in bestmöglichster Qualität verstanden. Der Kunde steht permanent im Fokus des Lean Managements.

2. Identifikation des Wertschöpfungsstroms

Nach der Spezifikation des Wertes aus Kundensicht, stellt die Identifikation des Wertschöpfungsstroms das zweite Prinzip der schlanken Produktion dar. An dieser Stelle sind die Tätigkeiten der drei Bereiche Produktentwicklung, Informationsmanagement und physikalische Transformation des Rohmaterials in ein fertiges Produkt in den Händen des Kunden analysiert. Eine Identifizierung der wertschöpfenden, der nicht wertschöpfenden, aber notwendigen, Tätigkeiten sowie der Verschwendungen unterstützt dabei die Orientierung auf die Kundenbedürfnisse.

3. Fluss

Durch die ersten zwei Prinzipien wurden der Wert identifiziert, sein Strom analysiert und die nicht wertschöpfenden Tätigkeiten reduziert. Im Rahmen dieses Prinzips folgt die Ausrichtung der wertschöpfenden Tätigkeiten nach dem Fließprinzip. Der Mensch neigt dazu, stets in Abteilungen und Funktionen zu denken, anstatt wertschöpfende Tätigkeiten aus der Prozesssicht zu betrachten. Dieses hat zur Folge, dass durchzuführende Tätigkeiten gebündelt und stapelweise abgearbeitet werden. Das Fließprinzip verfolgt hingegen das Ziel, Prozesse zu koppeln und damit einen kontinuierlichen und geglätteten Prozessablauf sicherzustellen. Durch die damit einhergehende Verkürzung der Durchlaufzeiten werden Unternehmen flexibler. Dieses sichert den Unternehmen eine schnelle Reaktionsfähigkeit, wodurch Wartezeiten vermindert und Materialbestände gesenkt werden.

4. Pull

Grundsätzlich lassen sich zwei Fließprinzipien unterscheiden, das Push- und das Pull-Prinzip. Die traditionelle Fertigung produziert so lange etwas, wie benötigtes Material verfügbar ist. In diesem Fall spricht man vom Push-Prinzip, da die Erzeugnisse von Anfang an durch den Wertschöpfungsprozess zu den nachgelagerten Arbeitsstationen „gedrückt" werden. Es resultiert zwar eine hohe Auslastung der Fertigungsanlagen, trotz allem erhöhen sich aber die Bestände und die Durchlaufzeiten.

Hingegen werden beim Pull-Prinzip die Erzeugnisse durch den Wertschöpfungsprozess „gezogen". Das heißt im Umkehrschluss, dass nicht bei automatischer Materialverfügbarkeit produziert wird, sondern erst bei konkreter Nachfrage durch eine nachgelagerte Arbeitsstation. Das Pull-Prinzip gewährleistet damit eine bedarfsgerechte Fertigung und berücksichtigt somit den Lean-Ansatz der erhöhten Kundenorientierung. Aufgrund dessen ergeben sich deutlich kürzere Durchlaufzeiten, geringere Bestände und eine deutlich höhere Flexibilität.

5. Perfektion

Das fünfte und letzte Prinzip verfolgt das Streben nach Perfektion. Nachdem sich die ersten vier Prinzipen gegenseitig stimulieren und eine deutliche Prozessverbesserung sichtbar wird, ist nun Raum für Perfektion gegeben. Dabei gilt es nach Womack und Jones, sich nicht auf dem Erreichten auszuruhen, sondern Prozesse stets zu hinterfragen und optimieren zu wollen. Zusätzlich muss die innere Haltung zur Optimierung bei allen Mitarbeitern fest verankert werden, um kontinuierliche Verbesserungsmaßnahmen zu erzeugen.

■ 5.4 Prozessoptimierungsmethoden

In den vorherigen Kapiteln wurden die Verschwendungsarten und die Kernelemente der schlanken Produktion in Form von Prinzipien beschrieben. Nun gilt es, praxiserprobte Prozessoptimierungsmethoden vorzustellen, um die erste Schlüsselfrage beantworten zu können. Ziel ist es, diejenige Prozessoptimierungsmethode zu bestimmen, die es ermöglicht, alle acht Prozessverschwendungsarten systematisch zu eliminieren.

5.4.1 Zwei Ansätze der Prozessoptimierung

Im Rahmen der Prozessoptimierung existieren hinsichtlich der Methodenauswahl, zur nachhaltigen Optimierung von Prozessen, zwei unterschiedliche Ansätze:

- Prozesserneuerung
- Prozessverbesserung

Prozesserneuerung

Der Prozesserneuerungsansatz kann sowohl die gesamten Unternehmensprozesse, als auch einzelne bedeutsame Prozesse umfassen. Dabei stellt sich immer die zentrale Frage: Wie würde man vorgehen, wenn man den Prozess ganzheitlich neu konzipieren könnte? Bestehende Prozesse und Strukturen werden bei diesem Ansatz außer Acht gelassen, da diese nicht mehr dem zeitgemäßen Standard entsprechen. Aus diesem Ansatz resultiert ein radikaler Eingriff in die bestehende Organisation sowie die Unternehmensstruktur, um Verbesserungen in Quantensprüngen erreichen zu können. Demzufolge findet der erste Ansatz nur in besonderen und schwerwiegenden Situationen Anwendung. Solche radikalen Eingriffe stoßen sehr häufig zu Beginn auf starke Wiederstände, da die Umsetzung einen hohen Aufwand mit sich bringt. Die wohl anerkannteste Methode der Prozesserneuerung ist das Business Process Reengineering (BPR).

Prozessverbesserung

Im Gegensatz zu einer Prozesserneuerung steht bei einer Prozessverbesserung nicht eine radikale, einmalige Änderung im Vordergrund, sondern eine kontinuierliche Verbesserung in kleinen Etappen. Dabei orientiert man sich während der Optimierung an den bestehenden Prozessstrukturen und versucht, das vorhandene Potenzial auszuschöpfen. Bei diesem Ansatz folgt man dem Bottom Up-Prinzip, d. h. es findet eine Orientierung von unten nach oben statt, indem die Mitarbeiter grundsätzlich mitwirken. Zur Prozessoptimierung werden folgende Methoden seit vielen Jahren in Unternehmen erfolgreich eingesetzt:

- Six Sigma
- Wertstrommethode
- Kontinuierlicher Verbesserungsprozess (KVP)

5.4.2 Six Sigma-Methode

Six Sigma ist sowohl ein Managementsystem zur Prozessverbesserung und statistisches Qualitätsziel, als auch eine Methode zur Optimierung von Prozessen. Beide Ansätze verfolgen das Ziel, Prozesse mit fehlerfreien Ergebnissen zu liefern, d. h. eine hohe Prozessfähigkeit und -stabilität sicherzustellen und durch Verschrottung oder Nacharbeit Fehlerkosten zu meiden. Der Begriff „Six Sigma" stammt aus der Statistik, wo die Standardabweichung mit „Sigma" bezeichnet wird.

Die Six Sigma-Methode zur Prozessoptimierung steht im Vordergrund. Diese Methode beinhaltet zwei unterschiedliche Vorgehensweisen. Zur Optimierung von bereits bestehenden Prozessen findet der „DMAIC-Regelkreis" (engl. Define-Measure-Analyse-Improve-Control) Anwendung. Für die Erarbeitung neuer Prozesse hingegen wird die Methode „DFSS" (engl. Design For Six Sigma) angewandt. Die DFSS-Methode sollte allerdings erst Anwendung finden, wenn ein Unternehmen den DMAIC-Kreis beherrscht und kontinuierlich einsetzt. Da in diesem Kapitel nicht das Ziel verfolgt wird, neue Prozesse zu generieren, ist auf eine Beschreibung der Methode DFSS verzichtet worden. Es steht der DMAIC-Kreis im Vordergrund. Dieser wird in Bild 5.2 dargestellt und anschließend beschrieben:

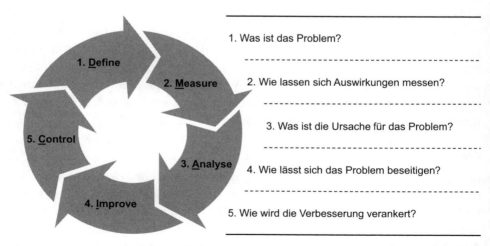

Bild 5.2 Vorgehensweise der Six-Sigma-Methode (Quelle: in Anlehnung an Töpfer 2004 S. 78)

1. Define

Die erste und wichtigste Phase des Verbesserungsprozesses ist die Define-Phase, da diese den Grundstein für alle nachfolgenden Phasen legt. Zum Schluss dieser Phase soll das Projektteam das Problem und die nötigen Prozesse verstanden haben. Aus diesem Grund wird das Problem detailliert aufgezeigt, angegangen und durch einen Projektcharter definiert. Dabei werden die Rahmenbedingungen, die Ziele und die Meilensteine der Prozessoptimierung näher ausgeführt. Als Grundlage werden die kritischen Qualitätsmerkmale (engl. CTQ = Critical to Quality) verwendet, die aufgrund einer vorherigen Analyse die Kundenanforderungen widerspiegeln. Zur Erfassung und Konkretisierung zusätzlicher Daten wird die „Stimme des Kunden" (engl. VOC = Voice of Customer) und die SIPOC-Analyse (engl. Suppliers-Inputs-Process-Outputs-Customers) verwendet, um den Wertschöpfungsprozess zu erkennen und transparent abbilden zu können.

2. Measure

In der zweiten, der Measure-Phase, wird eine Vorgehensweise zur Datenerhebung ausgearbeitet. Dabei findet die Auswahl eines tauglichen Messsystems statt, um wichtige und unwichtige Messgrößen beurteilen zu können. Zusätzlich wird eine Bestandsaufnahme der Prozessschritte erstellt, die Datenvisualisierungsart bestimmt und die Prozessfähigkeit festgelegt. Denn nur durch das Messen von Eingangs- und Ausgangsgrößen sowie Prozessparametern kann eine Prozessoptimierung verdeutlicht werden. Um zusätzlich die Entscheidungstransparenz innerhalb der Prozessoptimierung gewährleisten zu können, ist es notwendig, einheitliche Messkriterien zu verwenden.

3. Analyse

Die Analyse-Phase verfolgt das Ziel, die Ursache des aktuellen Problems in Form einer Ursache-Wirkungsbeziehung darzustellen. In dieser Phase steht neben der tiefgehenden Analyse der Ursache auch die Identifizierung und Verifizierung sowie die Quantifizierung im Vordergrund. Diese erfolgt durch die Verwendung unterschiedlichster mathematischer Methoden der speziell ausgebildeten Six Sigma-Experten. Das wohl gängigste Mittel zur Prozessdarstellung ist das Flussdiagramm, zur Ursachenanalyse das Ursache-Wirkungs-Diagramm und zur Prozessanalyse die Fehler-Möglichkeits- und Einfluss-Analyse (FMEA). Diese Phase soll mit der vollständigen Analyse der wesentlichen Prozessvariablen und Ursachen, die das Erzeugnis beeinflussen können, enden.

4. Improve

Die vierte, die Improve-Phase, beschäftigt sich mit der Ausarbeitung und Planung von Lösungen, der Beurteilungen von Risiken sowie der Entwicklung eines Implementierungsplans. Innerhalb dieser Phase ist ein Experte der Prozesse unersetzlich, da dieser die erarbeiteten Optimierungsansätze zur Prozessverbesserung umsetzen wird.

Auf Basis der Ergebnisse der vorherigen Phasen sollen umsetzbare Ansätze derart initiiert werden, dass sie eine Prozessverbesserung bewirken. Die Berücksichtigung der Zahlen, Daten und Fakten aus den bereits erarbeiteten Ergebnissen ist dabei essentiell, um ausschließlich wirkungsvolle Lösungsansätze zu entwickeln. Parallel dazu sollen Lösungsalternativen gesucht werden, die bei Nichterfüllung der gewünschten Ergebnisse in Kraft treten. Innerhalb des DMAIC-Kreises darf der rote Faden über alle Phasen hinweg nicht abreißen. Die Literatur sieht z. B. zur Lösungsfindung zum einen die Brainstorming-Methode als intuitive Methode, zum anderen den sogenannten Morphologischen Kasten als diskursive Methode vor. Zusätzlich wird zur Priorisierung von Lösungen die Kosten-Nutzen-Analyse, zur Risikobewertung die FMEA und zur Implementierung die Umsetzungsplanung verwendet.

5. Control

Bestandteil der letzten Control-Phase des DMAIC-Kreises ist die finale Umsetzung des Implementierungsplans, die Überwachung und das Steuern des neuen Prozesses. Mit dieser Phase wird der DMAIC-Regelkreis endgültig geschlossen. Zusätzlich ist eine saubere Dokumentation der Prozessveränderungen und eine Standardisierung der Prozesse unerlässlich. Um die Prozessverbesserungen langfristig gewährleisten zu können, sind alle notwendigen Mitarbeiter und Abteilungen über die Veränderung zu informieren und notfalls auch zu schulen. Damit sind Mitarbeiter bestens auf unerwartete Prozessabweichungen vorbereitet und können gemäß der Prozessdokumentation reagieren. Zusätzlich wird der Prozess durch ein ganzheitliches Monitoring kontrolliert, indem Abweichungen frühzeitig erkannt werden. Durch die Abweichungserkennung ist es zu jeder Zeit möglich, frühzeitig gegenzusteuern. Zusätzlich bietet das Monitoring die Möglichkeit, zu überprüfen, ob die Ursache für das Problem beseitigt wurde und sich die Wirksamkeit der Prozessverbesserung bestätigt. Das Prozessverbesserungsprojekt endet mit der Übergabe an den Prozesseigner, der von nun an für die Nachhaltigkeit des Prozesses verantwortlich ist. Bei zukünftigen Projekten können diese Erkenntnisse, eine korrekte Dokumentation und Optimierung der Prozesse vorausgesetzt, erneut verwendet werden.

5.4.3 Wertstrommethode

Die Wertstrommethode wird als Prozessoptimierungsmethode in den letzten Jahren mit großem Erfolg in unterschiedlichsten Branchen eingesetzt. Diese dient zur ganzheitlichen Darstellung und kontinuierlichen Verbesserung von Material- und

Informationsflüssen einer Produktion. Rother und Shook haben die Prozessoptimierungsmethode im Jahr 2000 vorgestellt, ihren Ursprung hat sie jedoch im TPS. Die Wertstrommethode dient insbesondere dazu, wertschöpfende und nicht wertschöpfende Tätigkeiten bzw. Prozessverschwendungen transparent zu machen und diese zu eliminieren. Dabei werden alle Material-, Informations- und Prozessflüsse, vom Rohmaterial bis hin zum Kunden, mit einfachen und einheitlichen Symbolen abgebildet. Der kommende Abschnitt konzentriert sich auf die Beschreibung der Vorgehensweise und die Zielsetzung der Methode. Nicht ausführlich erläutert werden hingegen die standardisierten Symbole. Diese dienen dazu, eine Wertstromanalyse verstehen zu können und wurden bereits im Kapitel 4 ausführlich dargestellt.

Ziel der Methode ist es, eine transparente Darstellung zu ermöglichen, um Abläufe in der Produktion optimal zu gestalten und Verschwendungen zu vermeiden. Die Wertstrommethode besteht aus vier Phasen, die in Bild 5.3 dargestellt und anschließend beschrieben werden.

Bild 5.3 Vorgehensweise der Wertstrommethode (Quelle: in Anlehnung an Rießelmann 2011, S. 2)

1. Auswahl der Produktfamilie

Im Rahmen der ersten Phase wird das Produktionsspektrum nach Ähnlichkeitskriterien untersucht und anschließend in Produktfamilien unterteilt. Eine Darstellung des gesamten Produktionsspektrums wäre unüberschaubar und nicht zielführend. Eine Produktfamilie besteht aus Produktvarianten, die ähnliche oder gleiche Prozessschritte innerhalb des Herstellungsprozesses durchlaufen. Bei der Produktfamilienbestimmung müssen nicht unbedingt alle Prozesse von der Anlieferung der Ware bis zum Kunden betrachtet werden. Anstelle dessen kann die Zuordnung beispielsweise nur durch die Betrachtung der Produktionsprozesse geschehen, da hier in der Regel die Produktvarianten entstehen. Um die Produktfamilie übersichtlich darstellen zu können, wird häufig eine Produktfamilien-Matrix als Werkzeug verwendet. Die Methode sieht vor, dass für jede Produktionsfamilie eine separate Wertstromanalyse aufzunehmen ist. Zusätzlich wird bei dieser Prozessoptimierungsmethode ein Wertstrom-Manager im Unternehmen bestimmt, damit die Einhaltung des späteren Umsetzungsplans gewährleistet ist.

Nach der Auswahl der Produktfamilie werden die Kundenanforderungen durch die Kundenbedarfsanalyse erfasst. Auf diese Weise sollen sämtliche Kundenwünsche sichergestellt werden. Innerhalb der Analyse wird der variantenbezogene Kundentakt (KT) berechnet, der sich als Quotient aus der verfügbaren Betriebszeit pro Jahr und dem Kundenbedarf pro Jahr ergibt. Mit Hilfe des KT kann die Produktionsrate an die Verkaufsrate angepasst werden. Eine solche Anpassung ermöglicht es einem Unternehmen, kundenbedarfsorientiert zu produzieren. Um jedoch den KT berechnen zu können, müssen zusätzlich wichtige Kenngrößen, wie z.B. die Anzahl der Fabriktage (FT) und die tägliche Arbeitszeit (AZ), berechnet werden (Formel 5.1).

Formel 5.1 Kundentakt (Quelle: in Anlehnung an Erlach/Westkämper 2009 S. 25)

$$\text{Kundentakt (KT)} = \frac{\text{verfügbare Betriebszeit pro Jahr}}{\text{Kundenbedarf pro Jahr}} = \frac{\text{FT x AZ}}{\text{Stck}}$$

KT	= Kundentakt [Zeiteinheit / Stück]
FT	= Fabriktage [Tag / Jahr]
AZ	= tägliche Arbeitszeit [Zeiteinheit / Tag]
Stck	= Jahresstückzahl [Stück / Jahr]

2. Wertstromanalyse: Ist-Zustand ermitteln

Die Phase der Wertstromanalyse beschäftigt sich mit der Ermittlung des Ist-Zustands, welche die Ausgangsbasis für das Wertstromdesign bildet. Bevor die Wertstromanalyse aufgenommen wird, ist der Detailierungsgrad festzulegen. Herkömmlich wird der Wertstrom innerhalb eines Unternehmens von Rampe zu Rampe erfasst, das bedeutet: vom Wareneingang bis zum Warenausgang.

Nach Festlegung des Detaillierungsgrads wird der Ist-Zustand der Produktion systematisch mit Hilfe von standardisierten, einheitlichen Symbolen und allen Kenngrößen auf einem Blatt Papier erfasst. Ziel ist es, die gesamten Material- und Informationsflüsse transparent darstellen zu können, um die Prozessverschwendungen aufzuzeigen. Der Materialfluss ermöglicht es, zu verstehen, wie sich das Material durch die Produktion bewegt. Der Informationsfluss verdeutlicht hingegen, auf welche Informationen die jeweiligen Prozessschritte angewiesen sind. Beide Flüsse sind im Zusammenhang zu betrachten, um ein ganzheitliches Ergebnis zu generieren. Um den Ist-Zustand systematisch erfassen zu können, werden im Folgenden die dafür vorgesehenen fünf Schritte erläutert.

▪ Schritt 1

Als erstes werden die zuvor ermittelten Kundendaten, wie z. B. der KT und weitere Rahmenbedingungen, in einem Datenkasten gesammelt. Dieser ist in der rechten oberen Ecke eines Blattes Papier zu positionieren.

▪ Schritt 2

Im zweiten Schritt werden alle Prozessschritte der betrachteten Prozesskette und die Bestände vom Endkunden bis hin zum Lieferanten erfasst. Um dabei die Kundenperspektive zu bewahren, erfolgt die Aufnahme flussaufwärts, d. h. vom Kunden zum Lieferanten. Anschließend werden für alle Prozessschritte die wichtigsten Produktionsdaten aufgenommen und in dem dafür vorgesehenen Datenkasten dokumentiert. In jeder Fachliteratur werden u. a. auch die Zykluszeit (ZZ) und die Durchlaufzeit (DLZ) im Rahmen der Wertstromanalyse aufgenommen. Die ZZ erfasst die Zeit, die ein Teil benötigt, um in einem Prozessschritt fertiggestellt zu werden. Im Gegensatz zur ZZ beinhaltet die DLZ alle Zeiten der Prozesskette. Daher setzt sich die DLZ aus allen Zeiten zusammen, die ein Teil zum vollständigen Produktionsdurchlauf benötigt. Grundsätzlich besitzt der Anwender jedoch viele Freiheiten zur Auswahl der aufzunehmenden Daten.

▪ Schritt 3

Anschließend wird im dritten Schritt der Materialfluss zwischen den Prozessschritten mit Hilfe der dafür vorgesehenen Pfeile dargestellt. Ebenfalls wird das Lieferantensymbol im linken oberen Bereich auf dem Blatt Papier eingezeichnet und die dazugehörigen Daten, wie z. B. Menge und Rhythmus der An- und Auslieferung, eingetragen.

▪ Schritt 4

Der vierte Schritt dient zur Darstellung des Informationsflusses, der die Prozessschritte der Produktion durch Informationen steuert. Damit werden die Produktionssteuerungsinformationen verdeutlicht. Hierbei unterscheidet man zum einen in manuelle Informationsflüsse, zum anderen in elektrische Informationsflüsse. Für beide Informationsflüsse werden die Informationsrichtung, der Informationsrhythmus und die Informationsübermittlungsart zwischen den Prozessschritten und der Produktionssteuerung erfasst.

▪ Schritt 5

Im fünften Schritt wird der Wertstrom schließlich durch eine Bewertungslinie unterhalb der Prozessschritte komplettiert. Sie dient dazu, die berechnete Durchlaufzeit sowie die reine Bearbeitungszeit (BZ) dokumentieren zu können. In den meisten Fällen ist zu erkennen, dass die wertschöpfende BZ wesentlich kleiner ist als die DLZ. Dafür verantwortlich sind u. a. zu hohe Bestände. Es gilt der

Grundsatz, je kürzer die Durchlaufzeit, desto kürzer ist die Zeitspanne zwischen Zahlungsausgang der Rohmaterialien und Zahlungseingang der hergestellten Produkte. Um einen Wertstrom auch für spätere Zwecke bewertbar zu machen, wird die Kennzahl des Flussgrads bestimmt. Der Flussgrad (FG) errechnet sich als Quotient aus BZ und DLZ. Dieser ist ein Maß für die Dynamik der Produktion. Außerdem werden mittels eines sogenannten Kaizen-Blitzes die Prozessverschwendungen markiert, welche innerhalb des Wertstromdesigns eliminiert werden sollen.

3. Wertstromdesign: Soll-Zustand erarbeiten

Auf Basis der Wertstromanalyse und den eingezeichneten Verschwendungsarten kann nun mit der Phase des Wertstromdesigns begonnen werden. Das Wertstromdesign beschäftigt sich anhand von umzusetzenden, definierten Gestaltungsrichtlinien mit der Erstellung des Soll-Wertstroms mit verbesserten kundenorientierten Material- und Informationsflüssen. Damit wird die zukünftige Struktur der Fertigung beschrieben, bei der alle nicht-wertschöpfenden Tätigkeiten drastisch reduziert werden. Im Folgenden werden die Gestaltungsprinzipien nach Rother und Shook kurz erklärt.

- **Gestaltungsprinzip 1: Montieren nach Kundentakt**

  Um zukünftig Bestände und Engpässe zu vermeiden, soll die Taktzeit aller Prozessschritte mindestens dem Kundentakt entsprechen. Ziel ist es, das Montage- mit dem Verkaufstempo zu synchronisieren.

- **Gestaltungsprinzip 2: Einführen einer kontinuierlichen Fließfertigung**

  Das Gestaltungsprinzip fordert, dort wo es möglich ist, eine kontinuierliche Fließfertigung umzusetzen. Innerhalb einer kontinuierlichen Fließfertigung wird ein Teil durchgängig zwischen einzelnen Prozessschritten produziert, ohne zwischendurch abgelegt zu werden. Dies ist die effektivste Art zu fertigen und kann dort eingesetzt werden, wo die Prozessschritte ähnliche bzw. nahezu gleiche Zykluszeiten besitzen. Zur Darstellung einer kontinuierlichen Fließfertigung wird der normale Prozesskasten verwendet.

- **Gestaltungsprinzip 3: Verwenden eines Supermarkt-Pull-Systems**

  Nicht an jeder Stelle innerhalb eines Wertstroms ist die Implementierung einer Fließfertigung möglich. Das kann z. B. daran liegen, dass einige Prozesse zu hohe Durchlaufzeiten aufweisen oder zu unzuverlässig sind, als dass man diese direkt mit anderen Produktionsprozessen koppeln könnte. Genau an solchen Stellen wird ein Supermarkt-Pull-System gefordert. Dieses ist ein Materialpuffer mit Minimal- und Maximalbeständen zur Materialbereitstellung für den nachgelagerten Prozess. Der Supermarkt erhält dabei keine Informationen mehr durch die Produktionsplanung, sondern mittels eines Kanban-Systems durch den nachgelagerten Prozess. Innerhalb eines solchen Systems steuern sich dabei die jeweili-

gen Prozessschritte gegenseitig. Die zur Auftragsbearbeitung notwendigen Materialmengen werden durch den nachgelagerten Prozessschritt nach dem Hol- bzw.
Pull-Prinzip entnommen. Bei der Entnahme erhält der vorgelagerte Prozessschritt eine Anweisung in Form eines Kanbans (jap. Karte), die entnommenen
Materialmengen nachzuproduzieren oder ggf. neu zu beschaffen.

- **Gestaltungsprinzip 4: Steuerung der Produktionsplanung nur an einer
Stelle**

Dieses Gestaltungsprinzip sieht vor, dass die Produktionsplanung nur über einen
Planungspunkt die Produktion vollständig steuert. Ist ein Supermarkt-Pull-System notwendig, so stellt dieses System denjenigen Punkt bzw. denjenigen Prozess dar, der ausschließlich von der Produktionsplanung angesteuert wird.

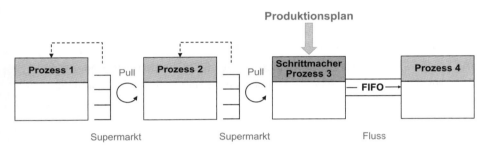

Bild 5.4 Auswahl des Schrittmacher-Prozesses (Quelle: in Anlehnung an Rother/Shook
2004 S. 45)

Dieser Planungspunkt der Produktionsplanung wird als „Schrittmacher-Prozess"
bezeichnet und liegt am Anfang der kontinuierlichen Fließfertigung. Der Schrittmacher-Prozess wird durch vorgelagerte Prozessschritte, die durch Supermarkt-
Pull-Systeme mit ihm verknüpft sind, versorgt. Grundsätzlich gilt, die DLZ ist
umso kürzer, je weiter hinten der Schrittmacher-Prozess in der Prozesskette ein-
gerichtet wird, da damit weniger Prozessschritte innerhalb der Fließfertigung
abzuarbeiten sind.

- **Gestaltungsprinzip 5: Schaffen eines Produktionsausgleichs**

Die meisten produzierenden Unternehmen sehen es als leichter bzw. sinnvoller
an, lange Produktionsläufe einer Produktvariante zu planen, um ständiges Umrüsten zu vermeiden. Genau dieser Gedanke bereitet ernste Probleme in der Produktion. Durch die Zusammenfassung gleicher Produkttypen wird zwar die Anzahl der Rüstzeiten reduziert, dennoch müssen immer hohe Bestände vorgehalten
werden, um kurzfristige Forderungen von anderen Produktvarianten in großen
Mengen bedienen zu können. Die daraus resultierenden Sicherheitsbestände
führen dazu, dass Probleme verdeckt werden und die Gesamtdurchlaufzeit erhöht wird. Zusätzlich steigen die Bestände in den Supermärkten an, weshalb

diese größer als nötig dimensioniert werden. Aufgrund dessen verfolgt das fünfte Gestaltungsprinzip die Anwendung eines ausgeglichenen Produktmixes der Aufträge im Schrittmacher-Prozess.

■ **Gestaltungsprinzip 6: Schaffen eines Anfangs-Pull**

Das Gestaltungsprinzip sieht vor, dass die Arbeitsleistung der Produktion gleichmäßig sein sollte, um die Taktzeit in der Produktion spürbar zu machen. Das bedeutet, dass eine stetige Arbeitsleistung gleichmäßig im Takt erfolgt. Die gleichmäßige Freigabe kleiner Arbeitspakete soll Routine in die Prozesse bringen und verhindern, dass die eingesteuerten Lasten saisonal schwanken. Schwankt die Menge an eingesteuerten Aufträgen am Schrittmacher-Prozess, tendieren Prozesse dazu, die Auftragsreihenfolge selbstständig zugunsten von Losbildung zu verändern. Dies geschieht insbesondere dann, wenn die Menge zu groß ist.

4. Wertstromplanung: Soll-Zustand umsetzen

Die beschriebenen Gestaltungsprinzipien ermöglichen dem Anwender eine Vorgehensweise zur systematischen Konzeption eines neuen Produktionsablaufes. Innerhalb dieser Phase sollen die im Wertstromdesign geplanten Maßnahmen umgesetzt werden. Nach Umsetzung der definierten Maßnahmen sind zwar die Planungsprojekte zur wertorientierten Produktion abgeschlossen, aber der Produktionsalltag läuft nach wie vor weiter. Aus diesem Grund ist das Leistungsniveau des Wertstroms nicht zu halten, sondern kontinuierlich in kleinen Schritten zu verbessern. Auch bei geringfügigen Änderungen in der Produktionsgestaltung ist die Neukonzeption in Form einer Anpassung notwendig, welche vom Wertstrommanager durchzuführen ist.

5.4.4 Energiewertstrommethode

Die im vorherigen Abschnitt beschriebene Wertstrommethode hat sich in den letzten Jahren als Prozessoptimierungsmethode in produzierenden Unternehmen durchgesetzt. Dennoch ist festzustellen, dass „externe Effekte der Umweltwirkung" nicht in die Methode aufgenommen wurden. Aus diesem Grund und dem Bewusstsein, dass die Energie als achte Verschwendungsart anzusehen ist, existieren in der Praxis zahlreiche Weiterentwicklungsvorschläge. Vor allem wird die Integration von Energiedaten in die bereits bestehende Methode gefordert. Die bekannteste Weiterentwicklung ist die Energiewertstrommethode vom Fraunhofer-IPA, welche Klaus Erlach im Rahmen seiner Tätigkeit am Institut konzeptionierte. Diese Methode kann folglich als Wertstrommethode mit ausgeprägter Energiekonzentration verstanden werden. Dabei wird das bewährte Vorgehen der einzelnen Phasen zum Teil beibehalten, jedoch werden zusätzlich energiebezogene Komponenten hinzugefügt.

Vorgehensweise Energiewertstrommethode nach Erlach

- **Phase 1 Energiewertstromanalyse:** Im Rahmen der Energiewertstromanalyse werden die Energieverbraucher durch Verbrauchsmessungen erfasst und die Energieeinsparpotenziale ermittelt.

- **Phase 2 Energiewertstromdesign:** Planung mit Hilfe der anwendbaren Gestaltungsprinzipien zur Entwicklung des zukünftigen Zustands und der Ableitung von Effizienzsteigerungsmaßnahmen.

- **Phase 3 Energiemanagement:** Die nachhaltigen und effizienzsteigernden Maßnahmen werden umgesetzt und in die Strategie der Energieeffizienz verankert.

1. Energiewertstrom-analyse	2. Energiewertstrom-design	3. Energie-management
• Energieverbraucher mit Verbrauchswerten aufnehmen • Energieeinsparpotenziale ermitteln	• Zukünftigen Zustand mit Gestaltungsprinzipien gestalten • Effizienzsteigerungs-maßnahmen ableiten	• Zukünftigen Zustand mit Maßnahmen umsetzen • Maßnahmen in die Energie-effizienz-Strategie verankern

Bild 5.5 Vorgehensweise der Energiewertstrommethode (Quelle: in Anlehnung an Erlach / Westkämper 2009 S. 20)

1. Energiewertstromanalyse

Die innerbetriebliche Ausgangssituation wird innerhalb der ersten Energiewertstromanalyse erfasst. Dabei werden insbesondere die Produktionsprozesse der Wertstromanalyse nach den Energiedaten Strom, Erdgas und Druckluft vervollständigt. Ein Unternehmen kann sowohl auf mobile Messgeräte, als auch auf fest installierte Messsysteme zurückgreifen. Ergänzend kann auch eine Langzeitmessung zur exakteren Erfassung verwendet werden. Abgeschlossen wird diese Phase mit der Ermittlung von Energieeinsparpotenzialen durch die Berechnung von Kennzahlen. Diese Kennzahlen ermöglichen es, den Effizienzgrad der Produktion erfassen und analysieren zu können.

2. Energiewertstromdesign

In der zweiten Phase werden acht Gestaltungsprinzipien zur Energieeffizienzsteigerung hinsichtlich ihrer Einsatzfähigkeit geprüft. Die Gestaltungsprinzipien bauen systematisch aufeinander auf und ermöglichen dem Anwender Effizienzsteigerungsmaßnahmen abzuleiten. Durch die systematische Betrachtung der Gestaltungsprinzipien werden zuerst die einzelnen Produktionsprozesse mit den ersten vier Gestaltungsprinzipien in Frage gestellt. Anschließend werden die letzten vier Gestaltungsprinzipien genutzt, um die Verknüpfung der Produktionsprozesse über den kompletten Wertstrom hinweg zu prüfen. Mit Hilfe eines solchen methodischen Vorgehens erhält ein produzierendes Unternehmen eine Gesamtlösung und unterscheidet sich von einer rein punktuellen Betrachtung der einzelnen Energieverbraucher. Die Phase des Energiewertstromdesigns endet mit der Definition von Effizienzsteigerungsmaßnahmen.

3. Energiemanagement

Wie erwähnt, beschäftigt sich die dritte Phase zum einen mit der Umsetzung der effizienzsteigernden Maßnahmen, zum anderen mit der Verankerung der Energieeffizienz-Strategie. Um dies zu erreichen, sieht das Fraunhofer-IPA die Einführung eines Energiemanagementsystems gemäß DIN EN 16001 vor. Damit wird die nachhaltige Bemühung, Energieverschwendung kontinuierlich zu vermeiden, in die Unternehmenskultur aufgenommen. Die DIN EN 16001 wurde jedoch im Jahr 2012 zurückgezogen und durch die ISO 50001 ersetzt.

5.4.5 Energiemanagementsystem nach ISO 50001

Die ISO 50001 ist keine konventionelle Prozessoptimierungsmethode, sondern eine klassische Managementsystemnorm zur kontinuierlichen Erhöhung der Energieeffizienz in Unternehmen und Organisationen. Ziel des systematischen Energiemanagements ist es, die Treibhausgasemissionen und weitere Umweltauswirkungen sowie die Energiekosten langfristig zu reduzieren. Innerhalb der Norm werden Anforderungen an ein Energiemanagementsystem (EnMS) definiert. Anhand derer kann ein Unternehmen „eine Energiepolitik entwickeln und einführen, und strategische und operative Energieziele sowie Aktionspläne, welche gesetzliche Anforderungen und Informationen bezüglich des wesentlichen Energieeinsatzes berücksichtigen", festlegen.

Des Weiteren basiert die ISO 50001 auf dem als PDCA-Zyklus (engl. Plan-Do-Check-Act) bekannten kontinuierlichen Verbesserungsprozess. Die ISO 50001 verfolgt einen methodischen Ansatz zur Prozessoptimierung, der auf diesem Phasen-Modell aufbaut (Bild 5.6).

1. Plan

In der ersten Phase wird zum einen die Energiepolitik festgelegt, zum anderen die Energieplanung durchgeführt. Die Energiepolitik ist eine schriftliche Erklärung der Geschäftsleitung, womit die Ziele des Energiemanagements zum Ausdruck gebracht werden. In der Regel beinhaltet dieses Dokument energiebezogene Leitlinien, Handlungsgrundsätze und langjährige Unternehmensziele. Dabei liegt die gesamte Verantwortung für das einzuführende EnMS beim Top-Management. Ebenfalls bestimmt das Top-Management im Rahmen der Energiepolitik einen Energie-Beauftragten bzw. ein Energieteam, welches die Umsetzung und die Kontinuität des Systems verantwortet. Das Energieteam stellt das Bindeglied zwischen dem Top-Management und den operativen Mitarbeitern dar und kommuniziert die Energiepolitik im ganzen Unternehmen.

Mittels der Energieplanung wird die Brücke zwischen der Energiepolitik und der konkreten Umsetzung von Energiepotenzialen geschlagen. Aus diesem Grund wird die Energieplanung im Sinne des kontinuierlichen Verbesserungsprozesses immer wieder aufs Neue geprüft und aktualisiert. Innerhalb der Energieplanung erfolgt die energetische Bewertung der aktuellen Energiesituation des Unternehmens. Dabei stehen die eingesetzten Energieträger, die einzelnen Energieverbräuche und die entstehenden Energiekosten im Mittelpunkt der energetischen Bewertung.

Als erstes ist für das ganze Unternehmen zu ermitteln, wie viel Energie eingesetzt, wofür die Energie verwendet wird und welche Energieträger bezogen werden. In der Sprache der Norm werden die Begriffe Energieverbrauch, Energieeinsatz und Energieträger dafür verwendet. Die ISO 50001 fordert für die Ermittlung der Energieverbräuche auch die Betrachtung von Vergangenheitswerten. Grundlage für diese Erhebung können Messungen, Rechnungen vom Energieversorger sowie Abschätzungen auf Basis bereits berechneter Werte sein.

Darauf folgend werden als zweites diejenigen Bereiche mit einem wesentlichen Energieeinsatz und die dazugehörigen Energieverbräuchen ermittelt. Dabei gilt es, alle Standorte, Anlagen, Einrichtungen, Systeme und Prozesse sowie Personen zu erkennen, welche einen erheblichen Einfluss auf den Gesamtenergieverbrauch des Unternehmens haben. Infolgedessen wird nach der Norm eine energetische Ausgangsbasis festgelegt. Diese ist ein qualitativer Referenzpunkt und dient als Basis für einen Vergleich der energiebezogenen Leistung. Der qualitative Referenzpunkt bezieht sich auf einen festgelegten und angemessenen Zeitraum. In der Praxis liegt dieser oftmals bei einem Jahr. Zusätzlich werden zur Festlegung des qualitativen Referenzpunkts Energieleistungskennzahlen verwendet. Allerdings existieren in der Norm keine Vorgaben, welche Kennzahlen im Einzelnen heranzuziehen sind. Dadurch können Unternehmen nach eigenem Ermessen Kenngrößen definieren. Trotzdem besteht dabei das Ziel, einerseits ein schlüssiges Gesamtbild der energetischen Situation zu erhalten, andererseits eine energiebezogene Leistungsveränderung quantitativ darstellen zu können. Abschließend ist abzuschätzen, wie sich der Energieverbrauch zukünftig entwickeln wird.

Als letztes werden Verbesserungsmöglichkeiten in Form von Aktionen bzw. Maßnahmen identifiziert und anschließend priorisiert. Die einzelnen Maßnahmen werden in einem Aktionsplan festgehalten, um die gesetzten Energieziele zu erreichen und damit letztlich die Energiepolitik umzusetzen. Für jede Maßnahme werden sowohl Verantwortlichkeiten, als auch Umsetzungsfristen definiert. Ein weiterer, wichtiger Bestandteil innerhalb eines Aktionsplans ist die Angabe einer Möglichkeit, mit der eine Maßnahme zur energiebezogenen Leistungsverbesserung geprüft werden kann. Dazu nutzen Unternehmen i. d. R. zum einen Investitionsrechnungsmethoden, zum anderen die unternehmspezifischen Kennzahlen der energetischen Ausgangsbasis.

2. Do

Die erarbeiteten Maßnahmen werden nun in der zweiten Phase umgesetzt. Dabei werden alle nötigen Ressourcen zur Verfügung gestellt, da nur bei ausreichenden finanziellen und technischen Mitteln, die festgesetzten Energieziele erreicht werden können. Des Weiteren sollte der Energiemanager die Erfolge der Maßnahmen systematisch festhalten, um den Bezug zur Energiezielerreichung der Energiepolitik zu erhalten. Um das Energiebewusstsein der Mitarbeiter weiter fördern zu können, sollten sowohl konkrete Weiterbildungen, als auch Schulungsprogramme angeboten werden. Mit dieser Phase beginnt die kontinuierliche Inbetriebnahme des Energiemanagementsystems.

3. Check

Um den Ansatz der kontinuierlichen Verbesserung zu bewahren, den die ISO 50001 verfolgt, ist die dritte Phase zwingend erforderlich. Die dritte Phase ermöglicht die regelmäßige Überprüfung, ob die gesamten strategischen und operativen Ziele erreicht worden sind und das EnMS Anwendung im Unternehmensalltag findet. Innerhalb der regelmäßigen Überprüfung wird in vier Handlungsfelder unterschieden. Zu den quantitativen Handlungsfeldern zählen die Überwachung, Messung und Analyse, die Bewertung der Einhaltung rechtlicher Vorschriften und die interne Auditierung sowie die Nichtkonformitäten und Verbeugungsmaßnahmen. Hinzu kommt das vierte und letzte Handlungsfeld, die Lenkung von Aufzeichnungen aller Dokumente.

4. Act

Auf Grundlage der letzten Phase erfolgt in der vierten Phase eine besondere Form der Überprüfung durch das Top-Management (engl. Management-Review). In festgelegten Zeitintervallen muss das Top-Management das EnMS des Unternehmens prüfen, damit die Eignung und Wirksamkeit sichergestellt ist. In jedem Management-Review sind mindestens die Energiepolitik und die energiebezogenen Leistungskennzahlen zu kontrollieren bzw. auf ihre Erfüllung hin zu überprüfen und zu bewerten. Auch Gegenstand der Bewertung sind die vier Handlungsfelder aus der letzten Phase. Falls innerhalb der Bewertung Abweichungen ersichtlich werden, sind entsprechende Korrektur- und Verbesserungsmaßnahmen einzuleiten. Mit dem Ende der letzten Phase startet die kontinuierliche Verbesserung des methodischen Ansatzes, des PDCA-Zyklus, erneut.

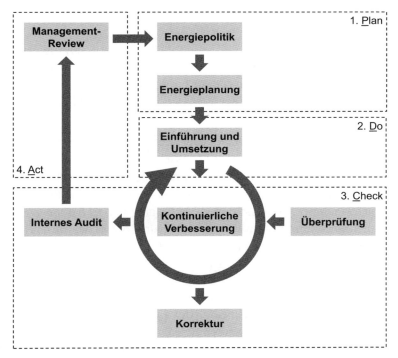

Bild 5.6 Vorgehensweise der ISO 50001 nach dem PDCA-Zyklus (Quelle: in Anlehnung an ISO 50001 2011 S. 6)

■ 5.5 Wirtschaftlichkeitsbewertung von Prozessoptimierungsmaßnahmen

Bei der Verwendung von Prozessoptimierungsmethoden werden grundsätzlich Maßnahmen zur Prozessverbesserung definiert. Eine Vielzahl solcher Prozessoptimierungsmaßnahmen ziehen Investitionen nach sich und sollten deshalb vor ihrer Umsetzung auf ihre Wirtschaftlichkeit hin geprüft werden. Aufgrund dessen, dass die meisten Methoden zur Prozessverbesserung eine Wirtschaftlichkeitsbewertung der Maßnahmen außer Acht lassen, wird in diesem Kapitel auf die Grundlagen der Investitionsrechnung eingegangen.

5.5.1 Investitionsgrundlagen

Von einer Investition wird gesprochen, wenn die heutige Auszahlung von Geld die Intention verfolgt, einen höheren Einzahlungsrückfluss in der Zukunft zu bewirken. Daher ist eine Investition durch einen Zahlungsstrom gekennzeichnet, der mit einer anfänglichen Auszahlung beginnt, aber zu späteren Zahlungszeitpunkten Einzahlungen erwarten lässt.

Die Literatur und Praxis unterscheidet drei Investitionsarten: Sach-, Finanz- und immaterielle Investitionen. Es werden hier ausschließlich Sachinvestitionen betrachtet, wie z. B. der Erwerb einer neuen Maschine. Solche Sachinvestitionen resultieren aus den Maßnahmen der Prozessoptimierungsmethode zur Reduzierung der Prozessverschwendung. Da Investitionen häufig langfristige Zahlungsströme, teilweise von mehreren Jahren aufweisen, besteht ein finanzielles Investitionsrisiko. Zusätzlich ist zu beachten, dass eine Prozessoptimierungsmaßnahme durch mehrere Investitionsalternativen realisiert werden kann. Daher muss entschieden werden, welche der Alternativen zur Maßnahmenumsetzung durchzuführen ist. Aus diesen Gründen spielt die Wirtschaftlichkeitsbewertung von geplanten Maßnahmen eine bedeutende Rolle. Mit Hilfe der Investitionsrechnung und deren Methoden ergeben sich Werkzeuge zur Bewertung von Investitionsvorhaben. Daher stellt die Investitionsrechnung die Grundlage für Investitionsentscheidungen dar und verfolgt das Ziel, den Investitionserfolg zu prognostizieren. Dabei können zum einen Einzelinvestitionen, zum anderen Investitionsprogramme durch die Methoden der Investitionsrechnung bewertet werden.

In der Unternehmenspraxis wird die Investitionsrechnung in zwei verschiedene Verfahren unterteilt. Dazu zählt zum einen die statische, zum anderen die dynamische Investitionsrechnung. Beide Verfahren werden als eindimensionale Investitionsrechnung bezeichnet. Bei der eindimensionalen Investitionsrechnung werden ausschließlich monetäre Zielgrößen verwendet. Zu den typischen statischen Verfahren zählen die Kosten-, Gewinn- und Rentabilitätsvergleichsrechnung sowie die Amortisationsrechnung. Die wohl bekanntesten dynamischen Verfahren sind die Kapitalwert- und Annuitätenmethode sowie die Methode des internen Zinsfußes. Bis heute erfreuen sich die statischen Verfahren in vielen Unternehmen einer großen Beliebtheit und Anwendung. Dennoch weisen die Methoden der statischen Verfahren mehrere gemeinsame Nachteile auf. Dies liegt daran, dass die Verfahren sowohl von einer fiktiven Jahresabrechnungsperiode, als auch von periodisierten Erfolgsgrößen wie Erlöse und Kosten ausgehen. Des Weiteren besteht eine Planungsunsicherheit in der genauen Abbildung des realen Investitionsobjekts, da die Verzinsung in Form des Kalkulationszinssatzes nicht berücksichtig wird. In vielen mittleren Unternehmen, wie z. B. beim Automobilzulieferer Carcoustics, werden von der Geschäftsführung Amortisationszeiten von unter einem Jahr vorgegeben. Aus diesem Grund sind die beschriebenen Nachteile der statischen Investitionsrechnung als gering einzuschätzen. Daher wird die statische Investitionsrechnung im kommenden Abschnitt beschrieben.

5.5.2 Statische Investitionsrechnung

Die statischen Investitionsrechnungsverfahren lassen sich anhand der bemessenen Zielgrößen unterscheiden. Bei einer Zielgröße handelt es sich um eine periodenbezogene Erfolgsgröße, wie z. B. Kosten, Gewinn, Rentabilität oder Amortisation. Demzufolge sind die Verfahren auch nach der bemessenen Erfolgsgröße benannt. Bei allen Verfahren, außer bei der Amortisationsrechnung, wird ausschließlich ein Zeitabschnitt in Bezug auf die Erfolgsgröße betrachtet. Der Zeitabschnitt kann bspw. einen Betrachtungszeitraum von einem Quartal oder einem vollständigen Geschäftsjahr darstellen. In Tabelle 5.1 ist der Unterschied hinsichtlich der Zielgröße und der Anzahl der Planungsperioden noch einmal veranschaulicht.

Tabelle 5.1 Unterschiedliche Charakteristika der statischen Investitionsverfahren (Quelle: in Anlehnung an Wöhe/Döring 2010 S. 531)

Statische Investitions-rechnungsverfahren	Kosten-vergleichs-rechnung	Gewinn-vergleichs-rechnung	Rentabilitäts-vergleichs-rechnung	Amortisations-rechnung
Erfolgsgröße	Kosten	Kosten vs. Erlöse	Kosten vs. Erlöse	Aus- vs. Einzahlungen
Anzahl der Planungs-periode	eine	eine	eine	maximal n

Von den vier gegenübergestellten statischen Verfahren wird im kommenden Abschnitt nur die Amortisationsrechnung betrachtet. Dieses Verfahren kann nicht nur eine repräsentative Einzelperiode, sondern mehrere Planungsperioden, maximal n betrachten. Außerdem werden Aus- und Einzahlungen als Erfolgsgrößen verwendet. Die anderen Verfahren hingegen nutzen Kosten und Erlöse. Dies ist eine weitere Schwachstelle, da Kosten existieren können, die zu keiner Auszahlung führen (z. B. Abschreibungen). Zusätzlich gibt es auch Erlöse, die nicht zwingend einzahlungsgleich sind. Ein bekanntes Beispiel ist der Verkauf auf Ziel, d. h. es bestehen Forderungen aus Lieferungen und Leistungen. Grundsätzlich empfiehlt die Literatur das Rechnen mit Ein- und Auszahlungen, da dies zu einer zielkonformen Investitionsentscheidung führt. Auch das Controlling des mittelständischen Automobilzulieferers Carcoustics empfiehlt die statische Amortisationsrechnung, um die Prüfung der vorgegebenen Amortisationszeit zu erleichtern.

Statische Amortisationsrechnung

Das statische Verfahren ist auch unter dem Namen Payback-Periode bekannt. Bei der statischen Amortisationsrechnung ist die Erfolgsgröße die Amortisation- bzw. Kapitalrückflusszeit eines Investitionsobjekts. Ein Investitionsobjekt scheint umso vorteilhafter zu sein, je kürzer die Kapitalrückflusszeit ist. Sollten daher mehrere Investitionsalternativen im Kalkül berücksichtigt werden, so ist die Alternative mit der kürzesten Amortisationszeit zu wählen.

Zur Berechnung der Amortisationszeit werden in der Literatur generell zwei Varianten verwendet. Dies ist zum einen die Durchschnittsmethode, zum anderen die kumulative Methode. Die erste Methode ist nur bei konstanten Jahresüberschüssen anwendbar, wohingegen sich die kumulative Methode bei unterschiedlichen Einzahlungsüberschüssen innerhalb der Planungsperioden als vorteilhaft erweist. Beide Varianten können sowohl grafisch, als auch mit Hilfe einer Formel bestimmt werden. Die Durchschnittsrechnung wird grafisch dargestellt und die Formel für die kumulative Methode rechnerisch. Diese findet einerseits bei nicht konstanten, andererseits bei konstanten Jahresüberschüssen Anwendung.

Die grafische Bestimmung der Amortisationszeit ist grundsätzlich sehr einfach bei konstant bleibenden Jahresüberschüssen bzw. der Variante der Durchschnittsmethode. Diese ist dadurch gekennzeichnet, dass nach dem Investitionszeitpunkt t_0 mit einer Anschaffungsauszahlung A_0 nur noch gleichbleibende Einzahlungen En anfallen. Dabei kommt es zu kontinuierlichen Einzahlungsüberschüssen über die Planungsperioden und somit zu einem repräsentativen Periodendurchschnittswert. Ein derartiges Szenario ist in Bild 5.7 dargestellt.

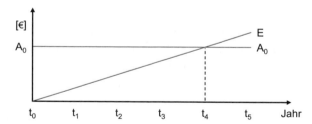

Bild 5.7 Grafische Ermittlung der Amortisationszeit (Quelle: in Anlehnung an Wöhe/Döring 2010 S. 534)

Bei diesem Beispiel liegt der jährliche Einzahlungsüberschuss bei 25 000 € und die einmalige Anschaffungsauszahlung A_0 im Investitionszeitpunkt t_0 bei 100 000 €. Die Amortisationszeit liegt hier bei genau vier Jahren. Ab dem vierten Jahr ist der Schwellenwert überschritten und das Investitionsobjekt betritt die ersehnte Gewinnzone.

Da es in der Unternehmenspraxis zu solchen trivialen Investitionen i.d.R. nicht kommt, wird anschließend die kumulative Methode mit Hilfe der passenden Formel erklärt. Die Amortisationszeit wird nach dieser Methode in zwei Schritten berechnet. Bei der ersten Berechnung werden die Einzahlungsüberschüsse der Jahre so lange aufaddiert, bis das Jahr erreicht wird, in dem der kumulierte Einzahlungsüberschuss den Anschaffungswert übersteigt. Ab dann ist bekannt, in welchem Jahr der kumulierte Einzahlungsüberschuss die Anschaffungsauszahlung überschreitet, d.h. die Amortisation stattfindet. Im zweiten Schritt folgt die lineare Interpolation, welche durch die Formel 5.2 dargestellt ist. Diese dient ausschließlich dazu, die Kommastelle, also den genauen Zeitpunkt innerhalb des Jahres, zu ermitteln. Das errechnete Ergebnis liegt immer zwischen null und eins. Abschließend wird das Ergebnis nur noch auf das bekannte Jahr addiert, bei dem die kumulierten Einzahlungsüberschüsse das letzte Mal unterhalb den Anschaffungskosten lagen. Dieser errechnete Wert in Jahren entspricht der kumulativen Amortisationszeit.

Formel 5.2 Interpolation zur kumulativen Amortisationszeitbestimmung (Quelle: in Anlehnung an Gasper/Obermeier 2008 S. 36)

$$\text{lineare Interpolation} = \frac{(AW - E\ddot{U}1)}{(E\ddot{U}2 - E\ddot{U}1)}$$

AW   = Anschaffungswert [€]
EÜ1 = kumulierter Einzahlungsüberschuss des Jahres vor Überschreitung der Anschaffungskosten [€]
EÜ2 = kumulierter Einzahlungsüberschuss des Jahres der Überschreitung der Anschaffungskosten [€]

Abschließend ist für die kumulative Methode zur Amortisationszeitbestimmung festzustellen, dass eine Abzinsung der Einzahlungsüberschüsse nicht betrachtet wird. Dies ist jedoch für die anderen mehrperiodigen Modelle der dynamischen Investitionsrechnung charakteristisch, da spätere Zahlungsüberschüsse einen geringeren Wert als früher aufweisen.

■ 5.6 Bewertung der Prozessoptimierungsmethoden

In diesem Kapitel werden die vorgestellten Prozessoptimierungsmethoden bewertet. Die Bewertung erfolgt auf Basis einer Nutzwertanalyse und dient dem Ziel, herauszufinden, welche der praxiserprobten Prozessoptimierungsmethoden die Eliminierung aller Prozessverschwendungsarten in der Produktion gewährleisten.

Um jedoch eine Nutzwertanalyse durchführen zu können, müssen anwendungsspezifische Anforderungen definiert werden. Diese dienen innerhalb der Nutzwertanalyse als Bewertungskriterien anhand derer die Prozessoptimierungsmethoden auf ihre Eignung geprüft werden. Die Schlüsselfrage für diesen Abschnitt lautet:

 Schlüsselfrage

Mit welcher der Prozessoptimierungsmethoden kann die Eliminierung der Verschwendungsarten, inkl. der Energieverschwendung, in einer Produktion gewährleistet werden?

5.6.1 Anforderungen an die Prozessoptimierungsmethoden

1. Konzentration auf Energieverschwendung

Im Vorfeld wurde bereits verdeutlicht, dass die Energieverschwendung in produzierenden Unternehmen ein erhebliches Einsparpotenzial ermöglicht und die Wettbewerbsfähigkeit bei Reduzierung der Energieverschwendung steigt. Des Weiteren wurde eine Verknüpfung der traditionellen sieben Verschwendungsarten mit der Energieverschwendung gefordert. Infolgedessen muss eine Prozessoptimierungsmethode Ansätze bieten, um die Energieverschwendung zu reduzieren.

2. Konzentration auf Prozessverschwendungen

Innerhalb der Methodenentwicklung wird die Lean Philosophie mit ihren sieben Verschwendungsarten als fundamentaler Optimierungsansatz angesehen. Aus diesem Grund ist eine der bedeutsamsten Anforderungen der Bezug bzw. die kontinuierliche Konzentration auf die Verschwendungsarten und deren ständige Eliminierung. Daher darf eine geeignete Prozessoptimierungsmethode niemals den Bezug zu den Verschwendungsarten verlieren.

3. Ganzheitliche Prozessabbildung

Um keine punktuelle, sondern eine ganzheitliche Prozessoptimierung bestehender Produktionsprozesse durchführen zu können, besteht die Anforderung an eine ganzheitliche Prozessabbildung. Diese soll nicht nur die Produktionsprozesse abbilden und bewerten, sondern auch die notwendigen Unterstützungsprozesse und Managementprozesse, die zur Leistungserstellung unerlässlich sind.

4. Definierte Vorgehensweise

Um dem Anwender der Prozessoptimierungsmethode den Start möglichst einfach zu gestalten und zugleich bei der Umsetzung eine hohe Effektivität und Effizienz zu gewährleisten, sollte eine Prozessoptimierungsmethode eine definierte Vorgehensweise vorgeben. Damit ist der Ablauf standardisiert und garantiert eine systematische Abhandlung der einzelnen Phasen und Schritte, an die sich der Anwender während der gesamten Durchführung strikt halten kann. Zusätzlich wird das Risiko vermieden, von der planmäßigen Vorgehensweise abzuweichen.

5. Einfache Handhabung

Außerdem besteht die Anforderung einer einfachen Handhabung bei der Anwendung. Die Prozessoptimierungsmethode sollte sich durch eine klare und einfache Struktur auszeichnen, damit diese von vielen Mitarbeitern im Arbeitsalltag angewendet und verstanden wird. Daher sollte das benötige Wissen zur Anwendung der Prozessoptimierungsmethode keine langjährigen Schulungen und hoch mathematische Berechnungen voraussetzen. Allgemein ist eine unkomplizierte und praxistaugliche Nutzung gefordert.

6. Allgemein gültige Einsatzfähigkeit

Eine weitere Anforderung an die Prozessoptimierungsmethode zur Reduzierung von Prozessverschwendung in der Produktion ist die Übertragbarkeit bzw. allgemein gültige Einsatzfähigkeit der Methode. Deshalb muss die Methode generische Charakterzüge aufweisen und in Bezug auf die Branche und Komplexität frei gestaltbar sein.

7. Ausgeprägtes Verhältnis von Aufwand zu Nutzen

Insbesondere verlangt der Industriestandort Deutschland eine passende Prozessoptimierungsmethode, die ein ausgeprägtes Verhältnis von Aufwand und Nutzen aufweist. Dies liegt daran, dass der Standort Deutschland sowohl durch hohe Kundenerwartungen, als auch durch einen starken Kosten- und Wettbewerbsdruck geprägt ist. Aus diesem Grund muss abschließend die Prozessoptimierungsmethode unter Berücksichtigung des Faktors „Zeit und Kosten" im Gleichgewicht mit dem dadurch erreichbaren Nutzen stehen.

Nachfolgend sind alle beschriebenen Anforderungen in Bild 5.8 dargestellt, wobei die Anforderungen sechs und sieben die Fundamente des dargestellten Hauses bilden. Diese geben die vorliegenden Rahmenbedingungen an eine praxistaugliche Prozessoptimierungsmethode wider. Die dritte, vierte und fünfte Anforderung bilden den Mittelbau und sind grundlegende Anforderungen, welche jede Methode zur Prozessverbesserung aufweisen sollte. Abschließend bilden die ersten zwei Anforderungen das Hauptziel an eine Prozessoptimierungsmethode zur Reduktion von Verschwendung ab. Sie symbolisieren deshalb das Dach des Hauses.

Bild 5.8 Anforderung an eine Prozessoptimierungsmethode zur Reduzierung von Prozessverschwendungen in der Produktion

5.6.2 Gegenüberstellung der Prozessoptimierungsmethoden

Grundsätzlich ist festzustellen, dass fast alle Methoden auf dem Grundgedanken
der ständigen Prozessverbesserung und damit auf der verbundenen Kreislaufsys-
tematik aufbauen. Alle Methoden besitzen auch eine standardisierte Vorgehensweise mit unterschiedlichen Phasen, Schritten und Werkzeugen. Die Energiewertstrommethode ist die einzige von den vorgestellten Prozessoptimierungsmethoden,
die den KVP nicht in ihrer Vorgehensweise darstellt. Trotzdem zielen alle Prozessoptimierungsmethoden darauf ab, bestehende Prozesse kontinuierlich zu verbessern und deren Leistung zu steigern. Der Schwerpunkt liegt dabei auf der Ermittlung und Eliminierung von Verschwendungen, Fehlern, Problemen, Störungen
und deren Ursachen im Prozess oder am Produkt. In Tabelle 5.2 werden die jeweiligen Methoden zusammengefasst und deren Eigenschaften aufgeführt. Ebenfalls
ist zu erkennen, dass alle Prozessoptimierungsmethoden die Teamarbeit und mithilfe der betroffenen Mitarbeiter erfordern.

Die größten Unterschiede existieren in den Verbesserungszielen, den Anwendungsfeldern und den Mitarbeiterqualifikationen. Diese Erkenntnisse werden durch die
Gegenüberstellung der Methoden in der genannten Tabelle ersichtlich. Zur Gegenüberstellung wurden insgesamt fünf Eigenschaften definiert.

Six Sigma kann z. B. auf allen Prozessebenen angewendet werden, der Fokus liegt
aber verstärkt auf Produktionsprozessen mit erhöhter Komplexität. Die Energiewertstrommethode konzentriert sich hingegen nur auf die Produktionsprozesse,
wohingegen die Wertstrommethode auch die Produktionsablaufprozesse bzw. die

sogenannten Geschäftsprozesse betrachtet. Bei der ISO 50001 wird stärker die Unternehmensperipherie betrachtet, aber auch der Produktionsprozess.

Wie bereits erwähnt, gilt, dass alle Prozessverbesserungen immer im Team durchzuführen sind. Alle Methoden, außer Six Sigma, setzen dabei eine geringe bis mittlere Mitarbeiterqualifikation voraus. Zumeist können geschulte Mitarbeiter aus dem eigenen Unternehmen die Prozessverbesserungen durchführen. Da Six Sigma auf der Basis von komplexen, statischen Methoden und Werkzeugen agiert, wird bei der Anwendung die Unterstützung von externen oder geschulten internen Experten gefordert. Aus diesem Grund ist der Umsetzungsaufwand innerhalb dieser Methode als hoch einzuschätzen. Einen ähnlich hohen Umsetzungsaufwand erfordert die Erfüllung der ISO 50001. Diese fordert ein Managementsystem, das jährlich zertifiziert werden muss und setzt zusätzlich ein großes Mitarbeiterteam voraus. Die Wertstrom- und Energiewertstrommethoden benötigen hingegen nur wenig Aufwand, da diese von einer Person umzusetzen sind. Dennoch werden andere Mitarbeiter zur Planung und Umsetzung von Maßnahmen hinzugezogen.

Die jeweils angestrebten Verbesserungsziele unterscheiden sich insofern, da die ISO 50001 Energieverbesserungsmaßnahmen anhand von Energieverbräuchen generiert und damit die Energiekosten reduziert. Bei der Wertstrommethode verfolgt man den Ansatz der Eliminierung von Prozessverschwendung, d. h. alle Aktivitäten, die keinen Beitrag zur Wertsteigerung beitragen, sind zu beseitigen. Dagegen konzentriert sich die Energiewertstrommethode ausschließlich auf die Eliminierung der Energieverschwendung. Die Six Sigma-Methode hat hingegen das Ziel, Prozessabweichungen und -streuungen zu reduzieren und einen stabilen Prozess zu erreichen. All diese und weitere Eigenschaften der Prozessoptimierungsmethoden sind in Tabelle 5.2 in Kurzform dargestellt.

Tabelle 5.2 Eigenschaften der untersuchten Prozessoptimierungsmethoden

Eigenschaften	Prozessoptimierungsmethoden			
	Six Sigma	Wertstrom-methode	Energiewert-strommethode	ISO 50001
Verbesserungsziel	Reduzierung der Prozess-abweichungen	Reduzierung der sieben Prozess-verschwendungs-arten	Reduzierung von Energiever-schwendung und des Energiever-brauchs	Reduzierung der Energiekosten und der Treibhausgas-emissionen
Anwendungsfeld	Produktions-, Management-sowie Unterstüt-zungsprozesse	Produktions-prozesse und Produktions-ablaufprozesse (Geschäfts-prozesse)	Produktions-prozesse	Unternehmens-peripherie und Produktions-prozesse

Tabelle 5.2 *Fortsetzung*

Eigenschaften	Prozessoptimierungsmethoden			
	Six Sigma	Wertstrom-methode	Energiewert-strommethode	ISO 50001
Vorgehensweise	Standardisiert:	Standardisiert:	Standardisiert:	Standardisiert:
	4 Phasen inkl. KVP-Ansatz und viele Werkzeuge	4 Phasen inkl. KVP-Ansatz und 6 Gestaltungs-prinzipien	3 Phasen ohne KVP-Ansatz und 8 Gestaltungs-prinzipien	4 Phasen inkl. KVP-Ansatz und viele Dokumente
Mitarbeiter-qualifikation	Hoch:	Mittel:	Gering:	Gering:
	Prozessverständ-nis und Experten-wissen aufgrund statistischer Methoden	Prozessverständ-nis und Lean-Kenntnisse	technisches Ver-ständnis und Lean-Grundkennt-nisse	technisches Verständnis
Umsetzungs-aufwand	Hoch:	Mittel:	Mittel:	Hoch:
	Externen oder internen Experten	Wertstrom-manager	Wertstrom-manager	Energiebeauftrag-ten, Energieteam, Top-Management

5.6.3 Bewertung der Prozessoptimierungsmethoden

Zur Bewertung der Prozessoptimierungsmethoden wird die Nutzwertanalyse herangezogen. Diese ist ein Bewertungsverfahren und untersucht eine Anzahl umfassender Handlungsalternativen mit dem Ziel, die Elemente der Handlungsalternativen entsprechend den bedeutenden Präferenzen des Entscheidungsträgers in einem multidimensionalen Zielsystem zu ordnen. Zur Durchführung der Nutzwertanalyse sind acht Schritte notwendig.

- Erkennen von Zielen bzw. von Bewertungskriterien
- Untersuchung der Bedeutung für den Gesamtwert
- Zusammenstellung der Eigenschaftsgrößen
- Beurteilung nach Wertvorstellung
- Bestimmen des Gesamtwerts
- Vergleich der Lösungsvarianten
- Abschätzen von Beurteilungsunsicherheiten
- Suchen nach Schwachstellen

Festlegen von Zielen bzw. Bewertungskriterien

Die Festlegung der Bewertungskriterien ist bereits durch die Beschreibung der Anforderungen an die Prozessoptimierungsmethoden in Kapitel 5.6.1 geschehen. Innerhalb dieses Kapitels sind sieben relevante Anforderungen an eine allgemein gültige Prozessoptimierungsmethode zur Reduzierung von Prozessverschwendungen in der Produktion definiert worden.

Beurteilung nach Wertvorstellung-Beurteilungsschema

Gemäß den obigen Ausführungen wird durch die Tabelle 5.3 die Bewertungsskala bzw. das Bepunktungssystem abgebildet, um die qualitativen und quantitativen Bewertungskriterien einheitlich messbar zu machen. Idealerweise wird für jedes Bewertungskriterium die Eigenschaftsgröße und die dazugehörige Einheit mit der Bewertungsskala verbunden. Die VDI 2225 nutzt zum Festlegen von Werten zu den Eigenschaftsgrößen i. d. R. das Unterteilschema. Dabei werden die subjektiven oder zahlenmäßigen Eigenschaftsgrößen aller Bewertungskriterien durch die Punktvergabe von 0 bis 4 stufenweise den Wertvorstellungen der Bewertungsskala zugeordnet.

Die festgelegten Bewertungskriterien sind ausschließlich qualitative Kriterien, die nur subjektive Eigenschaftsgrößen und keine zahlenmäßigen Einheiten besitzen. Aus diesem Grund wurde die Bewertungsskala vereinfacht, d. h. für jedes Bewertungskriterium gilt die gleiche Wertvorstellung der Bewertungsskala. Das Bepunktungssystem ist so aufgebaut, dass jedes Bewertungskriterium mit einer Punktzahl von null bis vier bewertet werden kann. Zusätzlich wurde die Einheit Prozent als einheitliche Eingangsgröße für alle Bewertungskriterien angenommen. Der Zielerfüllungsfaktor Null wird einem Bewertungskriterium zugeteilt, wenn die Anforderungen eines Kriteriums überhaupt nicht, also zu 0 % erfüllt werden. Sollte dagegen eine Prozessoptimierungsmethode die Anforderung eines Bewertungskriteriums vollständig erfüllen, können bis zu vier Punkte vergeben werden. Dieses entspricht einem prozentualen Bereich von ≥ 75 % bis ≤ 100 %. Trotz der vorhandenen Einheit sind Bewertungskriterien als qualitativ anzusehen und werden nicht durch Berechnungen festgelegt, sondern durch eine subjektive Einschätzung. Tabelle 5.3 beinhaltet das vollständige Bepunktungssystem.

Tabelle 5.3 Bepunktungssystem zur Beurteilung von Bewertungskriterien

Bepunktungssystem zur Beurteilung von Bewertungskriterien					
Zielerfüllungs-faktor	0	1	2	3	4
Erfüllung des Bewertungs-kriteriums in [%]	keine Erfüllung = 0 %	sehr geringe Erfüllung von $\geq 0,1$ % bis < 25 %	geringe Erfüllung von ≥ 25 % bis < 50 %	hohe Erfüllung von ≥ 50 % bis < 75 %	sehr hohe Erfüllung von ≥ 75 % bis < 100 %

Bestimmung der Gewichtungen definierter Bewertungskriterien

Nachdem die Bewertungskriterien definiert und das Bepunktungssystem zur Beurteilung der qualitativen Bewertungskriterien festgelegt wurde, gilt es, die Bedeutung der einzelnen Bewertungskriterien zu bestimmen. Dabei gilt es ferner, die Bewertungskriterien zu gewichten, um die unterschiedliche Entscheidungsrelevanz der Bewertungskriterien zu integrieren.

Tabelle 5.4 Bewertungskriterien mit entsprechender Gewichtung

Bewertungskriterien	Gewicht
1. Konzentration auf Energieverschwendung	0,25
2. Konzentration auf Prozessverschwendungen	0,20
3. Ganzheitliche Prozessabbildung	0,10
4. Einfache Handhabung	0,10
5. Definierte Vorgehensweise	0,05
6. Allgemein gültige Einsatzfähigkeit	0,15
7. Ausgeprägtes Verhältnis von Aufwand zu Nutzen	0,15

In Tabelle 5.4 sind die verschiedenen Gewichtungen aller Bewertungskriterien dargestellt, die nachfolgend beschrieben werden. Da die zu bewertenden Prozessoptimierungsmethoden in erster Linie Verschwendungen eliminieren sollen, sind die ersten beiden Kriterien mit der höchsten Gewichtung versehen. Aufgrund der Tatsache, dass die Energieverschwendung als die achte, neuartige Verschwendung anzusehen ist, erhält das erste Bewertungskriterium mit 0,25 die höchste Gewichtung. Da bei der Gegenüberstellung der Prozessoptimierungsmethoden erkannt wurde, dass alle Prozessoptimierungsmethoden eine standardisierte Vorgehensweise aufweisen, wird das fünfte Bewertungskriterium nur mit einer Gewichtung von 0,05 definiert. Die Kriterien „ganzheitliche Prozessabbildung" und „einfache Handhabung" sind ebenfalls sehr generelle Bewertungskriterien, welche nicht sofort das Ziel der Reduzierung von Prozessverschwendung beeinflussen. Sie sind dennoch für den Erfolg einer Methode ausschlaggebend, da einerseits Prozesse nicht punktuell verbessert werden sollen und andererseits Methoden einfach für die Mitarbeiter anwendbar sein müssen. Demzufolge erhalten diese zwei Kriterien eine Gewichtung von 0,1. Zusätzlich wird ein allgemein gültiger Lösungsansatz gefordert. Um dieses Ziel innerhalb des vierten Kapitels weiterverfolgen zu können, müssen die zu bewertenden Prozessoptimierungsmethoden Ansätze einer allgemein gültigen Einsatzfähigkeit bieten. Daher wird dieses Bewertungskriterium mit 0,15 gewichtet. Ebenfalls sollte ein ausgeprägtes Verhältnis zwischen Aufwand und Nutzen bei der Umsetzung einer Prozessverbesserung nicht vernachlässigt werden. Auch dieses Bewertungskriterium erhält eine Gewichtung von 0,15.

Berechnung der Teilnutzwerte für die Prozessoptimierungsmethode

Es findet die Berechnung aller Teilnutzwerte für jede Entscheidungsalternative statt. Durch die Multiplikation des Zielerfüllungsfaktors mit dem festgelegten Ge-

wicht eines Bewertungskriteriums werden für alle Lösungsalternativen die Teilnutzwerte errechnet. Alle Zielerfüllungsfaktoren wurden aus den Erkenntnissen
der Beschreibung und der Gegenüberstellung der vier vorgestellten Prozessoptimierungsmethoden abgeleitet. Die Bewertung der einzelnen Prozessoptimierungsmethoden hinsichtlich ihrer Zielerfüllung wird in dem vorliegenden Abschnitt
nicht weiter ausgeführt. Eine Analyse der Teilnutzwerte findet im Rahmen des
fünften Schrittes statt. Alle berechneten Teilnutzwerte sind in der Nutzwertanalyse dargestellt.

Berechnung der Gesamtnutzwerte für die Prozessoptimierungsmethode

Innerhalb dieses Schrittes werden die Gesamtnutzwerte für alle Prozessoptimierungsmethoden errechnet. Der Gesamtnutzwert einer Methode ergibt sich aus der
Summe ihrer Teilnutzwerte. Die berechneten Teilnutzwerte und die vier Gesamtnutzwerte sind in Tabelle 5.5 abgebildet.

Tabelle 5.5 Nutzwertanalyse der Prozessoptimierungsmethoden

Bewertungs-kriterien		Gewich-tung	Prozessoptimierungsmethoden							
			Six Sigma		Wertstrom-methode		Energie-wertstrom-methode		ISO 50001	
			Wert	Teil-nutz-werte	Wert	Teil-nutz-werte	Wert	Teil-nutz-werte	Wert	Teil-nutz-werte
1.	Konzentration auf Energiever-schwendung	0,25	1	0,25	0	0	4	1	3	0,75
2.	Konzentration auf Prozess-verschwen-dungen	0,20	2	0,4	4	0,8	1	0,2	0	0
3.	Ganzheitliche Prozessabbil-dung	0,10	4	0,4	4	0,4	3	0,3	1	0,1
4.	Einfache Hand-habung	0,10	1	0,1	3	0,3	3	0,3	1	0,1
5.	Definierte Vor-gehensweise	0,05	3	0,15	4	0,2	4	0,2	3	0,15
6.	Allgemein gültige Einsatz-fähigkeit	0,15	4	0,6	2	0,3	2	0,3	4	0,6
7.	Ausgeprägtes Verhältnis von Aufwand zu Nutzen	0,15	1	0,15	3	0,45	2	0,3	1	0,15
Gesamtnutzwerte				2,05		2,45		2,6		1,85

Entscheidung für die vorteilhafteste Prozessoptimierungsmethode

Im letzten Schritt erfolgt die Analyse der Prozessoptimierungsmethode, welche die Entscheidung bezüglich der vorteilhaftesten Prozessoptimierungsmethode beinhaltet. Zur Bewertung werden sowohl die berechneten Gesamtnutzwerte, als auch die errechneten Teilnutzwerte verwendet. Die Teilnutzwerte sind in Bild 5.9 mit Hilfe eines Netzdiagramms dargestellt, das einen besseren Vergleich der einzelnen Teil-Nutzergebnisse ermöglicht. Werden bspw. nur die Gesamtnutzwerte der Prozessoptimierungsmethoden betrachtet, ist die Energiewertstrommethode mit einem Gesamtnutzwert von 2,6 die vorteilhafteste Prozessoptimierungsmethode zur Reduzierung der Prozessverschwendungen in der Produktion. Dicht darauf folgt die Wertstrommethode mit einem Gesamtnutzwert von 2,45. Die Six Sigma-Methode liegt auf Platz drei und die nach ISO 50001 auf dem vierten Platz.

Vergleich der Lösungsvarianten, Bewertungsunsicherheiten, Schwachstellen

Um das Ergebnis zu stärken und weitere wertvolle Aussagen über einzelne Stärken und Schwächen der Prozessoptimierungsmethoden zu erhalten, werden die einzelnen Teilnutzwerte mittels Bild 5.9 analysiert. Die Energiewertstrommethode und die ISO 50001 sind die zwei Prozessoptimierungsmethoden, die sich stark auf die Energieverschwendung konzentrieren. Innerhalb der Energiewertstrommethode werden die Energieverschwendungen durch die Prüfung und Umsetzung von Gestaltungsprinzipien reduziert. Die ISO 50001 analysiert die größten Energieverbraucher und versucht sowohl technische, als auch organisatorische Maßnahmen zu erarbeiten, die zur Energiekostenreduktion führen sollen. Jedoch ist festzustellen, dass beide Ansätze die Konzentration der anderen sieben Verschwendungsarten nicht berücksichtigen.

Um die anderen Verschwendungsarten systematisch reduzieren zu können, bietet sich am besten die konventionelle Wertstrommethode an. Die Reduzierung von Verschwendungen wird hier ebenfalls, wie bei der Energiewertstrommethode, durch die Prüfung und Umsetzung von Gestaltungsprinzipien erreicht. Als Alternative bietet sich Six Sigma an, da eine Verschwendungsanalyse innerhalb der Analysephase möglich ist.

Nur bei dem Bewertungskriterium zur allgemein gültigen Einsatzfähigkeit weisen die Six Sigma-Methode und die ISO 50001 einen höheren Teilnutzwert als die anderen zwei Methoden auf. Dies ist darauf zurückzuführen, dass z. B. die ISO 50001 auch bei nicht produzierenden Unternehmen Anwendung findet. In einem solchen Fall wird versucht, die Energieverschwendung in der Unternehmensperipherie zu reduzieren. Das wohl bekannteste Beispiel ist die Installation von Bewegungsmeldern zur automatischen Licht-Ein- und Ausschaltung. Six Sigma deckt hingegen von allen Prozessoptimierungsmethoden den größten Anwendungsbereich ab. Diese Methode kann durch ihren großen Werkzeugkasten bei einfachen und komplexen Prozessverbesserungen eingesetzt werden. Die Stärken von Six Sigma liegen aber dennoch bei komplexen Anwendungen von Produktions-, Management- sowie Unterstützungsprozessen.

Das Bewertungskriterium hinsichtlich eines ausgeprägten Verhältnisses von Aufwand zu Nutzen ist bei Six Sigma und der ISO 50001 im Vergleich zu den anderen zwei Methoden schlecht. Das liegt daran, dass bei Six Sigma durch die statistisch geprägten Werkzeuge methodisches Expertenwissen vorausgesetzt wird und somit ein sehr hoher Aufwand besteht, sich dieses anzueignen. Die ISO 50001 ist keine konventionelle Prozessoptimierungsmethode, sondern eine Norm für ein Managementsystem. Daher ist der administrative Aufwand ebenfalls als sehr hoch einzuschätzen, da z. B. eine jährliche Auditierung stattfindet. Sowohl die Wertstrom-, als auch die Energiewertstrommethode können von einer Person durchgeführt werden. Infolge dessen ist das Verhältnis von Nutzen zu Aufwand wesentlich höher einzuschätzen als bei den anderen zwei Ansätzen.

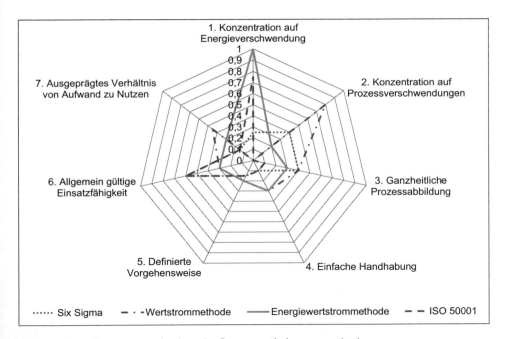

Bild 5.9 Netzdiagramm zur Analyse der Prozessoptimierungsmethoden

Abschließend ist festzustellen, dass die untersuchten Methoden allesamt etablierte Verfahren zur Prozessoptimierung sind und zahlreiche Referenzen erfolgreicher Umsetzungen aufweisen. Jede für sich hat ihre Stärken und Schwächen und somit ihre Berechtigung bei entsprechender Problemstellung. Dennoch sollte vor jedem Einsatz einer Prozessoptimierungsmethode klar sein, welche Ziele verfolgt werden und welcher Ansatz dafür geeignet scheint. Das Ziel besteht darin, ein Konzept zu entwickeln und zu verifizieren, um alle acht Prozessverschwendungen zu eliminieren. Um dieses Ziel zu erreichen, kann nicht nur eine der vorgestellten Prozessoptimierungsmethoden angewendet und neu konzeptioniert werden, denn keine Methode aus Bild 5.9 erfüllt die beiden ersten Bewertungskriterien. Zusätzlich besteht die Möglichkeit, die einzelnen Prozessoptimierungsmethoden, die in Bild 5.9 den Bewertungskriterien gegenübergestellt wurden, zu kombinieren, um somit alle Prozessverschwendungen zu eliminieren. Die vorteilhafteste Kombinationsmöglichkeit ist es, die Methoden zu nutzen, welche jeweils das erste und zweite Kriterium am besten erfüllen. In diesem Fall ergäbe sich die Kombination der Energiewertstrommethode mit der konventionellen Wertstrommethode. Des Weiteren bietet sich dieser Ansatz an, da diese Prozessoptimierungsmethoden auf viele gleiche Ansätze und Werkzeuge zurückgreifen.

Beantwortung der ersten Schlüsselfragen

Schlüsselfrage

Mit welcher der Prozessoptimierungsmethoden kann die Eliminierung der Verschwendungsarten, inkl. der Energieverschwendung, in einer Produktion gewährleistet werden?

Mit den definierten Bewertungskriterien an eine Prozessoptimierung zur Reduzierung der Prozessverschwendung in der Produktion besteht ein Werkzeug, mit dem Methoden zur Prozessoptimierung auf ihren Erfüllungsgrad geprüft werden können. Die Ergebnisse aus Kapitel 5.6.3 zeigen, dass keine der untersuchten Methoden eine Eliminierung aller Prozessverschwendungen gewährleistet. Aus dieser Erkenntnis lässt sich die erste Schlüsselfrage definitiv beantworten. Keine der beschriebenen Prozessoptimierungsmöglichkeiten ermöglicht in der bisher vorhandenen Vorgehensweise die Reduktion aller acht Verschwendungsarten. Mit der Energiewertstrommethode können zwar alle Verschwendungsarten dargestellt werden, jedoch wird die Eliminierung der sieben Prozessverschwendungen nicht systematisch in Angriff genommen.

Außerdem verdeutlicht Bild 5.9, dass es momentan in der Unternehmenspraxis keine Prozessoptimierungsmethode gibt, die insbesondere die ersten beiden Bewertungskriterien gemeinsam erfüllt. Hier besteht Handlungsbedarf in Theorie und Praxis. Ein sich ergebender Ansatz aus den Ergebnissen der Nutzwertanalyse ist die Notwendigkeit, einzelne Methoden zu kombinieren.

Es wäre auch die Kombinationsmöglichkeit von Six Sigma und der Energiewertstrommethode denkbar. Hierbei würde die Six Sigma-Methode die Eliminierung der sieben Verschwendungsarten übernehmen und die Energiewertstrommethode die Energieverschwendung. Da sich jedoch die konventionelle Wertstrommethode besser zur Verschwendungseliminierung eignet und zusätzlich ein besseres Verhältnis von Aufwand zu Nutzen aufweist, wird die erste Kombinationsmöglichkeit für die Konzeptentwicklung ausgewählt. Zusätzlich sind die ersten zwei Phasen der Wertstrommethode sehr ähnlich der ersten Phase der Energiewertstrommethode. Denn es werden zusätzlich nur weitere energiespezifische Daten, wie z. B. Strom, Erdgas und Druckluft, aufgenommen. Im Gegensatz zur ISO 50001 nutzt die Energiewertstrommethode Energieverbräuche nicht nur dazu, um lokale Bereiche zu verbessern, sondern um den gesamten Bereich des prozessbedingten Energieverbrauchs zu erfassen, zu bewerten und zu optimieren. Deshalb wird die ISO 50001 nicht als weitere potenzielle Prozessoptimierungsmethode berücksichtigt.

■ 5.7 Vertiefung der Energiewertstrommethoden

In den folgenden Kapiteln werden die Methode nach Erlach und weitere Energiewertstrommethoden betrachtet. Die anschließende Bewertung erfolgt auf Basis einer Gegenüberstellung der Methoden und dient dem Ziel, herauszufinden, welche unterschiedlichen Stärken und Schwächen in den Ansätzen existieren. Die Schlüsselfrage für dieses Kapitel lautet:

Schlüsselfrage

Welche konkreten Schwächen und Stärken existieren in der Energiewertstrommethode und in den Weiterentwicklungsansätzen, die als Potenziale für die Konzeptentwicklung angesehen werden können?

5.7.1 Energiewertstrommethode nach Erlach

Nach Erlach bietet die Energiewertstrommethode dem Anwender eine klare Vorgehensweise zur ganzheitlichen Aufnahme, Bewertung und Verbesserung des Energieverbrauchs in der Produktion.

5.7.1.1 Energiewertstromanalyse

Innerhalb dieser Phase wird der Energieverbrauch im Unternehmen erfasst und die Bewertung des Energieverbrauchs vorgenommen. Viele Bestandteile dieser Phase basieren auf Kenntnissen der konventionellen Wertstrommethode, weshalb auf diese Phase nur kurz eingegangen wird.

1. Energieverbrauch aufnehmen

Vor der Aufnahme aller Produktionsprozesse und den dazugehörigen Energieverbräuchen beginnt zunächst die Unterteilung des Produktspektrums nach produktionsrelevanten Ähnlichkeitskriterien. Das Ergebnis der Unterteilung ist die Bestimmung einer Produktfamilie, für die eine eigene Energiewertstromdarstellung
aufzunehmen ist. Es gilt eine variantenarme Produktfamilie mit hohen Stückzahlen und großem Umsatz zu untersuchen. Entsprechend zur konventionellen Wertstrommethode soll zukünftig für jede Produktfamilie ein Wertstrom existieren.

Kundenbedarf ermitteln

Anschließend ist für die ausgewählte Produktfamilie noch der Kundenbedarf zu ermitteln, da alle aufzunehmenden Energieverbräuche in Relation zum Bedarf gesetzt
werden. Der Kundenbedarf ist in einem Datenkasten für den Kunden einzutragen,
der durch ein Haus symbolisiert wird. Zusätzlich wird der zu errechnende Kundentakt in den Datenkasten getragen. Die Formel zur Berechnung wurde bereits im Kapitel 5.4.3 dargestellt. Innerhalb der Energiewertstrommethode erfolgt die Beurteilung der Energieverbräuche anhand des Kundentakts. Deshalb ist dieser unerlässlich.

Bild 5.10
Datenkasten für den Kunden (Quelle: in Anlehnung
an Erlach/Westkämper 2009 S. 24)

Nachdem die Produktfamilie und der Kundenbedarf ermittelt sind, werden die einzelnen Produktionsprozesse der gesamten Produktion aufgenommen. Der Datenkasten eines jeden Prozessschritts ist durch ein Rechteck gekennzeichnet und
wird in Bild 5.11 visualisiert. Hier ist die Aufnahme der Bearbeitungs- und der Rüstzeit, der Losgröße und der Verfügbarkeit sowie der Gutausbeute vorgesehen. Des
Weiteren wird in Abhängigkeit von der Mitarbeiteranzahl und der Betriebsmit-
telanzahl die produkteigene Zykluszeit errechnet. Die errechnete Zykluszeit gibt
die Leistung eines Prozesses in Stück pro Zeiteinheit an.

Aufnahme der konventionellen Prozessdaten

Nach Aufnahme der konventionellen Prozessdaten in den rechteckigen Datenkasten werden die Energieverbräuche in Form der drei Energiearten Strom, Erdgas und Druckluft erfasst. Die elektrische Energie wird durch einen Blitz, der Gasverbrauch durch eine Flamme und die Druckluft durch ein Rohrventil symbolisiert. Abschließend wird der Energieverbrauch aller Energiearten eines Prozesses zusammengefasst und zur Berechnung der Energieintensität verwendet. Diese ist eine der beiden Kennzahlen zur Bewertung des Energieverbrauchs und wird im zweiten Schritt dieser Phase beschrieben. Die Methode sieht für alle Energiearten eine einheitliche Messgröße vor. Deshalb werden alle Energiearten in Kilowattstunden (kWh) angegeben. In der Regel werden für die Energiearten Erdgas und Druckluft entsprechende Energieäquivalente zur Umrechnung in kWh verwendet. Als Alternative für die eingesetzte Druckluft eines Prozesses kann auch der Stromverbrauch durch die eingesetzten Kompressoren gemessen werden. In Bild 5.11 ist ein exemplarischer Datenkasten für einen Produktionsprozess abgebildet.

Produktionsprozess	
● 1	☐ 1
Bearbeitungszeit (BZ):	…
Zykluszeit (ZZ):	…
Rüstzeit (RZ):	…
Losgröße (LG):	…
Verfügbarkeit (V):	…
Gutausbeute (↑):	…
Elektr. Energie (⚡):	…
Gas (ㅅ):	…
Druckluft (⊥):	…
Energieintensität (EI):	…

Bild 5.11
Datenkasten für einen Produktionsprozess (Quelle: in Anlehnung an Erlach/Westkämper 2009 S. 25 f.)

Energieverbrauchsmessung

Im vorliegenden Abschnitt werden die Möglichkeiten einer Energieverbrauchsmessung vorgestellt. Wie bereits erwähnt, können Energieverbräuche einerseits mit mobilen Messgeräten, andererseits mit fest installierten Messsystemen gemessen werden. Bei einer Messung mit einem mobilen Messgerät wird der Verbrauch unter aktuellen Einsatzbedingungen schnell und einfach erfasst. Dennoch wird darauf hingewiesen, dass die Ergebnisse nicht immer exakt sind. Ein fest installiertes Messsystem hingegen gewährleistet durch die Durchschnittsbildung von Verbrauchswerten exaktere Ergebnisse. Viele Unternehmen besitzen jedoch nur zentrale, stationäre

Messsysteme, d. h. es existiert lediglich ein Stromzähler für eine Produktionshalle. In einem solchen Fall müssten die Verbräuche der einzelnen Prozesse abgeschätzt werden, weshalb davon abzusehen ist und mobile Messgeräte zu bevorzugen sind. Die zur Ermittlung der Energieverbräuche einzusetzenden Messgeräte werden ausschließlich benannt, aber auf die Funktionsweisen wird nicht weiter eingegangen. Um eine elektrische Leistungsmessung durchführen zu können, wird ein Leistungsmesser, auch bekannt als Wattmeter, mit einer Strommesszange verwendet. Wird der Druckluftverbrauch nicht durch den Stromverbrauch eines Kompressors verrechnet, muss ein Messinstrument zur Durchflussmessung zum Einsatz kommen. Hierbei wird eine sogenannte Messsonde vorgeschlagen. Zur Messung von Erdgas wird ausschließlich ein stationärer Messzähler verwendet, da derzeit keine mobilen Messgeräte existieren. Prinzipiell sind die meisten Produktionsanlagen mit passenden Drehkolbenzählern ausgestattet. Anzumerken ist, dass die Instandhaltungsabteilung die kompletten Verbrauchsmessungen verantwortet und der Betriebsablauf zu keinem Zeitpunkt eingeschränkt sein darf.

2. Energieverbrauch bewerten

Nach der Aufnahme des Wertstroms kommt es im zweiten Schritt zur Bewertung der aufgenommenen Energieverbräuche. Bevor die Bewertung mit Hilfe von Kennzahlen stattfindet, sollen die bei der Wertstromerfassung identifizierten Sofortmaßnahmen umgesetzt werden. Diese führen umgehend zu Energie- und Kostenersparnissen, da die Sofortmaßnahmen durch schnelle Erfolge und geringe Aufwände charakterisiert sind. Das wohl bekannteste Beispiel ist die Eliminierung von Druckluftleckagen, da diese eine enorme Energieverschwendung darstellen. Zur Überprüfung von Druckluftsystemen bieten sich Ultra-Schall-Detektoren an. Zusätzlich wird vermerkt, dass größere Leckagen sogar ohne technische Hilfsmittel zu hören sind. Die Erkennung einer Energieverschwendung, welche eine Sofortmaßnahme auslöst, ist durch einen Kaizen-Blitz im Wertstrom darzustellen. Auch innerhalb der konventionellen Wertstrommethode werden die sieben Verschwendungsarten mit Hilfe von Kaizen-Blitzen eingezeichnet. Alle Sofortmaßnahmen, auch bekannt als „Quick Wins", fördern die Akzeptanz und die Bereitschaft zu Veränderungen seitens der Mitarbeiter.

Um den Energiewertstrom bewerten zu können, werden die Energieintensität (EI) und der Effizienzgrad (EG) als Kennzahlen verwendet. Die EI eines Produktionsprozesses bemisst den Energiebedarf zur Fertigung eines einzelnen Produktes. Diese errechnet sich durch die Multiplikation des Energieverbrauchs mit dem Kundentakt und mit der Anzahl parallel arbeitender Ressourcen (Formel 5.3).

Formel 5.3 Energieintensität (Quelle: in Anlehnung an Erlach/Westkämper 2009 S. 32)

Energieintensität (EI) = (P) x (KT) x (#Res)
EI   = Energieintensität [Wh / Stück] **P**   = Leistungsaufnahme [Wh] **KT**   = Kundentakt [Zeiteinheit / Stück] **#Res** = Anzahl Ressourcen

Nicht nur die konventionelle Wertstrommethode, sondern auch die Energiewertstrommethode besitzen eine Bewertungslinie unterhalb der Produktionsprozesse. Zu den Bestandsreichweiten und den Bearbeitungszeiten werden die einzelnen Energieintensitäten unterhalb der Linie und den jeweiligen Produktionsprozessn eingetragen. Wird anschließend die Summe aller Energieintensitäten der einzelnen Produktionsprozesse über den gesamten Energiewertstrom gebildet, ist der vollständige Energiebedarf zur Fertigung eines Produktes errechnet. Zuletzt wird der Energietreiber identifiziert und im Wertstrom kenntlich gemacht. Der Energietreiber ist der Produktionsprozess mit dem höchsten Energieverbrauch und sollte beim Energiewertstromdesign eingehend analysiert werden.

Der EG ist der Quotient aus einem Referenzwert und dem spezifischen Energiebedarf des aufgenommenen Produktionsprozesses. Damit stellt der EG ein Maß für die Güte eines Produktionsprozesses dar (Formel 5.4).

Formel 5.4 Effizienzgrad (Quelle: in Anlehnung an Erlach/Westkämper 2009 S. 33)

Effizienzgrad (EG) = $\dfrac{RW}{EB}$
EG   = Effizienzgrad [%] **RW**   = Referenzwert für den Eigenbedarf [Wh / Bezugsgröße z.B. kg] **EB**   = spezifischer Energiebedarf [Wh / Bezugsgröße z.B. kg]

Ein Referenzwert kann entweder durch einen spezifischen Energieverbrauch nach dem aktuellen Stand der Wissenschaft oder nach einem unternehmenseigenen Zielwert festgelegt werden. Den Zielwert bilden Unternehmen aus einem Vergleich mit dem eigenen, effizientesten Produktionsprozess. Des Weiteren muss noch der spezifische Energiebedarf errechnet werden, damit dieser und der Referenzwert überhaupt vergleichbar miteinander ist. Dazu wird eine einheitliche Bezugsgröße gewählt, die abhängig von den eingesetzten Fertigungsverfahren ist. Diese ergibt sich aus einem technologisch relevanten Produktmerkmal, wie z. B. dem Teilegewicht, der geometrischen Teilegröße oder auch dem Spanvolumen. Die Energiewertstrommethode verweist auf die DIN 8580, welche für jedes Fertigungsverfahren eine gängige Bewertungsbasis bzw. ein relevantes Produktmerkmal vorgibt. Der spezifische Energiebedarf errechnet sich aus der ausgewählten Bezugsgröße im Vergleich zu der berechneten Energieintensität (Formel 5.5). Festzuhalten ist, dass der EG eine qualitative, energetische Bewertung von Produktionsprozessen in einer Maßzahl quantifiziert.

Formel 5.5 Spezifischer Energiebedarf (Quelle: in Anlehnung an Erlach/ Westkämper 2009 S. 34)

$$\text{spezifischer Energiebedarf (EB)} = \frac{EI}{BZ}$$

EB   = spezifischer Energiebedarf [Wh / Bezugsgröße z.B. kg]
EI   = Energieintensität [Wh / Stück]
BZ   = einheitliche Bezugsgröße [Bezugsgröße z.B. kg / Stück]

5.7.1.2 Energiewertstromdesign

Auf Basis der Energiewertstromanalyse werden innerhalb des Energiewertstromdesigns Effizienzsteigerungsmaßnahmen durch die Prüfung von acht Gestaltungsprinzipien erarbeitet. Die acht Gestaltungsprinzipien sind als systematischer Handlungsleitfaden anzusehen, um die Energieeffizienz einer Produktion gezielt zu steigern. Zu beachten ist, dass sich die ersten vier Gestaltungsprinzipien auf die jeweiligen Produktionsprozesse einzeln beziehen. Dagegen überprüfen die restlichen vier Prinzipien ein Zusammenwirken aller Produktionsprozesse über den gesamten Wertstrom. Deshalb sollten die Gestaltungsprinzipien chronologisch plausibilisiert werden.

1. Optimalen Betriebspunkt berücksichtigen

Mit diesem Gestaltungsprinzip wird die Intention verfolgt, die Fertigungsmittel am energetisch optimalen Betriebspunkt zu betreiben. Dieser ist erreicht, wenn der Produktionstakt mit kleinstmöglicher Energieintensität dem Kundentakt entspricht. Der optimale Betriebspunkt gewährleistet einen minimalen Energieverbrauch pro Stück bzw. eine minimale Energieintensität und wird in Bild 5.12 dargestellt.

Eine Reduzierung des Produktionstakts bewirkt einen Betrieb unter Teillast. Sollte sich der Energiebedarf hierbei nicht in gleichem Maß reduzieren, führt dies zu einer erhöhten Energieintensität. Bei einer Zunahme des Produktionstakts muss der

Energieverbrauch im gleichen Ausmaß ansteigen, da es sonst ebenfalls zu einer erhöhten Energieintensität kommt. Aus diesem Gestaltungsprinzip ergeben sich bspw. Maßnahmen zur Einstellung der Bearbeitungsgeschwindigkeit oder der Anpassung des Temperaturniveaus.

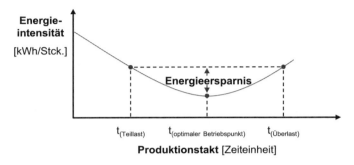

Bild 5.12 Darstellung des optimalen Betriebspunktes (Quelle: in Anlehnung an Erlach/ Westkämper 2009 S. 53)

2. Energiebedarf im Normalbetrieb reduzieren

Dieses Gestaltungsprinzip verfolgt die Reduktion des Energiebedarfs von Produktionsprozessen im Normalbetrieb durch technische Optimierungen. Da der Energiebedarf von der eingesetzten Technologie, den Maschinenkomponenten oder den Hilfs- und Betriebsstoffen stark abhängig ist, existiert ein hohes Verbesserungspotenzial der Energieeffizienz durch technische Optimierungen. Die Methode verfolgt sechs Ansätze zur Maßnahmengenerierung, um den Energiebedarf im Normalbetrieb zu reduzieren. Diese sind innerhalb der Tabelle 5.6 dargestellt und sehr allgemein gültig formuliert. Dem Anwender dienen die allgemeinen Ansätze dazu, um eigene Effizienzsteigerungsmaßnahmen abzuleiten. Grundsätzlich sind jedoch nicht immer alle Ansätze anwendbar und dem Anwender ist es selbst überlassen, welche berücksichtigt und umgesetzt werden.

Tabelle 5.6 Ansätze zur Maßnahmengenerierung im Normalbetrieb

	Ansätze zur Maßnahmengenerierung	Beispiele nach Erlach
1.	Austausch einzelner Anlagekomponenten	Effiziente Antriebsmotoren statt veraltete Antriebsmotoren
2.	Austausch anderer Hilfs- und Betriebsstoffe	Spezielle Getriebe- und Hydrauliköle statt Standardöl
3.	Austausch anderer Energieformen	Wärmeerzeugung durch Gas statt Strom
4.	Integration von Produktionsprozessen	Komplettbearbeitung durch Bearbeitungszentrum
5.	Neuartige Produktionstechnologien	Trockenbearbeitung statt Nassbearbeitung
6.	Substitution einer Produktionstechnologie	Klebetechnologie statt Schweißtechnologie

3. An- und Abschaltverluste minimieren

Neben den Verbräuchen im Normalbetrieb sind in diesem Gestaltungsprinzip die Energieverbräuche beim Hoch- und Herunterfahren der Produktionsanlagen zu minimieren, da diese nicht zur Wertschöpfung beitragen. Dieses Ziel wird durch die Vermeidung bzw.- Glättung von Energieverbrauchspitzen umgesetzt. Eine Glättung von Verbrauchsspitzen ist durch die Maßnahme der geregelten Maschinensteuerung möglich. Damit wird ein gewisser Energieanteil während des Maschinenhochlaufs eingespart. Die Verlaufskurve des Energiebedarfs eines Antriebsmotors verdeutlicht den Zusammenhang grafisch und ist in Bild 5.13 dargestellt.

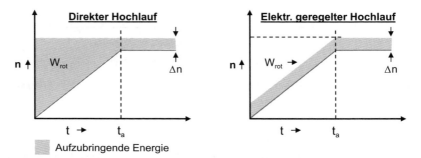

Bild 5.13 Darstellung der energieoptimalen Maschinensteuerung (Quelle: in Anlehnung an Erlach/Westkämper 2009 S. 62)

Außerdem wird darauf verwiesen, dass eine Glättung des Energieverbrauchs über den ganzen Produktionsprozess hinweg sinnvoll ist. Dieser Ansatz wird mit dem sechsten Gestaltungsprinzip verfolgt.

4. Stand-by-Verbrauch reduzieren

Das vierte Gestaltungsprinzip konzentriert sich auf die Reduzierung der Energieverbräuche im Stand-by-Betrieb, da diese einen nicht unerheblichen Anteil am gesamten Energieverbrauch einer Fertigungsanlage ausmachen. Der Stand-by-Verbrauch trägt nämlich nicht zur Wertschöpfung am Produkt bei und gilt als klassische Verschwendungsart, die zu vermeiden ist. Hier sind die Mitarbeiter in der Pflicht, da gerade bei längeren produktionsfreien Zeiten die Fertigungsanlagen häufig nicht abgeschaltet werden. Alleine durch ein verändertes Nutzungsverhalten der Mitarbeiter lässt sich ein Großteil der Stand-by-Verbräuche reduzieren. Eine Maßnahme ist deshalb, Mitarbeiter hinsichtlich des Themas Energieeffizienz zu schulen und somit Einsparungen ohne hohen Aufwand zu realisieren. Häufig kommt es aber auch vor, dass Fertigungsanlagen über das Wochenende nicht abgeschaltet werden, um die Prozesssicherheit zu gewährleisten. Dies ist z. B. der Fall, wenn es beim Hochfahren zu regelmäßigen Störungen an der Steuerung oder sogar zu defekten Maschinenkomponenten kommt. Grundsätzlich müssen solche

Fälle im Einzelnen geprüft werden. Wird tatsächlich auf eine Komplettabschaltung verzichtet, ist das Stand-by-Verbrauchsniveau auf das Minimum zu reduzieren. Demzufolge sind Maschinensteuerungen zu optimieren.

5. Energieeinsatz mehrfach nutzen

Unter diesem Gestaltungsprinzip werden sämtliche Aktionen zusammengefasst, die sich mit der Wiederverwertung bereits eingesetzter Energie beschäftigen. Dazu zählen zum einen die mechanische Rückgewinnung von Bremsenergie, zum anderen die Wiederverwendung von Wärme- oder Kälteverlusten. In der Wiederverwendung von Abwärme besteht das größte Potenzial, da diese bei sämtlichen Produktionsverfahren anfällt. Abwärme entsteht z. B. in der Abluft von Trocknern oder als Verbrennungsluft in Öfen und Dampfkesseln. Grundsätzlich sind jedoch alle genannten Energieabfallprodukte auf ihre Rückgewinnung zu überprüfen und durch die Anwendung unterschiedlichster technischer Lösungskonzepte zurückzugewinnen. Dies setzt jedoch eine unternehmensspezifische Analyse voraus.

6. Energieverbräuche ausgleichen

Der Gesamtenergieverbrauch einer Produktion kann durch die temporäre Maschinenauslastung, die einzusetzenden Energiearten und die Jahreszeit stark variieren. Dies führt zu Schwankungen der Lastganglinien, welche sich negativ auf den Strombezugspreis auswirken. Um die Intention dieses Gestaltungsprinzips besser verstehen zu können, ist es notwendig, sich die Zusammensetzung des Strombezugspreises zu verdeutlichen. Der Strombezugspreis setzt sich aus dem Arbeitspreis und aus dem Leistungspreis zusammen. Die erste Bezugsgröße bzw. der Arbeitspreis richtet sich nach den tatsächlich verbrauchten Kilowattstunden und kann zwischen den Sommer- und Wintermonaten variieren. Dagegen errechnet sich der Leistungspreis anhand von sogenannten Viertelstundenwerten. Hierbei wird der gesamte Energiebedarf in 15-minütigen Intervallen gemessen, und der monatlich höchste Messwert bestimmt den Leistungspreis. Aus diesem Grund sind sämtliche Lastspitzen zu vermeiden, da nur eine einzelne Lastspitze die Stromkosten in die Höhe treiben kann.

Dieses Gestaltungsprinzip soll helfen die Energieverbrauchsspitzen innerhalb eines Unternehmens zu vermeiden. Die Maßnahme, die daraus resultiert, ist die Einführung eines Lastmanagements zur Vermeidung von preistreibenden Lastspitzen. Letztendlich wird dafür gesorgt, den Energieverbrauch unterhalb eines definierten Grenzwertes zu halten. Zur kontinuierlichen Lastüberwachung kann ein Maximumwächter verwendet werden, der einen konstanten Vergleich der Ist- zu den Soll-Werten vornimmt und bei einer androhenden Überschreitung priorisierte Energieverbraucher abschaltet.

7. Energieoptimale Abarbeitungsfolge am größten Energieverbraucher festlegen

Normalerweise existieren in jeder Energiewertstromanalyse Produktionsprozesse mit unterschiedlichen Energieintensitäten. Innerhalb der ersten Phase wurde bereits erwähnt, dass der Energietreiber einzuzeichnen ist. Dieser ist der Produktionsprozess mit der höchsten Energieintensität. Er ist für den stückbezogenen Energiebedarf auschlaggebend. Daher werden für diesen Produktionsprozess die Energieverbräuche der einzelnen Produktvarianten einer Produktfamilie analysiert. Wird dabei festgestellt, dass die Energieverbräuche je nach Produktvariante stark variieren, muss die Produktionsreihenfolge nach dem Treiber ausgerichtet werden. Dabei werden alle Produktvarianten mit demselben Energieverbrauch hintereinander produziert, damit es nicht zu ständig wechselnden Leistungsdifferenzen kommt. Wie eine solche Abarbeitungsreihenfolge aussieht, wird durch Bild 5.14 dargestellt. Letztlich führt diese Maßnahme ohne großes Investment zu Energieeinsparungen.

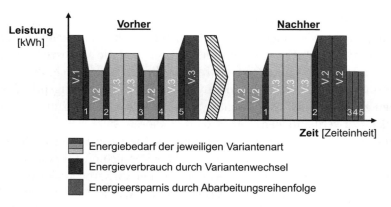

Bild 5.14 Darstellung der energieoptimalen Abarbeitungsreihenfolge (Quelle: in Anlehnung an Erlach/Westkämper 2009 S. 73)

8. Energiebereitstellung und Energieverbrauch synchronisieren

Das letzte Gestaltungsprinzip findet ausschließlich Anwendung, wenn ein gewisser Energieanteil selbstständig im Unternehmen erzeugt und anschließend verteilt wird. Dieses Prinzip verfolgt das Ziel, nur so viel Energie bereitzustellen, wie auch tatsächlich verbraucht wird. Außerdem fordert das Gestaltungsprinzip, die Energie entsprechend des Energieverbrauchs verbrauchsnah und verlustfrei bereitzustellen. Dies gewährleistet die optimale Auslegung eines Systems zur Energieerzeugung.

Insgesamt ist es effizienter, mehrere Energiearten mit Hilfe eines Energieerzeugungssystems zu erzeugen, statt alle Energiearten einzeln. Wird Strom mittels eines

Blockheizkraftwerks erzeugt, findet hierbei das Prinzip der Kraft-Wärme-Kopplung Anwendung. Demzufolge entsteht bei der Erzeugung von Strom durch Brennstoffe, wie z.B. Erdgas oder Heizöl, Wärme. In den meisten Fällen bleibt diese ungenutzt, die jedoch idealerweise für Heizzwecke oder für die Prozesswärmebereitstellung genutzt werden könnte. Des Weiteren ist das Prinzip der Kraft-Wärme-Kopplung auf Kraft-Wärme-Kälte-Kopplung erweiterbar. Dabei wird innerhalb eines Energieerzeugungssystems noch Kälte durch sogenannte Absorptions-Kälte-Maschinen für die Produktionsprozesse bereitgestellt.

Außerdem ermöglicht die Verteilung der Energie ein großes Einsparungspotenzial, da z.B. lang ausgelegte Leitungen Übertragungsverluste erhöhen. Aus diesem Grund sind alle Energieverteilungssysteme möglichst kurz auszulegen. Die vorteilhafteste Energieverteilung ist die dezentrale Erzeugung, da die benötigte Energie direkt am Arbeitsplatz erzeugt wird. In der Regel ist jedoch eine dezentrale Energieversorgung bei einem möglichen Ausfall schwieriger zu überbrücken, als bei einem zentralen System, da sie als isoliert anzusehen ist.

5.7.1.3 Energiemanagement

In der dritten Phase werden die auf der Basis der Gestaltungsprinzipien erzeugten Maßnahmen zur Effizienzsteigerung umgesetzt. Die Energiewertstrommethode fordert dazu die Einführung eines Energiemanagementsystems und verweist auf die DIN EN 16001. Durch ein Energiemanagementsystem (EnMS) wird die Maßnahmenumsetzung sichergestellt. Zusätzlich wird auch die Verankerung der Energieeffizienz-Strategie zur kontinuierlichen Verbesserung der Energieeffizienz in die Unternehmenskultur mit aufgenommen. Grundsätzlich verfolgt ein EnMS das Ziel, durch kontinuierliche Energieverbrauchsanalysen Einsparungspotenziale zu identifizieren sowie daraus erfolgreiche Energieeffizienzmaßnahmen zu generieren und umzusetzen.

Die DIN EN 16001 ermöglicht Unternehmen den Aufbau eines wiederkehrenden Verbesserungsprozesses, um zukünftig effizienter und nachhaltiger Energie nutzen zu können. Es werden in der Norm Anforderungen definiert, damit der wiederkehrende Verbesserungsprozess langfristig umsetzbar ist. Dazu nutzt die Norm, wie auch die ISO 50001, den PDCA-Zyklus.

5.7.2 Weiterentwicklungsansätze und deren Unterschiede

Dieser Abschnitt dient dazu, weitere Entwicklungsansätze der Energiewertstrommethode vorzustellen. Des Weiteren werden die Unterschiede in Bezug auf die Energiewertstrommethode ausgearbeitet.

5.7.2.1 Energiewertstromdesign nach Reinhart, Karl und Krebs

Bei dieser Methode wird das Ziel der Steigerung der Energieproduktivität verfolgt. Diese errechnet sich als Quotient der genutzten Energie und der eingesetzten Energie. Die Autoren Reinhart, Karl und Krebs verwenden die Energieproduktivität als Synonym für den bereits etablierten Begriff der Energieeffizienz. Das vollständige Vorgehensmodell zur Erhöhung der Energiewertstrommethode ist in Bild 5.15 abgebildet und besteht ebenfalls aus drei Phasen.

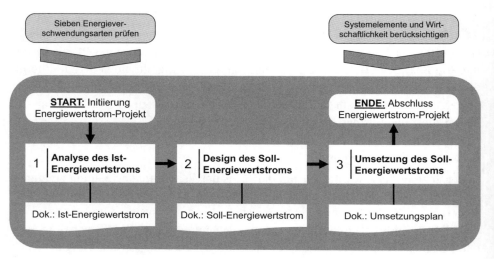

Bild 5.15 Vorgehensweise des Energiewertstromdesigns (Quelle: in Anlehnung an Reinhart/ Karl/Krebs 2010 S. 871)

Zur Erkennung von Energieverschwendung nutzt die Methode sieben Energieverschwendungsarten, die aus den konventionellen sieben Prozessverschwendungsarten des Lean Managements adaptiert wurden. Die Überproduktion als wohl bekannteste Verschwendungsart fällt an, wenn überschüssige, ungenutzte Eingangsenergie nicht wertschöpfend genutzt wird. Als Beispiel wird die Nichtnutzung von zu hoch gewählten Temperaturen in Öfen genannt. Alle weiteren Energieverschwendungsarten befinden sich mit einer Beschreibung und einem Beispiel in Tabelle 5.7.

Unter Berücksichtigung der sieben Energieverschwendungsarten wird in der Analysephase eine sehr detaillierte Aufnahme der Energieflüsse erstellt. Des Weiteren werden die Peripherie der Produktion und die Energietransporte berücksichtigt. Ebenfalls, wie in der Energiewertstrommethode, werden die Kennzahlen vom Energiebedarf pro Prozessschritt und Bauteil errechnet. Die konventionellen Zielgrößen der Wertstrommethode, wie z.B. die Durchlaufzeiten, werden dagegen nicht erfasst.

Tabelle 5.7 Energieverschwendungsarten mit Beschreibungen und Beispielen (Quelle: in Anlehnung an Reinhart/Karl/Krebs 2010 S. 871 f.)

Energieverschwendungs-arten	Beschreibung	Beispiele
1. Überproduktion	Energieverluste durch ungenutzte Eingangsenergie	Zu hohe Prozesstemperaturen
2. Wartezeit	Energieverluste während eines Produktionsstillstandes	Vorhandene Stand by Verbräuche
3. Transport	Energieverluste infolge ineffizienter Energiebereitstellung	Nicht isolierte Rohrleitungen
4. Ausschuss	Energieverluste aufgrund von Qualitätsmängeln am Produkt	Unbrauchbare Produkte
5. Bestände	Energieverluste wegen übermäßiger Energielagerung	Zu große Warmwasserboiler
6. Bewegung	Energieverluste durch unproduktive Bewegungsprozesse	Ineffiziente Förderbänder
7. Mitarbeiterpotenzial	Energieverluste angesichts fehlender Mitarbeiterintegration	Fehlendes Energiebewusstsein

Nach der Energiewertstromanalyse werden in der Designphase systematisch auch Verbesserungsmaßnahmen zur Steigerung der Energieproduktivität generiert. Dies geschieht mit Hilfe der folgenden acht Schlüsselfragen.

Tabelle 5.8 Schlüsselfragen zur Generierung von Maßnahmen (Quelle: in Anlehnung an Reinhart/Karl/Krebs 2010 S. 873 f.)

Wertstromdesign: Acht Schlüsselfragen zur Generierung von Maßnahmen
1. Sind die Prozessparameter richtig eingestellt?
2. Können die Anforderungen an die Prozessparameter hinsichtlich Energieproduktivität optimiert werden?
3. Lässt sich die Energieverschwendung an den einzelnen Bausteinen der Energiewertstromanalyse reduzieren?
4. Lässt sich der Energietransport optimieren?
5. Lässt sich Energie weiterverwenden?
6. Lässt sich der Materialfluss energieproduktiver gestalten?
7. Kann das Gesamtsystem energieproduktiver gestaltet werden?
8. Welche Maßnahmen zur Steuerung des Mitarbeiterverhaltens tragen zur Erhöhung der Energieproduktivität bei?

In der Umsetzungsphase erfolgt eine Priorisierung der abgeleiteten Maßnahmen mit Hilfe relevanter Systemelemente, wie z.B. Technik und System, Organisation und Management oder Verhalten und Mensch. Diese dienen dazu, nicht nur technische Maßnahmen zu generieren. Die Autoren sehen alle drei Systemelemente als erforderlich an, um die Energieproduktivität nachhaltig zu verbessern. Des Weiteren spielt die Wirtschaftlichkeitsbetrachtung bei der Priorisierung eine entscheidende Rolle. Abgeleitete Maßnahmen werden in dieser Methode durch die statische Amortisationsrechnung einer Priorisierung unterzogen. Abschließend wird ein Umsetzungsplan erstellt, der sowohl die Verantwortlichkeiten, als auch die finanziellen und zeitlichen Rahmenbedingungen bestimmt.

5.7.2.2 Nachhaltiges Wertstromdesign nach Brüggemann und Müller

Das nachhaltige Wertstromdesign nach Brüggemann und Müller stellt eine Methode zur Reduzierung der Energie- und Materialverschwendung dar. Diese ist als Erweiterung der Energiewertstrommethode von Erlach anzusehen und weist das gleiche Vorgehen auf.

Aufgrund der gleichen Vorgehensweise werden auch die konventionellen Produktionsdaten wie z. B. der Personaleinsatz, die Zyklus- und Rüstzeiten sowie die Lagerbestände aufgenommen. Beim nachhaltigen Wertstromdesign werden neben den drei Energiearten noch weitere Daten berücksichtigt. Dazu zählen die CO_2-Emissionen und der Materialverbrauch pro Produktionsprozess. Anhand dieser Daten werden anschließend die Durchlaufzeit, die Energie- und die Materialintensität sowie die Gesamt-CO_2-Emission pro Produkt berechnet. Innerhalb dieser Methode wird die Energieintensität jedoch durch die Division der produzierten Produktanzahl zu dem Gesamtenergieverbrauch aller Produktionsprozesse ermittelt. Die Materialintensität als neuartige Kennzahl drückt den Gesamtmaterialeinsatz pro produziertem Produkt aus. Die Gesamt-CO_2-Emission pro Produkt wird in dieser Methode errechnet, da die Reduktion der Gesamt-CO_2-Emission nahezu in jedem Unternehmen als strategisches Unternehmensziel gilt. Dementsprechend veröffentlichen weltweit viele Unternehmen ihre detaillierten CO_2-Bilanzen. Die CO_2-Emission eines jeden Produktionsprozesses ist in den Prozessdatenkasten mit aufzunehmen, um durch die Addition aller CO_2-Emissionen die Gesamt-CO_2-Emission pro Produkt bestimmen zu können.

Um Energieeffizienzmaßnahmen zu generieren, nutzt das nachhaltige Wertstromdesign alle sieben Gestaltungsprinzipien von Erlach. Die Methode erweitert die Gestaltungsprinzipien allerdings um ein „nulltes" Prinzip. Dieses fordert vor der Verbesserung der Energie- und Materialeffizienz eines Produktionsprozesses die Infragestellung des eigentlichen Fertigungsprozesses. Zur Optimierung von Verbesserungsmaßnahmen sehen die Autoren die Nutzung einer Checkliste bzw. eines Umsetzungsplanes vor, aber verweisen hierbei nicht auf die ISO 50001, wie z. B. die Energiewertstrommethode.

5.7.3 Bewertung der Energiewertstrommethoden

Zur Beantwortung der zweiten Schlüsselfrage werden die Energiewertstrommethoden miteinander verglichen und bewertet. Die Schlüsselfrage verfolgt das Ziel, konkrete Schwächen und Stärken der Energiewertstrommethode und der Weiterentwicklungsansätze herauszuarbeiten.

Vergleich und Bewertung der Energiewertstrommethoden

Alle drei vorgestellten Methoden helfen produzierenden Unternehmen dabei, ihre Energieeffizienz systematisch zu steigern. Auffällig dabei ist, dass die Autoren ihre Methoden anders benennen und die Ziele unterschiedlich definieren. In Bild 5.16 werden die Methoden verglichen bzw. gegenübergestellt. Die Gegenüberstellung ermöglicht es, die jeweiligen Ziele und Schwächen sowie die Stärken auf einen Blick zu erkennen.

Die Energiewertstrommethode weist ein gut strukturiertes Vorgehen auf und beinhaltet sehr ausführlich beschriebene Gestaltungsprinzipien zur Maßnahmengenerierung. Des Weiteren kann der aufzunehmende Energiewertstrom durch die Kennzahlen der Energieintensität und des Effizienzgrads bewertet und verglichen werden. Dennoch weist die Methode Schwächen auf, wie z. B. die fehlende Beschreibung der Verknüpfung zwischen der Methode und der Norm eines Energiemanagementsystems. Zusätzlich erfolgt keine Priorisierung der Maßnahmen in Bezug auf die Wirtschaftlichkeit.

Diese negativen Erkenntnisse betreffen das Energiewertstromdesign nicht. Hier werden Energieeffizienzmaßnahmen klassifiziert und anschließend erfolgt eine Wirtschaftlichkeitsbewertung der Maßnahmen mittels der statischen Amortisationsrechnung. Die zu bewertenden Maßnahmen entstehen einerseits durch die Identifizierung von Energieverschwendungen anhand der sieben Energieverschwendungsarten, andererseits durch acht Schlüsselfragen. Diese ähneln den Gestaltungsprinzipen der Energiewertstrommethode nach Erlach stark. Als bedeutendste Schwäche ist die fehlende Aufnahme der konventionellen Kennzahlen der Wertstrommethode anzusehen. Der aus der Beantwortung der ersten Schlüsselfrage geforderte Kombinationsgedanke, die Wertstrommethode und die Energiewertstrommethode zu kombinieren, wird innerhalb dieser Methode ebenfalls nicht verfolgt. Außerdem wird die Methode durch die Energieaufnahme der Unternehmensperipherie, wie z. B. der Hallenbeleuchtung, zu unübersichtlich.

Das nachhaltige Wertstromdesign ist die einzige Methode, die die Material- und CO_2-Daten berücksichtigt. Die CO_2-Daten ermöglichen, strategische Ziele in Bezug auf die Energiepolitik eines Unternehmens messbar zu machen. Sie werden daher in der Konzepterstellung berücksichtigt. Grundsätzlich werden die Gestaltungsprinzipien der Methode nach Erlach verwendet. Dennoch führen die Autoren ein „nulltest" Gestaltungsprinzip ein, welches die Prozessoptimierung vor der Energieoptimierung fordert. Dieses Prinzip kommt dem geforderten Kombinationsgedanken zur Eliminierung der ganzheitlichen Prozessverschwendung sehr nah. Als weitere Stärke wird das Maßnahmencontrolling angesehen. Zum Maßnahmencontrolling wird ein Umsetzungsplan mit festgelegten Verantwortlichkeiten verwendet. Für die Konzepterstellung der Energiewertstrommethode ist die Materialintensität nicht erforderlich und würde für weitere Komplexität sorgen. Die Methode weist im Hinblick auf die Priorisierung von Energieeffizienzmaßnahmen dieselben Defizite auf, wie die Energiewertstrommethode.

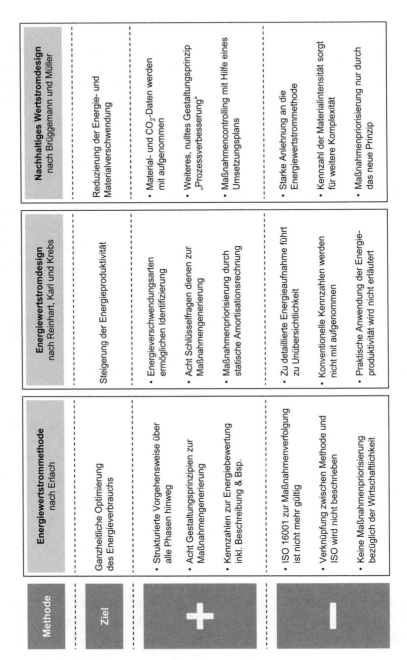

Bild 5.16 Gegenüberstellung der Energiewertstrommethoden

Abschließend ist festzustellen, dass alle drei Methoden das Ziel verfolgen, die Energieeffizienz zu steigern. Jede Methode weist jedoch ihre Stärken und Schwächen auf. Aufgrund der Stärken hinsichtlich der Gestaltungsprinzipien zur Maßnahmengenerierung wurde im hier zugrunde gelegten Unternehmen entschieden, die Methode nach Erlach als fundamentalen Ansatz in der Konzepterstellung zu nutzen. Daher sind die Schwächen als Handlungsbedarfe in der Methodenentwicklung im Abschnitt 5.8 zu beseitigen. Hierzu werden die ausgearbeiteten Stärken der anderen Methoden verwendet.

Beantwortung der zweiten Schlüsselfrage

Schlüsselfrage

Welche konkreten Schwächen und Stärken existieren in der Energiewertstrommethode und in den Weiterentwicklungsansätzen, die als Potenziale für die Konzeptentwicklung angesehen werden können?

Die einzelnen Stärken und Schwächen werden nicht noch einmal wiederholt. Es werden ausschließlich diejenigen Schwächen der Energiewertstrommethode dargestellt, die im Rahmen der Konzeptentwicklung zu vermeiden sind. Zusätzlich werden die Stärken der anderen Methoden definiert, die geeignet sind, die Schwächen des ausgewählten fundamentalen Ansatzes zu eliminieren. Zum Beispiel soll das Maßnahmencontrolling nicht durch ein Energiemanagementsystem erfolgen, sondern durch einen Umsetzungsplan. Ergänzend muss eine Priorisierung vor der Maßnahmenumsetzung erfolgen. Dazu wird auf die Stärke des Energiewertstromdesigns nach Reinhart, Karl und Krebs verwiesen. Alle weiteren ausgearbeiteten Stärken der Weiterentwicklungsansätze können schließlich auch in die Konzepterstellung miteinfließen, wie z. B. die CO_2-Datenerfassung.

Die vollständige Festlegung der zu berücksichtigenden Stärken und Schwächen wird anhand Bild 5.17 vorgenommen. Diese Abbildung entspricht Bild 5.16, in der die Energiewertstrommethoden gegenübergestellt wurden.

Während der Methodenentwicklung im Unternehmen wurden noch zwei weitere Schwächen aller drei Methoden identifiziert. Die erste Schwäche ist die, dass keine der Methoden neben der Energiewertstromanalyse den Soll-Zustand nach der Prüfung der Gestaltungsprinzipien oder der Schlüsselfragen darstellt. Dies hat zur Folge, dass die ganzheitliche Betrachtung der Energieeffizienz nicht so übersichtlich mit Kennzahlen belegt werden kann, wie dies die konventionelle Wertstrommethode erlaubt. Des Weiteren weisen alle drei Energiewertstrommethoden die Schwäche auf, nicht die konventionellen Verschwendungsarten reduzieren zu können. Damit bestätigt sich der Handlungsbedarf aus der ersten Schlüsselfrage.

Alle drei vorgestellten Energiewertstrommethoden weisen Schwächen auf. Die gewonnenen Potenziale mit ihren Stärken und Schwächen veranlassen weitere Handlungsbedarfe für eine praxistaugliche Prozessenergiewertstrommethode.

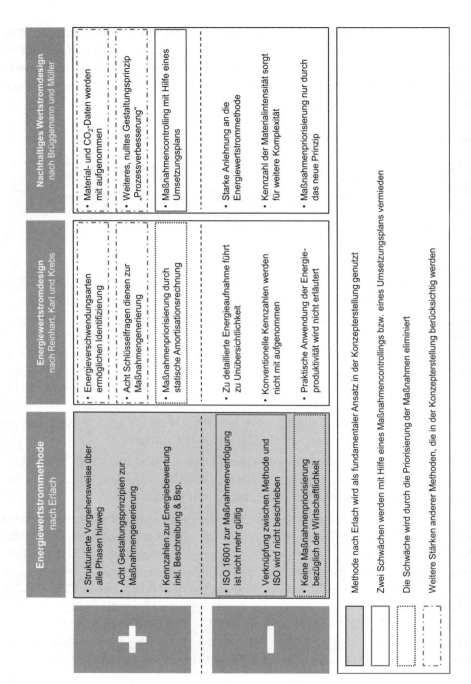

Bild 5.17 Relevante Stärken und Schwächen der Energiewertstrommethoden

5.8 Konzepterstellung der Prozessenergiewertstrommethode

Die Konzepterstellung der Prozessenergiewertstrommethode zur Reduzierung von Prozessverschwendungen in der Produktion werden nachfolgend definiert. Die Schlüsselfrage für diesen Abschnitt lautet:

Schlüsselfrage

Wie muss die Prozessenergiewertstrommethode konzipiert sein, damit alle Prozessverschwendungen systematisch, kontinuierlich und bewertbar eliminiert und die erkannten Potenziale vollständig umgesetzt werden?

5.8.1 Ziele der Prozessenergiewertstrommethode und resultierender Handlungsbedarf

Die erkannten Handlungsbedarfe in der Unternehmenspraxis sind aus den Bewertungen bzw. aus den zwei beantworteten Schlüsselfragen entstanden. Insgesamt wurden drei übergeordnete Handlungsbedarfe erkannt. Alle sind in Bild 5.18 dargestellt.

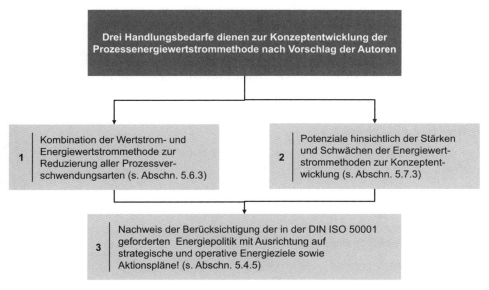

Bild 5.18 Handlungsbedarfe zur Konzepterstellung

Erster Handlungsbedarf

Der erste Handlungsbedarf wurde durch die Beantwortung der ersten Schlüsselfrage erkannt und fordert die Integration der Gestaltungsprinzipien der konventionellen Wertstrommethode in die Energiewertstrommethode. Damit werden sowohl die Energieverschwendungen, als auch die konventionellen Prozessverschwendungsarten eliminiert. Nur die Autoren des nachhaltigen Wertstromdesigns verlangen mit ihrem „nullten" Gestaltungsprinzip eine Prozessoptimierung im Vorfeld der Optimierung zur Energieeffizienz.

Die hier neu entwickelte Prozessenergiewertstrommethode für die Unternehmenspraxis fordert darüber hinaus:

 Prozessoptimierung nur mit gleicher oder verbesserter Energieeffizienz!

 Die Gestaltungsprinzipien der konventionellen Wertstrommethode zur Prozessoptimierung werden erst nach der Überprüfung der Gestaltungsprinzipien der Energiewertstrommethode plausibilisiert.

Zweiter Handlungsbedarf

Der zweite Handlungsbedarf wurde durch die Gegenüberstellung verschiedener Energiewertstrommethoden erkannt. Die Methode von Klaus Erlach dient aufgrund der gut beschriebenen Gestaltungsprinzipien zur Maßnahmengenerierung als ein fundamentaler Ansatz, wobei die erkannten Schwächen zu beseitigen sind. Zusätzlich werden alle identifizierten weiteren Stärken der anderen Methoden als Potenziale in die Konzepterstellung mit einfließen. Aus dem Handlungsbedarf entstehen mehrere Anforderungen zur Zielspezifikation an die zu entwickelnde Prozessenergiewertstrommethode.

Dritter Handlungsbedarf

Der dritte Handlungsbedarf ergibt sich aus der Forderung des Nachweises der Berücksichtigung der in der DIN ISO 50001 geforderten Energiepolitik mit Ausrichtung auf strategische und operative Energieziele sowie der Erstellung von Aktionsplänen.

 Ziele der Prozessenergiewertstrommethode

Zur Sicherung der Wettbewerbsfähigkeit des Unternehmens sind folgende Ziele zu erreichen:

- Umsetzung umweltrechtlicher Vorgaben: gesetzlich und unternehmensspezifisch

- Umsetzung ökologischer Ziele: gesetzlich und unternehmensspezifisch
- Umsetzung ökonomischer Ziele: Kosteneinsparung durch Verbesserung der Effizienz

5.8.2 Anforderungen an die Prozessenergiewertstrommethode

Aus dem Handlungsbedarf und den Zielen sind in Tabelle 5.9 die Anforderungen an die zu konzeptionierende Prozessenergiewertstrommethode aufgeführt.

Tabelle 5.9 Anforderungen an die Prozessenergiewertstrommethode

1.	Maßnahmen aus den Gestaltungsprinzipien der Wertstrommethode sind nur durchzuführen, wenn die Energieeffizienz gleich bleibt oder verbessert wird.
2.	Checkliste der Verschwendungsarten mit Beispielen dienen zur Sofortmaßnahmengenerierung, die durch Kaizenblitze gekennzeichnet werden.
3.	Gestaltungsprinzipien der Ergiewertstrommethode sind mit den Schlüsselfragen des Energiewertstromdesigns zu vergleichen und bei Bedarf anzupassen.
4.	Maßnahmenpriorisierung resultiert aus der Klassifizierung und einer Wirtschaftlichkeitsberechnung anhand der statischen Amortisationsrechnung.
5.	Soll-Energiewertstrom ist nach der Maßnahmenumsetzung darzustellen, damit die Steigerung der Energieeffizienz mit Kennzahlen verdeutlicht wird.
6.	Energiewertstromanalyse beinhaltet CO_2-Daten aller Produktionsprozesse; Bezug zum Unternehmensziel „Gesamt-CO_2-Emission".
7.	Kontinuierliches Maßnahmencontrolling erfolgt mit Hilfe einer Maßnahmenliste und die Energieeffizienzmaßnahmen fließen in die ISO 50001 mit ein.

Die zu entwickelnde Prozessenergiewertstrommethode muss alle sieben Anforderungen erfüllen, damit die Handlungsbedarfe als vollständig eliminiert anzusehen sind.

5.8.3 Prozessablauf der Prozessenergiewertstrommethode

Mit Hilfe der erkannten Handlungsbedarfe, den Zielen und den definierten Anforderungen an die zu entwickelnde Methode wurde die Grundlage für die neue Prozessenergiewertstrommethode geschaffen. In Bild 5.19 ist der Prozessablauf bzw. die chronologische Vorgehensweise der Prozessenergiewertstrommethode visualisiert.

Die konzipierte Prozessenergiewertstrommethode besteht aus fünf Prozessablaufphasen. Zusätzlich sind die jeweiligen Eingangs- und Ausgangsdokumente der Prozessablaufphasen in Bild 5.19 integriert. Zu erkennen ist, dass ein Ausgangsdokument einer Prozessablaufphase, in der nachfolgenden Prozessablaufphase auch als Eingangsdokument dienen kann.

Visualisierung des Prozessablaufes:

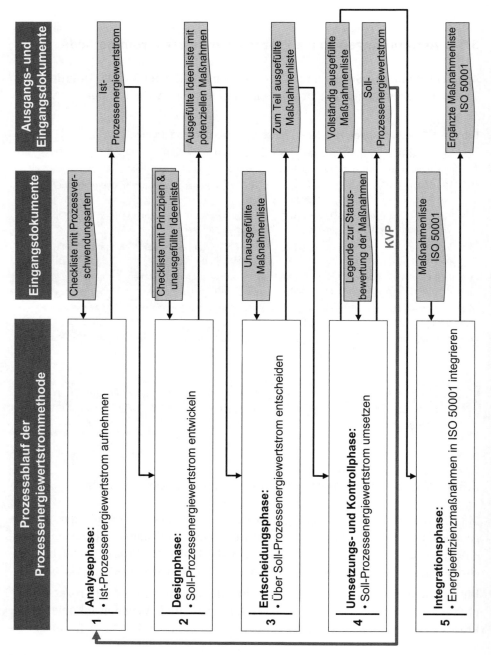

Bild 5.19 Prozessablauf der Prozessenergiewertstrommethode

Phase 1: Analysephase

In der Analysephase ist der Ist-Prozessenergiewertstrom des umsatzstärksten Produktes aufzunehmen. Das umsatzstärkste Produkt wird mit Hilfe der ABC-Umsatzanalyse bestimmt. Bei der Prozessenergiewertstrommethode werden sowohl die konventionellen, als auch die Energiedaten der Prozessschritte ermittelt. Zur Sofortmaßnahmengenerierung dient als Eingangsdokument eine eigens angefertigte Checkliste der Prozessverschwendungsarten. Die erste Phase endet mit der Darstellung des Ist-Prozessenergiewertstroms. Für die Darstellung sind die konventionellen Symbole zu verwenden und die erweiterten Datenkästen der Energiewertstrommethode.

Phase 2: Designphase

Der Ist-Prozessenergiewertstrom dient in der zweiten Phase als Eingangsdokument. In der Designphase ist der Soll-Prozessenergiewertstrom zu entwickeln. Dazu wird eine Checkliste mit vierzehn Gestaltungsprinzipien als Eingangsdokument verwendet. Durch die Gestaltungsprinzipien der Energiewertstrommethode und der konventionellen Wertstrommethode werden alle Prozessverschwendungsarten eliminiert. Alle Sofortmaßnahmen und Maßnahmen aus den Gestaltungsprinzipien sind in das zweite Eingangsdokument, die unausgefüllte Ideenliste, mit aufzunehmen. Jedoch ist eine Prozessoptimierung ausschließlich zu akzeptieren, wenn die Prozessoptimierung zu einer gleichen oder verbesserten Energieeffizienz führt. Sollten dabei Maßnahmen die Bedingung nicht erfüllen, werden diese zwar aufgenommen, aber in der nächsten Phase nicht weiterverfolgt. Dies gilt auch für Maßnahmen, die bereits in der Vergangenheit abgelehnt wurden. Die ausgefüllte Ideenliste mit potenziellen Maßnahmen ist das Ausgangsdokument der zweiten Phase und leitet die dritte Phase ein.

Phase 3: Entscheidungsphase

Die dritte Phase ist die Entscheidungsphase, in der über die potenziellen Maßnahmen der Ideenliste entschieden wird. Zuerst werden die Maßnahmen klassifiziert und anschließend priorisiert. Bei der Klassifizierung wird in Maßnahmen ohne (1) oder mit (2) Investition unterschieden, dabei ist der Investitionsfreibetrag von 500 € zu beachten. Alle Maßnahmen mit einem Investitionsaufkommen über 500 € sind auf Wirtschaftlichkeit zu prüfen. Dazu verwendet die Prozessenergiewertstrommethode die statische Amortisationsrechnung. Im Anschluss folgt die Priorisierung. Hier werden als erstes alle Maßnahmen ohne Investitionen festgelegt. Anschließend sind die Maßnahmen mit den kürzesten Amortisationszeiten chronologisch zu listen. Wird eine Amortisationszeit von 12 Monaten überschritten, ist die Maßnahme abzulehnen. Diese Phase endet mit der zum Teil ausgefüllten Maßnahmenliste, die das Ausgangsdokument der Entscheidungsphase darstellt.

Phase 4: Umsetzungs- und Kontrollphase

Das Eingangsdokument der vierten Phase ist die zum Teil ausgefüllte Maßnahmenliste. Die Umsetzungs- und Kontrollphase legt die Rahmenbedingungen der durchzuführenden Maßnahmen fest, wie z. B. die Benennung des Verantwortlichen. Anschließend findet die Maßnahmenumsetzung statt. Dabei werden die Maßnahmen in einem vierwöchigen Rhythmus hinsichtlich des Status kontrolliert. Um die Statusbewertung objektiv durchführen zu können, wurde eine Legende zur Statusbewertung der Maßnahmenliste erarbeitet. Sind alle Maßnahmen umgesetzt, wird der umgesetzte Soll-Prozessenergiewertstrom als Ausgangsdokument festgelegt und stößt damit einen kontinuierlichen Verbesserungsprozess an. Dieser fordert die Anwendung der Prozessenergiewertstrommethode bei weiteren umsatzstarken Produkten der ABC-Umsatzanalyse. Zusätzlich ist die vollständig ausgefüllte Maßnahmenliste als weiteres Ausgangsdokument anzusehen, welches in die fünfte und letzte Phase einfließt.

Phase 5: Integrationsphase

In der Integrationsphase werden die Maßnahmen, die zu einer verbesserten Energieeffizienz führen, in die Maßnahmenliste ISO 50001 mit aufgenommen. Die Maßnahmenliste der ISO 50001 ist ein weiteres Eingangsdokument der fünften Phase. Alle übertragenden Energieeffizienzmaßnahmen gewährleisten die Erreichung des in der Norm verlangten, strategischen Unternehmensziels hinsichtlich der „Gesamt-CO_2-Emission". Abschließend kann ebenfalls die Zielerfüllung des Unternehmensziels gemessen werden. Das Ausgangsdokument dieser Phase ist die ergänzte Maßnahmenliste der ISO 50001.

Checkliste zum Prozessablauf

Um die Durchführung der konzipierten Prozessenergiewertstrommethode sicherzustellen, wurde eine praxisgerechte Checkliste angefertigt. Die Checkliste ermöglicht es, entscheidungsrelevante Phasen und Schritte der Methode übersichtlich darzustellen. Diese besteht, wie die visualisierte Vorgehensweise, aus fünf Phasen und ist in Bild 5.20 abgebildet. Alle fünf Phasen werden mittels der durchzuführenden Schritte konkretisiert.

Zusätzlich zur Checkliste werden essentiell bedeutsame Schritte ergänzend beschrieben, da diese die Anforderungen an die zu konzeptionierende Methode erfüllen. Des Weiteren werden die Schritte konkretisiert, die stark vom fundamentalen Ansatz der Energiewertstrommethode abweichen. Dazu werden auch die eigens erstellten Eingangs- und Ausgangsdokumente dargestellt und erklärt.

Checkliste zum Prozessablauf der Prozessenergiewertstrommethode	
1 Analysephase: Ist-Prozessenergiewertstrom aufnehmen	
1.1	Umsatzstärkstes Produkt der Produktfamilie mit Hilfe der ABC-Umsatzanalyse bestimmen
1.2	Kundendaten erfassen und Kundentakt berechnen
1.3	Lieferantendaten erfassen
1.4	Produktionsprozessdaten aufnehmen
1.5	Materialflüsse aufnehmen
1.6	Informationsflüsse aufnehmen
1.7	Linie zur Bewertung einzeichnen und Bewertungskennzahlen berechnen
1.8	Prozessverschwendungen mit Hilfe der Checkliste identifizieren, um Sofortmaßnahmen zu generieren
	Eingangsdokument: Checkliste mit Prozessverschwendungsarten
	Ausgangsdokument: Ist-Prozessenergiewertstrom
2 Designphase: Soll-Prozessenergiewertstrom entwickeln	
2.1	Vierzehn Gestaltungsprinzipien mit Hilfe der Checkliste plausibilisieren, um Maßnahmen zu generieren
	- Acht Gestaltungsprinzipien zur Energieoptimierung
	- Sechs Gestaltungsprinzipien zur Prozessoptimierung
	Bedingung: Prozessoptimierung nur mit gleicher oder verbesserter Energieeffizienz
2.2	Sofortmaßnahmen, Energie- und Prozessoptimierungsmaßnahmen protokollieren und vorselektieren
	Eingangsdokument: Ist-Prozessenergiewertstrom
	Eingangsdokument: Checkliste mit Prinzipien
	Eingangsdokument: Unausgefüllte Ideenliste
	Ausgangsdokument: Ausgefüllte Ideenliste mit potenziellen Maßnahmen
3 Entscheidungsphase: Über Soll-Prozessenergiewertstrom entscheiden	
3.1	Maßnahmen mit Ablaufschema klassifizieren und anschließend priorisieren
3.2	Klassifizierte, priorisierte Maßnahmen in die Maßnahmenliste aufnehmen
	Eingangsdokument: Ausgefüllte Ideenliste mit potenziellen Maßnahmen
	Eingangsdokument: Unausgefüllte Maßnahmenliste
	Ausgangsdokument: Zum Teil ausgefüllte Maßnahmenliste
4 Umsetzungs- und Kontrollphase: Soll-Prozessenergiewertstrom umsetzen	
4.1	Verantwortlichkeit, Start und Ende jeder Maßnahme definieren
4.2	Kontinuierliches Maßnahmencontrolling im Monatsrhythmus durchführen und Status bewerten
4.3	Soll-Prozessenergiewertstrom nach Maßnahmenumsetzung festlegen
	Eingangsdokument: Zum Teil ausgefüllte Maßnahmenliste
	Eingangsdokument: Legende zur Statusbewertung der Maßnahmen
	Ausgangsdokument: Vollständig ausgefüllte Maßnahmenliste
	Ausgangsdokument: Soll-Prozessenergiewertstrom
5 Integrationsphase: Energieeffizienzmaßnahmen in ISO 50001 integrieren	
5.1	Maßnahmen mit verbesserter Energieeffizienz sind in die Maßnahmenliste der ISO aufzunehmen
5.2	Berechnung erstellen, wie viel Prozent vom strategischen Unternehmensziel die Maßnahmen generieren
	Eingangsdokument: Vollständig ausgefüllte Maßnahmenliste
	Eingangsdokument: Maßnahmenliste ISO 50001
	Ausgangsdokument: Ergänzte Maßnahmenliste ISO 50001

Bild 5.20 Checkliste zum Prozessablauf

5.8.3.1 Analysephase

Schritt 1.1: Umsatzstärkstes Produkt der Produktfamilie bestimmen

Anders als die bisherigen Energiewertstrommethoden und die konventionelle Wertstrommethode startet die Initiierung der konzipierten Prozessenergiewertstrommethode mit der ABC-Umsatzanalyse einer Produktfamilie. Innerhalb dieser Methode spiegelt eine Produktfamilie eine Produktionstechnologie wider. Daher wird die Produktfamilien-Matrix als Werkzeug nicht verwendet. Grundsätzlich hilft die ABC-Umsatzanalyse dabei, aufzudecken, welches Produkt einer Technologieeinheit am stärksten am Umsatz beteiligt ist und welche anderen Produkte wiederum den Umsatz weniger stark beeinflussen. Die Methodik der ABC-Umsatzanalyse kann zum einen tabellarisch, zum anderen grafisch mittels eines Pareto-Diagramms dargestellt werden. Die Methodik wird als Grundlage vorausgesetzt und daher nicht weiter erläutert.

Nach Durchführung der Umsatzanalyse ist abschließend das umsatzstärkste Produkt auszuwählen, falls die Restlaufzeit über einem Jahr liegt. Die Restlaufzeit lässt sich durch konkrete Kundenaufträge prognostizieren. Beträgt die Restlaufzeit bspw. nur wenige Monate, ist das nachfolgend umsatzstärkste Produkt zu wählen. Hier muss die Restlaufzeit ebenfalls über einem Jahr betragen. Eine solche Wiederholung kann so lange durchgeführt werden, bis ein umsatzstarkes Produkt mit einer mindestens einjährigen Laufzeit gefunden wird.

Schritt 1.4: Produktionsprozessdaten aufnehmen

Der Datenkasten der Energiewertstrommethode zur Prozessdatenerfassung findet in der entwickelten Methode ebenfalls Anwendung. Ergänzt wird der Datenkasten mit der errechneten Energieintensität in Form des CO_2-Ausstoßes. Dieser errechnet sich durch die Multiplikation der Energieintensität in kWh mit dem CO_2-Umrechnungsfaktor. Laut Umweltbundesamt liegt dieser bei 0,535 kg/kWh, d. h. 1 kWh = 0,535 kg CO_2. Damit wird die sechste Anforderung an die Prozessenergiewertstrommethode erfüllt.

Handkaschiertisch	
⚫ 1	☐ 1
BZ : 108 sec/Platte	
BZ : 54 sec/Stk	
RZ : 10 min	
LG : 1.440 Stk	
(⚡) : 0,1770 kWh / h	
(⚔) : Nicht vorhanden	
(⊥) : Nicht vorhanden	
EI : 0,0060 kWh/Stk	
EI : 0,0032 kg CO_2	

Bild 5.21
Beispiel für einen Datenkasten eines Produktionsprozesses

Eingangsdokument: Checkliste mit Prozessverschwendungsarten

Die Checkliste mit den Prozessverschwendungsarten ist in Tabelle 5.10 dargestellt. Innerhalb der Methode wird diese im Schritt 1.8 dazu verwendet, sämtliche Prozessverschwendungen im Ist-Prozessenergiewertstrom mit Kaizen-Blitzen kennzeichnen und Sofortmaßnahmen genieren zu können. Des Weiteren dienen die Beispiele innerhalb der Checkliste dem Anwender dazu, ein Bewusstsein für Prozessverschwendungsarten zu entwickeln.

Tabelle 5.10 Checkliste mit Prozessverschwendungsarten

Verschwendungs-arten	Beispiele der Prozess-verschwendung	Beispiele der Energie-verschwendung
1 Überproduktion	Mehr zu produzieren als Kunde bestellt	Höhere Prozesstemperaturen als nötig
2 Wartezeit	Nicht abgestimmte Prozesszeiten	Hohe Stand by Verbräuche
3 Transport	Große Entfernung zwischen den Prozessen	Nicht isolierte Rohrleitungen
4 Arbeitsaufwand	Verwendung falscher Werkzeuge	Hohe Verbräuche durch falsche Werkzeuge
5 Bestände	Große Materialmengen im Prozessablauf	Überdimensionierte Warmwasser-boiler
6 Bewegung	Falsch angeordneter Arbeitsplatz	Ineffiziente Förderbänder
7 Fehlerhafte Teile	Nacharbeit am Produkt	Falsch eingestellte Prozess-parameter

In der Checkliste sind die konventionellen sieben Verschwendungsarten gelistet. Diese lassen sich einerseits auf die Prozess-, andererseits auf die Energiever-schwendung anwenden. Der Ansatz, die sieben Verschwendungsarten auf die Energieverschwendung zu übertragen, stammt von den Autoren Reinhart, Karl und Krebs und deren Energiewertstromdesign. Die Idee, die Prozess- und die Ener-gieverschwendung zu kombinieren und in Form einer Checkliste mit Beispielen darzustellen, entstand durch die Beantwortung der ersten Schlüsselfrage.

5.8.3.2 Designphase

Schritt 2.1: Vierzehn Gestaltungsprinzipien plausibilisieren, um Maßnahmen zu generieren

Innerhalb der Prozessenergiewertstrommethode werden Verbesserungsmaßnahmen ebenfalls durch die Plausibilisierung von Gestaltungsprinzipien generiert. Hier nutzt die Methode einerseits die acht Gestaltungsprinzipien der Energiewertstrom-methode, anderseits die sechs Gestaltungsprinzipien der Wertstrommethode. Mit diesem Schritt wird der Kombinationsgedanke, der mit der ersten Anforderung an die Methode gefordert wird, verwirklicht. Damit wird der erste Handlungsbedarf auf-gehoben. Allerdings ist zu beachten, dass zuerst die acht Gestaltungsprinzipien zur Generierung von Energieoptimierungsmaßnahmen auf ihre Anwendbarkeit geprüft werden müssen und erst danach die Prinzipien zur Prozessoptimierung. Dabei müs-sen Prozessoptimierungsmaßnahmen eine gleiche oder verbesserte Energieeffizienz bewirken. Diese Bedingung muss durch eine nachvollziehbare Analyse immer gege-ben sein. Speziell bei der Plausibilisierung des ersten und fünften Gestaltungsprin-zips ist Vorsicht geboten, da diese das erste und sechste Gestaltungsprinzip der Ener-giewertstrommethode beeinflussen können.

Damit auch die dritte Anforderung an die zu konzeptionierende Prozessenergiewertstrommethode erfüllt wird, wurden die Gestaltungsprinzipien mit den Schlüsselfragen verglichen. Die Gegenüberstellung ist mit Hilfe von Bild 5.22 visualisiert. Alle
Schlüsselfragen lassen sich eindeutig den Gestaltungsprinzipien zuordnen. Aus diesem Grund berücksichtigt die entwickelte Prozessenergiewertstrommethode zur
Energiemaßnahmengenerierung ausschließlich die Gestaltungsprinzipien.

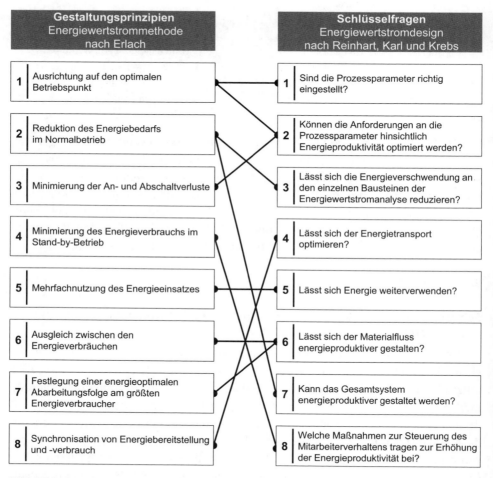

Bild 5.22 Gegenüberstellung der Gestaltungsprinzipien und Schlüsselfragen

Eingangsdokument: Checkliste mit Gestaltungsprinzipien

Mit dem ersten Schritt der Designphase wird die Plausibilisierung der vierzehn
Gestaltungsprinzipien gefordert. Damit dieser Schritt allgemein gültig und strukturiert anwendbar ist, wurde eine Checkliste der Prinzipien angefertigt. Die Checkliste beinhaltet sowohl die Gestaltungsprinzipien der Energiewertstrommethode,

als auch die Gestaltungsprinzipien der konventionellen Wertstrommethode und ist in Tabelle 5.11 dargestellt. Die Nutzung soll dem Anwender helfen, Prozessoptimierungs- und Energieoptimierungsmaßnahmen generieren zu können. Zu jedem Prinzip wurde ein Aktivsatz formuliert, um den Anwender in Form einer Anweisung aufzufordern, das Gestaltungsprinzip umzusetzen.

Tabelle 5.11 Checkliste mit Gestaltungsprinzipien

Gestaltungsprinzipien zur Generierung von Energieoptimierungsmaßnahmen	
1	**Optimalen Betriebspunkt berücksichtigen:** Legen Sie die Betriebsmittel so aus, dass der Produktionstakt mit minimaler Energieintensität dem Kundentakt entspricht.
2	**Energiebedarf im Normalbetrieb reduzieren:** Reduzieren Sie den Energiebedarf der Betriebsmittel im Normalbetrieb durch technische Verbesserungen.
3	**An- und Abschaltverluste minimieren:** Minimieren Sie den Energieverbrauch der Betriebsmittel beim An- und Abschalten und glätten Sie Energieverbrauchsspitzen.
4	**Stand-by-Verbrauch reduzieren:** Reduzieren Sie den Energieverbrauch der Betriebsmittel im Stand-by-Betrieb.
5	**Energieeinsatz mehrfach nutzen:** Nutzen Sie die eingesetzte Energie nach Möglichkeit für diesen oder andere Prozesse mehrfach.
6	**Energieverbräuche ausgleichen:** Nivellieren Sie den Energieverbrauch einer Fabrik durch den Ausgleich ungleicher Verbrauchsspitzen.
7	**Energieoptimale Abarbeitungsfolge am größten Energieverbraucher festlegen:** Legen Sie beim variantenabhängigen Energiebedarf die Abarbeitungsreihenfolge am größten Energieverbraucher fest, sodass der durch Variantenänderung entstehende Energieverbrauch minimiert wird.
8	**Energiebereitstellung und Energieverbrauch synchronisieren:** Stellen Sie die Energie entsprechend des jeweiligen Energieverbrauchs möglichst ohne Verteilungsverluste bereit.
Gestaltungsprinzipien zur Generierung von Prozessoptimierungsmaßnahmen	
9	**Nach Kundentakt montieren:** Montieren und produzieren Sie nach der Taktzeit.
10	**Kontinuierliche Fließfertigung einführen:** Entwickeln Sie, wo immer möglich, eine kontinuierliche Fließfertigung.
11	**Supermarkt-Pull-System verwenden:** Verwenden Sie Supermarkt-Pull-Systeme zur Produktionssteuerung, wo in vorgelagerten Produktionsprozessen keine kontinuierliche Fließfertigung möglich ist.
12	**Produktionsplanung steuert nur einen Produktionsprozess:** Versuchen Sie die Produktionsplanung nur an einer einzelnen Stelle im Wertstrom anzusetzen.
13	**Produktionsausgleich schaffen:** Verteilen Sie die Herstellung verschiedener Produkte beim Schrittmacher-Prozess gleichmäßig über die verfügbare Zeit.
14	**Anfangs-Pull integrieren:** Schaffen Sie in Ihrem Prozessenergiewertstrom einen Anfangs-Pull durch die Freigabe und Entnahme kleiner, gleichmäßiger Arbeitsportionen am Schrittmacher-Prozess, um das Produktvolumen auszugleichen.

Eingangsdokument: Unausgefüllte Ideenliste

Um die Sofortmaßnahmen und die generierten Maßnahmen aus den Gestaltungs-prinzipien in der dritten Entscheidungsphase beurteilen zu können, wurde eine Ideenliste angefertigt. Ein Auszug der Ideenliste ist in Bild 5.23 dargestellt und dient zur sorgfältigen Dokumentation der Maßnahmen.

Ideenliste für potenzielle Maßnahmen					
Nr.	Kategorie	Beschreibung	Bedingung erfüllt?	Noch nicht abgelehnt?	Initiator
1	EV	xxx	●	●	W. Friedrichs
2	EOM	xxx	●	●	R. Schnabel
3	POM	xxx	●	●	M. Lutz

Bild 5.23 Ideenliste für potenzielle Maßnahmen

Die Tabelle der Ideenliste besteht aus sechs Spalten, die für jede potenzielle Maß-nahme auszufüllen sind. In der zweiten Spalte ist zu definieren, welche Kategorie einer Maßnahme zuzuordnen ist. Hier existieren vier Möglichkeiten. Dazu zählen Sofortmaßnahmen zur Reduzierung von Energie- (EV) oder Prozessverschwen-dung (PV). Des Weiteren lassen sich die Maßnahmen in Energie- (EOM) oder Pro-zessoptimierungsmaßnahmen (POM) kategorisieren. Um die definierte Bedingung der Prozessenergiewertstrommethode sicherzustellen, wurde die vierte Spalte zur Prüfung in die Tabelle aufgenommen. Die Bedingung lautete: „Prozessoptimierung nur mit gleicher oder verbesserter Energieeffizienz". Sollte eine potenzielle Maß-nahme die Bedingung aufgrund durchgeführter Analysen nicht bestätigen, ist diese Maßnahme in der folgenden Entscheidungsphase nicht weiter zu betrachten. Gleichermaßen gilt dies für Maßnahmen, die in der Vergangenheit schon einmal abgelehnt wurden. Mit der Ideenliste findet eine vorläufige Selektion statt. Eine Maßnahme wird in den kommenden Phasen nur dann berücksichtigt, wenn die „Ampeln" der vierten und fünften Spalte beide auf grün geschaltet sind.

5.8.3.3 Entscheidungsphase

Schritt 3.1: Maßnahmen klassifizieren und anschließend priorisieren

Für den ersten Schritt der dritten Entscheidungsphase wurde ein Ablaufschema erstellt, welches in Bild 5.24 visualisiert ist. Dieses dient dem Anwender dazu, Maßnahmen strukturiert klassifizieren und priorisieren zu können. Zusätzlich wird mit dem Ablaufschema die definierte vierte Anforderung an die zu entwi-ckelnde Methode realisiert. Die Prozessenergiewertstrommethode weist somit ein Vorgehen hinsichtlich der Wirtschaftlichkeitsbewertung auf.

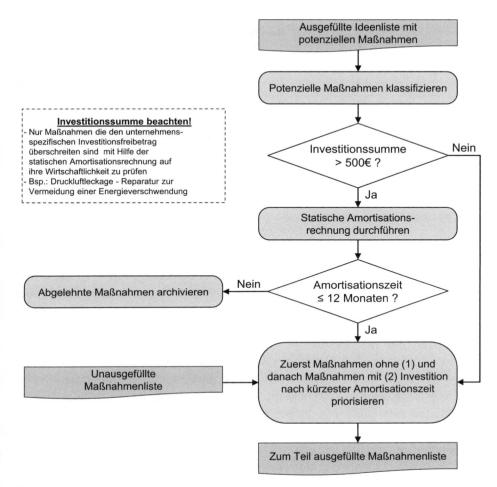

Bild 5.24 Ablaufschema des ersten Schrittes der Entscheidungsphase

Bei Bedarf oder hohen Investitionssummen kann zusätzlich die Controlling-Abteilung eingeschaltet werden, um eine erweiterte Wirtschaftlichkeitsbetrachtung zu tätigen. Des Weiteren ist es hilfreich, bei schwer messbaren, technischen Maßnahmen ein Ingenieurbüro zu beauftragen. Dieses kann potenzielle Maßnahmen hinsichtlich der Wirkungsfähigkeit überprüfen. Beide Szenarien sind bei Anwendung der Prozessenergiewertstrommethode abzuwägen und generell bei bedeutenden Investitionsprojekten in Betracht zu ziehen.

Eingangsdokument: Unausgefüllte Maßnahmenliste

Weil die klassifizierten und priorisierten Maßnahmen in der nachfolgenden Phase umzusetzen und zu kontrollieren sind, wurde eine Maßnahmenliste erstellt. Diese ist in Bild 5.25 exemplarisch dargestellt und verdeutlicht die Klassifizierung und Priorisierung der Maßnahmen aus dem letzten Schritt.

Maßnahmenliste								
Zuerst Maßnahmen ohne Investition (1) umsetzen	Kategorie	Beschreibung	Investition ≤ 500 €	Reihen-folge	Start	Ende	Status	Verantwort-lichkeit
	EV	xxx	0,00 €	1			○	
	EOM	xxx	0,00 €	1			○	
	EOM	xxx	150,00 €	2			○	
Danach Maßnahmen mit Investition (2) umsetzen	Kategorie	Beschreibung	Amortisa-tionszeit	Reihen-folge	Start	Ende	Status	Verantwort-lichkeit
	EOM	xxx	6 Monate	1			○	
	POM	xxx	7 Monate	2			○	
	EOM	xxx	10 Monate	3			○	

Bild 5.25 Unausgefüllte Maßnahmenliste

Die Maßnahmenliste besteht aus acht auszufüllenden Spalten. Im zweiten Schritt der Entscheidungsphase werden nur die ersten vier Spalten ausgefüllt. Dazu sind die Erkenntnisse des ersten Schritts und der Ideenliste für potenzielle Maßnahmen zu nutzen. Durch die Klassifizierung mit Hilfe der ersten Spalte wird die erste Priorisierung dargestellt. Diese sieht vor, dass erst Maßnahmen ohne Investition (1) umzusetzen sind und anschließend die Maßnahmen mit Investition (2). Für die zweite Priorisierung, bzw. die Festlegung der Reihenfolge innerhalb einer Klasse, werden einerseits die Investitionssumme und andererseits die Amortisationszeit verwendet. Zum Beispiel werden Maßnahmen mit Investition (2) durch die Amortisationszeiten priorisiert. Die daraus resultierende Reihenfolge ist in der vierten Spalte zu definieren. Bei Maßnahmen ohne Investition (1) erfolgt die Bestimmung der Reihenfolge mit Hilfe der Investitionssumme, die maximal 500 € beträgt. Existieren mehrere Maßnahmen ohne Investition, sind diese simultan abzuarbeiten. Die genannten 500 € sind durch die Anweisung der Geschäftsleitung definiert und können in Unternehmen variieren.

5.8.3.4 Umsetzungs- und Kontrollphase

Schritt 4.1: Verantwortlichkeit, Start und Ende jeder Maßnahme definieren

Bevor die Maßnahmen umzusetzen und zu kontrollieren sind, werden bei diesem Schritt die weiteren Spalten der zum Teil ausgefüllten Maßnahmenliste nachgetragen. Die zum Teil ausgefüllte Maßnahmenliste ist das Eingangsdokument dieser Phase. Der Starttermin ergibt sich aus der festgelegten Reihenfolge und der jeweiligen Maßnahmendauer. Der Endtermin kann bei jeder Maßnahme variieren und ist nachvollziehbar im Vorfeld zu definieren. Die Verantwortlichkeit einer Maßnahme trägt i. d. R. der Prozessingenieur oder auch der sogenannte Prozessenergiewertstrommanager. Es kann aber auch dazu kommen, dass die Instandhaltung für einige Maßnahmen verantwortlich ist. In solchen Fällen handelt es sich um technisch umzusetzende Maßnahmen, wie z. B. den Einbau eines effizienteren Antriebsmotors. Der Prozessingenieur ist trotzdem für das Kommunizieren der Verantwortlichkeiten verantwortlich. Die Beurteilung des Status einer Maßnahme kann erst mit dem nachfolgenden Schritt einhergehen.

Schritt 4.2: Kontinuierliches Maßnahmencontrolling im Monatsrhythmus durchführen und Status bewerten

Mit dem Start der Umsetzung beginnt das kontinuierliche Maßnahmencontrolling durch die Maßnahmenliste im Monatsrhythmus. Monatlich findet dazu ein viertelstündiges Treffen statt, um die Maßnahmenumsetzung gemeinsam zu besprechen. Dabei wird sowohl über erfolgreich umgesetzte Maßnahmen, als auch über Umsetzungsprobleme berichtet.

Generell existiert in jedem produzierenden Unternehmen eine tägliche Lagebesprechung, um die operativen Produktionsdaten und -probleme des Vortages sowie aktuelle Vorhaben zu besprechen. In der Praxis spricht man von operativen Lagebesprechungen am Werksboard. Im Anschluss an eine solche Besprechung soll das Maßnahmencontrolling kontinuierlich im Vier-Wochen-Rhythmus für eine Viertelstunde durchgeführt werden. Dazu wird die erstellte Maßnahmenliste verwendet, die einen festen Platz am Maschinenboard besitzt. Für die Pflege der Maßnahmenliste ist der Prozessenergiewertstrommanager zuständig. Dieser ist ebenso verpflichtet, den aktuellen Status bei den Verantwortlichen im Vorfeld zu erfragen. Dazu nutzt der Prozessenergiewertstrommanager das zweite Eingangsdokument der Phase, welches im folgenden Abschnitt beschrieben wird.

Eingangsdokument: Legende zur Statusbewertung der Maßnahmen

Der Status einer Maßnahme wird in der siebten Spalte der Maßnahmenliste symbolisiert. Für Maßnahmen ohne Investition (1) wird der Status mit Hilfe einer grünen, gelben oder roten Ampel angezeigt. In der Regel ist die Umsetzung einer Maßnahme dieser Klassifizierung in der Praxis einfach. Aus diesem Grund ist auf eine komplexe Statusabfrage zu verzichten. Die grüne Ampel symbolisiert, dass die Maßnahme bereits umgesetzt ist. Hingegen repräsentiert eine gelbe Ampel die aktuelle Maßnahmenumsetzung und eine rote Farbe charakterisiert die bevorstehende Umsetzung. Bei Maßnahmen mit Investition (2) ist der Status durch ein flexibles Kreissymbol gekennzeichnet. Die entsprechend zu wählenden Statusanzeigen sind in Bild 5.26 definiert und werden nicht noch einmal beschrieben. Die entwickelte Statusbewertung garantiert eine objektive Bewertung.

Legende zur Statusbewertung der Maßnahmen			
Status			Beschreibung
Maßnahmen ohne Investition (1)	0	●	Die Maßnahme ist ausschließlich definiert und die Umsetzung steht noch bevor
	1	○	Die Maßnahme befindet sich in der tatsächlichen Umsetzungsphase
	2	●	Die Maßnahme ist vollständig umgesetzt und erfüllt das gesetzte Ziel
Maßnahmen mit Investition (2)	0	○	Die Maßnahme ist ausschließlich definiert und auf Wirtschaftlichkeit bewertet
	1	◑	Das Maßnahmenbudget ist bei den Verantwortlichen, z.B. der Geschäftsführung, beantragt
	2	◐	Das Maßnahmenbudget ist genehmigt und es liegt ein Auftrag zur Umsetzung vor
	3	◕	Die Maßnahme befindet sich in der tatsächlichen Umsetzungsphase
	4	●	Die Maßnahme ist vollständig umgesetzt und erfüllt das gesetzte Ziel

Bild 5.26 Legende zur Statusbewertung der Maßnahmen

Schritt 4.3: Soll-Prozessenergiewertstrom nach Maßnahmenumsetzung festlegen

Nach Umsetzung aller Maßnahmen ist der Soll-Prozessenergiewertstrom festzulegen. Alle Maßnahmen sind umgesetzt, wenn ausschließlich grüne Ampelfarben und vollständig ausgefüllte Kreissymbole in der Maßnahmenliste existieren. Bei diesem Schritt wird die Steigerung der Energieeffizienz mit Kennzahlen verdeutlicht und dient zur Erreichung der fünften Anforderung. Des Weiteren stößt das Ausgangsdokument, der Soll-Prozessenergiewertstrom, den kontinuierlichen Verbesserungsprozess (KVP) an. Dieser fordert die kontinuierliche Verwendung der Prozessenergiewertstrommethode, um alle Prozessverschwendungsarten in der Produktion über alle Produkte hinweg zu eliminieren. Ebenso kann der festgelegte Soll-Prozessenergiewertstrom eine Hilfe für die zukünftige Durchführung der Methode sein.

5.8.3.5 Integrationsphase

Schritt 5.1: Maßnahmen mit verbesserter Energieeffizienz in die Maßnahmeliste der ISO aufnehmen

Innerhalb der letzten Phase der Prozessenergiewertstrommethode werden die Maßnahmen, die zu einer verbesserten Energieeffizienz führen, in die Maßnahmenliste der ISO 50001 aufgenommen. Dieser Entschluss basiert darauf, dass die Maßnahmen zur Erreichung des strategischen Unternehmensziels, nämlich Reduzierung der „Gesamt-CO_2-Emission", beitragen.

Eingangsdokument: Maßnahmenliste ISO 50001

Die ISO 50001 gibt keine konkrete Maßnahmenliste vor, sondern definiert ausschließlich Anforderungen an eine Maßnahmenliste. Mit Hilfe der Anforderungen und der Absicht, in die Berechnung zu integrieren, wie viel Prozent vom strategischen Unternehmensziel eine Maßnahme generiert, wurde eine Maßnahmenliste erstellt. Diese ist in Bild 5.27 dargestellt und wird innerhalb des zweiten Schritts der Integrationsphase vollständig ausgefüllt.

Maßnahmenliste ISO50001

	ALLGEMEIN					IST-ANALYSE			SOLL-ANALYSE				ERGEBNIS			
Nr.	Maßnahmen 2016	Monat	Status	Verantwortlicher	Ort	Ist-Energie [kWh/Jahr] Gemessen	Ist-Energie Errechnet	Ist-Energiekosten [€/Jahr]	Soll-Energie [kWh/Jahr] Gemessen	Soll-Energie Errechnet	Soll-Energiekosten [€/Jahr]	Durchführungsjahr	Kosten-Ersparnis [€/Jahr]	kWh-Ersparnis [kWh/Jahr]	CO_2-Ersparnis [Kg CO2/Jahr]	Anteil am strat. Ziel [%]
1																
2																
3																
4																
5																
6																
Gesamt																

Bild 5.27
Maßnahmenliste ISO 50001

 Die erstellte Maßnahmenliste hat sich bereits in einer normgerechten Auditierung durch den TÜV Rheinland bewährt. Die ergänzte Maßnahmenliste kann somit zur Auditierung verwendet werden und bietet die Grundlage, um den letzten Schritt der Prozessenergiewertstrommethode durchzuführen.

5.8.4 Anforderungsnachweis an die Prozessenergiewertstrommethode

Beantwortung der dritten Schlüsselfrage

 Schlüsselfrage

Wie muss die Prozessenergiewertstrommethode konzipiert sein, damit alle Prozessverschwendungen systematisch, kontinuierlich und bewertbar eliminiert und die erkannten Potenziale vollständig umgesetzt werden?

Die Prozessenergiewertstrommethode weist durch das entwickelte Vorgehensmodell eine klar umzusetzende Systematik auf (Bild 5.19 und Bild 5.20). Des Weiteren führen die angefertigten Checklisten zur gezielten Erkennung und anschließenden Eliminierung von allen Prozessverschwendungen (u. a. Tabelle 5.11).

Abschließend ist noch zu kontrollieren, ob die definierten Anforderungen an die Prozessenergiewertstrommethode erfüllt werden. Hierzu wurde Tabelle 5.12 erstellt. Diese Tabelle zeigt in ihrer zweiten Spalte, welcher Schritt der Methode welche Anforderung umsetzt. Festzuhalten ist, dass die entwickelte Prozessenergiewertstrommethode alle Anforderungen erfüllt.

Tabelle 5.12 Nachweis zur Sicherstellung der Anforderungen an die Methode

Anfoderungen an die Prozessenergiewertstrommethode		nachgewiesen in
1.	Maßnahmen aus den Gestaltungsprinzipien der Wertstrommethode sind nur durchzuführen, wenn die Energieeffizienz gleich bleibt oder verbessert wird.	Schritt 2.1 und 2.2
2.	Checkliste der Verschwendungsarten mit Beispielen dienen zur Sofortmaßnahmengenerierung, die durch Kaizen-Blitze gekennzeichnet werden.	Schritt 1.8
3.	Gestaltungsprinzipien der Energiewertstrommethode sind mit den Schlüsselfragen des Energiewertstromdesigns zu vergleichen und bei Bedarf anzupassen.	Schritt 2.1 und Bild 5.22
4.	Maßnahmenpriorisierung resultiert aus der Klassifizierung und einer Wirtschaftlichkeitsberechnung anhand der statischen Amortisationsrechnung.	Schritt 3.1 und 3.2
5.	Soll-Energiewertstrom ist nach der Maßnahmenumsetzung darzustellen, damit die Steigerung der Energieeffizienz mit Kennzahlen verdeutlicht werden kann.	Schritt 4.1
6.	Energiewertstromanalyse beinhaltet CO_2-Daten aller Produktionsprozesse; somit besteht ein Bezug zum strategischen Unternehmensziel „Gesamt-CO_2-Emission".	Schritt 1.4 und 5.2
7.	Kontinuierliches Maßnahmencontrolling erfolgt mit Hilfe einer Maßnahmenliste. Die Energieeffizienzmaßnahmen fließen in die ISO 50001 ein.	Schritt 4.2 und 5.1

■ 5.9 Konzeptverifizierung beim Automobilzulieferer Carcoustics

In diesem Abschnitt wird die entwickelte Prozessenergiewertstrommethode bei dem mittelständischen Automobilhersteller Carcoustics (CC) verifiziert. Die Verifizierung dient als exemplarischer Nachweis der operativen Anwendbarkeit. Die Schlüsselfrage für diesen Abschnitt lautet:

Schlüsselfrage

Welche wettbewerbsstärkenden Vorteile ergeben sich bei einem mittelständischen Automobilzulieferer bei der Anwendung der konzipierten Prozessenergiewertstrommethode?

Besonders bedanken möchten wir uns bei Herrn Bues, Werkleiter des Carcoustics-Standortes Leverkusen, und Herrn Schnabel, Leiter Instandhaltung, für ihre konstruktiven Fragen und Anmerkungen und ihre tatkräftige Unterstützung.

5.9.1 Vorstellung des Unternehmens Carcoustics

Das Unternehmen Carcoustics ist ein innovativer mittelständischer Automobilzulieferer auf internationalem Wachstumskurs mit Hauptsitz in Leverkusen und weiteren zehn Standorten in Europa, Amerika und Asien. Das Unternehmen ging im Jahre 2001 aus einem Eigentümerwechsel und der Umbenennung des Akustikgeschäfts der Firma Illbruck hervor. Im Oktober 2016 kam es zu einem erneuten Investorenwechsel. Der alte Investor Alpinvest verkaufte CC an die chinesische Liaoning Dare Industrial Company. Mit der Dare Gruppe hat CC einen langfristigen strategischen Partner gewonnen. Zusammen mit der aktuellen Geschäftsleitung unter CEO Dr. Peter Schwibinger und CFO Georg Brasch möchte die Dare Gruppe den dynamischen, internationalen Wachstumspfad konsequent weiterführen.

Im Jahr 2015 beschäftigte Carcoustics 1600 Mitarbeiter und erwirtschaftete einen Jahresumsatz von rund 280 Mio. €. Das Unternehmen entwickelt und fertigt lösungsorientierte akustische und thermisch wirksame Bauteile für die Automobilindustrie. Außerdem bietet CC sein breites Produktspektrum mit unterschiedlichen Technologiekompetenzen auch erfolgreich anderen Industriezweigen an. Dazu ist CC in drei Geschäftsbereiche (GB) gegliedert und auf sechs Fertigungsverfahren spezialisiert, die in Bild 5.28 dargestellt sind.

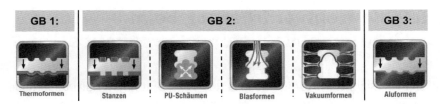

Bild 5.28 Fertigungsverfahren bei Carcoustics (Abbildung mit freundlicher Genehmigung von Carcoustics)

Mit dem gezielten Einsatz dieser Produktionstechnologien werden die folgenden Polaritäten Geräusche (laut/leise), Temperatur (heiß/kalt), Größe (voluminös/kompakt), Gewicht (schwer/leicht), Dichtigkeit (nass/trocken) und Stabilität (flexibel/stabil) optimiert und ein Mehrwert für den Kunden geschaffen.

Die entwickelte Prozessenergiewertstrommethode wird exemplarisch im Geschäftsbereich Thermoformen verifiziert. Aus diesem Grund werden drei Produkte der Technologie in Bild 5.29 aufgeführt.

Bild 5.29 Produktbeispiele der Technologie Thermoformen (Abbildung mit freundlicher Genehmigung von Carcoustics)

Grundsätzlich besteht jedes Produkt im Bereich Thermoformen aus einer Leichtschaumplatte und unterschiedlichen Vliesen. Zuerst wird das Vlies beidseitig auf die Platte kaschiert. Anschließend wird die kaschierte Leitschaumplatte in einem beheizten Werkzeug mit Hilfe einer Heizplattenpresse geprägt. Neben den dargestellten Produktionsbeispielen existieren noch viele weitere Produkte im Produktportfolio aller sechs Produktionstechnologien. Im Normalfall werden alle Produkte spezifisch auf die Kundenanforderungen hin entwickelt und anschließend produziert. Der Kundenstamm des Geschäftsfeldes Automotive Solutions setzt sich aus den großen Automobil- und Nutzfahrzeugherstellern sowie den Systemlieferanten zusammen.

5.9.2 Problemstellung und Zielsetzung bei Carcoustics

Die bereits im Kapitel 5.1 beschriebene Problemstellung hinsichtlich der hohen Energie- und Personalkosten am Industriestandort Deutschland sind ebenfalls beim Automobilzulieferer Carcoustics am Produktionsstandort Leverkusen zu spüren. Infolge des Erneuerbare-Energie-Gesetzes ist der Strompreis an diesem Produktionsstandort im Vergleich zu den anderen weltweiten CC-Standorten hoch. Für eine Kilowattstunde Strom zahlt das Werk Leverkusen rund 0,13 €. Dagegen kostet die Kilowattstunde am Produktionsstandort Österreich lediglich 0,07 €. Somit sind im Werk Leverkusen 0,06 € pro kWh mehr zu zahlen. Zusätzlich existieren durch den Mindestlohn hohe Personalkosten am Produktionsstandort Leverkusen. Ein Produktionsmitarbeiter am Standort Senec in der Slowakei kostet zum Beispiel 22,63 € pro Stunde weniger als ein Mitarbeiter in Leverkusen. Aufgrund dessen, dass verschiedene CC Produktionsstandorte deutlich geringere Gesamtkosten haben und somit kostengünstiger produzieren können, ist die Wettbewerbsfähigkeit des Produktionsstandortes Leverkusen geschwächt. Dies bedingt, dass der Standort Leverkusen bei intern ausgeschriebenen Produktionsaufträgen im Nachteil ist. Damit Leverkusen als Produktionsstandort zukünftig weiter wettbewerbsfähig bleibt, müssen die Energie-, Personal- und Produktionskosten langfristig reduziert werden. Aus diesem Grund besteht auch aus Unternehmenssicht Handlungsbedarf bezüglich der Entwicklung einer Methode zur Reduzierung von allen Prozessverschwendungsarten.

 Die neue Prozessenergiewertstrommethode wird angewendet, um einerseits Energiekosten langfristig zu reduzieren und andererseits Produktionsprozesse kontinuierlich zu verschlanken.

5.9.3 Verifizierung der Prozessenergiewertstrommethode

In diesem Kapitel wird die Prozessenergiewertstrommethode verifiziert. Die Verifizierung erfolgte im Auftrag des Operations Managers und wurde durch mehrere Fertigungsplaner und Lean-Spezialisten unterstützt.

5.9.3.1 Analysephase

Schritt 1.1: Umsatzstärkstes Produkt der Produktfamilie bestimmen

Mit Hilfe der ABC-Umsatzanalyse wurde das umsatzstärkste Produkt der Produktionsfamilie Thermoformen identifiziert. Um die Aktualität der Umsätze zu gewährleisten, wurden nicht die Umsätze des letzten Geschäftsjahres analysiert, sondern die Monatsumsätze von Januar bis August 2016. Damit liegt der Betrachtungszeitraum bei acht Monaten. Ein Auszug aus der ABC-Umsatzanalyse ist in Bild 5.30

dargestellt. Der Auszug beinhaltet nur die klassifizierten A-Produkte. Diese machen rund 80 % des Gesamtumsatzes der Produktfamilie aus. Insgesamt handelt es sich um 31 Produkte mit einem Umsatz von 9,8 Mio. €. Der Gesamtumsatz für alle 143 Produkte liegt dagegen bei 12,3 Mio. €.

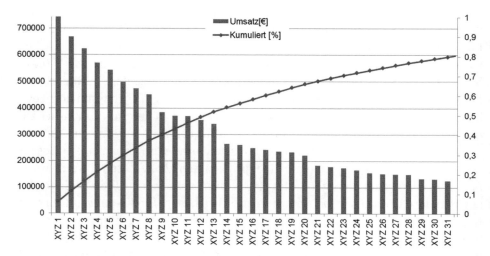

Bild 5.30 ABC-Umsatzanalyse der Produktfamilie Thermoformen (Abbildung mit freundlicher Genehmigung von Carcoustics)

Das umsatzstärkste Produkt der ABC-Umsatzanalyse ist eine Abdämpfung der Motorhaube für die XXX AG. Mit diesem Produkt hat CC in den ersten acht Monaten 2016 einen Umsatz von 0,7 Mio. € erwirtschaftet. Die Motorhauben-Abdämpfung wird unter der Materialnummer XYZ 1 geführt. Eine entsprechende Produktabbildung zeigt Bild 5.31.

Bild 5.31 Produktabbildung der Motorhauben-Abdämpfung (Material-Nr. XYZ 1) (Abbildung mit freundlicher Genehmigung von Carcoustics)

Bevor für dieses Produkt der Prozessenergiewertstrom aufgenommen wird, muss geprüft werden, wie lange noch Kundenaufträge für die Motorhauben-Abdämpfung vorliegen. Alleine für das kommende Geschäftsjahr hat die XXX AG 182 600 Teile zugesichert. Des Weiteren wird mit einem End of Production im Jahr 2022 gerechnet. Damit liegt die Restlaufzeit bei mehr als einem Jahr und der Ist-Prozessenergiewertstrom kann im nächsten Schritt aufgenommen werden.

Schritte 1.2 bis 1.7: Ist-Prozessenergiewertstrom aufnehmen

Die Ergebnisse der Schritte 1.2 bis 1.7 finden sich in Bild 5.32 wieder und sind daher nicht im Einzelnen beschrieben. In Bild 5.32 ist der aufgenommene Ist-Prozessenergiewertstrom dargestellt. Zum besseren Verständnis wird im Anschluss auf bestimmte Bestandteile des Prozessenergiewertstroms eingegangen.

In den acht Betrachtungsmonaten hat der OEM 111 800 Stück abgerufen. Im Normalfall wird die Motorhauben-Abdämpfung bis zu sechs Mal in der Woche an den OEM geliefert. Für die Fertigung der Stückzahl hatte Carcoustics 168 Fertigungstage (FT) mit jeweils 22,5 Stunden zur Verfügung, da innerhalb der Pausenzeiten nicht produziert wird. Unter Berücksichtigung dieser Daten ergibt sich mit Formel 5.1 ein errechneter Kundentakt (KT) von 121,72 Sekunden pro Stück.

Zur Herstellung des Produktes bezieht CC drei unterschiedliche Materialien von zwei verschiedenen Lieferanten. Das Produkt besteht aus einer Leichtschaumplatte und jeweils einem Vlies für die Ober- und Unterseite der Platte. Alle weiteren spezifischen Lieferanten- und Materialdaten befinden sich in dem entsprechenden Datenkasten, der links positioniert ist.

Beim Aufnehmen des Prozessenergiewertstroms in der Produktion wurden alle Kennwerte der Produktionsprozesse, wie z. B. die Bearbeitungszeit in Sekunden pro Platte und der Stromverbrauch in kWh, mehrmals gemessen und erfasst. Zur Energieerfassung wurden sowohl mobile, als auch stationäre Messgeräte verwendet. Die bei der Herstellung der Motorhauben-Abdämpfung zu betrachtenden Produktionsschritte sind das Kaschieren der Leichtschaumplatten mit dem Vlies und das anschließende Prägen der kaschierten Leichtschaumplatten an der Heizplattenpresse 1. Bei der Bearbeitungszeit pro Stück ist zu beachten, dass aus einer kaschierten Leichtschaumplatte am Ende des zweiten Prozessschritts zwei Produkte entstehen. Das liegt daran, dass ein Werkzeug mit zwei Nutzen verwendet wird. Daher sind die gemessenen Bearbeitungszeiten der Prozessschritte durch zwei zu dividieren. Bei der Ermittlung des Prozessenergiewertstroms wurden ausschließlich die Bearbeitungszeiten aufgenommen, da nur ein Betriebsmittel für jeden Produktionsschritt zur Verfügung steht. In diesem Fall entspricht die Zykluszeit der Bearbeitungszeit. Existieren dagegen mehrere Betriebsmittel für einen Produktionsprozess oder handelt es sich um einen Chargen- oder Durchlaufprozess, dann ist die Zykluszeit zu berechnen.

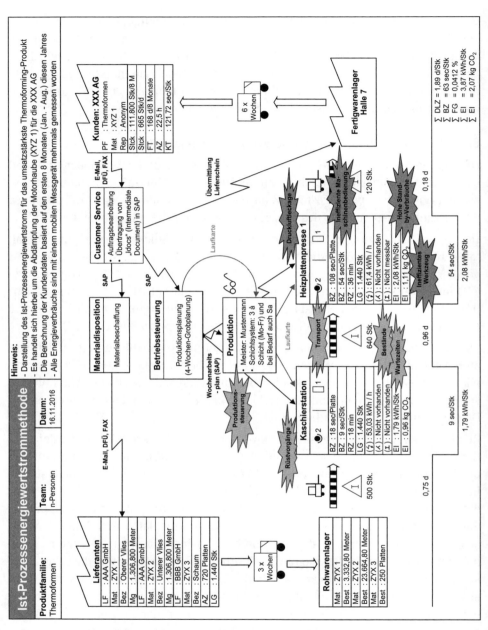

Bild 5.32 Ist-Prozessenergiewertstrom mit Prozessverschwendungsarten (Abbildung mit freundlicher Genehmigung von Carcoustics)

In der Produktion existieren ausschließlich Push-Materialflüsse und normale Lagerflächen, d. h. es existieren keine Supermarkt-Lager. Alle manuellen und elektrischen Informationsflüsse sind im Prozessenergiewertstrom aufgenommen und dienen zur

Steuerung der zwei Produktionsprozessschritte. Die Produktion wird durch die Betriebsteuerung mit einem Planungshorizont von vier Wochen basierend auf den Kundenbedarfen grob geplant. Aufbauend auf der Grobplanung leitet der Produktionsplaner eine wöchentliche Feinplanung ab. Die Feinplanung erfolgt in Excel und bestimmt die Zuordnungs- und Reihenfolgeplanung der Anlagen. Diese ist abgelegt und kann an jedem Computer in der Produktion eingesehen werden. Zusätzlich erstellt der Produktionsplaner Laufkarten, die an den Meister der Schicht händisch übergeben werden. Der Meister übergibt diese dann an die jeweiligen Anlagen.

Die Bewertungslinie zur Darstellung von Bewertungskennzahlen ist im unteren Bereich des Ist-Prozessenergiewertstroms eingezeichnet. Zur Berechnung der Bestandsreichweite wurde der Lagerbestand vor, zwischen und nach den Prozessschritten durch den durchschnittlichen täglichen Kundenbedarf dividiert. Bei einem Fertigungslagerbestand von 120 Stück und einem Tagesbedarf von 665 Stück ergibt sich eine Bestandsreichweite von 0,18 Tagen. Die Summe aus den Bestandsreichweiten und den Bearbeitungszeiten der Prozessschritte ergeben die Durchlaufzeit (DLZ). Diese liegt bei 1,89 Tagen pro Stück. Um eine spätere Prozessoptimierung bewerten zu können, ist der Flussgrad zu berechnen. Dieser ergibt sich aus der Division der Summe der Bearbeitungszeiten durch die errechnete DLZ. Der Flussgrad im aufgenommenen Prozessenergiewertstrom liegt bei rund 0,0412 %.

Die Energieintensität (EI) ist eine Kennzahl zur Bewertung von Energieoptimierungen und drückt aus, wie viel Energie in kWh ein Produkt zur Herstellung eines Prozessschrittes benötigt. Für beide Prozessschritte ist die EI mit Hilfe der Formel 5.3 errechnet und unterhalb der Bewertungslinie protokolliert worden. Zur Herstellung einer Motorhauben-Abdämpfung werden insgesamt 3,87 kWh benötigt. Abschließend wurde die EI durch die Multiplikation mit dem CO_2-Umrechnungsfaktor in kg CO_2 errechnet.

Die erkannten Prozessverschwendungen sind in Bild 5.27 bereits gekennzeichnet und werden mit dem achten Schritt der Analysephase erläutert.

Schritt 1.8: Prozessverschwendungen mit Hilfe der Checkliste identifizieren, um Sofortmaßnahmen zu generieren

Durch die Aufnahme des Prozessenergiewertstroms und unter Verwendung der erstellten Checkliste mit den Prozessverschwendungsarten sind Verschwendungen erkannt worden. Diese sind durch Kaizen-Blitze im Prozessenergiewertstrom gekennzeichnet und dienen der Generierung von Sofortmaßnahmen. Alle Prozessverschwendungsarten in Bezug auf eine Prozessoptimierung sind durch hellgraue Kaizen-Blitze gekennzeichnet. Dagegen sind die Verschwendungsarten bezüglich einer Energieoptimierung durch dunkelgraue Kaizen-Blitze dargestellt. Tabelle 5.13 listet die sechs identifizierten Prozessverschwendungen mit einer kurzen Beschreibung auf. Daraus resultieren Sofortmaßnahmen, die im Anschluss beschrieben werden.

Tabelle 5.13 Identifizierte Sofortmaßnahmen im Ist-Prozessenergiewertstrom (Tabelle mit freundlicher Genehmigung von Carcoustics)

Prozessverschwendungen	Beschreibung der Prozessverschwendung
1. Rüstvorgänge	Das obere Vlies mit der Material-Nr. ZYX 1 wird in 500-Meter-Rollen angeliefert, das untere Vlies in 1000-Meter-Rollen, was zu einem erhöhten Umrüsten führt.
– Weitere Prozessverschwendungen	Die weiteren Prozessverschwendungen wie z. B. Warte- und Transportzeiten werden erst mit den Gestaltungsprinzipien in der Designphase eliminiert.
2. Hohe Stand-by-Verbräuche	Der Hydraulikmotor wird in den Pausen nicht abgeschaltet und verbraucht damit unnötig Strom, obwohl die Prozesssicherheit beim Abschalten gewährleistet ist.
3. Hohe Stand-by-Verbräuche	Die Abluft zur Absaugung der entstehenden Dämpfe an der Heizplattenpresse wird in den Pausen nicht abgeschaltet und steigert somit den Stromverbrauch.
4. Ineffizientes Werkzeug	Die Produktionsmitarbeiter verwenden zur Entformung des Fertigteiles aus der Grundplatte einen Heißluftfön, was ebenfalls zu kleinen Stromverbräuchen führt.
5. Druckluftleckage	Die identifizierte Druckluftleckage an einem Schlauch der Heizplattenpresse verursacht einen erhöhten Druckluftverbrauch im Normalbetrieb.
6. Ineffiziente Maschinenbedienung	Der Werkzeugoberkasten wird in den Pausenzeiten häufig nicht ganz zugefahren, sodass durch das Nachregeln der Temperatur erhöhte Stromverbräuche entstehen.

Bevor die Sofortmaßnahmen aus den Prozessverschwendungen beschrieben werden, ist zu bemerken, dass sich alle Einsparungen auf die zugesicherte Stückzahl von 182 600 beziehen werden. Damit ist eine einheitliche Bemessungsgrundlage gegeben und die einzelnen Maßnahmen können besser miteinander verglichen werden.

1. Die obere Vliesrolle ist in einer 1000-Meter-Rolle zu beschaffen

Im Rahmen der Analysephase wurde erkannt, dass die obere Vliesrolle mit der Materialnummer ZYX 1 als 500-Meter-Rolle angeliefert wird, wohingegen die untere eine Länge von 1000 m hat. Mit der oberen Rolle wird die Plattenoberseite und mit der unteren Rolle die Plattenunterseite kaschiert. Aufgrund der unterschiedlichen Rollenlängen kommt es zu häufigeren Produktionsunterbrechungen, da die obere Vliesrolle doppelt so häufig gerüstet werden muss wie die untere. Zur Fertigung einer Losgröße von 1440 Stück werden pro Plattenseite 1360,80 m Vlies benötigt. Daraus ergibt sich ein Bedarf an Vlies von 0,945 m pro Stückseite.

Unter Berücksichtigung der im nächsten Geschäftsjahr zugesicherte Produktionsmenge werden 172 557 m Vlies pro Stückseite benötig. Um abschließend die Anzahl der Rüstvorgänge zu erhalten, sind die 172 557 m durch die 500 m zu dividieren. Im Falle einer Herstellung ohne Ausschuss, müsste die Kaschierstation alleine für die obere Vliesrolle 346-mal gerüstet werden. Dazu ist bei jedem zweiten Rüstvorgang die untere Vliesrolle mit der Materialnummer ZYX 2 mit zu rüsten.

Falls die Materialdisposition von CC zukünftig zwei 1000-Meter-Rollen beschaffen würde, müsste im nächsten Geschäftsjahr nur noch 173-mal gerüstet werden. Hierbei ist anzumerken, dass der Rüstwechsel beider Rollen länger dauert als eine Rolle zu wechseln. In der Summe existiert dennoch eine Ersparnis, da sich die Anlaufzeiten der Kaschierstation um die Hälfte reduzieren. Die Sofortmaßnahme wird nicht monetär ausgedrückt, da die Energieeffizienzmaßnahmen im Vordergrund stehen und die Berechnung von mehreren Variablen wie z. B. dem Materialverschnitt und den detaillierten Rüstzeiten abhängt.

Abschließend ist zuzusichern, dass die erkannte Sofortmaßnahme die Energieeffizienz nicht verschlechtert und somit den definierten Grundsatz der Prozessoptimierungsmethode erfüllt. Daher ist die Ampel der Sofortmaßnahme in der Ideenliste der zweiten Phase auf grün zu setzten.

2. Der Hydraulikmotor ist in jeder Pausenzeit abzuschalten

Bei der Aufnahme des Ist-Prozessenergiewertstroms ist erkannt worden, dass die Hydraulik in den Pausenzeiten nicht abgeschaltet wird. Nach Rücksprache mit den Verantwortlichen der Bereiche Produktion, Instandhaltung und Qualitätssicherung ist anzuordnen, dass der Hydraulikmotor, ohne die Prozesssicherheit zu gefährden, abgeschaltet werden kann. Der Hydraulikmotor besitzt bei Vollauslastung eine Anschlussleistung von rund 30 Kilowatt (kW). In den Pausenzeiten befindet sich der Motor im Leerlauf und weist daher eine kleinere Leistung auf. Um den tatsächlichen Stromverbrauch im Leerlauf bestimmen zu können, wurde dieser in mehreren Pausenzeiten mittels eines mobilen Messgeräts in Kilowattstunden (kWh) gemessen. Der Mittelwert aller zehn Messungen ergab, dass der Hydraulikmotor der Heizplattenpresse in einer fünfzehnminütigen Pause 7,90 kWh verbraucht. Um die Ersparnis pro Arbeitstag (AT) zu berechnen, muss der gemessene Verbrauch von 7,90 kWh mit der Pausenanzahl pro AT multipliziert werden. Daraus ergibt sich eine Ersparnis von 47,40 kWh pro AT. Bei einem Strompreis von 0,13 € pro kWh entspricht das rund 6,16 € pro Arbeitstag.

Diese Ersparnis wird nun auf die im kommenden Jahr fest zugesicherte Stückzahl bezogen. Um die Stückzahl von 182 600 produzieren zu können sind 122 Arbeitstage notwendig. Diese ergeben sich aus der aufgenommenen Bearbeitungszeit der Heizplattenpresse und den Arbeitsstunden pro Arbeitstag. Die Berechnung ist mit Formel 5.6 durchgeführt.

Formel 5.6 Berechnung der Arbeitstage für die definierte Stückzahl im Jahr 2017

Arbeitstage [sec]	= 182.600 [Stk] × 54 [sec / Stk]	= 9.860.400 sec
Arbeitstage [h]	$= \dfrac{9.860.400 \,[\text{sec}]}{3.600 \,[\text{sec} / \text{h}]}$	= 2.739 h
Arbeitstage [d]	$= \dfrac{2.739 \,[\text{h}]}{22{,}5 \,[\text{h} / \text{d}]}$	= 121,73 d $\triangleq$ **122 d**

Um die Gesamtersparnis abschließend monetär ausdrücken zu können, sind die 6,16 € pro AT mit den 122 Tagen zu multiplizieren. Carcoustics kann alleine durch diese Sofortmaßnahme beim Auftrag der XXX AG im folgenden Geschäftsjahr rund 750 € einsparen. Die identifizierte Sofortmaßnahme ist ohne Probleme auch auf alle Heizplattenpressen im Werk zu übertragen. Eine erste Analyse bei einer 80-prozentigen Auslastung aller vergleichbaren Anlagen ergibt ein Einsparungspotenzial von insgesamt ca. 9800 €.

3. Die Abluft ist in jeder Pausenzeit abzuschalten

Ebenfalls wurde erkannt, dass in den Pausen die Abluft von den Maschinenbedienern nicht ausgeschaltet wird. Die Abluft kann, wie auch die Hydraulik, in den produktionsfreien Zeiten ohne Beeinträchtigung des Produktionsprozesses abgeschaltet werden. Die Absaugung verbraucht in einer fünfzehnminütigen Pause 3,00 kWh. Dabei wurde das mobile Messgerät ausschließlich an die Stromleitung der Abluft angeschlossen, um die Messsicherheit zu gewährleisten. An einem Arbeitstag kann durch diese Sofortmaßnahme an der Heizplattenpresse 1 bis zu 18,00 kWh Strom eingespart werden. Dies entspricht 2,34 € pro AT.

Das Einsparpotenzial dieser Sofortmaßnahme summiert sich im kommenden Geschäftsjahr auf bis zu 285 €. Diese Berechnung basiert auf denselben Bedingungen, die in der zweiten Sofortmaßnahme bereits erläutert wurden. Wird diese Sofortmaßnahme bei allen vergleichbaren Heizplattenpressen umgesetzt, ergibt sich insgesamt eine Reduzierung der Stromkosten von ca. 3700 €. Bei dieser Analyse wurde mit einer Anzahl von acht Heizplattenpressen, einer Auslastung von 80 % und 249 Arbeitstagen kalkuliert.

4. Die Entformung ist mit einem Skalpell durchzuführen

Die Maschinenbediener können zur Entformung des Fertigteils aus der geprägten Grundplatte sowohl einen Heißluftfön, als auch ein Skalpell benutzen. In Anbetracht der Tatsache, dass die Energie als achte Verschwendungsart anzusehen ist, liegt bei der Verwendung des Heißluftföns eine Prozessverschwendung vor. Diese ist zukünftig zu eliminieren.

Der verwendete Heißluftfön besitzt eine Leistung von ca. 2,00 kW und wird nach mehreren Zeitabschätzungen zwischen fünf und zehn Sekunden verwendet. Unter Berücksichtigung der zu produzierenden Stückzahl im nächsten Jahr und einer durchschnittlichen Verwendungszeit von 7,5 Sekunden pro Stück, ergibt sich eine Betriebszeit von rund 380 Stunden. Demzufolge verbraucht der Heißluftfön ca. 760 kWh. Auf der Grundlage des aktuellen Strompreises entspricht das einer Einsparung von ungefähr 100 €. Diese Sofortmaßnahme kann ebenfalls auf einige andere Produkte der Produktfamilie übertragen werden, wodurch mehrere hundert Euro pro Jahr eingespart werden können. Die Mitarbeiter, besonders neue Mitarbeiter, sind im ordnungsgemäßen Umgang mit dem Skalpell zu schulen. Diese Sofortmaßnahme wurde im Rahmen eines Gesprächs mit einem der Produktionsmitarbeiter identifiziert.

5. Die erkannte Druckluftleckage ist zu beseitigen

Bei der gezielten Suche nach Druckluftleckagen während der Aufnahme des Ist-Prozessenergiewertstroms wurde ein poröser Schlauch erkannt. Der Druckluftverbrauch ist im Wertstrom nicht mit aufgenommen, da der Einbau einer Messsonde in die Leitung zu viel Aufwand mit sich gebracht hätte. Infolgedessen konnte der erhöhte Verbrauch nicht gemessen werden. Daher ist die monetäre Einsparung der Sofortmaßnahme nicht auszudrücken, aber dennoch relevant.

Generell ist der Verbrauch an Druckluft im Produktionsprozess des Energiewertstroms als gering einzuschätzen. Diese wird ausschließlich benötigt, um gelochte Ausprägungen an der Motorhauben-Abdämpfung noch im Werkzeug mit Luftdruck zu entfernen. Damit entfällt der Arbeitsgang des Stanzbutzens für den Mitarbeiter an der Heizplattenpresse.

6. Der Werkzeugoberkasten ist in jeder Pausenzeit herunterzufahren

In den meisten Fällen wird der Werkzeugoberkasten in den Pausenzeiten nicht zugefahren. Das hat zur Folge, dass die beheizten Werkzeugkästen schneller abkühlen und somit die Heizpatronen mehr Strom zur Nachregelung der Temperatur benötigen. Speziell in den Wintermonaten kann dies enorme Auswirkungen auf den Energieverbrauch einer Heizplattenpresse haben. Die untersuchte Heizplattenpresse 1 befindet sich außerdem in unmittelbarer Nähe zu den Versandtoren des Werkes, sodass die Halle und das geöffnete Werkezeug beim Öffnen der Tore zusätzlich abkühlen.

Die Messungen mit dem mobilen Messgerät ergaben einen Unterschied von ca. 3,40 kWh pro Pause. Das entspricht einer Tagesersparnis von 2,65 €. Unter Berücksichtigung der gleichen Annahmen wie bei der zweiten und dritten Sofortmaßnahme können durch diese Umsetzung im nächsten Geschäftsjahr bei der Herstellung der Motorhauben-Abdämpfung rund 320 € eingespart werden. Auch diese Sofortmaßnahme ist auf weitere Heizplattenpressen im Werk umgehend zu übertragen. Die erste Analyse ergab für das folgende Geschäftsjahr eine Ersparnis von ca. 4200 €.

Durch den letzten Schritt der Analysephase wurden die Prozessverschwendungen mit Hilfe der Checkliste identifiziert und es konnten Sofortmaßnahmen generiert werden. Das Ausgangsdokument der ersten Phase ist der Ist-Prozessenergiewertstrom, welcher in Bild 5.27 bereits dargestellt ist.

5.9.3.2 Designphase

Schritt 2.1: Vierzehn Gestaltungsprinzipien mit Hilfe der Checkliste plausibilisieren, um Maßnahmen zu generieren

Im ersten Schritt der Designphase dient der Ist-Prozessenergiewertstrom als Eingangsdokument. Auf Basis des Prozessenergiewertstroms und unter Verwendung der erstellten Checkliste mit den Prinzipien sind sowohl Energie-, als auch Prozessoptimierungsmaßnahmen zu generieren. Zur besseren Übersicht wurde auf die Plausibilisierung aller Gestaltungsprinzipien verzichtet. Dennoch wurden alle Gestaltungsprinzipien in Gesprächen mit den Verantwortlichen der Produktion, Planung und Instandhaltung plausibilisiert. Die in den Gesprächen definierten, potenziellen Gestaltungsprinzipien sind in Tabelle 5.14 aufgelistet und kurz beschrieben. Alle Gestaltungsprinzipien hinsichtlich einer Energieoptimierungsmaßnahme sind dunkelgrau hinterlegt. Hingegen ist der Hintergrund bei den Prinzipien bezüglich einer Prozessoptimierungsmaßnahme hellgrau. Zusätzlich zum gefärbten Hintergrund verweist die Zahl in Klammern auf das entsprechende Gestaltungsprinzip der Checkliste.

Tabelle 5.14 Plausibilisierte Gestaltungsprinzipien im Ist-Prozessenergiewertstrom (Tabelle mit freundlicher Genehmigung von Carcoustics)

Gestaltungsprinzipien		Beschreibung des Gestaltungsprinzips
1.	Energiebedarf im Normalbetrieb reduzieren (2)	Die Abluft zur Absaugung der entstehenden Dämpfe beim Öffnen des Werkzeugoberkastens an der Heizplattenpresse läuft permanent im Produktionsprozess, obwohl im Prägeprozess keine Absaugung notwendig ist.
2.	Energiebedarf im Normalbetrieb reduzieren (2)	Das Werkzeug zum Prägen wird mit Hilfe von Heizpatronen auf die vorgesehene Temperatur gebracht, obwohl andere Energiearten, wie z. B. Gas oder Öl, bessere Wirkungsgrade besitzen und zusätzlich kostengünstigere Ressourcen als Strom sind.
3.	Energiebedarf im Normalbetrieb reduzieren (2)	Das erwärmte Hydrauliköl wird durch einen Luftkühler an der Hallendecke heruntergekühlt, obwohl ein Wärmetauscher mit einem Kühlaggregat am Boden einen geringeren Energiebedarf hat bzw. weniger Strom zur Kühlung verbraucht.

Tabelle 5.14 *Fortsetzung*

Gestaltungsprinzipien		Beschreibung des Gestaltungsprinzips
4.	Energiebereitstellung & Energie-verbrauch synchronisieren (8)	Die Heizung der Warmwasserboiler ist für die Sommer-monate überdimensioniert, d. h. der Gas-Brennwertkessel mit einer Anschlussleistung von 1750 kW benötigt zur Beheizung der 900 Liter Wasser für den Sanitärbereich zu viel Gas.
5.	Kontinuierliche Fließfertigung einführen (10)	Die erkannten Prozessverschwendungen zwischen der Kaschierstation und der Heizplattenpresse sind kein verfahrenstechnisches „Muss" für eine Zwischenlagerung, sondern entstehen durch die unterschiedlichen Bearbei-tungszeiten.

Dieses Kapitel konzentriert sich auf zwei der identifizierten Gestaltungsprinzi-pien und den daraus resultierenden Energie- und Prozessoptimierungsmaßnah-men. Im Hinblick auf eine akkurate Erfassung und Quantifizierung der Daten mit den vorhandenen Messinstrumenten wurde das erste und fünfte Gestaltungsprin-zip zur eingehenden Bearbeitung ausgewählt. Des Weiteren ermöglichen die zwei ausgewählten Maßnahmen eine zeitnahe Umsetzung. Dennoch sollten auch die anderen erkannten Gestaltungsprinzipien zukünftig betriebsintern weiterverfolgt werden.

1. Die Abluft muss im Normalbetrieb frequenzgeregelt gesteuert werden

Die Abluft ist im Produktionsprozess des Prägens notwendig, um die entstehenden Dämpfe beim Öffnen des Werkzeugoberkastens abzusaugen. Jedoch ist bei der Auf-nahme des Ist-Prozessenergiewertstroms erkannt worden, dass der Abluftantrieb kontinuierlich im Produktionsprozess läuft. Durch das Nachrüsten eines Frequenz-umrichters für den Abluftantrieb kann der Verbrauch von elektrischer Energie im Normalbetrieb an der Heizplattenpresse 1 reduziert werden.

Ein Frequenzumrichter besitzt die Fähigkeit, die sinusförmige Wechselspannung des elektrischen Stromnetzes in eine Wechselspannung mit veränderlicher Fre-quenz und Amplitude umzuwandeln. Durch die Installation eines Frequenzum-richters stehen dem Abluftantrieb der Heizplattenpresse 1 zwei unterschiedliche Betriebsfrequenzen zur Verfügung. In Abhängigkeit von der jeweiligen Betriebs-frequenz lässt sich die Leistung des Abluftantriebs bedarfsgerecht verändern. Bei der geringen Betriebsfrequenz reduziert sich die Drehzahl des Drehstrom-motors und somit auch die Leistung bzw. der Energieverbrauch. Demzufolge soll der Frequenzumrichter den Abluftantrieb bedarfsgerecht steuern, indem der Motor während des Prägeprozesses ausschließlich die geringe Betriebsfrequenz erhält.

Der Mitarbeiter betätigt nach dem Einlegen der kaschierten Leichtschaumplatte in die Heizplattenpresse einen Buzzer, um den Prägeprozess für 45 Sekunden einzulei-ten. Durch die Betätigung des Buzzers schaltet der Frequenzumrichter den Abluftantrieb für 42 Sekunden in die geringere Betriebsfrequenz. In dieser Zeit verbraucht der Abluftantrieb eine zu vernachlässigende elektrische Energie. Daher kann der gemessene Energieverbrauch der höheren Betriebsfrequenz im Normalbetrieb während der Prägezeit von 45 Sekunden pro Platte als Energieersparnis angesehen werden. Im nächsten Abschnitt wird die Energieersparnis mit Hilfe von aufgenommenen Werten verdeutlicht.

Die Heizplattenpresse 1 benötigt zur Herstellung einer Platte 108 Sekunden, d. h. die Presse kann in einer Stunde bis zu 33 Platten herstellen. Durch die Multiplikation der 33 Platten mit der Prägezeit von 45 Sekunden pro Platte errechnet sich die Zeit, in der die Abluft mit einer geringeren Betriebsfrequenz arbeitet. Die berechnete Zeit beträgt rund 0,41 Stunden. Aus den Messungen der dritten Sofortmaßnahme ist bekannt, dass die Abluft in einer Stunde rund 12,00 kWh verbraucht. Mit Hilfe des mathematischen Verfahrens des Dreisatzes wird die Energieersparnis in Kilowattstunde mit der Formel 5.7 berechnet.

Formel 5.7 Berechnung der Energieersparnis für den Frequenzumrichter in kWh

$$\text{Energieersparnis [kWh]} \quad = \frac{12,00 \text{ [kWh] x } 0,41 \text{ [h]}}{1 \text{ [h]}} = 4,92 \text{ kWh}$$

Aus der errechneten Energieeinsparung von 4,92 kWh und den 22,5 Arbeitsstunden pro Tag resultiert ein tägliches Einsparpotenzial von rund 110,70 kWh. Unter Berücksichtigung des Strompreises von 0,13 € pro kWh, beträgt die Einsparung rund 14,39 € pro Tag. Das Einsparpotenzial dieser Energieoptimierungsmaßnahme summiert sich in einem Geschäftsjahr auf ca. 1750 €. Dieser Betrag wird erzielt, wenn die Heizplattenpresse ausschließlich das umsatzstärkste Produkt für die XXX AG produziert. Aufgrund der Tatsache, dass auf dieser Heizplattenpresse weitere Produkte gefertigt werden und die geplante Auslastung im nächsten Geschäftsjahr bei 114 % liegt, ist insgesamt mit einer erheblich höheren Einsparung zu rechnen.

Abschließend ist zu erwähnen, dass die Energieoptimierungsmaßnahme mit dem Abteilungsleiter der Instandhaltung auf ihre Umsetzbarkeit plausibilisiert wurde und ebenfalls auf die anderen Heizplattenpressen übertragbar ist. Für die Maßnahmenumsetzung ist jedoch eine Investition notwendig. Daher wird diese in der dritten Entscheidungsphase auf ihre Wirtschaftlichkeit geprüft.

2. Der kontinuierliche Fluss muss zwischen den Produktionsschritten entstehen

Im Ist-Prozessenergiewertstrom ist zu erkennen, dass zwischen der Kaschierstation und der Heizplattenpresse mehrere Prozessverschwendungsarten entstehen. Die Bestände und die Wartezeiten resultieren im Produktionsprozess nicht aus verfahrenstechnischen Gründen, sondern aus den stark unterschiedlichen Bearbeitungszeiten der Kaschierstation und der Heizplattenpresse 1. Der Produktionsprozess des Kaschierens dauert lediglich 9 Sekunden pro Stück, wohingegen das Prägen der Motorhauben-Abdämpfung 54 Sekunden benötigt. Zusätzlich befinden sich beide Anlagen in unterschiedlichen Produktionshallen, weshalb die kaschierten Leichtschaumplatten zu transportieren sind. Damit kommt es zu einer weiteren Prozessverschwendungsart.

Mit Hilfe einer kontinuierlichen Fließfertigung zwischen dem Kaschier- und Prägeprozess könnten die identifizierten Verschwendungsarten eliminiert werden. Des Weiteren wird die kontinuierliche Fließfertigung mit dem zehnten Gestaltungsprinzip der erstellten Checkliste gefordert, da es die effektivste Art zu fertigen ist.

Um den Zustand einer kontinuierlichen Fließfertigung bei der Herstellung des umsatzstärksten Produktes zu implementieren, sind die zu kaschierenden Leichtschaumplatten nicht an der Kaschierstation, sondern an einem Handkaschiertisch an der Heizplattenpresse herzustellen. Hierbei ist zu beachten, dass die Bearbeitungszeiten der Produktionsprozesse gleichlang dauern müssen. Auf diese Weise ist der Produktionsprozess nivelliert und die kontinuierliche Fließfertigung ist umsetzbar. Diese Prozessoptimierungsmaßnahme konnte in der Produktion bereits erstmalig getestet werden, da Carcoustics für das Szenario eines Ausfalls der Kaschierstation einen Handkaschiertisch besitzt. In Bild 5.33 ist ein vergleichbarer Handkaschiertisch dargestellt.

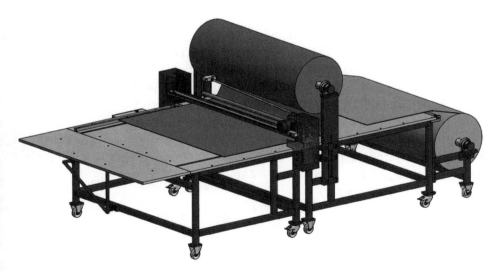

Bild 5.33 Exemplarische Darstellung des Handkaschiertisches (Abbildung mit freundlicher Genehmigung von Carcoustics)

Durch die Umstellung des Kaschierprozesses auf das Handkaschieren werden die zwei Mitarbeiter an der Kaschierstation über die vorgebebene Produktionszeit eingespart. Des Weiteren reduziert sich der Personaleinsatz an der Heizplattenpresse von zwei auf eine Person. Der zweite, frei gewordene Produktionsmitarbeiter übernimmt das Handkaschieren und bestückt die Heizplattenpresse 1 mit den kaschierten Leichtschaumplatten. Damit wird der Fertigungsprozess von einseitig auf beidseitig umgestellt, d. h. der eine Mitarbeiter kaschiert von der einen Anlagenseite und der andere Mitarbeiter entnimmt und bearbeitet die Motorhauben-Abdämpfung von der anderen Anlagenseite nach. Diese Umstellung ist aufgrund der langen Präge- und den kurzen Nachbearbeitungszeiten möglich. Die sachbezogene und persönliche Verteilzeit der Produktionsmitarbeiter ist bei dieser Produktionsoptimierungsmaßnahme berücksichtigt worden. Im nächsten Abschnitt wird der geldwerte Vorteil der Prozessoptimierungsmaßnahme hinsichtlich der zugesicherten Produktionsmenge beschrieben.

Als erstes wird die Personaleinsparung der zwei Mitarbeiter an der Kaschierstation beschrieben. Dazu ist zunächst die Stückzahl von 182 600 mit der Bearbeitungszeit von 9 Sekunden pro Stück zu multiplizieren. Daraus ergibt sich die berechnete Betriebszeit von 456,50 Stunden, in der die zwei Mitarbeiter die Kaschierstation bedienen. Um abschließend die Personaleinsparung in € auszudrücken, sind die Mitarbeiterkosten pro Stunde mit der errechneten Betriebszeit zu multiplizieren. Unter Berücksichtigung der Lohnkosten und Lohnfolgekosten eines Mitarbeiters von 34,00 € pro Stunde und der benötigten Mitarbeiteranzahl errechnet sich eine Personalkosteneinsparung von ca. 31 000 €.

Aufgrund der Tatsache, dass der Handkaschiertisch in der Summe weniger Energie als die Kaschierstation benötigt, resultiert eine zusätzliche Energiekosteneinsparung. Damit wird ebenfalls der definierte Grundsatz der Prozessoptimierungsmethode erfüllt, welcher eine Prozessoptimierung nur bei gleicher oder verbesserter Energieeffizienz fordert. Die folgende Berechnung basiert auf der zugesicherten Stückzahl, den erfassten Bearbeitungszeiten, den gemessenen Energieverbräuchen pro Kilowattstunde und dem aktuell zu zahlenden Strompreis von 0,13 € pro kWh. Die Einsparung der Energiekosten erfolgt durch eine Gegenüberstellung der Kaschierstation mit dem Handkaschiertisch in Formel 5.8.

Formel 5.8 Berechnung der Energieersparnis im Kaschierprozess in € pro Jahr

---

Energieverbrauch der Kaschierstation [€ / a]

Betriebszeit [h / a] $= \dfrac{182.600 \ [\text{Stk} / \text{a}] \ \times \ 9 \ [\text{sec} / \text{Stk}]}{3600 \ [\text{sec} / \text{h}]}$ = 456,50 [h / a]

Energieverbrauch [kWh /a] = 456,50 [h / a] x 53,03 [kWh / h]   = 24.208,20 [kWh / a]

Energieverbrauch [€ / a]   = 24.208,20 [kWh / a] x 0,13 [€ / kWh] = 3.147,07 [€ / a]

Energieverbrauch des Handkaschiertisches [€ / a]

Betriebszeit [h / a] $= \dfrac{182.600 \ [\text{Stk} / \text{a}] \ \times \ 54 \ [\text{sec} / \text{Stk}]}{3600 \ [\text{sec} / \text{h}]}$ = 2.739 [h /a]

Energieverbrauch [kWh /a] = 2.739 [h / a] x 0,177 [kWh / h]   = 484,80 [kWh / a]

Energieverbrauch [€ / a]   = 24.208,20 [kWh / a] x 0,13 [€ / kWh] = 63,02 [€ / a]

Energieersparnis im Kaschierprozess [€ / a]

Energieersparnis [€ / a]   = 3.147 [€ / a] − 63 [€ / a] $\triangleq$ **3.084 [€ / a]**

Die identifizierte Prozessoptimierungsmaßnahme führt nach der neuen Prozess-energiewertstrommethode zu den folgenden Einsparungen:

- Einsparung durch Prozessverbesserung: 31 042 [€/a]
- Einsparung durch Energieeffizienzverbesserung: 3084 [€/a]
- Gesamteinsparung durch Prozessenergiewertstrom: 34 126 [€/a]

Zur Umsetzung der Prozessoptimierungsmaßnahme ist die Investition eines Hand-kaschiertisches erforderlich. Aus diesem Grund ist die Maßnahme, ebenfalls wie die andere Energieoptimierungsmaßnahme, auf ihre Wirtschaftlichkeit im Rahmen der Prozessenergiewertstrommethode hin zu untersuchen und gegebenefalls zu bestätigen.

Außerdem ist die Werkstattsteuerung theoretisch durch den Meister bei der Herstellung der Motorhauben-Abdämpfung nicht mehr erforderlich. Dies liegt daran, dass mit der kontinuierlichen Fließfertigung gewissermaßen auch das zwölfte Prinzip der Checkliste umgesetzt wird. Das zwölfte Gestaltungsprinzip fordert die Produktionsplanung auf, nur einen Produktionsprozess anzusteuern. In diesem Fall könnte der Produktionsplaner die Laufkarten sofort an den Mitarbeiter des Handkaschiertisches weiterreichen, damit dieser den Produktionsprozess zur richtigen Zeit beginnt. Aufgrund der Tatsache, dass nicht alle Produkte im Bereich

Thermoformen und deren Produktionsprozesse so gesteuert werden, ist jedoch weiterhin der zuständige Meister einzusetzen. Zusätzlich kümmert er sich um operative Probleme im Produktionsalltag wie z. B. ungeplante Maschinenausfälle und die Personaleinsatzplanung bei kurzfristiger Krankheit.

Schritt 2.2: Sofortmaßnahmen, Energie- und Prozessoptimierungsmaßnahmen protokollieren und vorselektieren

Im zweiten Schritt wurden die acht identifizierten Maßnahmen in der Ideenliste protokoliert. Die ausgefüllte Ideenliste ist in Bild 5.34 dargestellt. Alle acht Maßnahmen wurden in der Vergangenheit bei CC noch nicht abgelehnt und erfüllen die Bedingung hinsichtlich einer gleichen oder verbesserten Energieeffizienz der Prozessenergiewertstrommethode. Daher sind die Ampeln der vierten und fünften Spalte auf Grün geschaltet und keine Maßnahme wird in diesem Schritt aussortiert. Die ausgefüllte Ideenliste dient als Ausgangsdokument der Designphase.

Ideenliste für potenzielle Maßnahmen					
Nr.	Kategorie	Beschreibung	Bedingung erfüllt?	Noch nicht abgelehnt?	Initiator
1	PV	Die obere Vliesrolle ist in einer 1000-Meter-Rolle zu beschaffen	●	●	M. Lutz
2	EV	Der Hydraulikmotor ist in jeder Pausenzeit abzuschalten	●	●	M. Lutz
3	EV	Die Abluft ist in jeder Pausenzeit abzuschalten	●	●	M. Lutz
4	EV	Die Entformung ist mit einem Skalpell durchzuführen	●	●	M. Lutz
5	EV	Die erkannte Druckluftleckage ist zu beseitigen	●	●	M. Lutz
6	EV	Der Werkzeugoberkasten ist in jeder Pausenzeit herunterzufahren	●	●	M. Lutz
7	EOM	Die Abluft muss im Normalbetrieb frequenzgeregelt gesteuert werden	●	●	M. Lutz
8	POM	Der kontinuierliche Fluss muss zwischen den Produktionsschritten entstehen	●	●	M. Lutz

Bild 5.34 Anwendung der Ideenliste für potenzielle Maßnahmen bei Carcoustics (Tabelle mit freundlicher Genehmigung von Carcoustics)

5.9.3.3 Entscheidungsphase

Schritt 3.1: Maßnahmen klassifizieren und anschließend priorisieren

Alle Maßnahmen aus der Ideenliste sind in diesem Schritt mit Hilfe des erstellten Ablaufschemas, welches in Bild 5.24 dargestellt ist, klassifiziert und erstmalig priorisiert worden. Die ersten sechs Maßnahmen aus der Ideenliste, die eine Prozessverschwendung (PV) oder eine Energieverschwendung (EV) eliminieren, überschreiten die Investitionssumme von 500 € nicht. Diese Summe entspricht ebenfalls der Genehmigungsrichtlinie für Investitionen bei Carcoustics. Dadurch, dass die Maßnahmen nicht die genehmigungspflichtige Investitionsgrenze überschreiten, sind sie zuerst umzusetzen.

Die siebte Energie- und die achte Prozessoptimierungsmaßnahme sind hingegen auf ihre Wirtschaftlichkeit mit Hilfe der statischen Amortisationsrechnung zu prüfen. Das Angebot der Firma Elektronische Anlagen GmbH für einen Frequenzumrichter beläuft sich auf 1400 €. Der errechnete Einzahlungsüberschuss liegt im nächsten Geschäftsjahr bei rund 1750 €. Unter diesen Annahmen amortisiert sich der Frequenzumrichter im zehnten Monat nach der Anschaffung.

Zur Umsetzung der achten Prozessoptimierungsmaßnahme ist ein Handkaschiertisch anzuschaffen. Auf der Basis des Angebotes für den vorhandenen Handkaschiertisch wird ein Anschaffungswert von ca. 25 000 € zu Grunde gelegt. Die Analyse rechnet mit einem Einzahlungsüberschuss von rund 34 126 €. Daraus ergibt sich eine Amortisationsdauer von neun Monaten. Diese wurde anhand der linearen Interpolation und dem mathematischen Verfahren des Dreisatzes in der Formel 5.9 berechnet.

Formel 5.9 Berechnung der Amortisationszeit für den Handkaschiertisch in Monaten

$$\text{lineare Interpolation} = \frac{(AW - E\ddot{U}1)}{(E\ddot{U}2 - E\ddot{U}1)} = \frac{25.000\,€ - 0\,€}{34.126\,€ - 0\,€} = 0{,}7326$$

$$\text{Amortisationszeit [Monate]} = \frac{12\ \text{Monate} \times 0{,}7326}{1} = 8{,}79 \triangleq 9\ \text{Monate}$$

Beide Maßnahmen amortisieren sich im ersten Jahr. Selbst unter Berücksichtigung eines kalkulatorischen Unternehmensrisikos von zehn Prozent erfüllen sie die von der Geschäftsführung vorgegebene Amortisationszeit von unter einem Jahr. Sie sind der Geschäftsführung als Projekt vorzulegen und nach Genehmigung umzusetzen.

Schritt 3.2: Klassifizierte, priorisierte Maßnahmen in die Maßnahmenliste aufnehmen

Die im letzten Schritt mit dem Ablaufschema klassifizierten Maßnahmen sind alle in die Maßnahmenliste aufgenommen worden. Durch die Maßnahmenliste erfolgte die zweite Priorisierung bzw. die Festlegung der Reihenfolge hinsichtlich der Umsetzung innerhalb einer Klasse. Die zum Teil ausgefüllte Maßnahmenliste ist in Bild 5.35 ersichtlich.

Grundsätzlich erfolgt die Festlegung der Reihenfolge der Maßnahmen ohne Investition (1) anhand der Investitionssumme, die maximal bei 500 € liegt. Infolgedessen, dass keine Maßnahme der Klasse eine Investition erfordert, sind alle Maßnahmen simultan umzusetzen. Dagegen ist die Festlegung der Reihenfolge der Maßnahmen mit Investition (2) abhängig von der kürzesten Amortisationszeit. Aus diesem Grund sind zunächst die Maßnahmen ohne Investition (1), danach die Prozessoptimierungsmaßnahme (POM) und als drittes die Energieoptimierungsmaßnahme (EOM) umzusetzen. Die zum Teil ausgefüllte Maßnahmenliste ist das Ausgangsdokument der Entscheidungsphase und dient in der vierten Umsetzungs- und Kontrollphase als Eingangsdokument.

Maßnahmenliste								
Kategorie	**Beschreibung**	**Investition ≤ 500 €**	**Reihenfolge**	**Start**	**Ende**	**Status**	**Verantwortlichkeit**
EV	Die erkannte Druckluftleckage ist zu beseitigen	0,00 €	1			○	
EV	Der Hydraulikmotor ist in jeder Pausenzeit abzuschalten	0,00 €	1			○	
EV	Die Abluft ist in jeder Pausenzeit abzuschalten	0,00 €	1			○	
EV	Die Entformung ist mit einem Skalpell durchzuführen	0,00 €	1			○	
EV	Der Werkzeugoberkasten ist in jeder Pausenzeit herunterzufahren	0,00 €	1			○	
PV	Die obere Vliesrolle ist in einer 1000-Meter-Rolle zu beschaffen	0,00 €	1			○	
Kategorie	**Beschreibung**	**Amortisationszeit**	**Reihenfolge**	**Start**	**Ende**	**Status**	**Verantwortlichkeit**
POM	Der kontinuierliche Fluss muss zwischen den Produktionsschritten entstehen	9 Monate	2			○	
EOM	Die Abluft muss im Normalbetrieb frequenzgeregelt gesteuert werden	10 Monate	3			○	

Zuerst Maßnahmen ohne Investition (1) umsetzen — *Danach Maßnahmen mit Investition (2) umsetzen*

Bild 5.35 Anwendung der zum Teil ausgefüllten Maßnahmenliste bei Carcoustics

5.9.3.4 Umsetzungs- und Kontrollphase

Schritt 4.1: Verantwortlichkeit, Start und Ende jeder Maßnahme definieren

Damit die Maßnahmenumsetzung beginnen kann, ist für jede Maßnahme der Start- und Endtermin sowie die Verantwortlichkeit definiert worden. Die ergänzte Maßnahmenliste wird nicht noch einmal dargestellt. Ein Großteil der Maßnahmen ist durch Unterweisungen der Produktionsmitarbeiter umzusetzen. Aufgrund des Dreischichtbetriebs beträgt die Maßnahmendauer häufig nur einen Tag, da alle Mitarbeiter an einem Tag unterwiesen werden können. Bei fehlenden Mitarbeitern ist die Unterweisung zeitnah nachzuholen. Die Umsetzungsdauer der anderen Maßnahmen ist mit den jeweiligen Verantwortlichen und Lieferanten abgestimmt. Die einzelnen Start- und Endtermine sowie die Verantwortlichkeiten werden nicht weiter beschrieben, da diese im Einzelnen nicht für die Methodenverifizierung von Bedeutung sind.

Schritt 4.2: Kontinuierliches Maßnahmencontrolling im Monatsrhythmus durchführen und Status bewerten

Nach der Prozessenergiewertstrommethode startet mit diesem Schritt das kontinuierliche Maßnahmencontrolling, indem monatlich eine Regelrücksprache vorgesehen ist. Bei Carcoustics findet ab sofort das Maßnahmencontrolling am letzten

Freitag des Monats im Anschluss zur täglichen operativen Lagebesprechung am Lean-Performance-Management-System-Board statt. Nach Umsetzung aller Maßnahmen wird die vollständig ausgefüllte Maßnahmenliste als erstes Ausgangsdokument angesehen und dient der Integrationsphase. Die vollständig ausgefüllte Maßnahmenliste ist in Bild 5.36 dargestellt

	Kategorie	Beschreibung	Investition ≤ 500 €	Reihenfolge	Start	Ende	Status	Verantwortlichkeit
Zuerst Maßnahmen ohne Investition (1) umsetzen	EV	Die erkannte Druckluftleckage ist zu beseitigen	0,00 €	1	16.11.16	16.11.16	●	Head of Maintenance
	EV	Der Hydraulikmotor ist in jeder Pausenzeit abzuschalten	0,00 €	1	09.12.16	09.12.16	●	Process Engineer
	EV	Die Abluft ist in jeder Pausenzeit abzuschalten	0,00 €	1	09.12.16	09.12.16	●	Process Engineer
	EV	Die Entformung ist mit einem Skalpell durchzuführen	0,00 €	1	09.12.16	16.12.16	●	Quality Engineer
	EV	Der Werkzeugoberkasten ist in jeder Pausenzeit herunterzufahren	0,00 €	1	09.12.16	09.12.16	●	Process Engineer
	PV	Die obere Vliesrolle ist in einer 1000-Meter-Rolle zu beschaffen	0,00 €	1	02.12.16	16.12.16	●	Materialdisposition
	Kategorie	Beschreibung	Amortisationszeit	Reihenfolge	Start	Ende	Status	Verantwortlichkeit
Danach Maßnahmen mit Investition (2) umsetzen	POM	Der kontinuierliche Fluss muss zwischen den Produktionsschritten entstehen	9 Monate	2	16.12.16	23.12.16	●	Head of Maintenance
	EOM	Die Abluft muss im Normalbetrieb frequenzgeregelt gesteuert werden	10 Monate	3	28.12.16	30.12.16	●	Process Engineer

Maßnahmenliste

Bild 5.36 Anwendung der vollständig ausgefüllten Maßnahmenliste bei Carcoustics (Tabelle mit freundlicher Genehmigung von Carcoustics)

Schritt 4.3: Soll-Prozessenergiewertstrom nach Maßnahmenumsetzung festlegen

Um neben den finanziellen Einsparungen durch die Energie- und Prozessoptimierungsmaßnahmen auch die Verbesserung der Bewertungskennzahlen zu verdeutlichen, wurde der Soll-Prozessenergiewertstrom ermittelt und in Bild 5.37 dargestellt.

Der Flussgrad, der das Verhältnis zwischen BZ und DLZ darstellt, hat sich von 0,0412 % auf 0,1404 % verbessert. Aufgrund der großen Losgröße und langen Durchlaufzeit liegt der FG weiterhin unter 1 %. Dennoch hat sich die Dynamik des gesamten Produktionsflusses der Motorhauben-Abdämpfung mehr als verdreifacht. Dies liegt vor allem an der Umstellung des Kaschierprozesses. Zwischen den Produktionsprozessen befindet sich seitdem ein Sicherheitsabstand von 10 Leichtschaumplatten. Des Weiteren wurde durch diese Maßnahme die Kennzahl der Energieintensität stark reduziert. Statt der 1,79 kWh pro Stück benötigt das Handkaschieren für eine Motorhauben-Abdämpfung lediglich 0,0060 kWh. Zusätzlich konnte die Energieintensität des Prägeprozesses durch die frequenzgeregelte Abluft um 0,17 kWh pro Stück reduziert werden. Insgesamt benötigt CC zur Herstellung einer Motorhauben-Abdämpfung nur noch 1,92 kWh anstatt ursprünglich

3,87 kWh. Die identifizierten Maßnahmen zur Reduktion der elektrischen Energie-verbräuche in den Pausenzeiten sind im Prozessenergiewertstrom nicht zu erken-nen, da die Stromverbräuche im Normalbetrieb dargestellt sind.

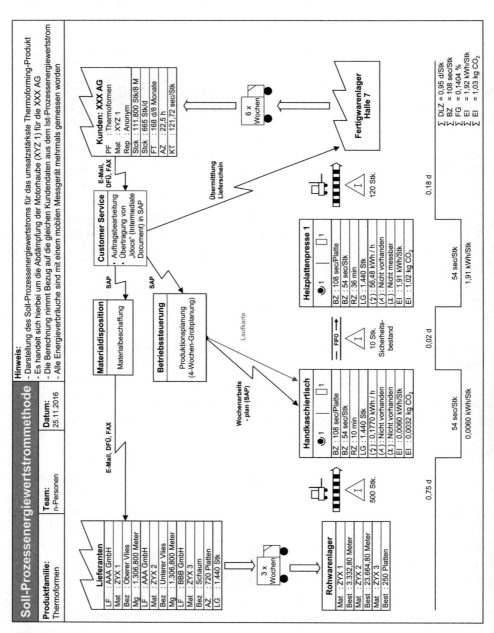

Bild 5.37 Soll-Prozessenergiewertstrom ohne Prozessverschwendungsarten (Abbildung mit freundlicher Genehmigung von Carcoustics)

Abschließend soll das in diesem Schritt erstellte Ausgangsdokument die entwickelte Prozessenergiewertstrommethode erneut anstoßen. Damit kommt es zu einem kontinuierlichen Verbesserungsprozess bei CC und es werden zukünftig weitere Energie- und Prozessoptimierungsmaßnahmen generiert. Nach der ABC-Analyse ist nun für das zweite umsatzstärkste Produkt mit der Materialnummer XYZ 2 ein Prozessenergiewertstrom aufzunehmen. Der Soll-Prozessenergiewertstrom von Bild 5.37 ist zu archivieren und kann bei Bedarf als Hilfe für die erneute Methodenanwendung dienen.

5.9.3.5 Integrationsphase

Schritt 5.1: Maßnahmen mit verbesserter Energieeffizienz in die Maßnahmenliste der ISO aufnehmen

Die umgesetzten Maßnahmen aus der vollständig ausgefüllten Maßnahmenliste sind mit diesem Schritt in die Maßnahmenliste der ISO 50001 aufgenommen worden. Durch die Maßnahmenliste erhält das Unternehmen CC Kenntnis darüber, wie viel Prozent die umgesetzten Maßnahmen zum strategischen Unternehmensziel beitragen. Im Jahr 2013 hat Carcoustics sich das strategische Ziel gesetzt, die Gesamt-CO_2-Emissionen bis 2020 jährlich um 48 695 kg CO_2 zu reduzieren. Das entspricht einem jährlichen elektrischen Energieverbrauch von ca. 91 019 kWh.

Schritt 5.2: Berechnung erstellen, wie viel Prozent vom strategischen Unternehmensziel die Maßnahmen generieren

Mit dem ersten Schritt der Integrationsphase sind die umgesetzten Maßnahmen der Prozessenergiewertstrommethode übertragen worden. Im zweiten Schritt wurden alle restlichen Spalten der „Ist- und Soll-Analyse" ausgefüllt. Alle Daten diesbezüglich sind durch die vorherigen Schritte der Prozessenergiewertstrommethode bereits erfasst worden. Daher wird nicht weiter auf die Dateneintragung eingegangen, sondern auf das Ergebnis. Die ersten beiden Spalten der Kategorie „Ergebnis" errechnen sich durch die hinterlegten Eintragungen der Ist- und Soll-Analyse. Es handelt sich hierbei um eine Subtraktion zwischen Ist- und Soll-Werten. Die CO_2-Ersparnis pro Maßnahme wird durch die Multiplikation von „kWh-Ersparnis" mit dem „CO_2-Umrechnungsfaktor" von 0,535 kg/kWh berechnet. Der „Anteil am strategischen Ziel" je Maßnahme wird durch die Division des CO_2-Ersparnisses durch die jährliche Gesamt-CO_2-Emission von 48 695 kg CO_2 errechnet.

In der Summe ist festzustellen, dass die umgesetzten Maßnahmen ca. 53 % vom jährlichen Unternehmensziel ausmachen. Dabei erwirtschaftet die Umstellung des Kaschierprozesses mit rund 26 % den größten Anteil.

Maßnahmenliste ISO50001

		ALLGEMEIN				IST-ANALYSE				SOLL-ANALYSE					ERGEBNIS			
Nr.	Maßnahmen 2016	Monat	Status	Verantwortlicher	Ort	Ist-Energie [kWh/Jahr]	Gemessen	Errechnet	Ist-Energiekosten [€/Jahr]	Soll-Energie [kWh/Jahr]	Gemessen	Errechnet	Soll-Energiekosten [€/Jahr]	Durchführungsjahr	Kosten-Ersparnis [€/Jahr]	kWh-Ersparnis [kWh/Jahr]	CO2-Ersparnis [Kg CO2/Jahr]	Anteil am strat. Ziel [%]
1	Der Hydraulikmotor ist in jeder Pausenzeit abzuschalten	November	Umgesetzt	Process Engineer	Halle 3 M. 546	5.783	x		752 €	0	x		0 €	2016	752 €	5.783	3.094	6,35%
2	Die Abluft ist in jeder Pausenzeit abzuschalten	November	Umgesetzt	Process Engineer	Halle 3 M. 546	2.196	x		285 €	0	x		0 €	2016	285 €	2.196	1.175	2,41%
3	Die Entformung ist mit einem Skalpell durchzuführen	November	Umgesetzt	Quality Engineer	Halle 3 M. 546	760	x		99 €	0	x		0 €	2016	99 €	760	407	0,83%
4	Der Werkzeugoberkasten ist in jeder Pausenzeit herunterzufahren	November	Umgesetzt	Process Engineer	Halle 3 M. 546	2.489	x		324 €	0	x		0 €	2016	324 €	2.489	1.332	2,73%
5	Die Abluft muss im Normalbetrieb frequenzgeregelt gesteuert werden	November	Umgesetzt	Head of Maintenance	Halle 3 M. 546	13.505	x		1.756 €	0	x		0 €	2016	1.756 €	13.505	7.225	14,84%
6	Der kontinuierliche Fluss muss zwischen den Produktionsschritten entstehen	November	Umgesetzt	Process Engineer	Halle 3 M. 546	24.208			3.147 €	485	x		63 €	2016	3.084 €	23.723	12.692	26,06%
Gesamt									3.147 €						6.299 €	48.456	25.924	53,24%

Bild 5.38
Anwendung der ergänzten Maßnahmenliste ISO 50001 bei Carcoustics (Tabelle mit freundlicher Genehmigung von Carcoustics)

5.9.4 Lessons Learned

Beantwortung der vierten Schlüsselfrage

 Schlüsselfrage

Welche wettbewerbsstärkenden Vorteile ergeben sich bei einem mittelständischen Automobilzulieferer bei der Anwendung der konzipierten Prozessenergiewertstrommethode?

Durch die Verifizierung der Prozessenergiewertstrommethode haben sich wettbewerbsstärkende Vorteile beim Automobilzulieferer Carcoustics ergeben. Insgesamt beträgt die geldwerte Einsparung durch die Maßnahmen bei CC bis zu ca. 37 000 €. Diese Einsparung bezieht sich ausschließlich auf die analysierte Motorhauben-Abdämpfung. Viele der Maßnahmen können außerdem auf andere Produkte oder Anlagen übertragen werden und führen ebenfalls zu finanziellen Einsparungen. Zusätzlich verbessern diese Maßnahmen die Ergonomie bzw. die Atmosphäre am Arbeitsplatz, da z. B. die Lautstärke des Abluftmotors im Normalbetrieb durch die frequenzgeregelte Abluftsteuerung reduziert wird. Sie leisten damit einen Beitrag zum betrieblichen Gesundheitsschutz und erhöhen das Wohlbefinden in der Produktion.

Des Weiteren wurde der Flussgrad für die Motorhauben-Abdämpfung verdreifacht, d. h. der Produktionsprozess dieses Produkts ist aufgrund der geringeren Bestände wesentlich agiler. Auch zeigt der Vergleich zwischen den Prozessenergiewertströmen eine Verbesserung der Energieintensität. Deshalb wird zur Herstellung des umsatzstärksten Produktes, der Motorhauben-Abdämpfung, rund 2 kWh weniger Strom benötigt.

Abschließend sichert die letzte Phase einen weiteren wettbewerbsstärkenden Vorteil, da die Maßnahmen zur Erreichung des strategischen Unternehmensziels beitragen. Sie ermöglichen ca. 53 % vom jährlichen strategischen Ziel hinsichtlich der Gesamt-CO_2-Emissionen zu erreichen. Damit wurde ein weiterer Schritt zur Aufrechterhaltung bzw. zur erneuten Auditierung der ISO 50001 geschaffen. Carcoustics besitzt somit die Möglichkeit, den sogenannten Spitzenausgleich zur Energie- und Stromsteuereinsparung beim Hauptzollamt zu beantragen.

Der exemplarische Nachweis der Anwendbarkeit der Prozessenergiewertstrommethode ist aufgrund der beschriebenen wettbewerbsstärkenden Vorteile als ausnahmslos anzusehen und wird daher mit großer Resonanz zukünftig bei CC angewendet.

6 Implementierung von Produktkonfiguratoren im Sondermaschinen- und Anlagenbau

■ 6.1 Die Bedeutung von Produktkonfiguratoren für Unternehmen

Die Konfiguration von Produkten wird seit geraumer Zeit kontrovers diskutiert, da in den vergangenen Jahren die Variantenvielfalt in vielen Industriezweigen massiv zugenommen hat.

Bestimmende Faktoren sind einerseits die höhere Innovationsfähigkeit als auch die immer stärkere Kundenorientierung. Dies führt in der Regel zu einer stetigen Vergrößerung des Produktspektrums und zu höherer Komplexität der Produktionsprozesse. Variantenreiche Produktspektren sind oftmals historisch gewachsen, resultieren aus inkonsequenter Eliminierung unnötiger Varianten und werden durch sich differenzierende Marktanforderungen erweitert.

Damit Unternehmen dennoch wettbewerbsfähig bleiben und gleichzeitig die spezifischen Kundenwünsche erfüllen können, müssen verschiedene Methoden, Werkzeuge oder Ansätze zur Strukturierung vielfältiger Produkte angewandt werden.

Ein Hilfsmittel, um die Variantenvielfalt zu kontrollieren und zu minimieren, ist der IT-gestützte Produktkonfigurator, der Synergieeffekte in der Wertschöpfung und Einsparpotenziale bereits während der Generierung kundenindividueller Produkte aus Standardbauelementen nutzt.

Bevor jedoch dieses Potenzial ausgeschöpft werden kann, müssen die Voraussetzungen für die Implementierung von Produktkonfiguratoren unter Berücksichtigung branchenspezifischer Randbedingungen geklärt werden.

Schlüsselfragen

Wie müssen Produktstrukturen aussehen, damit eine Implementierung durchgeführt werden kann?

Wie müssen Prozessabläufe gestaltet sein, damit IT-gestützte Konfiguratoren eingeführt werden können?

Welche Interdependenzen müssen in der vorhandenen IT-Strukturen der Unternehmen berücksichtigt werden?

6.1.1 Die Herausforderungen bei der Einführung – ein kleiner Exkurs

Der Einsatz von Konfiguratoren ist darauf ausgerichtet, die Prozesse von der Angebotserstellung über die technische Lösungsfindung bis hin zur Auftragsabwicklung zu unterstützen. Da an diesen Prozessen verschiedenste Unternehmensbereiche wie beispielsweise Vertrieb, Konstruktion, Arbeitsvorbereitung, Fertigung und Beschaffung beteiligt sind, muss eine Implementierung entlang der gesamten Wertschöpfungskette untersucht werden. Dies führt zu komplexen Zusammenhängen, die nur durch eine interdisziplinäre Betrachtungsweise entschlüsselt werden kann.

Des Weiteren stehen Unternehmen oft vor der Notwendigkeit, Softwaresysteme während des laufenden Kerngeschäfts einzuführen, da die Projektbudgets keine ausführlichen Integrationsphasen zulassen. Dementsprechend können Voraussetzungen bezüglich des Implementierungsvorhabens zuvor nur in geringer Weise erarbeitet werden. Häufig kommt es zu mangelnder Nutzerbeteiligung, fehlender Managementunterstützung und einer unzureichenden Planung [Bisk10]. Infolgedessen führt die mangelnde Vorbereitung zu einer unvollständigen Berücksichtigung der systemtechnischen Rahmenbedingungen und kann ein weiterer Grund für das Scheitern der Konfigurationsimplementierung sein (z. B. Betrachtung der Schnittstellen zu anderen Softwaresystemen, Erwägung des Ausbaus der IT-Infrastruktur usw.).

Demnach stehen mittlere Unternehmen des Maschinen- und Anlagenbaus vor der Herausforderung, die Einführung umfangreicher IT-Systeme unter Berücksichtigung wechselnder Anforderungen und vielfältiger technischer Fragestellungen parallel zum Tagesgeschäft zu bearbeiten und gleichzeitig eine erfolgreiche Einbettung der Konfigurationslösung in die vorhandene Umgebung zu gewährleisten.

Folglich ist die Bereitstellung einer theoretisch abgeleiteten und empirisch belegten Sammlung von Vorrausetzungen mit entsprechender Vorgehensweise für global agierende, mittlere Unternehmen eine wichtige Orientierung. Ihre Beachtung kann mitunter sogar in ein Wettbewerbsvorteil münden.

6.1.2 Zielsetzung

Die Voraussetzungen und Anforderungen zur Einführung von Produktkonfiguratoren in mittleren Unternehmen erfolgt an Best Practice-Ansätzen. Diese Ansätze
sind mit dem Ziel konzipiert, die genannten Schwerpunkte nach den Produktstrukturen, Prozessabläufen und IT-Abhängigkeiten zu beantworten.

Dieser Einblick erhebt jedoch keinen Anspruch auf Vollständigkeit, da sowohl Produkte, Prozesse als auch Systemlandschaften der Unternehmen eine zu große Varianz darstellen, die nur anhand eines konkreten Anwendungsbeispiels umfassend
beschrieben werden kann.

Daher soll dieses Kapitel helfen, die Voraussetzungen und Anforderungen zu prüfen und einen optimalen Implementierungsvorgang anzustoßen.

 Es kann sich nach der Prüfung herausstellen, dass bereits konfigurations-
ähnliche Werkzeuge im Unternehmen vorhanden sind, die beispielsweise auf
Basis von Tabellenkalkulationen respektable Ergebnisse erzielen.

■ 6.2 Produktvielfalt – wie viel Auswahl ist gut?

6.2.1 Ursachen und Auswirkungen zunehmender Produktvielfalt

Unter dem Begriff „Produktvielfalt" werden „[…] die Anzahl und die Verschieden-
heit der Varianten eines Bauteils, einer Baugruppe oder eines Produktes […]" verstanden. Dabei umfasst der Begriff „Variante" die Gegenstände ähnlicher Form
und/oder Funktion mit in der Regel hohem Anteil identischer Baugruppen oder
Teile [ISO 10209].

Grundsätzlich werden zwei Dimensionen von Variantenvielfalt unterschieden:

- *Exogene Variantenvielfalt*, ist die Zahl an möglichen Varianten, die von den Kunden wahrgenommen werden und zur Erfüllung der Kundenanforderungen beitragen.

- *Endogene Vielfalt* entspricht der Variantenanzahl, mit der die Produktentwicklung, die Fertigung und andere Unternehmensbereiche konfrontiert werden. Sie
bestimmt den Grad der verschiedenen Aufgaben [Ghof07].

Somit ist die Variantenentwicklung von einer Wechselwirkung zwischen Unternehmen und Umwelt gekennzeichnet.

Ausgehend von einer Grundvarianz, die sich durch die Positionierung des Unternehmens ergibt, nimmt die Vielfalt von Industrieprodukten ständig zu. Hierbei

kann dieses sowohl positive, als auch negative Auswirkungen auf den Erfolg eines Unternehmens haben. Einerseits kann eine Erhöhung der Varianz eine Vielzahl an Kundenanforderungen erfüllen und zur Erschließung neuer Marktsegmente beitragen. Andererseits bedingt eine hohe Variantenvielfalt komplexere Abläufe innerhalb der Wertschöpfungskette, die sich in höheren Kosten durch differenzierte Produktstrukturen wiederfinden.

Um die Vielzahl an Varianten zu bewältigen, ist es demzufolge notwendig, dass die verschiedenen zu behandelnden Aspekte und Perspektiven näher betrachtet und die wesentlichen Treiber identifiziert werden. Dabei lassen sich die Ursachen in externe Aspekte, wie beispielsweise Markt, Gesellschaft und technologische Entwicklung, sowie in interne Gesichtspunkte unterteilen (Bild 6.1).

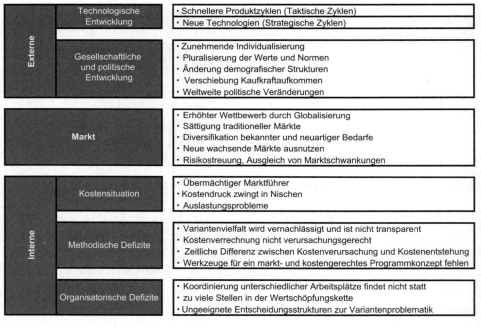

Bild 6.1 Aspekte der Variantenvielfalt (Quelle: In Anlehnung an [Firc03])

Die Variantentreiber zeigen sich sowohl auf der Nachfrageseite durch neue Kundenanforderungen, als auch auf der Angebotsseite durch neue Materialien, Technologien, Lieferanten und schließlich auch durch institutionelle Rahmenbedingungen, wie beispielsweise durch neue Produkthaftungs- oder Sicherheitsvorschriften [GrUl05]. Gerade Unternehmen, die international agieren, müssen diverse Normen, Richtlinien und Vorschriften berücksichtigen, sowie sprachliche und kulturelle Unterscheidungen beachten [Ghof07]. Dabei gibt es auf jedem Absatzmarkt andere Faktoren, die sich unterschiedlich stark auf die Organisation auswirken.

Um bei diesen Rahmenbedingungen dennoch wettbewerbsfähig zu bleiben, werden Produktspektren seitens der Anbieter weiter diversifiziert. Folglich werden neue Varianten gebildet und die Differenzierung immer kleinteiliger. Dies führt dazu, dass bei gleichbleibenden Verkaufspreisen die zu produzierende Stückzahl sinkt, zusätzliche Kosten aufgrund der höheren Abwicklungskomplexität anfallen und die Marge verringert wird. In Bild 6.2 ist dieser Zusammenhang dargestellt.

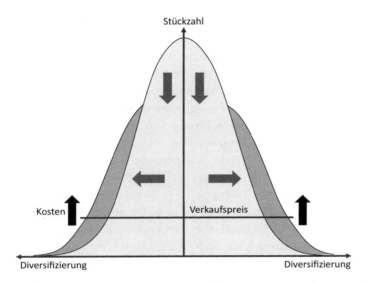

Bild 6.2 Verhältnis zwischen Stückzahl und Diversifizierung (Quelle: In Anlehnung an [FrSc12])

Für Unternehmen mit auftragsorientierter Vorgehensweise ist die geschilderte Auswirkung besonders gravierend, da nicht nur die resultierenden Kosteneffekte, sondern häufig noch Kapazitäts- und Terminierungsprobleme hervortreten. Diese Typologien finden sich meist in Unternehmen des Sondermaschinen- und Anlagenbaus wieder. In diesem Bezug kann von einem Kreislauf aus Variantenvielfalt und Wettbewerbsnachteil gesprochen werden.

Als Reaktion auf stagnierende Absätze wird eine Erweiterung des Produktspektrums in Nischenmärkte durchgeführt. Die tatsächlichen Kosten der steigenden Variantenvielfalt werden unterschätzt. Langfristig verändern sich die Kostenstrukturen hin zu höheren Gemeinkostenanteilen, da z. B. die notwendige stärkere Flexibilisierung der Fertigung zusätzliche Investitionen erfordert und betriebliche Strukturen und Abläufe komplexer werden. Dadurch sinkt die Wettbewerbsfähigkeit und die Spirale beginnt von neuem. Folglich werden nur diejenigen Unternehmen bestehen, denen es gelingt, unnötige Varianten zu regulieren und die differenzierenden Marktanforderungen zu beherrschen.

6.2.2 Ansätze zur Beherrschung von Variantenvielfalt

Aufgrund der steigenden Variantenvielfalt und der damit verbundenen Zunahme der Produktkomplexität sowie der Komplexität innerhalb der Strukturen eines Unternehmens, ist es wichtig, die Variantenvielfalt zu strukturieren, d. h. die wirtschaftliche Herstellung der vom Markt geforderten Produktvielfalt zu gewährleisten, ohne dabei die Wettbewerbsfähigkeit zu verlieren.

In Anlehnung an die im vorherigen Abschnitt beschriebenen Ursachen der Variantenvielfalt lässt sich die Komplexität eines Systems prinzipiell verringern, indem die Anzahl der Systemelemente sowie die Anzahl und Intensität der Beziehungen zwischen diesen Elementen reduziert werden [Göpf01]. Zur Bewerkstelligung dieser Herausforderung rückt das Variantenmanagement in den Mittelpunkt der Betrachtung. Dabei umfasst das Variantenmanagement laut Schuh die „[…] Entwicklung, Gestaltung und Strukturierung von Produkten und Dienstleistungen bzw. Produktsortimenten im Unternehmen." Wodurch „[…] die vom Produkt ausgehende Komplexität (Anzahl Teile, Komponenten, Varianten usw.) wie auch die auf das Produkt einwirkende Komplexität (Marktdiversifikation, Produktionsabläufe usw.) mittels geeigneter Instrumente […]" bewältigt werden. Darüber hinaus ist zu beachten, dass nicht die Gestaltung einer minimalen, sondern einer der Situation angepassten Variantenvielfalt, basierend auf einer differenzierten Maßnahmenauswahl, anzustreben ist. Dabei kommen Vertrieb und Konstruktion eine besondere Rolle zu, die sich zum einen auf die Kanalisierung der exogenen Vielfalt und zum anderen auf die Gestaltung des Produktes anhand der selektierten Kundenanforderungen bezieht (Bild 6.3).

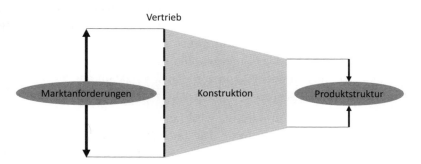

Bild 6.3 Zusammenarbeit zwischen Vertrieb und Konstruktion

Die Beherrschung der Komplexität mittels des Variantenmanagements kann in drei wesentliche Zeithorizonte gegliedert werden. Diese umfassen die

- kurzfristigen Maßnahmen zur Reduzierung von Variantenvielfalt,
- mittel- bis langfristigen Maßnahmen zur Vermeidung von Varianten und

- langfristigen Methoden zur nachhaltigen Sicherung der Variantenkomplexität, die sogenannte Variantenbeherrschung.

Diese drei Perspektiven bilden die Grundlage für Methoden und Lösungssysteme im Variantenmanagement und dienen als Abgrenzung des Betrachtungsraumes.

Bei der Eliminierung von Varianten zur Komplexitätsreduzierung nennt Ehrlenspiel [Ehr109] als Maßnahmen die:

- Verwendung von Norm- und Gleichteilen,
- Bildung konstruktiver Teilefamilien,
- Nutzung der Differenzial- und Integralbauweise,
- Bildung von Baureihen bzw. Baukästen,
- Verwendung von Plattformen,
- Modularisierung von Produkten sowie
- Restrukturierung organisatorischer Prinzipien.

Im Folgenden werden die oben dargestellten Ansätze näher erläutert. Die Erläuterungen sollen das Verständnis für die Reduzierung und Vermeidung von Produktvielfalt verfeinern. Dabei ist zu berücksichtigen, dass aufgrund der Vielzahl an Lösungsmethoden nur die wesentlichen Maßnahmen hier aufgeführt und beschrieben werden.

6.2.2.1 Norm- und Gleichteile

Durch Normung und Typisierung wird angestrebt, die Lösungsvielfalt von Konstruktionselementen zu reduzieren. Dabei stellen Unternehmen ihren Konstrukteuren Kataloge mit Vorzugsteilen zur Verfügung und versuchen zusätzlich über Konstruktionsrichtlinien eine einheitliche Vorgehensweise zu gewährleisten. Dadurch soll ein höherer Wiederverwendungsgrad garantiert und die Nutzung von Mengeneffekten erschlossen werden.

Des Weiteren wird versucht, bei verschiedenen Varianten des gleichen Produktes einen möglichst großen Anteil an Gleichteilen zu erreichen, wodurch die Teilevielfalt reduziert und ebenfalls die Nutzung von Mengeneffekten vorangebracht wird.

 Die Normung und der Einsatz von Gleichteilen bringt nicht nur Vorteile, sondern kann auch kontraproduktive Auswirkungen, wie beispielsweise erhöhten Abstimmungsaufwand über verschiedene Unternehmensfunktionen und vergrößerten Suchaufwand nach entsprechenden Teilen, zur Folge haben.

6.2.2.2 Teilefamilien

In eine ähnliche Richtung wie die Verwendung von Gleich- und Wiederholteile zielt auch die Bildung von Teilefamilien ab. Hierzu erfolgt ein Vergleich der geometrischen Ähnlichkeit von Bauteilen mit deren Materialeigenschaften. Dabei wird unterstellt, dass sich konstruktiv ähnliche Teile auch nach ähnlichen Fertigungsprozessen herstellen lassen. Der Nutzen besteht in einer Vereinfachung der fertigungstechnischen Prozesse durch vereinheitlichte Arbeitsabläufe in fertigungsnahen, distributiven Abteilungen eines Unternehmens, z.B. der Arbeitsvorbereitung.

Der Begriff „Teilefamilien" wird wie folgt differenziert:

- Gestaltfamilie: Gruppen von Teilen, die bezüglich ihrer Gestalt ähnlich sind.
- Fertigungsfamilien: Gruppen von Teilen, die bezüglich fertigungstechnischer Anforderungen gleich oder ähnlich sind.
- Fertigungsablauffamilie: Gruppen von Teilen, die bezüglich ihrer fertigungstechnischen Anforderungen und der Arbeitsvorgangsfolge ähnlich sind.

6.2.2.3 Differenzial- und Integralbauweise

Eine weitere konstruktive Maßnahme zur Reduzierung der Teilevielfalt ist die Integralbauweise, in der mehrere Funktionen in einem Bauteil zusammengefasst werden, ohne dabei den für den Kunden sichtbaren Funktionsumfang zu beeinträchtigen. Das Gegenteil der Integralbauweise ist die Differenzialbauweise. Dort werden mehrere Funktionen in unterschiedliche Bauteile zerlegt und somit die Wiederholhäufigkeit gefördert. Eine schematische Gegenüberstellung der beiden Konstruktionsvarianten lässt sich Tabelle 6.1 entnehmen.

Tabelle 6.1 Gegenüberstellung Differenzial- und Integralbauweise (Quelle: In Anlehnung an [Rapp10])

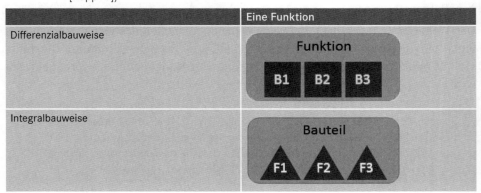

 In der Praxis werden beide Konstruktionsmethodiken meist in Kombination auftreten und folglich in der Anwendung fallweise geprüft werden müssen.

6.2.2.4 Baureihen und Baukästen

Bei der Verwendung von Baureihen als Rationalisierungsansatz für das Varianten-management, wird dieselbe Funktion mit dem gleichen Lösungskonzept und mög-lichst gleichen Eigenschaften für einen breiteren Größenbereich erfüllt. Haupt-gesichtspunkt bei der Bildung von Baureihen ist die Wahl des Stufensprungs nachdem die Mitglieder einer Baureihe wachsen [Feld15]. Folglich ist eine Bau-reihe die Gruppe von ähnlichen technischen Gebilden, die in unterschiedlichen Größenordnungen vorliegen und beispielsweise eine Gruppe von Elektromotoren geordnet von kleinen bis großen Leistungsspektren abbildet. Der Unterschied zum Baukasten liegt im Kombinationssystem von Bauteilen und Baugruppen und den damit verbunden unterschiedlichen Funktionen, die eine Baureihe eben nicht auf-weist.

Aufgrund der beiden Gestaltungsprinzipien kann die Anzahl der möglichen Ele-mente bei unveränderter Vielfalt der Produktvarianten eingeschränkt und die Modularität des Produktes erhöht werden.

6.2.2.5 Produktplattformen

Plattformen bilden das technische Grundgerüst eines Produktes, dabei werden möglichst viele Teilbereiche standardisiert. Ziel ist es, eine Aufteilung der Produkt-struktur in Plattformanteile entsprechend der Differenzierungsanforderungen zu ermöglichen. Hierbei bezweckt das Plattformkonzept einerseits eine Erhöhung des Gleichteileanteils von Produktfamilien über verschiedene Produktvarianten, ande-rerseits die Verwendbarkeit der Plattform über mehrere Produktgenerationen hin-weg, wodurch eine Verkürzung des Innovationszyklus ermöglicht wird.

 Die Plattformentwicklung wird in fünf strategische Vorgehensweisen unter-schieden:

- The Power Tower (Meyer, Lehnerd)
- Planning for Product Platforms (Robertson, Ulrich)
- Design for Variety (Martin)
- Method for Architecting Product Platforms (Gonzalez-Zugasti)
- Product Platform Concept Exploration Method (Simpson)

6.2.2.6 Modularisierung

Als Erweiterung der Produktplattform folgt die Modularisierung aus standardi-sierten Modulen. Diese Methode generiert eine große Anzahl an verkaufsfähigen Varianten, ohne die Variantenvielfalt maßgeblich zu beeinflussen. Dabei wird bei der Modularisierung ein Produkt in einzelne Module gegliedert, die als „[...] ab-grenzbare und einbaufertige Einheit, deren Bausteine physisch miteinander verbunden sind" bezeichnet. Die Modularisierung lässt sich zwischen der Plattform und Baukastengestaltung einordnen (Bild 6.4).

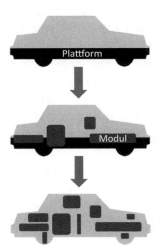

Bild 6.4
Von der Plattform über Module hin zum Baukasten

Diese Methode führt zu einer höheren Wiederholrate mit geringeren Prozesskosten und zu einer größeren Gleichteileverwendung. Um die Vorteile nutzen zu können, ist neben der gezielten Strukturierung unabhängiger, standardisierter und austauschbarer Komponenten auch die Architektur des Baukastens zu berücksichtigen. Aus diesem Grund ist eine konsequente Umsetzung der Modularisierung auf Produktebenen nur durch eine Neuorganisation der Produktstruktur durchzuführen.

6.2.2.7 Organisatorische Maßnahmen

Eine Grundvoraussetzung für die erfolgreiche Umsetzung der genannten technischen Ansätze sind organisatorische Maßnahmen. Dabei ist die Unterstützung und Förderung durch den Unternehmer (Geschäftsführung) die essenzielle Voraussetzung für die Einführung einer Konfigurationslösung. Ohne die Unterstützung könnte es zu einer Verzögerung oder einem Scheitern des Projektes kommen.

 Die Geschäftsführung sollte frühzeitig in das Projekt integriert und über die entsprechenden Fortschritte informiert werden. Dies gilt auch für die zukünftigen Nutzer (Vertrieb) und Betreuer (Konstruktion) des Produktkonfigurators. Somit werden die „Betroffenen" zu „Beteiligte" und integraler Teil des Projektes.

Die genannten Lösungsansätze lassen sich durch einen höheren Wiederverwendungsgrad bei gleichzeitiger Reduzierung der Variantenvielfalt und Abkopplung von Beeinflussungsfaktoren der Varianten zur Flexibilitätssteigerung zusammenfassen. Dabei können die genannten Einsparpotenziale durch geeignete IT-Werkzeuge zur Angebotsgenerierung noch einmal verstärkt werden. Diese sogenannten Produktkonfiguratoren werden im weiteren Verlauf beschrieben und deren Voraussetzungen für die Einführung erläutert, wodurch eine nachhaltige Fixierung des Variantenumfangs innerhalb eines Unternehmens gewährleistet und ein langfristiger Ansatz zum Beherrschen der Komplexität genutzt wird.

 Nur 10 % der Angebote im Maschinen- und Anlagenbau führen zu einem konkreten Kundenauftrag, wodurch Angebotssysteme, die die vorhandene Produktstruktur verwenden, von sehr großer Bedeutung sind.

▪ 6.3 Rechnerunterstützte Produktkonfiguration

Bevor das softwarebasierte System zur Konfiguration von Produkten nähergehend beschrieben wird, ist es notwendig, den Begriff und die Funktionsweise der Produktkonfiguration zu definieren, relevante Unterschiede der Anwendungsbereiche zu differenzieren und die Architektur des Prozessablaufes entsprechend der einzelnen Funktionseinheiten zu konstruieren.

6.3.1 Begriffsklärung

Aufgrund der Bedeutsamkeit der „Produktkonfiguration" in der industriellen Praxis finden sich eine Vielzahl unterschiedlicher Definitionen. Dabei versteht man im Allgemeinen unter einer Konfiguration die Erstellung einer Struktur mit vorgegebenen Eigenschaften durch die Kombination einer bestimmten Menge von Objekten. Übertragen auf die Umwelt eines Unternehmens nutzt der Anbieter eines Produktes diese Kombinationsmethodik zur Komplexitätsbeherrschung indem diese Vorgehensweise an der Schnittstelle zwischen der externen und internen Unternehmensumgebung eingesetzt wird. Der Begriff „Produktkonfigurator" selbst ist jedoch nicht einheitlich definiert.

▪ Laut Brinkop [Brink16] ist ein Produktkonfigurator „[...] ein Werkzeug, das [...] ein Produkt so bestimmt, dass es vorgegebene Eigenschaften" erfüllt.

- Darüber hinaus beschreiben Ringback und Kempis [RiKe14] Produktkonfiguratoren als multifunktionale, rechnergestützte Systeme, die an der Schnittstelle zwischen Vertrieb und wertschöpfungsnahen Funktionen stehen und zur informationstechnischen Wissens- und Aufgabenintegration dienen.
- Wüpping [Wüpp03] verfeinert diese Ausführung und benennt die Auslegung (Selektion und Kombination) eines nach Eigenschaften (Anwendungsmerkmalen und Ausprägungen) zusammensetzbaren Produktes mit wissensbasierter Softwareunterstützung (Auswahl- und Beziehungswissen) als Produktkonfigurator.

Im Rahmen dieses Kapitels wird eine automatisierte Zusammenstellung von Produkten oder Dienstleistungen mit schrittweiser und auf Eigenschaften und Regeln basierter Rechnerunterstützung als Produktkonfigurator bezeichnet. Ausgehend von einer konkreten Kundenanforderung werden Module eines Produktbaukastens zu kundenspezifischen Lösungen zusammengestellt.

Vor der Einführung eines Produktkonfigurators müssen Unternehmen ein Projektteam bilden und die Forderung nach einer modularen Produktstruktur umsetzen. Dabei sollte weiterhin ein Lösungsraum für kundenspezifische Ausprägungen vorhanden bleiben ohne dabei Standardprodukte, die anhand von Absatzanalysen deklariert werden, zu beinträchtigen.

 Bei klein- und mittleren Unternehmen besteht dieses Projektteam idealerweise aus zwei bis drei IT-Mitarbeitern und einer entsprechenden Anzahl von Anwendermitarbeitern (Key User) aus Vertrieb, Konstruktion und anderen beteiligten Unternehmensbereichen.

6.3.2 Funktionsweise

Produktkonfiguratoren können auf verschiedene Art und Weise die Kundenanforderung bedienen. Die sogenannten Regelwerke im Quellcode der Konfigurationssoftware lassen sich in drei Kerntechnologien strukturieren, die hinsichtlich der organisatorischen Integration sowie der Anwendung unterschieden werden können:

Entscheidungstabellenbasierte Systeme sind objektorientiert und bilden das Regelwerk über eine verknüpfte Entscheidungstabelle ab (Bild 6.5). Die Lösungssuche erfolgt durch sukzessive Entscheidungen oder automatisiert durch das Programm. Eingesetzt wird diese Technologie bei relativ einfachen Produktstrukturen der Standard- und Verbrauchsgüter.

Einfache Entscheidungstabelle

		R01	R02	R03	R04
B01	Hubraum 70	j	n	n	n
B02	Hubraum 90	n	j	n	n
B03	Hubraum 120	n	n	j	n
B04	Hubraum 200	n	n	n	J
A01	Modell 1	x	-	-	-
A02	Modell 2	-	x	-	-
A03	Modell 3	-	-	x	-
A04	Modell 4	-	-	-	x

Erweiterte Entscheidungstabelle

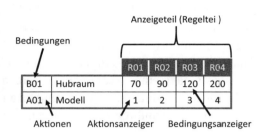

		R01	R02	R03	R04
B01	Hubraum	70	90	120	200
A01	Modell	1	2	3	4

Bild 6.5 Beispiel einer Entscheidungstabelle nach DIN 66241

Grundsätzlich lassen sich Entscheidungstabellen (ET) in einen Bedingungsteil mit den Bedingungsanzeigen und einen Aktionsteil mit den Aktionsanzeigern einteilen. Bei einer einfachen ET werden die Bedingungen lediglich mit ja oder nein abgefragt, was zu einer größeren Matrix (4 × 8) führt. Eine erweiterte ET erlaubt hingegen individuelle Bedingungs- und Aktionsanzeiger, wodurch eine kleine Matrix entsteht, die jedoch auf einem tiefergehenden Verständnis beruht.

Regel- und Constraint-basierte Systeme zeichnen sich durch einen Programmalgorithmus aus, der in geringer Auflösungstiefe vorhanden ist und über produktspezifische Abhängigkeiten den Anwender zum Endprodukt führt. Diese Systeme werden für Produkte mittlerer Komplexität eingesetzt (Bild 6.6).

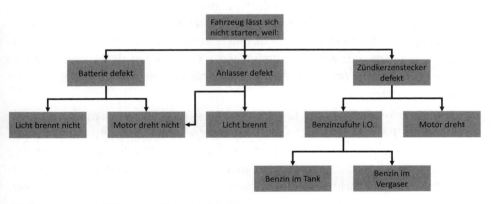

Bild 6.6 Regel- und Constraint-basierte Systeme

Bei regelbasierten Systemen baut sich das Wissen aus Bedingungs- und Aktionsteil auf. Dadurch entsteht eine Wenn-dann-Konstruktion, die in Analogie zum menschlichen Problemlösungsprozess steht. Beispielsweise lässt sich das Auto nicht starten (wenn), weil die Batterie defekt ist (dann). Vorteil dieses Systems ist die direkte Form der Wissensrepräsentation. Ein erheblicher Nachteil, den diese Technologie mit sich bringt, ist die vornehmliche Abbildung von gerichteten Zusammenhängen, wodurch auf die Bedingung eine Aktion folgt und keine Rückschlüsse gezogen werden können, z. B. wenn aus einer Aktion eine Bedingung abgeleitet werden könnte.

Wissensbasierte Systeme sind Regelwerke, die mit Sprachen der künstlichen Intelligenz definiert werden. Eine Lösung wird durch einen Inferenzmechanismus automatisch generiert, also mit einem Schlüssel, der in Bezug auf eine bestimmte Wissensbasis nach einer festgesetzten Problemlösungsmethode eingesetzt wird (Bild 6.7). Die Anwendung erfolgt bei komplexen Produkten, um ein optimales Ergebnis bei der Lösungsfindung zu garantieren.

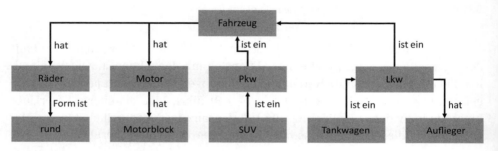

Bild 6.7 Wissensbasierte Technologie [Lutz11]

Wissensbasierte Technologien sind gerichtete Graphen, die aus Sachverhalten wie Ereignissen, Objekten oder allgemeinen Begriffen bestehen. Die Beziehungen der Sachverhalte untereinander werden durch Bedeutungen („ist ein" oder „hat") hergestellt. Beispielsweise ist aus Bild 6.7 zu entnehmen, dass ein Tankwagen ein Lkw und somit ein Automobil ist. Demzufolge erlaubt der Mechanismus Wissensgebiete, in denen bereits Klassifikationsschemata zugeordnet sind, hierarchisch zu strukturieren. In der Praxis werden die verschiedenen Technologien (Regelwerke) häufig miteinander kombiniert.

Durch die Verwendung dieser Regelwerke können die entsprechenden Attribute über mehrere Prozessschritte zusammengestellt werden (Bild 6.8). Dabei wird in der ersten Phase die Konfigurationsanfrage durch das Regelwerk übersetzt und in eine Menge abstrakter Komponenten, den Schlüsselkomponenten, aufgespalten. In einem weiteren Schritt wird diese abstrakte Lösungsmenge weiter spezifiziert, wodurch konkrete Komponenten ausgewählt und deren Anordnung festgelegt werden. Hierbei können auch neue Spezifikationsanforderungen zusammengestellt werden. Nach der Rückführung der Ergebnisse beginnt der Konfigurationsprozess von neuem, wodurch eine Komponentenliste, die das spätere Produkt abbildet, generiert wird.

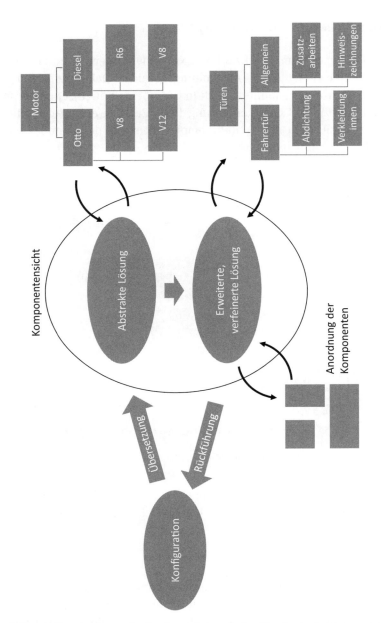

Bild 6.8 Abstrakte Beschreibung der Konfigurationsaufgabe (Quelle: In Anlehnung an [Sinz03])

6.3.3 Klassifizierung der Systemtypen

Je nach Produktspektrum, Stückzahl und Kundenanforderung unterstützen Konfigurationssysteme verschiedene Anwendungsbereiche. Dabei umfasst das Anwendungsspektrum von sogenannten „Pick to Order"- bis hin zu „Engineer to Order"-Lösungen (Bild 6.9). Zur Charakterisierung dieser Bereiche erfolgt eine schematische Einordnung hinsichtlich der Produktkomplexität sowie der Komplexität der Vertriebs- und Abwicklungsprozesse:

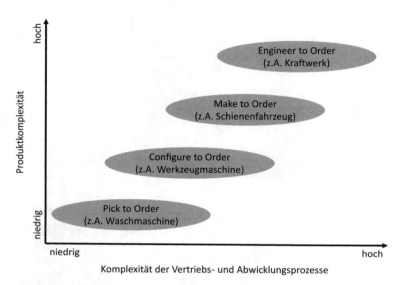

Bild 6.9 Anwendungsspektrum Konfiguratoren

Wie zu sehen, führt eine Strukturierung der unterschiedlichen Anwendungsspektren aufgrund der Produkt- und Vertriebs-/Abwicklungskomplexität zu vier Konfigurationstypen.

6.3.3.1 Pick-to-Order

Pick-to-Order-Konfigurationen (PTO) werden durch Auswahl von bereits bestehenden Komponenten zusammengestellt („Click & Buy"). Dabei kann im engeren Sinn nicht von Konfiguration gesprochen werden, da der Kunde aus einer bereits fertigen Produktpalette ein Produkt auswählt. Daraufhin ist auch kein mehrstufiger Vertriebsprozess notwendig, da die Produkte bereits kundenneutral vorgefertigt werden können. Einige Beispiele für PTO-Konfigurationen sind Haushaltsgeräte wie z. B. Waschmaschinen, Fernseher oder allgemeine Baureihenprodukte wie Schrauben, aber auch Steuerungs- und Automatisierungstechnik.

6.3.3.2 Configure-to-Order

Bei Configure-to-Order (CTO) werden Produkte über Beziehungen zwischen vorher definierten Komponenten konfiguriert, wodurch eine Beschreibung von zuvor durchdachten Produktfamilien erfolgt innerhalb derer die Kundenanforderungen ein bestimmtes Spektrum abdecken. Dadurch ist es möglich, einen hohen Wiederholungsgrad auf Komponentenebene bei gleichzeitiger kundenneutraler Vorfertigung zu gewährleisten. Meist enthält ein CTO-Konfigurator auch PTO-Daten, sodass nach der Anpassung des jeweiligen Grundmodells, Einkaufspreis und Verfügbarkeit der Wunschkonfiguration angezeigt werden. Ein typisches Beispiel sind Zusammenstellungen von Computern oder Serienfahrzeugen, die direkt vom Kunden konfiguriert werden können.

6.3.3.3 Make-to-Order

„Make-to-Order"-Produkte (MTO) werden aus Komponenten zusammengesetzt, die zum Teil vordefiniert sind und aus solchen, bei denen ein grundlegender Lösungsraum vorgedacht wurde. Dementsprechend entstehen bei diesem Konzept auch neue Teile mit begrenzter Produktvariabilität. Dies kann dazu führen, dass die Anzahl möglicher Kombinationen stetig steigt. Demzufolge sind MTO-Konfigurationen typischerweise parametrisierbare Produkte, denen ein Baukasten zugrunde gelegt wird. In der Praxis werden diese Produkte als Mass Customization bezeichnet und in der Regel im Maschinen- oder Schiffsbau eingesetzt.

6.3.3.4 Engineer-to-Order

„Engineer-to-Order"-Konfigurationen (ETO) sind zu einem geringeren Maße vordefiniert und bestehen zu einem hohen Grad aus Komponenten, die noch nicht präzise beschrieben und somit stark parameterbehaftet sind. Oft wird eine enge Verbindung zu CAD-Systemen benötigt, um auf diese Weise eine automatische Verknüpfung zwischen Parameterfestlegung und Komponentenkonstruktion zu ermöglichen. Dabei beinhaltet ETO nicht ausschließlich das physische Produkt, sondern darüber hinaus eine Reihe von Arbeitsaufgaben, die über die gesamte Wertschöpfungskette verteilt sind (z. B. Anpassungen im Engineering oder der Arbeitsvorbereitung). Dies führt dazu, dass eine komplexe Wertschöpfungskette in mehreren Stufen ablaufen muss. Treffende Anwendungsgebiete für diese Art von Konfiguration sind der Anlagenbau, also die klassische Einzelfertigung zur Herstellung von Spezialprodukten.

 Der Zeitaufwand bei der Angebotserstellung von Produkten dieser Anforderungsklasse kann mit einem Produktkonfigurator um bis zu 80 % reduziert werden.

Lessons learned – das muss ich wissen

Jede Produktstruktur fordert eine passende Konfigurationslösung.

Tabelle 6.2 Zuordnung von Konfigurationslösung und Produktstruktur

Konfigurationslösung	Produktstruktur
Pick-to-Order	Produkte ohne Varianten
Configure-to-Order	Standardprodukte mit herstellerspezifischen Varianten
Make-to-Order	Standardprodukte mit kundenspezifischen Varianten
Engineer-to-Order	Produkte nach Kundenspezifikation

6.3.4 Architektur des Prozessablaufes

Die Architektur eines Konfigurationsablaufes kann je nach Geschäftsprozess und Produktstruktur auf verschiedene Weisen erfolgen. Der hier dargestellte Ablauf ist abstrahiert und empirisch belegt.

Der Vertrieb als Schnittstelle zum Kunden muss im ersten Schritt des Konfigurationsprozesses die Kundenanforderung, die an das gewünschte Produkt gestellt wird, erfassen. Dabei helfen Checklisten, auch Lastenhefte genannt, die alle erforderlichen Angaben beinhalten und diese in einer für den Auftrag notwendigen konfigurationsrelevanten Reihenfolge fixieren.

Das Resultat der Checklisteneingabe stellt eine Zusammenstellung von Produktfunktionskomponenten dar, die in einer Stücklistenstruktur abgebildet werden. Diese Stückliste wiederum wird den nachgelagerten Unternehmensbereichen, wie z. B. der Arbeitsvorbereitung oder dem Einkauf, zur Verfügung gestellt, wodurch auch die Kosten der entsprechenden Funktionskomponenten festgelegt werden können (Bild 6.10).

Des Weiteren müssen bei Unternehmen des Maschinen- und Anlagenbaus bereits während der Angebotsphase Konstruktionsdaten zur Verfügung stehen, damit eine bildhafte Produkterklärung der tiefergehenden technischen Anforderungen dem Kunden gegenüber erfolgen kann und mögliche Änderungen vorgenommen werden können. Häufig fordert der Kunde daraufhin mit dem Angebot die entsprechenden CAD-Daten. Dabei ist eine angepasste, kundengerechte Funktionalität ohne spezifische Teileerstellung (Konstruktion) durch Zusammenstellung von Bausteinen mit vorgedachten Kombinationsmöglichkeiten ausreichend.

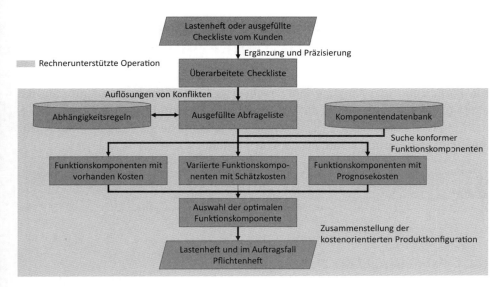

Bild 6.10 Kostenermittlung im Konfigurationsprozess

Wesentlicher Bestandteil für die Konfigurationsimplementierung ist der Informations- und Kommunikationsfluss. Wird der Auftrag schließlich erteilt, müssen alle Informationen, die das Produkt betreffen, den integrierten Fachabteilungen zur Verfügung gestellt werden. Um eine durchgängige Unterstützung auch in der Entwicklungs- und Konstruktionsabteilung bzw. nachgelagerten Unternehmensbereichen zu realisieren und somit frühzeitig auf Informationen, wie Kosten und Liefertermine, zurückgreifen zu können, streben Konfigurationslösungen einen Austausch der Stamm- (z. B. Produktstammdaten) und Strukturdaten (z. B. Stücklisten) durch Kopplung mit verschieden Quellsystemen, wie z. B. CAx, PDM oder ERP, an. Der Konfigurator dient dabei als Fernsteuerung der genannten Systeme und Programme. Ein Austausch kann demzufolge nur Anhand zuvor definierter Schnittstellen vor der Einführung einer Konfigurationslösung gewährleistet werden.

Folglich handelt es sich bei einem Konfigurator um eine komplexe, interdisziplinäre Software, die den Verkäufer bei seiner Arbeit unterstützt und Kommunikationshemmschwellen zwischen Vertrieb und Technik abbaut. Des Weiteren ist ein Mehrwert dieses Systems in der schnellen Reaktionszeit auf individuelle Kundenwünsche, der wesentlich schnelleren Bereitstellung der Produktunterlagen und der Reduzierung der kundenspezifischen Konstruktions- und Projektierungsbedarfes zu finden.

■ 6.4 Vorgehensweise bei allgemeinen Softwareimplementierungen

Die Einführung und Nutzung einer rechnergestützten Produktkonfiguration hat einen maßgeblichen Einfluss auf Arbeitsabläufe, Strukturen und Aufgaben innerhalb eines Unternehmens. Daher muss die entsprechende Vorgehensweise für eine Implementierung detailliert geplant werden.

 Die Vorgehensweise kann sich je nach Branche und Unternehmen durch verschiedene Interdependenzen und Restriktionen ändern.

6.4.1 Formulierung der Zielsetzungen

Die Einführung neuer Computerprogramme stellt für viele Unternehmen eine Herausforderung dar. Dabei gilt es, einen wirtschaftlich tragfähigen Kompromiss aus Anforderungen des Unternehmens und systemtechnischen Möglichkeiten zu finden und diese mit den benannten Zielen des Implementierungsvorhabens abzugleichen.

Hauptziel der Einführung von Produktkonfiguratoren ist eine Kostenreduktion bei gleichzeitiger Umsatzsteigerung. Dabei wird das Rationalisierungspotenzial durch einen höheren Wiederverwendungsgrad von Komponenten, die Effizienzsteigerung aufgrund autonomer Abläufe und die Komplexitätsreduzierung durch Entflechtung des Produktportfolios erzielt. Das wiederrum führt zu einer Umsatzsteigerung, da die Verkaufspreise durch die Verringerung der Kosten angepasst und gleichzeitig die Durchlaufzeit verringert werden kann (Bild 6.11). Des Weiteren können anhand kundenindividueller Mehrfachfertigung und standardisierten Abläufen die Fehler reduziert und somit die Produktqualität gesteigert werden. Dadurch erhält das Unternehmen die Möglichkeit, Angebote mit einem günstigeren Einstandspreis und verringerter Durchlaufzeit zu erstellen.

Gerade die Effizienzsteigerung durch Reduzierung von Humankapital muss für eine Implementierung auch in zeitlicher Hinsicht begutachtet werden, da die zukünftige Planung der Personalstruktur nach § 92 Abs. 1 BetrVG mit dem Betriebsrat abzustimmen ist und in einer Betriebsvereinbarung festzuhalten ist. Hierbei handelt es sich um eine Unterrichtung und keine Mitbestimmung des Betriebsrates. Darüber hinaus findet eine Umstellung der Aufgabengebiete in den diversen Abteilungen statt, was eine bilanzielle Kostenverschiebung zur Folge hat. Diese lässt sich beispielsweise in der Konstruktion von der eigentlichen Entwicklung zur Verwaltung von Modulen abbilden.

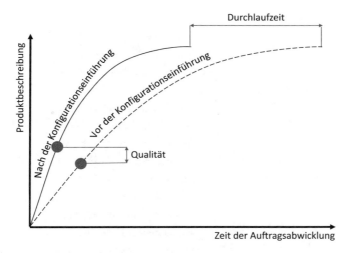

Bild 6.11 Zielsetzung bei Produktkonfiguratoren

6.4.2 Erstellung der Leistungsbeschreibung

Aufbauend auf den zuvor formulierten Zielen erfolgt in dieser Phase anhand einer systematischen Strukturierung des Leistungsumfanges eine Definition des Projektes. Dabei werden fachliche Anforderungen an Prozesse und Funktionen, systemtechnische Erwartungen und Restriktionen sowie Schnittstellen zu Nachbarsystemen zusammengeführt.

Eine allgemeingültige Beurteilungsgrundlage für die Einführung von Produktkonfiguratoren kann aus Tabelle 6.3 entnommen werden:

Tabelle 6.3 Anforderungsliste

Geschäfts-prozesse	Der Produktkonfigurator hilft …	dem Endnutzer, eine Lösung für seine Aufgabe zu finden.
		dem Vertriebspartner bei der Angebotserstellung.
		dem Vertriebsmitarbeiter bei der Angebotserstellung.
		dem Vertriebspartner bei der Auftragserfassung.
		dem Innendienstmitarbeiter bei der Auftragsbearbeitung.
	Der Produktkonfigurator unterstützt bei der …	Produktfindung.
		technischen Produktauslegung.
		Angebotskalkulation.
		Angebotsdokumenterstellung.
		Produktvisualisierung.
		Produktkonstruktion.
		Stücklistenerstellung.
		Arbeitsplanerstellung.

Tabelle 6.3 *Fortsetzung*

	Der Produktkonfigurator wird üblicherweise entwickelt:	vom Anbieter
		von der IT-Abteilung des Kunden
		von der Fachabteilung des Kunden
	Der Produktkonfigurator wird genutzt:	im Internet
		im Firmennetzwerk
		lokal auf dem Einzelplatzrechner
		sowohl im Netzwerk als auch lokal
	Der Produktkonfigurator ist am besten geeignet für Aufgaben, bei denen...	Produkte ausgewählt werden (PTO).
		Produkte konfiguriert werden (CTO).
		Produkte kombiniert werden (MTO).
		Produkte konstruiert werden (ETO).
Konfigurations-ansatz	Charakterisierung des Konfigurationsansatzes:	regelbasiertes Expertensystem
		bidirektionale CAD-Integration
		Verschnittoptimierung
		Kennlinien
	Beziehungswissen wird primär ausgedrückt durch:	Makros
		Regel
		Entscheidungstabellen
		Constraints
Anpassungen	Benutzeroberfläche Produktkonfigurator...	wird vom Anbieter individuell entwickelt.
		wird automatisch generiert.
		wird mit eigenem Dialog-Editor erstellt.
		ist im CAD-System integriert.
	Angebotskalkulation (Warenkorb)...	wird als schlüsselfertige Lösung angeboten.
		wird vom Anbieter individuell entwickelt.
		kann mit einem Verwaltungswerkzeug in der Funktionalität angepasst werden.
		kann frei programmiert werden.
	Dokumentvorlagen...	werden vom Anbieter individuell erstellt.
		werden mittels XSLT* erstellt.
		werden mit einem Berichtsgenerator erstellt.
		werden mit Office-Software erstellt.
Systemtechnik	Unterstützte Funktionen:	Produktkatalog
		Produktkonfiguration
		Warenkorb
		Dokumentgenerierung
	Die oben markierten Funktionen sind...	in einer Anwendung integriert verfügbar.
		in einer Anwendung als optionale Module verfügbar.
		als Einzelmodule verfügbar.

Tabelle 6.3 *Fortsetzung*

Schnittstellen zu:	CRM-Systemen**
	ERP-Systemen
	CAx-Systemen
	Office

*   Programmiersprache zur Transformation von XML-Dokumenten
** Customer-Relationship-Management (CRM), bezeichnet die Dokumentation und Verwaltung von Kunden-
beziehungen.

Sind die Anforderungen schließlich ausreichend spezifiziert, werden die Bestandteile in einem Lastenheft zusammengeführt und zur Ausschreibung freigegeben.
Dabei dient dies später als Beurteilungsgrundlage für die Akkreditierung der Lieferanten.

Unter einem Lastenheft wird die Gesamtheit der Anforderungen eines Auftraggebers an die Lieferung und Leistung des Auftragnehmers (Software-
anbieter) verstanden. Vom Auftragnehmer wird auf dieser Grundlage ein
Pflichtenheft erstellt, welches in konkreter Form darlegt, wie er die Anforderungen des Lastenhefts zu lösen gedenkt.

6.4.3 Lieferantenakkreditierung/-auswahl

Haben sich nach Beendigung der Ausschreibungsfrist verschiedene Interessenten
beworben, müssen die entsprechenden Angebote anhand des Erfüllungsgrades
des Lastenheftes bewertet werden. Dies führt dazu, dass sich eine Liste von akkre-
ditierten Lieferanten (Unternehmen mit dem höchsten Erfüllungsgrad) entwickelt,
die auf Wirtschaftlichkeit hin begutachtet wird. Dabei sollten die Kosten für die
Systemeinführung über den Lebenszyklus betrachtet werden.

Typischerweise setzten sich die Gesamtkosten aus folgenden Hard- und Soft-
warekomponenten zusammen:

- Kosten für die Systemeinführung
- Customizing
- Aufnahme des Basisregelwerks
- Systemintegration
- Bereitstellung von Hardwarekomponenten
- Laufenden Kosten
- Pflege des Regelwerks
- Schulungen der Mitarbeiter

Dies Gegenüberstellung der Kosten bei gleichzeitiger Gewichtung des Erfüllungs-grades führt zu einer genauen Strukturierung der Anbieter und kann wie in Bild 6.12 dargestellt werden:

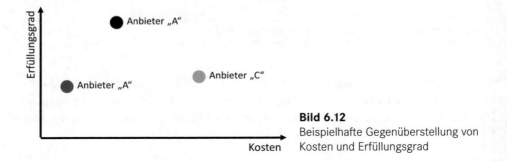

Bild 6.12
Beispielhafte Gegenüberstellung von Kosten und Erfüllungsgrad

Ist die Auswahl eines Lieferanten getroffen, sollten neben dem Lastenheft noch nachstehende Kriterien vertraglich festgehalten werden:

- Lizenzierung
- Bedingungen und Verfahren für zukünftige Updates
- Umgang mit individuellen Anpassungen
- Einführung und Support (Installation, Customizing, Schulung, Hotline)
- Dienstleistungskonditionen (Tages-/Stundensatz, Reisekosten, Reisezeiten)
- Abnahmeprozedere
- Zahlungsbedingungen
- Rechtliche Lage bei Insolvenz des Softwareanbieters
- Möglichkeiten der Fernwartung
- Vertraulichkeitsvereinbarungen
- Prozessorganisation und -strukturierung

Nachdem der Softwarelieferant ausgewählt wurde, sollten die Mitarbeiter und die vorhandene technische Infrastruktur auf die bevorstehende Implementierung vor-bereitet werden. Dabei stellt das Team, welches zuvor die Anforderungen evaluiert hat, die entsprechenden Planungsaktivitäten für eine erfolgreiche Einführung zu-sammen. Hierbei handelt es sich vorzugsweise um die Zusammenführung des Konfigurationswissens auf Basis von produkt- und firmenspezifischen Eigenschaf-ten, sowie die Anbindung der Softwarelösung an die Quellsysteme.

Zur Identifizierung des Konfigurationswissens können speziell entwickelte Frage-bögen die Produktstruktur und Unternehmensaspekte identifizieren. Dabei ist die präzise Durchführung der Wissensaufnahme und -abbildung ausschlaggebend für den Erfolg der gesamten Systemeinführung.

Simultan sollte neben der Ermittlung des Konfigurationswissens eine Betrachtung der benötigen Schnittstellen zu datenerzeugenden Systemen untersucht werden [Lutz11]. Dabei kann es erforderlich sein, dass aufgrund der Systemlandschaft oder anhand von unternehmensspezifischen Anforderungen Schnittstellen programmiert werden müssen.

Darüber hinaus sollte der Personenkreis, welcher später mit dem Produktkonfigurator arbeitet, vom „Betroffenen zum Beteiligten" werden, da eine mangelnde Einbindung der Mitarbeiter zu einem Scheitern des Projektes führen kann.

Um einem Scheitern des Projektes entgegenzuwirken, sollte das Management die entsprechenden Personen aktiv in den Neuerungsprozess einbinden (Partizipation) und ggf. psychologisch versierte Trainer einsetzen, um Ängsten zu begegnen.

6.4.4 Softwareinitialisierung

Die letzte Phase einer Implementierung entspricht der Initialisierung der Konfigurationslösung. Hierbei erfolgt zuerst eine Testphase, in der das System auf Auffälligkeiten und kritische Faktoren untersucht wird. Dies beinhaltet, dass die Überprüfung während des laufenden Kerngeschäfts, aber innerhalb eines beschränken Umfeldes durchgeführt wird. Abschließend wird auf Basis der gewonnen Erkenntnisse eine Schlussbewertung durchgeführt, woraus Handlungs- und gegebenenfalls Korrekturbedarf abgeleitet werden kann.

Es liegt in der Natur der Sache, dass selbst bei einer profunden Planung nicht alle Eventualitäten im Projekt berücksichtigt werden können.

■ 6.5 Einführungsvoraussetzungen für Produktkonfiguratoren

Bevor Produktkonfiguratoren in Unternehmen eingesetzt werden können, müssen die Voraussetzungen für eine Verwendung analysiert werden. Dabei sind neben der Produktarchitektur, mit teilweise vordefinierten Produktausprägungen, auch die Zusammenhänge zwischen prozessualen und systemtechnischen Anforderungen des Produktkonfigurators zu erfassen. Das folgende Kapitel präzisiert diese Voraussetzungen und beleuchtet gleichzeitig validierte Umsetzungsmöglichkeiten.

6.5.1 Produktbezogene Anforderungen

6.5.1.1 Modularisierte Produktstruktur

Um eine wunschgemäße Produktkonfiguration überhaupt durchführen zu können, müssen die Struktur der einzelnen Produkte und ihre Komponenten klar definiert sein. Wie bereits erwähnt, ist die Modularisierung hierfür eine geeignete Strategie, da diese sowohl auf Produkt- als auch auf Prozessebene erfolgen kann. Dabei beschreibt die Modularisierung auf der Produktebene den Einsatz von austauschbaren Teilen (sogenannten Modulen) zum Einbau in übergeordnete Baugruppen, wo hingegen bei der Prozessebene von einer optimalen Aufspaltung der Entwicklungs-, Produktions- und Absatzprozesse in einzelne Teilprozesse gesprochen wird (Bild 6.13).

Da die größte Beeinflussung für die Einführung von Konfiguratoren anhand des Produktes zu finden ist, wurden die nachfolgend beschriebenen Anforderungen dieser Ebene ermittelt. Die zentrale Herausforderung ist die Überführung der externen und internen Vielfalt hin zu einer konkreten Produktstruktur, wobei drei Varianten der Modularisierung und auch die Komplexität der Produktfunktion bedacht werden müssen [Schu05].

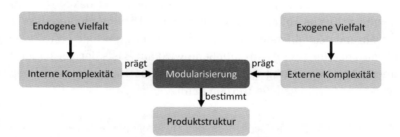

Bild 6.13 Komponentenbestimmung durch Modularisierung (Quelle: In Anlehnung an [Wild14])

Bezugnehmend auf Bild 6.13 kann die Modularisierung in drei kombinatorisch verknüpften Gestaltungsprinzipien entwickelt werden:

- **Unabhängigkeitsprinzip**

  „Gestaltung eines Produkts aus unabhängigen Modulen"

  Das Unabhängigkeitsprinzip fordert, dass die Anzahl und Intensität der Beziehung zwischen Komponenten möglichst gering ist. Dabei sollen mehrere Funktionen in einem Modul nur realisiert werden, wenn der Nutzen für die Modularität höher ist als der Aufwand zur Erstellung und Spezifikation der Schnittstellen.

- **Integritätsprinzip**

  „Gestaltung der Module zur Gewährleistung der Gesamtfunktion"

  Das Integritätsprinzip stellt die Forderung nach Gestaltung von Beziehungen zwischen Modulen dar. Das heißt, Module sind so zu gestalten, dass Sie als System zusammenwirken. Demzufolge sollen eindeutige Schnittstellen zwischen den Modulen spezifiziert werden und diese zu einer Optimierung des Gesamtproduktes und nicht der einzelnen Module beitragen.

  Bereits vorhandene Module sollten wiederverwendet werden, vorausgesetzt die Integrität oder der Charakter des Produktes wird dabei nicht gefährdet.

- **Dekompositionsprinzip**

  „Erhöhung des Detailierungsgrades durch selektive Dekomposition"

  Das Dekompositionsprinzip zielt auf eine bedarfsgerechte Erhöhung des Detailierungsgrads durch die Zerlegung ausgewählter Module ab. Dabei soll die Funktion eines Produkts so lange in Teilfunktionen zerlegt werden, bis sich Komponenten zu deren Erfüllung ausfindig machen.

Zur Bestimmung einer modularen Produktstruktur müssen vorerst die Funktionen anhand einer Funktionsstrukturanalyse untersucht werden. Bei dieser Methode wird die Gesamtfunktion des Produktes in Teilfunktionen gegliedert. Dabei kann eine Ordnung der Teilfunktionen wie folgt vorgenommen werden:

- Grundfunktionen sind in einer Struktur grundlegend, immer wiederkehrend und grundsätzlich nicht variabel.
- Hilfsfunktionen sind verbindend und werden im Allgemeinen als Verbindungs- und Anschlusselemente dargestellt. Dabei müssen sie entsprechend der Größenstufen der Grundfunktion entwickelt werden.
- Sonderfunktionen sind ergänzende, aufgabenspezifische Teilfunktionen, die nicht in allen Gesamtfunktionsvarianten wiederkehren müssen. Sie sind spezielle Ergänzung zur Grundfunktion und stellen eine Art Zubehör dar.
- Anpassungsfunktionen sind zum Angleichen an andere Systeme bzw. veränderte Randbedingungen notwendig. Sie werden durch entsprechende Komponenten verwirklicht, die nur teilweise in ihren Abmessungen bestimmt sind und im Einzelfall aufgrund nicht vorhersehbarer Randbedingungen angepasst werden müssen.
- Nicht vorgesehene, auftragsspezifische Funktionen werden trotz sorgfältiger Entwicklung des Funktionsumfanges immer wieder vorkommen. Solche Funktionen werden über Komponenten verwirklicht, die für die konkrete Aufgabenstellung in Einzelkonstruktion entwickelt werden müssen.

Die wesentliche Frage, die sich aus dieser Betrachtungsweisen ergibt, ist die nach dem Grad der Funktionstiefe. Das heißt, wie tief greifen die genannten Teilfunktionen in die Produktebene ein. Hierzu muss eine Zuweisung der einzelnen Funktionen zu den verschiedenen physischen Komponenten erfolgen (Bild 6.14). Dies führt zwangsläufig zu einer Bildung von Modulen damit anhand des funktionsorientierten Lastenheftes eine Konfiguration erfolgen kann.

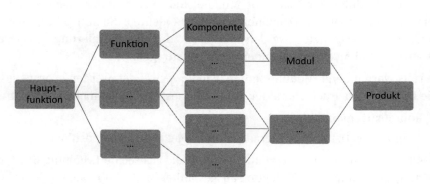

Bild 6.14 Verknüpfung von Funktionen, physischen Komponenten und Modulen

 Ein Modul stellt häufig eine vormontierbare und weitestgehend vorprüfbare Baugruppe mit eindeutigen und standardisierten Schnittstellen dar, die die Unabhängigkeit der einzelnen Module voneinander sowie die gegenseitige Kompatibilität gewährleistet. Im Optimalfall kann ein Modul bei einer Vielzahl unterschiedlicher Absatzleistungen ohne Veränderung verwendet werden.

Eine Zuordnung von Funktions- und Baustruktur kann durch folgende Fragestellungen erfolgen:

- Funktionsstruktur:
  Welche Funktionen erfüllen die Komponenten des Produktes?
- Baustruktur:
  Wie sind die Komponenten physisch zusammengebaut?

Die Verknüpfung von Funktionen und physischen Komponenten ist eine grundlegende Voraussetzung für die Zusammenführung von Produkten durch rechnergestützten Konfiguratoren zu kundenspezifischen Produktstrukturen. Denn durch die Generierung kann der Nutzer (Vertriebsmitarbeiter) innerhalb der Konfigurationsmaske die Funktionen und Ausprägungen des endgültigen Produktes bestimmen und kann somit das erklärungsbedürftige Produkt dem Kunden gegenüber klarer präsentieren. Die Software wandelt im Anschluss die Anfrage in physische Komponenten um und gibt die Produktstruktur der konfigurierten Anlage aus.

6.5.1.2 Aufbau modularer Stücklisten

Neben der Produktstruktur muss der Stücklistenaufbau stets im thematischen Kontext der Modularisierung sowie bei der Einführung von Produktkonfiguratoren betrachtet werden. Dabei ist eine Stückliste eine strukturierte Anordnung von Erzeugnissen (Komponenten) oder Baugruppen, die nach DIN 199 als „[...] vollständiges, formal aufgebautes Verzeichnis für einen Gegenstand, der alle zugehörenden Gegenstände unter Angabe von Bezeichnung, Sachnummer, Menge und Einheit enthält", bezeichnet wird.

Stücklisten und deren Informationen gehören zu den wichtigsten Datenstrukturen industrieller Unternehmen und müssen über die gesamte Wertschöpfung vorhanden sein. Dabei legt der Vertrieb bereits mit der Projektierung der Anlage eine erste strukturelle Zuordnung fest.

Prinzipiell wird in fast jedem Unternehmensbereich eine eigene Stücklistenform angelegt bzw. hinterlegt. Dabei ist eine Sammlung von Komponenten oder Baugruppen aus drei verschiedenen Blickwinkeln (Funktions-, Produkt- und Ortsaspekt) zu betrachten.

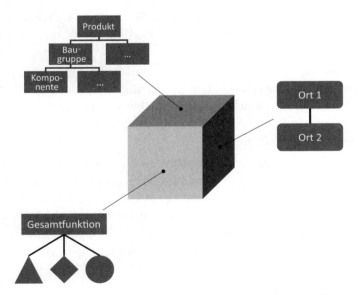

Bild 6.15 Aspekte von Erzeugnissen (Quelle: In Anlehnung an [DIN 81346-1])

Bezugnehmend auf Bild 6.15 lassen sich Aspekte als Filter vor einem Objekt beschreiben, mit denen die relevanten Abteilungsinformationen für die entsprechende Stücklistenform hervorgehoben werden können. Die Anforderungen an die Stücklisten sind dabei sehr bereichsspezifisch, wodurch in manchen Abteilungen

funktionale Gesichtspunkte, in anderen Unternehmensbereichen dagegen das Auf-
zeigen der Verarbeitungsreihenfolge im Vordergrund stehen. Die zu wählende Fra-
gestellung für die Zuordnung sowie die Beschreibung der Aspekte lassen sich wie
folgt unterscheiden:

- Funktionsaspekt:

  „Was ein Objekt machen soll oder was es tatsächlich macht."

  Der Funktionsaspekt wird angewandt, um funktionale Beziehungen zwischen
  den Komponenten anzudeuten. Diese Betrachtungsweise wird vorzugsweise im
  Vertrieb während der Abfrage der Kundenanforderung benötigt.

- Produktaspekt:

  „Mit welchen Mitteln ein Objekt macht, was es machen soll."

  Der Produktaspekt wird angewandt, um die konstruktiven Beziehungen (Bauein-
  heit) der Komponenten darzustellen. Mit dieser Perspektive arbeitet ein Großteil
  der wertschöpfenden Abteilungen.

- Ortsaspekt:

  „Geplanter oder tatsächlicher Raum des Objekts."

  Der Ortsaspekt wird angewandt, um die räumlichen Beziehungen zwischen den
  Komponenten des Objektes zu deklarieren. Ein Beispiel wäre, dass Kabel von
  einem dezentral positionierten Schaltschrank zu einer Anlage verlaufen müssen. Der Ortsaspekt wird vorwiegend von der Montage für den entsprechenden
  Aufbau der Maschine benötigt.

Diese drei Gesichtspunkte müssen in die entsprechenden Stücklistengrundformen
für eine rechnerbasierte Verarbeitung der Konfigurationsanfrage einfließen. Im
Folgenden werden die Grundformen einer Stückliste kurz erläutert.

Mengenstückliste

Eine Mengenstückliste (Tabelle 6.4) enthält nur die Gesamtmenge (Stückzahl) der
Komponenten eines Elementes (Bauteil oder Baugruppe). Mehrfach vorkommende
Einzelteile werden unter einer Position mit der entsprechenden Mengenangabe
zusammengeführt. Funktions- und fertigungsorientierte Gruppen lassen sich da-
durch nicht mehr erkennen. Diese Form der Stückliste wird hauptsächlich für
Bedarfsrechnungen, Dispositionen und Kalkulationen eingesetzt.

Tabelle 6.4 Beispiel Mengenstückliste

Position	Ebene	Bezeichnung	Zusatz
1		Lenkrad	1
2		Reifen	4
3		Radmuttern	20

Strukturstückliste

Die Strukturstückliste (Tabelle 6.5) bildet die gesamte Struktur eines Elementes bis zur untersten Ebene mit allen Baugruppen und Einzelteilen in strukturierter Form ab. Dabei kann eine komplette Auflösung eines komplexen Erzeugnisses nachteilig für die Übersichtlichkeit sein. Dies könnte bei Änderungen/Anpassungen einen höheren Aufwand darstellen.

Tabelle 6.5 Beispiel Strukturstückliste

Position	Ebene	Bezeichnung	Zusatz	Menge
1	1	Lenkrad		1
2	1	Reifen		4
1	2	Radmuttern	Vorne	10
2	2	Radmuttern	Hinten	10

Baukastenstückliste

Die Baukastenstückliste (Tabelle 6.6 und Tabelle 6.7) umfasst zusammengehörende Baugruppen und Teile, ohne zunächst auf ein bestimmtes Erzeugnis Bezug zu nehmen. Dadurch hat jedes Bauteil bzw. jede Baugruppe eine eigene Stückliste. Dementsprechend ist diese Stücklistengrundform immer nur einstufig und führt bei komplexeren Produkten zu einer Vielzahl von Stücklisten.

Tabelle 6.6 Beispiel Baukastenstückliste Lenkrad

Position	Ebene	Bezeichnung	Zusatz	Menge
		Lenkrad		
1	1	...	...	...

Tabelle 6.7 Beispiel Baukastenstückliste Reifen

Position	Ebene	Bezeichnung	Zusatz	Menge
		Reifen		
1	1	Radmuttern	Vorne	10
2	1	Radmuttern	Hinten	10

Zusammenfassend kann festgehalten werden, dass durch die Kombination aus Stücklistengrundform und dem entsprechenden Blickwinkel das Produkt zu jeder Zeit der Wertschöpfungskette eindeutig über die Stückliste definiert werden kann. Hierdurch können die abteilungsinternen Aufgaben ordnungsgemäß durchgeführt werden.

Die wesentliche Voraussetzung, die sich für die Integration eines Konfigurators ergibt, ist die vollständige Abbildung des Abteilungswissens auf Basis der Stücklistenstrukturen innerhalb des Unternehmens. Dabei muss das Regelwerk zur Stücklistengenerierung auf die verschiedenen Charakteristiken abgestimmt werden.

 Der Stücklistenaufbau in den Abteilungen muss vor der Implementierung festgehalten werden, damit während der Einführung keine Verzögerungen im Tagesgeschäft durch unvollständige Konfigurationsergebnisse entstehen.

6.5.2 Organisatorische Voraussetzungen

Ähnlich wie bei den Anforderungen auf Produktebene sind auch die organisatorischen Voraussetzungen für die Einführung einer Konfigurationslösung zu betrachten. Um die Funktionsfähigkeiten eines Produktkonfigurators sicherzustellen, müssen sämtliche Abläufe im Unternehmen anhand der interdisziplinären Softwarelösung ausgerichtet werden. So kann z.B. eine Verschiebung der Tätigkeiten in verschieden Unternehmensbereichen erforderlich sein, wenn Produktstrukturen während der Betriebsphase gepflegt werden müssen. Dies löst zwangsläufig die traditionellen Prozessabläufe auf und führt zu neuen Vorgehensweisen innerhalb der Organisation, weshalb eine geeignete Ablauforganisation zu definieren ist.

6.5.2.1 Integration neuer Prozessabläufe

Eine Herausforderung bei der Implementierung von rechnerunterstützten Softwarelösungen liegt neben der eigentlichen Einführung in der Integration neuer Prozessabläufe. Unter einem Prozess wird eine Folge von Aktivitäten verstanden, deren Ergebnis eine Leistung für einen externen und internen Kunden ist. Zu Beginn eines Prozesses steht demnach ein festgelegter Input, wie z.B. Arbeitsleistung, Energie oder Information sowie ein präziser Output, wie beispielsweise Produkte oder Dienstleistungen.

Nach VDI 2243 lässt sich der Gesamtprozess eines industriellen Unternehmens in folgende Teilprozesse gliedern:

- Vertrieb
- Produktplanung
- Entwicklung und Konstruktion
- Fertigung
- Montage
- Service

In den meisten Phasen der genannten Geschäftsprozesse finden, durch die Einführung einer Konfigurationslösung, Anpassungen der Organisationsabläufe statt. Gerade in der Entwicklung und der Konstruktion sowie dem Vertrieb müssen die Mitarbeiter über die zu erwartenden Veränderungen informiert und als integraler Bestandteil des Prozesses betrachtet werden. Denn sie sind gegebenenfalls in der Lage, wertvolle Hinweise zu einzelnen Prozessabläufen zu geben, die für die Integration neuer Organisationsformen während der Betriebsphase des Produktkonfigurators genutzt werden können.

Aus zeitlicher Sicht wären für die Integration neuer Prozessstrukturen drei alternative Reihenfolgen denkbar:

- Einführung der neuen Prozesse und anschließende Implementierung der Konfigurationslösung
- Einführung der Konfigurationssoftware und anschließender Roll-out* der Prozesse.
- Zeitgleiche Einführung von neuen Prozessabläufen und der Software

Sinnvoll für eine Implementierung neuer Prozessstrukturen erscheint die zeitgleiche Einführung von Organisationsprozessen und Softwareapplikationen, da der Gefahr von unerwünschten Differenzen entgegengewirkt werden kann und gleichzeitig Reibungsverluste des Umfeldes aufgrund der neuen Prozesse vermindert werden können. Die Umsetzung der Prozess- und Organisationsstrukturen wird dabei häufig als der schwierigste Teil einer Implementierung bezeichnet und setzt die Kooperation der Mitarbeiter voraus.

Im Lauf der Zeit ändert sich in den meisten Unternehmen der Umfang des Produktspektrums aufgrund von Neuentwicklungen, neuer Materialien, Technologien und Lieferanten oder der Eingliederung von einmal gefertigten kundenspezifischen Produktvarianten in den aktiven Zugriffbereich des Konfigurators. Das führt dazu, dass während des Tagesgeschäftes eine Zuführung neuer Informationen für den Konfigurator ermöglicht werden muss. Der Kern des Prozesses ist dabei die Modifizierung der Produktdaten, wodurch Beschreibungen, aber auch Abhängigkeiten geändert werden können (Bild 6.16).

Die dadurch entstehenden Aktivitäten zur Pflege sind demzufolge eine zwingende Voraussetzung für den Betrieb eines Produktkonfigurators und müssen vor der Inbetriebnahme der neuen Software integriert werden.

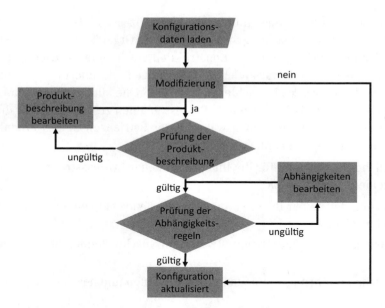

Bild 6.16 Schematische Darstellung des Prozesses zur Modelldatenpflege

Dabei kann, bei auftragsorientierten Unternehmen, eine solche Modifikation der Produktdaten durch zwei unterschiedliche Strategien vorgenommen werden:

- Periodische Modifizierung

  Innerhalb von periodischen Pflegeintervallen wird in Abhängigkeiten der Geschäftsdynamik (z. B. jährlich) die Anzahl an Weiterentwicklungsschleifen festgelegt. Dabei ist in diesem Prozess die Zusammenarbeit von Vertrieb, Technik, Produktion und Controlling notwendig.

- Situativer, auftragsbezogene Pflegeprozesse

  Im Gegensatz zur periodischen Modifikation wird in auftragsbezogenen Freigabeprozessen die Reaktion des Marktes als Entscheidung zur Entwicklung genutzt. Hier müssen ebenfalls die genannten Unternehmensbereiche tätig werden.

Beide Strategien verhindern dabei, dass die Variantenvielfalt und Komplexität in der Applikation über den Zeitablauf ungesteuert wachsen. Die periodische Modifizierung wird dabei häufig bei kurzen Entwicklungszyklen eingesetzt, wo hingegen die situative, auftragsbezogene Pflege bei stabilen Marktbedingungen vorteilhaft wirkt.

6.5.2.2 Abwicklung konfigurierter Produkte

Neben der Integration neuer Prozessabläufe ist die Bekanntgabe der Abwicklung des Konfigurationsprozesses noch vor der Einführung der Applikation zu kommunizieren, da Veränderungen in der täglichen Arbeit – wie bereits angedeutet – zu Widerständen bei den Mitarbeitern führen können. Es gilt dabei, die Interessen der Beteiligten zu analysieren und Akzeptanzbarrieren zu identifizieren.

Mit Blick auf die Abwicklung konfigurierter Produkte lässt sich der Prozess in drei verschiedene Vorgehensweisen einteilen. In der auftragsneutralen, ersten Vorgehensweise wird dabei die grundlegende Produktarchitektur definiert und ein Baukasten durch die Konstruktions- bzw. Entwicklungsabteilung konzipiert. Aufbauend auf den analysierten Anforderungen des Kunden, wird ein Grundprodukt entwickelt, welches in die einzelnen Komponenten sowie in mögliche Varianten zerlegt wird (Bild 6.17). Anschließend folgt die Gestaltung der Schnittstellen für die auftragsneutralen Module. Dies wiederum führt zur zweiten Vorgehensweise, in der die Teile unabhängig von einem konkreten Auftragsfall gefertigt werden. Dabei handelt es sich meist um Grundfunktionen bzw. Basiskomponenten. In der dritten Vorgehensweis werden die auftragsabhängigen Komponenten mit der technischen Abwicklung beschrieben, die auch die kundenspezifische Montage der auftragsunabhängigen Teile beinhaltet. Dabei kann es dazu kommen, dass aufgrund eines Sonderwunsches eine Neukonstruktion einiger Module erforderlich werden würde und infolgedessen eine Vorfertigung aus wirtschaftlichen Gründen unsinnig wäre.

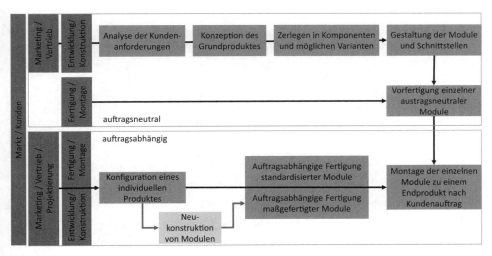

Bild 6.17 Abwicklung kundenindividueller Produkte (Quelle: In Anlehnung an [Pill06])

6.5.2.3 Personalplanung

Neben der Umsetzung neuer Organisationsstrukturen müssen aktuelle und zukünftige personelle Veränderungen für eine Implementierung berücksichtigt werden. Dies ist insbesondere bei weitreichenden Restrukturierungen der Organisation und den damit verbundenen Auswirkungen auf die Mitarbeiter zu betrachten. Die betroffenen Abteilungen der Implementierung können dabei aus dem oben aufgeführten Prozessablauf entnommen werden.

Personalbedarf

Die Ermittlung des Personalbedarfs durch das Projektteam ist neben der ganzheitlichen Personalplanung für die Berechnung der Wirtschaftlichkeit des Implementierungsvorhabens relevant. Dabei umfasst der Personalbedarf die Anzahl der zukünftig benötigten Arbeitskräfte über einen zuvor definierten Zeitraum, beispielsweise von fünf Jahren. Damit ergibt sich ein Sollwert, an dem alle weiteren personalwirtschaftlichen Maßnahmen ausgerichtet werden. Demzufolge bestimmt die Differenz der gegenwärtigen und zukünftigen Personalstruktur das Einsparpotenzial bzw. die Effizienzsteigerung der Organisation (Tabelle 6.8).

 Die Festlegung des Arbeitskräftepotenzials dient dem Top-Management als Entscheidungs- und Bemessungsgrundlage für die Einführung einer rechnergestützten Produktkonfiguration. Sie sollte frühzeitig kommuniziert werden.

Tabelle 6.8 Fiktiver Personalbedarf vor und nach der Implementierung

Abteilung	Personal		
	Aktuell	Zukunft	Differenz
Vertrieb	20	18	-2
Entwicklung und Konstruktion	50	40	-10
Fertigung	60	60	+/- 0
Montage	40	45	5
Ergebnis	**170**	**163**	**-7**

Planung der Personalbeschaffung und -entwicklung

Auf Basis der Ermittlung des Personalbedarfs müssen Beschaffungs- und Entwicklungsmaßnahmen für die Mitarbeiter abgeleitet werden. Dabei muss neben der Besetzung neuer Stellen auch bestimmt werden, welcher Mitarbeiter durch die Umstrukturierung auf welche zukünftige Stelle wechselt (Tabelle 6.9). Ein Mitarbeiter kann dabei nur einer Stelle zugeordnet sein, aber eine Stelle kann durch mehrere Mitarbeiter besetzt werden.

Tabelle 6.9 Beispiel Schulungsbedarf aufgrund von Umstrukturierung

Fiktive Mitarbeiter	Zukünftige Stelle	Tätigkeit gleich	Veränderte Tätigkeit	Schulungs-bedarf
Müller	Entwicklung	X		
Schmidt	Modulverwaltung		X	1
Mayer	Datenbankpflege		X	1
Koch	Entwicklung	X		
Ergebnis				**2**

Damit die Planung der Personalbeschaffung und -entwicklung vor der Implementierung einer Konfigurationslösung erbracht werden kann, muss das Projektteam Kontakt zur Personalabteilung und den entsprechenden Fachabteilungen aufnehmen. Gemeinsam müssen diese die notwendigen Vorkehrungen für die Versetzung der Arbeitnehmer[1] sowie die Rekrutierung neuer Arbeitskräfte treffen und anhand der zuvor beschriebenen Prozessstrukturen ein Anforderungs- und Qualifikationsprofil der entsprechenden Stelle formulieren.

Neben der Planung notwendiger Restrukturierungsmaßnahmen muss auch der individuelle Schulungsbedarf für die Personalentwicklung bestimmt werden. Dabei können eine Reihe unterschiedlicher Schulungsmaßnahmen eingesetzt werden:

- Informationsveranstaltungen
- Persönliche Gespräche mit den Mitarbeitern
- Multimediale Präsentation der Projektergebnisse
- Publikationen (intern und extern)

 Bei den genannten Maßnahmen reicht es nicht aus, eine Lösung zu präsentieren, sondern die angestrebten Verbesserungen überzeugend zu vermitteln. Insbesondere muss die Begründung für die Wahl eines bestimmten Detailablaufs sowie die allgemeine Vorgehensweise genau erläutert werden.

Die Einführung eines Produktkonfigurators wird neben der Personalbeschaffung und -entwicklung auch Auswirkungen auf das Lohngefüge haben, da sich die Tätigkeitsfelder verändern und somit eine Einstellung von geringer qualifizierten Arbeitnehmern erfolgen kann, die die höher qualifizierten Mitarbeiter ersetzen können. Der Effekt auf die Lohnstruktur ist jedoch nicht Teil dieses Kapitels, da unter anderem erst in der Betriebsphase fundierte Bewertungen zu den Anforderungs- und Qualifikationsprofilen vorgenommen werden können.

---

1) Aufgrund der Anpassung der Organisation ändern sich auch die ursprünglich fixierten Bedingungen im Arbeitsvertrag eines Mitarbeiters, wie z. B. Position, Tätigkeit oder Arbeitsort. Deshalb muss dem Arbeitnehmer die Tätigkeitsänderung spätestens einen Monat nach dem Implementierungsvorhaben bzw. der Umstrukturierung schriftlich mitgeteilt werden.

Planung der Personalfreisetzung

Aufgrund der Projektziele ist mit einer Reduktion der Belegschaft zu rechnen. Die Verringerung der Mitarbeiteranzahl sollte durch natürliche Abgänge, wie Tod, Fluktuation oder Pensionierung, aber auch mittels Förderung des freiwilligen Ausscheidens, beispielsweise durch Abfindungsangebote angeregt werden. Bei der Personalfreisetzung sollte bedacht werden, dass gegenwärtig ein Generationenwechsel stattfindet, durch den langjährige Mitarbeiter – mit dem Erfahrungsschatz – in den nächsten Jahren aus den Unternehmen ausscheiden. Bestenfalls sollte die Wissensübergabe an die Nachfolger durch das Projektteam bedacht, initialisiert und durch die Personalabteilung organisiert werden. Dadurch werden Kosten in der Implementierungsphase verringert und Fehler aufgrund eines mangelnden Wissenstransfers vermieden. Außerdem wäre eine Steigerung der Motivation der langjährigen Arbeitnehmer denkbar, da eine Wertschätzung damit einherginge.

Für die Planung der Personalfreisetzung muss das Projektteam frühzeitig mit dem Personal- sowie der Rechtsabteilung zusammentreffen, da durch eine Freisetzung diverse rechtliche Rahmenbedingungen abgesichert werden müssen, die ausschließlich durch Fachabteilung überblickt werden können. Nachfolgend eine kurze Auflistung der wesentlichen Einflussfaktoren auf die Freisetzungsentscheidung:

- Tarifverträge
- Betriebliche Regelungen (z. B. Betriebsvereinbarungen oder auch einzelvertraglichen Regelungen insbesondere bei Führungskräften)
- Kündigungsschutzgesetze
- Mutterschutzgesetze
- Altersteilzeitgesetze
- Schwerbehindertengesetze

Als zwingende Voraussetzungen für eine Einführung von Produktkonfiguratoren muss der Betriebsrat über die Personalplanung unterrichtet werden. Gerade bei der Reduktion der Belegschaft, die ein maßgeblicher Ansatz für das genannte Ziel der Kostenverringerung darstellt, sollte rechtzeitig mit diesem kommuniziert werden, da der Projekterfolg sonst anhand unkalkulierbarer Risiken verzögert bzw. gefährdet werden könnte.

6.5.3 Systemtechnische Voraussetzungen

Bereits vor der Einführung neuer Softwarelösungen müssen die Restriktionen der Systemlandschaft betrachtet werden, da sich Einflussfaktoren über die gesamte Softwareumgebung des Unternehmens ergeben können. Demzufolge ist es unerlässlich, Abhängigkeiten der Einzelsysteme zu identifizieren und, darauf auf-

bauend, die Beziehungen zum Produktkonfigurator durch ein geeignetes Schnitt-
stellenmanagement exakt zu beschreiben bzw. zu definieren.

6.5.3.1 Identifikation der Abhängigkeiten

Wie bereits erwähnt, soll eine durchgängige Unterstützung sowohl im Vertrieb
als auch in der Entwicklungs- und Konstruktionsabteilung bzw. nachgelagerter
Unternehmensbereiche realisiert werden. Dafür muss der Produktkonfigurator die
vorhandenen konfigurationsrelevanten Daten übernehmen oder an andere Softwaresysteme übergeben können. Der Austausch von Stamm- (z. B. Produktstammdaten) und Strukturdaten (z. B. Stücklisten) durch Kopplung mit verschiedenen
Systemen kann dabei nur anhand einer vorherigen Identifikation von Abhängigkeiten erfolgen. Die wichtigsten Abhängigkeiten sind dabei:

- CAD-System, zur Erzeugung virtueller Produkte als Ergebnis einer Konfigura-
  tion (parametrische 3D-CAD-Daten, Zeichnungen und Detailbilder)
- PDM-System, zur Übernahme der Produkt- und Variantendaten sowie zur Ver-
  waltung der Module
- ERP-System, zur Übergabe von Strukturstücklisten der konfigurierten Produkte
  an die Fertigung bzw. Mengenstücklisten an den Einkauf
- Microsoft-Office, zur Erzeugung von Angeboten und anderen produktrelevanten
  Präsentationen und Dokumenten, wie z. B. Gefahrenanalysen

Neben den aufgeführten Systemen müssen auch Abhängigkeiten zu weiteren Pro-
grammen berücksichtigt werden. Dabei können alle Abhängigkeiten über den Prozessablauf gemeinsam mit den Fachabteilungen zugeordnet werden, wodurch ein
Zusammenhang zwischen prozessualer und informationstechnischer Umgebung
hergestellt werden kann (Bild 6.18).

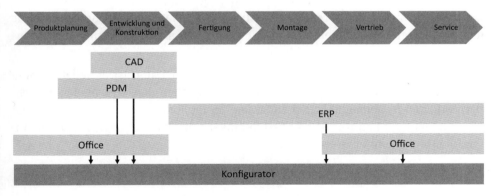

Bild 6.18 Systemabhängigkeiten über den Prozessablauf (Quelle: in Anlehnung an [VDI 2243])

Durch die Analyse aller Systemabhängigkeiten werden die Gefahren von unberücksichtigten Interdependenzen verringert und die zu beachtenden Schnittstellen hervorgehoben. Ergebnis dieser Betrachtungsweise ist die Identifikation von Abhängigkeiten und Beziehungen innerhalb der IT-Landschaft des Unternehmens.

 Fehlbetrachtungen können während der Testphase erhebliche Zeitverzögerungen auslösen, beispielsweise durch Zusatzprogrammierungen zur Anbindungen an Fremdsysteme.

6.5.3.2 Definition der Übergabemechanismen

Basierend auf den identifizierten Abhängigkeiten müssen anschließend die Übergabemechanismen fixiert werden. Das bedeutet, dass konfigurationsspezifische Informationen durch die zuvor ermittelten Programmschnittstellen in definierte Dokumentenklassen geschrieben werden müssen. Dabei bestimmt eine Programmschnittstelle ausschließlich den Anbindungspunkt bzw. den Verweis auf eine Datenbank, auf die ein Fremdsystem zugreifen soll (z. B. Datenbanken für die Lieferadressen). Die zu übertragenden dokumentenspezifischen Parameter werden durch eine Programmiersprache kodiert und mit einem standardisierten Datenformat (z. B. XML) übertragen. Das Fremdsystem kann diese Sprache entschlüsseln und bindet die Informationen in die definierten Dokumentenklassen ein. Jedoch müssen hierfür die Dokumententypen, auf die der Konfigurator zugreifen soll, eindeutig bestimmt sein (z. B. Angebotsdokument mit Lieferadresse in Microsoft-Word). Zur Festlegung von Dokumentenklassen kann die internationale Norm IEC 61355 (Classification and designation of documents for plants, systems and equipment; Klassifikation und Kennzeichnung von Dokumenten für Anlagen, Systeme und Einrichtungen) herangezogen werden. Darüber hinaus muss bestimmt werden, auf welchen Inputs der vorausgehende Prozess aufbaut und welche Outputs für den Nachfolgeprozess geliefert werden müssen, um mehrfach vorhandene Informationsquellen zu vermeiden.

Mittels dieser Vorgehensweise zur Übermittlung von Daten ist es möglich, eine Konfiguration standardisiert und strukturiert zwischen den verschiedenen rechnergestützten Systemen ablaufen zu lassen. Im Ergebnis kann in eine heterogene IT-Landschaft mit Punkt-zu-Punkt-Verbindungen eine übersichtliche Produktkonfiguration implementiert werden (Bild 6.19).

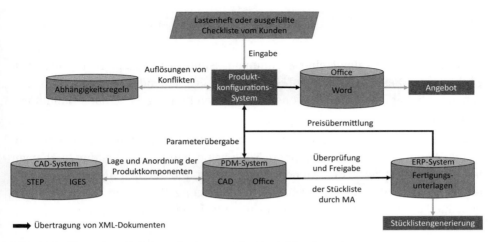

Bild 6.19 Allgemeines Schnittstellenkonzept des Produktkonfigurators

In Bild 6.19 beginnt der Konfigurationsablauf durch die Ermittlung der Anforderung anhand von Vertriebschecklisten oder eines kundenseitigen Lastenhefts. Während der Eingabe der kundenspezifischen Parameter erfolgt eine direkte Überprüfung der Kombinatorik auf Basis der Abhängigkeitsregeln. Anschließend werden die freigegebenen Informationen verschlüsselt und an das PDM-System geleitet. Dort werden die Daten aus dem XML-Dokument entschlüsselt und an das CAD-System weitergegeben. Im CAD-System werden die funktionsspezifischen Anforderungen in 3D-Modelle umgewandelt, die wiederum über die vorherige Schnittstelle an das PDM-System übertragen werden. Das PDM-System transferiert die 3D-Modelle zurück an den Konfigurator, damit dieser die Informationen dem Angebot anhängen kann, und leitet dann die entstandenen Stücklisten der Module an das ERP-System weiter. Nach der Freigabe werden rechnergestützt Arbeitspläne erstellt und Preise hinterlegt, die an den Produktkonfigurator übermittelt werden. Der Konfigurator sammelt die gewonnenen Erkenntnisse und gibt die Daten über ein XML-Dokument für das Angebot weiter.

 Bevor entsprechende Fertigungspläne erarbeitet werden, erfolgt eine Überprüfung der Daten durch einen Mitarbeiter. Dieser Kontrollmechanismus ist notwendig, da Konfigurationsfehler auftreten können, die zu unüberschaubaren und kostenintensiven Fehlinvestitionen führen könnten.

■ 6.6 Lessons learned – das muss ich wissen

In diesem Kapitel erfolgt eine Zusammenfassung der Ergebnisse in Form von Checklisten. Diese Listen können Sie während des laufenden Kerngeschäfts nutzen, um die Voraussetzungen schnell zu erfassen und gegebenenfalls Handlungsmaßnahmen einzuleiten.

Sobald mehrere Voraussetzungen zu berücksichtigen sind, ist die Priorität der einzelnen Anforderungen zu bestimmen. Nötig ist deshalb eine Einteilung in Themen höherer Priorität zur grundlegenden Bearbeitung und Themen niedrigerer Priorität zur Beachtung beziehungsweise Berücksichtigung. Zu diesem Zweck wird jede einzelne Voraussetzung nach den Prioritäten in Tabelle 6.10 beurteilt:

Tabelle 6.10 Legende Prioritätenbewertung

Priorität	Beschriftung
Grundlegende Voraussetzung	1
Zwingende Voraussetzung	2
Erforderliche Voraussetzung	3
Zu beachtende Voraussetzung	4

Die Voraussetzungen werden nach allgemeinen, produkt- und systemspezifischen sowie nach prozessualen Gesichtspunkten gegliedert (Bild 6.20, Bild 6.21 und Bild 6.22).

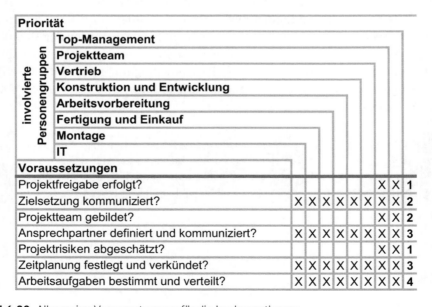

Bild 6.20 Allgemeine Voraussetzungen für die Implementierung

	Top-Management	Projektteam	Vertrieb	Konstruktion und Entwicklung	Arbeitsvorbereitung	Fertigung und Einkauf	Montage	IT	Nähere Information in diesem Buch ab Seite	Priorität
Voraussetzungen										
Externe und interne Variantentreiber ermittelt?			X	X	X	X	X	X	263 285	3
Funktionsstruktur analysiert?						X	X	X	285	1
Komponenten den Funktionen zugeordnet?						X		X	285	2
Überflüssige / doppelte Module entfernt?						X		X	269	4
Produktperspektiven bestimmt?			X	X	X	X	X	X	286	3
Stücklistengrundformen den Abteilungen zugewiesen?	X				X	X	X	X	289	2
Konfigurationslösung auf Produktstruktur abgestimmt?	X							X	276	1
Abhängigkeiten innerhalb der IT-Struktur analysiert?	X				X	X	X	X	298	2
In- und Outputs der Systeme ermittelt?	X	X	X	X	X	X	X	X	278 300	3
Programmschnittstellen definiert?	X							X	300	1
Dokumentenklassen festgelegt?			X	X	X	X	X	X	300	2
Komponenten den Funktionen zugeordnet?							X	X	285	2

Bild 6.21 Produkt- und systemspezifische Voraussetzungen für die Implementierung

 Alle genannten Voraussetzungen sind sinnbildlich mit den Gliedern einer Kette zu vergleichen, die nur zusammen ein wirksames Resultat ergeben und bei Vernachlässigung nur eines „Gliedes" einen negativen Projekterfolg hervorrufen können.

Die Ergebnisse dieses Kapitels können auch auf andere Unternehmen außerhalb des Maschinen- und Anlagenbau sowie der Automobilindustrie übertragen werden, beispielsweise auf den Handel oder das Handwerk.

Priorität										
Nähere Information in diesem Buch ab Seite										
involvierte Personengruppen → Top-Management										
Projektteam										
Vertrieb										
Konstruktion und Entwicklung										
Arbeitsvorbereitung										
Fertigung und Einkauf										
Montage										
IT										
Voraussetzungen	Top-Mgmt	Projektteam	Vertrieb	Konstr. u. Entw.	Arbeitsvorb.	Fertigung u. Einkauf	Montage	IT	Seite	Prio.
Neue Prozessabläufe konkretisiert?	X	X	X	X	X	X	X	X	292	3
Mitarbeiter in Entscheidungsprozess integriert?	X	X	X	X	X	X	X		292	4
Pflegeintervall fixiert?						X	X	X	295	3
Personalbedarf bestimmt?							X	X	296	1
Betriebsrat über Personalplan unterrichtet und Betriebsvereinbarung getroffen?							X	X	280 296	2
Planung der Personalbeschaffung mit HR*-Abteilung abgestimmt?			X	X	X		X		296	3
Schulungsmaßnahmen mit Personalabteilung festgelegt?	X				X	X	X		296	3
Personelle Freisetzungsmaßnahmen mit HR- und Rechtsabteilung abgestimmt?					X	X	X	X	298	4

Bild 6.22 Prozessuale Voraussetzungen für die Implementierung

■ 6.7 Veränderungen in der Organisation nach der Einführung

Die Einführung eines Konfigurators wird zu wesentlichen Veränderungen in einer Organisation führen. Damit die Auswirkungen prägnant dargestellt werden können, wurde ein Unternehmensbeispiel aus der Zulieferindustrie der Automobilbranche gewählt. Dieses Beispiel entstand mit freundlicher Unterstützung von Christopher Schäfer und Finn Wurth, die sich mit den Auswirkungen der Produktkonfiguration auf die Organisation intensiv beschäftigt haben.

Das Referenzunternehmen mit Hauptsitz in Deutschland ist für den Vertrieb, die Konstruktion sowie Fertigung und Montage von Transportsystemen zuständig und beschäftigt zur Zeit 110 Mitarbeiter. Gleichzeitig unterhält das Unternehmen ein weltweites Vertriebs- und Servicenetz, wodurch Kunden auch vor Ort hervorragend betreut werden können.

Die angestrebten Ziele der Implementierung wurden seitens der Unternehmensführung mit einer Verkürzung der Durchlaufzeit, Erhöhung des Standardisierungsgrades sowie einer Verbesserung der Reaktionszeit benannt. Diese Ergebnisse sollten durch einen Produktkonfigurator erzielt werden, über den mindestens 85 % der Anfragen abgewickelt werden können.

6.7.1 Wie war das Referenzunternehmen früher organisiert?

Vor der Einführung eines Produktkonfigurators stellte das Referenzunternehmen, aufgrund des hohen internationalen Wettbewerbsdrucks, die Wünsche der Kunden in den Mittelpunkt der unternehmerischen Tätigkeit – getreu dem Motto: Der Kunde ist König! In der Folge führte diese zu einer Vielzahl unterschiedlicher Produktvarianten, die nur durch hohe kommunikative Aufwände innerhalb der Organisation abgewickelt werden konnten. Diese innerbetrieblichen Aufwände spiegeln sich gerade im Auftragsabwicklungsprozess des Referenzunternehmens wider. Bild 6.23 soll dabei die Kommunikationsschnittstellen innerhalb der Auftragsabwicklung näher verdeutlichen.

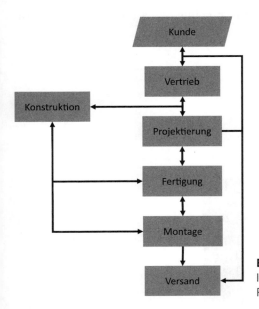

Bild 6.23
Innerbetriebliche Auftragsabwicklung im Referenzunternehmen

Aus Bild 6.23 ist zu erkennen, wie vernetzt die einzelnen Unternehmensbereiche sind und wie viele Kommunikationsschnittstellen bei der Auftragsabwicklung zwischen den Abteilungen berücksichtig werden müssen. Darüber hinaus ist festzuhalten, dass die Kommunikationswege bidirektional ausgeführt sind und somit kein linearer Kommunikationsstrom erfolgt. Dies lässt darauf schließen, dass eine

Abwicklung von kundenspezifischen Lösungen Rückfragen in der nachgelagerten Abteilung hervorrufen kann. Zwangsläufig führt dieser Prozess zu einer Erhöhung der Reaktionszeit, wodurch auch die Lieferzeiten negativ beeinflusst werden.

 Eine hohe Vernetzung zwischen den Abteilungen ist vorwiegend bei kleinen bis mittleren Unternehmen von Vorteil, da so flexibel auf Marktanforderungen oder strategische Entscheidung der Geschäftsführung reagiert werden kann. Jedoch führt dies mit steigender Unternehmensgröße zu einer Reduzierung der Durchlaufzeit, aufgrund des bereits angesprochenen Kommunikationsaufwandes. Demzufolge bedingt das Wachstum eines Unternehmens auch eine Veränderung der Kunden/Lieferantenbeziehung, wodurch der Anbieter von Sonderlösungen sein Produktportfolio auf Standardprodukte mit kundenspezifischen Varianten umbauen muss.

Darüber hinaus ist bei dem Beispielunternehmen zu erkennen, dass ein hoher Aufwand in den ersten Prozessphasen der Auftragsabwicklung, aufgrund der vollumfängliche Klärung eines Projektes, erfolgt. Um dies näher zu verdeutlichen wurde der zeitliche Aufwande der einzelnen Abteilungen über den Projektverlauf in Relation zueinander gesetzt. Die Ermittlung der Verhältnisse erfolgte durch die Aufarbeitung der gebuchten Stunden und wurde auf einer Skala von 0 bis 10 aufgetragen (Bild 6.24).

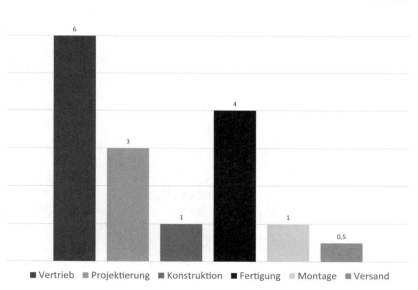

Bild 6.24 Zeitaufwand in den einzelnen Abteilungen über den Projektablauf

Auch in dieser Auswertung spiegelt sich der frühere Hersteller von kundenindividuellen Lösungen wider, da der zeitliche Aufwand für den Vertrieb in Verhältnis zu den anderen Abteilungen sehr stark ausgeprägt ist. Dies liegt vorzugsweise darin begründet, dass der Vertrieb von der Projektanfrage bis hin zum Konstruktionsabschluss als Kommunikationsschnittstelle zwischen den internen Abteilungen und dem Kunden dient. Hingegen ist die Projektierung und Fertigung für einen Zulieferer der Automobilindustrie mit Sonderlösungen als ausgewogen zu bezeichnen. Die Konstruktion ist augenscheinlich mit einem geringen Zeitaufwand an den verschiedenen Projekten beteiligt, jedoch ist mit der Standardisierung des Produktportfolios eine Reduzierung der Auslastung zu erreichen. Somit könnte sich die Arbeit der Konstruktion auf die Weiterentwicklung des Produktspektrums sowie die Förderung neuer Innovation konzentrieren.

6.7.2 Wie ist das Referenzunternehmen nach der Einführung organisiert?

Durch die Einführung eines Produktkonfigurators wurden im Referenzunternehmen aus den bidirektionalen Verbindungen ein strukturierterer, linear ablaufender Auftragsabwicklungsprozess. Dadurch konnten die Kommunikationswege gekürzt und auf ein Minimum reduziert werden. Dies führte dazu, dass der Prozess innerhalb der Organisation deutlich gestrafft wurde und gleichzeitig die Durchlaufzeit reduziert werden konnte (Bild 6.25).

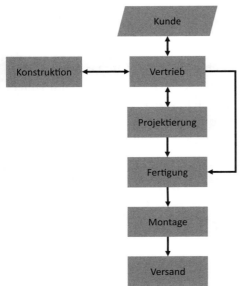

Bild 6.25
Innerbetrieblicher Ablauf nach der Einführung

Betrachtet man nun den zeitlichen Aufwand, kann neben der angesprochenen Reduzierung auch eine Ressourcenverschiebung festgestellt werden (Bild 6.26). Insbesondere lässt sich dies in der Vertriebsabteilung erkennen, da der Produktkonfigurator die grobe Spezifikation des Produktes vornimmt und nur noch bei kundenspezifischen Fragstellung eine Abstimmung mit den anderen Abteilungen erfolgen muss. Somit durchdenkt der Kunde zuerst sein Konzept und kontaktiert bei Bedarf den Vertrieb für die Detailklärung.

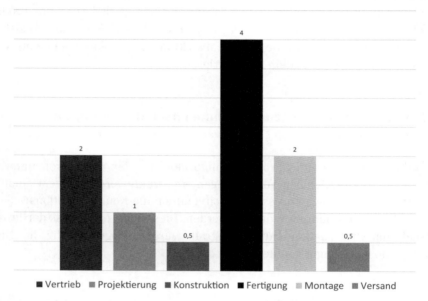

Bild 6.26 Zeitaufwand nach der Einführung eines Produktkonfigurators

Ein weiterer Punkt, der mit der Einführung eines Produktkonfigurator verändert wurde, war der Bezug zu den Projekten. Hierbei hat sich gezeigt, dass mit zunehmender Konfiguration die dispositiven Tätigkeiten in der Organisation einen geringen Bezug zum Projekt hatten. Hingegen wurde bei den ausführenden Abteilungen (Fertigung, Montage und Versand) der Bezug zum Projekt größer (Bild 6.27).

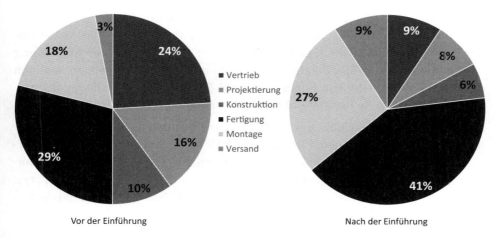

Bild 6.27 Projektbezug der Abteilungen

6.7.3 Faktische Veränderung nach der Einführung

Die Veränderungen in der Organisation lassen sich auch durch Fakten untermauern, unter anderem wurde im Vertrieb des Beispielunternehmens die projektbedingte Kundenbetreuung um bis zu 60 % verringert. Dadurch konnten die Kapazitäten bei der Akquisition neuer Kunden erhöht werden. Gleichzeitig führte die Implementierung einer Konfiguration in der Projektierung zu einer zweckoptimierten Kommunikation und reduzierte den Ressourcenbedarf um 30 %. Mit der Reduzierung von kundenspezifischen Lösungen konnte die auftragsbezogene Konstruktionsabteilung um ein Fünftel verkleinert werden. Diese freigewordenen Ressourcen wurden in einer neu gegründeten Forschungs- und Entwicklungsabteilung mit der Weiterentwicklung und Erhöhung der Innovationsfähigkeit betraut. In der Fertigung konnte durch die Standardisierung die Rüst- und Programmierzeiten bei einzelne Komponenten massiv reduziert werden. Dies führte zu einer Senkung der Produktionskosten. Insgesamt betrachtet, lenkte die Einführung eines Produktkonfigurators zu den benannten Zielen und positioniert das Referenzunternehmen zukunftssicher am Markt.

6.7.4 Welche Probleme waren in der Einführungsphase zu erkennen?

Eine Änderung der organisatorischen Strukturen birgt auch Nachteile. Die im Beispielunternehmen aufgefallen Probleme sollen hier kurz erläutert werden.

Eine Standardisierung des Produktportfolios birgt die Gefahr von Kundenverlusten, obwohl kundenspezifische Varianten weiterhin zur Verfügung stehen. Des Weiteren kann es sein, dass die Kunden aufgrund der Komplexität ihrer Anwendung nicht bereit sind, eine Spezifikation über den Konfigurator vorzunehmen, wodurch die Möglichkeit besteht, den Kunden an einen Mitbewerber zu verlieren, der weiterhin die individuelle Beratung zur Angebotserstellung anbietet.

Eine weitere Problemstellung war die fehlerhafte Beschreibung des Konfigurationsmenüs aus Sicht des Kunden. Dies führte zu leichten Irritationen bei der Projektierung der Konfigurationsergebnisse. Allerdings entgegnete man dieser Herausforderung mit der Entsendung kompetenter Kundenberater, die in einem persönlichen Gespräch mit dem Kunden alle Differenzen hinsichtlich des Layouts klären konnten.

7 Agiles Projektmanagement im Maschinen- und Anlagenbau

■ 7.1 Kurzfassung

Ausgangspunkt dieses Kapitels ist die Feststellung, dass ein großer Teil von forschungs- und entwicklungsintensiven Projekten (z. B. Modularisierungsvorhaben) oft hinter den Erwartungen zurückbleiben, da zeitliche oder finanzielle Gesichtspunkte überzogen werden. Insbesondere volatile Anforderungen sowie tayloristische Organisationen sind Aspekte, die im Umfeld des Maschinen- und Anlagenbaus eine besondere Vorgehensweise notwendig machen.

Hierzu haben sich in der Vergangenheit agile Ansätze etabliert, die vor allem in der Softwareentwicklung den volatilen Anforderungen entgegenwirken. Insbesondere ist in diesem Zusammenhang die agile Projektmanagementmethode „Scrum" zu nennen, die sich als praxistaugliches Hilfsmittel für die spezifischen Anforderungen der Branche herausgestellt hat.

Zielsetzung ist es deshalb, die validierten Erfahrungen aus der Praxis zu differenzieren und einen Ansatz zu entwickeln, der eine effiziente und flexible Abwicklung von forschungs- und entwicklungsintensiven Projekten fördert. Darüber hinaus sollen die Gestaltungsaspekte für eine Implementierung sowie die Unterschiede der verschiedenen agilen Methoden vorgestellt werden. Im Anschluss folgt die Überprüfung der Nützlichkeit anhand eines konkreten Unternehmens aus dem Maschinen- und Anlagenbau.

Mit der Bereitstellung eines validierten Ansatzes und der anschließenden Verifizierung der prozessorientierten und skalierbaren Methode gibt dieses Kapitel konkrete, praxisbewährte Handlungsweisen zum Einsatz agiler Projektmanagementmethoden im Umfeld des Maschinen- und Anlagenbaus und hilft somit, die Effizienz Ihres Unternehmens zu steigern.

■ 7.2 Bedeutung der Innovationsfähigkeit

Angesichts der fortschreitenden technologischen Veränderungsgeschwindigkeit stellt die Fähigkeit zur Reaktion darauf eine der wesentlichen Herausforderungen für die Sicherung der Zukunftsfähigkeit von Unternehmen dar. Unternehmen müssen nicht nur flexibel auf veränderte Marktanforderungen reagieren, sondern zusätzlich auch technologische Entwicklungen (Innovationen) in den Prozess einbringen können, um weiterhin wettbewerbsfähig zu bleiben. Dies bestätigt auch eine internationale Studie der renommierten Wirtschaftsprüfungs- und Beratungsgesellschaft PwC zum Thema Innovationsfähigkeit von Unternehmen: In der Untersuchung wird die Realisierung neuartiger und fortschrittlicher Lösungen dem unternehmerischen Erfolg gegenüber gestellt. Für die Studienergebnisse wurden Führungskräfte aus mehr als 25 Ländern befragt. In Deutschland nahmen rund 210 Unternehmen an der Befragung zum Innovationsverhalten teil.

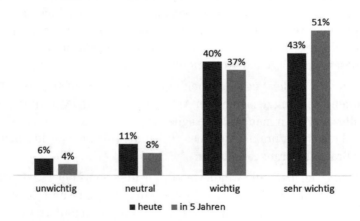

Bild 7.1 Bedeutung von Innovation für den Erfolg eines Unternehmens, Quelle: Eigene Zusammenstellung in Anlehnung an [GaSpSt15]

7.2.1 Branchenspezifische Herausforderungen

 Grundlegende Kenntnisse über den eigenen Markt bzw. über die eigenen Kompetenzen sind eine wesentliche Voraussetzung für optimale Reaktionsfähigkeiten von Unternehmen. Dabei eilt dem deutschen Mittelstand der Ruf voraus, frühzeitig marktrelevante Anforderungen zu erkennen. Hierbei führt die kundenorientierte Ausrichtung der Unternehmen zu nachhaltigen Wettbewerbsvorteilen, die sich mit der strategischen Marktpositionierung begründen lassen.

Demzufolge stellt ein mangelndes Reaktionsvermögen in technologieintensive Sektoren, wie dem Maschinen- und Anlagenbau, eine Marktbarriere dar. Das bedeutet auch, dass eine bessere Reaktionsfähigkeit von Unternehmen mit einer Abgrenzung existierender Konkurrenten sowie einer Verhinderung von neueintretenden Wettbewerbern verbunden ist [Port79]. Diese Entwicklung hat der Maschinen- und Anlagenbau bereits vor Jahren erkannt und einen Großteil der Wertschöpfungsaktivitäten in Forschungs- und Entwicklungsabteilungen verlagert. Dementsprechend steht die Forschung und Entwicklung (FuE) im Mittelpunkt des unternehmerischen Handels, gefestigte organisatorische und prozessuale Strukturen sind in der Regel bereits etabliert.

Zur langfristigen Sicherung der Wettbewerbsfähigkeit werden einerseits die zur Verfügung gestellten finanziellen Mittel für FuE-Projekte kontinuierlich gesteigert und andererseits der Personalbestand innerhalb der FuE-Abteilungen stetig erhöht. Der Anteil der Entwicklungsaufwendungen an den Gesamtkosten eines Produktes steigt daher fortlaufend.

Allerdings können diese Mittel nur im geringen Maße die technologischen Veränderungsgeschwindigkeiten kompensieren, vielmehr setzen kontinuierlich ändernde Anforderungsprofile eine anpassungsfähigere Organisation voraus. Dabei führen vor allem Probleme im Prozess der Auftragsabwicklung letztendlich zu längeren Projektlaufzeiten [EnNi07]. Dies bestätigt auch eine durch den VDMA (Verband Deutscher Maschinen- und Anlagenbauer) und die Unternehmensberatung Staufen durchgeführte Studie, die die Arbeit der FuE-Abteilungen hinsichtlich einer effizienteren Auftragsabwicklung untersuchte.[1] Insbesondere die Einhaltung des zugesagten Liefertermins stellt in 83 % der Unternehmen die größte Herausforderung dar [RoKuBü15]. Denn Veränderungen während der Auftragsabwicklung führen zu längeren Entwicklungszeiten, die auf eine unzureichende Flexibilität zurück zu führen sind. Vornehmlich wird in diesem Zusammenhang von einer späteren Markteinführungszeit – Time to Market[2] gesprochen.

Die Phase von der Entwicklung eines neuen Produktes bis zur Platzierung am Markt ist jedoch von entscheidender Bedeutung, da die Abwicklung eines Projektes enorme Kosten verursacht, die erst nach der Markteinführung reguliert werden können. Zusätzlich müssten diese Kosten auf das Produkt umgelegt werden, wodurch die kalkulierte Marge sinkt bzw. sogar Verluste drohen könnten. Eine Umlage auf den Kunden ist jedoch nicht immer realisierbar, da das Preisbewusstsein der Abnehmer deutlich zugenommen hat und der Kunde oft nur noch eine Entscheidung aufgrund des Anschaffungspreises trifft [WaWoWi10].

---

1) Für die Studie „Lean Development im Deutschen Maschinenbau 2015" wurden insgesamt 138 Unternehmen aus dem deutschen Maschinen- und Anlagenbau befragt.

2) Time to Market umfasst die Zeitspanne, die von der Entwicklung bis hin zur ersten Einführung eines Produkts auf dem Markt benötigt wird.

Prozesse der Auftragsabwicklung werden vielfach mit dem tayloristischen[3] Organisationsmodell durchgeführt [Schu05]. Die Folge ist eine arbeitsteilige Aufgabenerfüllung, die notwendigerweise innerhalb institutioneller und funktioneller Prozesse zu koordinieren ist und somit einen hohen Komplexitätsgrad aufweist. Dies führt bei unvorhersehbaren Veränderungen während der Projektabwicklung zu größeren Abstimmungssaufwendungen, da arbeitsteilig bedingte Restriktionen der gesamten Auftragsabwicklung berücksichtig werden müssen. Eine Erhöhung des administrativen Aufwands kann zu einer Erhöhung der Arbeitsbelastung und letztlich sogar zu krankheitsbedingten Ausfallzeiten und Fehleinschätzungen führen [Klei15].

Aufgrund der genannten Probleme rückt der Prozess der Auftragsabwicklung in den Vordergrund der Betrachtung. Besonders die Entwicklung neuer Produkte bzw. die Reorganisation von Produktstrukturen scheitert oftmals an der Anwendung von traditionellen Projektmanagementmethoden. Einer der Gründe für dieses Scheitern liegt darin, dass diese Methoden nur unzureichend auf sich stetig ändernde Rahmenbedingungen und Anforderungen reagiert, obwohl langjährige Erfahrungen mit dieser Art von Managementansätzen bestehen. Die ungenügende Reaktionsfähigkeit lässt sich Anhand einer durch GUBLER durchgeführten Untersuchung auf Bundesbehördenebene[4] empirisch belegen. Beispielsweise konnten, die Anforderungen des nachträglich geänderten Brandschutzkonzepts beim Bau des Berliner Hauptstadtflughafens nicht problemlos in den Prozess integriert werden, was schließlich zu einer Verschiebung des Eröffnungstermins und zu einer Erhöhung des Kostenrahmens führte. Gleichzeitig geht die traditionelle Projektabwicklung von einer phasenweisen Abarbeitung von Aufgaben aus, die eigentlich eine fristgerechte Fertigstellung begünstigen sollte [WoKe08]. Jedoch führt diese Vorgehensweise oftmals zu Verzögerungen, da Informationen fehlen, die noch im vorherigen Prozess erarbeitet werden. Es ist demzufolge erwiesen, dass das Projektmanagement flexibler gestaltet werden muss, um anpassungsfähiger auf sich ändernde Anforderungen reagieren zu können und somit die Effizienz der Auftragsabwicklung zu steigern.

 Die zentralen Probleme der Branche des Maschinen- und Anlagenbaus sind unter anderem:

- Einhaltung der Kosten sowie des zugesagten Liefertermins bei forschungs- und entwicklungsintensiven Projekten
- Geringe Flexibilität, auf sich verändernde Anforderungen während der Projektlaufzeit zu reagieren
- Kurze Entwicklungszyklen in technologieintensiven Branchen

---

3) Als Taylorismus bezeichnet man das Prinzip einer Steuerung von Arbeitsabläufen, die durch das arbeitsvorbereitende Management detailliert vorgeschrieben werden.

4) Die Studie wurde mit Mitarbeitenden des schweizerischen Bundesamts für Informatik und Telekommunikation, des Bundesamts für Statistik, der Eidgenössischen Zollverwaltung und dem Staatssekretariat für Wirtschaft durchgeführt.

7.2.2 Hauptziel und allgemeiner Nutzen

Mit der Untersuchung agiler Projektmanagementmethoden ist nicht nur eine flexible Reaktion auf Veränderungen verbunden, sondern auch eine verkürzte Markteinführungszeit für Entwicklungsprojekte, die für Unternehmen zu einer Verbesserung beim Zeit- und Kostenrahmen führen. Die bestehenden Auftragsabwicklungsprozesse bieten keine Möglichkeiten, sich an kontinuierlich ändernde Projektziele, Strukturen und Planungen anzupassen oder gar die Markteinführungszeit zu verkürzen.

Ein effizientes, erfolgsversprechendes Projektmanagement verlangt nach einer systematischen, durch formalisierte Werkzeuge gestützte Vorgehensweise, die das Erarbeiten der Projektergebnisse erleichtert. Vor diesem Hintergrund ist dieses Kapitel der Forderung nach agilen und praxisbewährten Projektmanagementmethoden zur effizienteren Auftragsabwicklung in Unternehmen des Maschinen- und Anlagenbaus gewidmet. Dabei werden ausschließlich forschungs- und entwicklungsintensive Unternehmen, die aufgrund ihrer Ausrichtung den Kundennutzen in den Mittelpunkt des unternehmerischen Handels stellen und bei denen die FuE-Aufwendungen einen Anteil von mehr als vier Prozent des Umsatzes ausmachen, betrachtet. Des Weiteren werden nur die internen Wertschöpfungsaktivitäten von FuE-Projekten berücksichtigt, da externe Aktivitäten, wie z. B. die Montage der Anlage, nur im geringen Maße durch entsprechende Projektmanagementmethoden beeinflusst werden können.

Das Thema Agiles Projektmanagement zur effizienteren Auftragsabwicklung im Maschinen- und Anlagenbau lässt sich anhand folgender Schlüsselfrage erschließen: „Wie muss das Projektmanagement in forschungs- und entwicklungsintensiven Unternehmen des Maschinen- und Anlagenbaus gestaltet sein, damit ein effizienter Auftragsabwicklungsprozess durchgeführt werden kann?"

 Schlüsselfragen

Orientiert am konkreten Prozessablauf in mittelständischen Unternehmen des Maschinen- und Anlagenbaus lässt sich die Schlüsselfrage weiter differenzieren:

* Welche konkreten Projektmanagementmethoden gewährleisten eine kostenneutrale und fristgemäße Auftragsabwicklung?
* Wie müssen prozessorientierte und skalierbare Lösungsmethoden für die Branche des Maschinen- und Anlagenbaus aussehen?
* Wie kann die validierte Projektmanagementmethode implementiert werden?
* Welche konkreten Einflussfaktoren sind in der Praxis zu beachten?

Ziel ist somit eine Veränderung bestehender und die Bereitstellung validierter Projektmanagementstrukturen unter Berücksichtigung branchenspezifischer Rahmenbedingungen. Darüber hinaus soll die Einführung einer optimalen Projektmanagementmethode für den Maschinen- und Anlagenbau auch zu einer Verkürzung der Markteinführungszeit führen. Besonders Modularisierungsvorhaben, die vorzugsweise in einer Dekade durchgeführt werden, sollen auf wenige Jahre reduziert werden können. Es geht somit nicht nur um eine höhere Flexibilität, sondern auch um eine grundsätzliche Effizienzsteigerung im Projektmanagement.

> Dieses Kapitel weist einen gewissen Verallgemeinerungsgrad innerhalb der gewählten Branche auf. Denn Unternehmen des Maschinen- und Anlagenbaus haben aufgrund der unterschiedlichen Produkte verschiedenste Projektmanagementstrukturen zur Auftragsabwicklung entwickelt, die nur anhand konkreter Beispiele betrachtet und bewertet werden können.

■ 7.3 Praxisbewährte Projektmanagementansätze

Die Planung und Entwicklung von Investitionsgütern ist immer durch einen extern oder intern injizierten Bedarf hervorgerufen, der durch einen mündlich oder schriftlich erteilten Auftrag den Ausgangspunkt für die Auftragsabwicklung darstellt.

Die Auftragsabwicklung umfasst die Planung und Steuerung der Material- und Informationsflüsse für alle Unternehmensbereiche. Neben der Kosten- und Qualitätsorientierung ist die Einhaltung von Terminen ein priorisiertes Ziel, weshalb Aufträge im Maschinen- und Anlagenbau häufig als Projekte durchgeführt werden.

Aufgrund der zentralen Bedeutsamkeit eines „Projektes" in der industriellen Praxis findet sich eine Vielzahl unterschiedlicher Definitionen. Im Rahmen dieses Kapitels wird eine zeitlich begrenzte (bis zur Markteinführung), forschungsintensive und risikobehaftete Aufgabe von hoher Komplexität als Projekt bezeichnet. Zudem sind Projekte durch fach- bzw. disziplinübergreifende Aufgaben organisiert, die eine interdisziplinäre Abarbeitung des Vorhabens erfordern. Beispielsweise kann die Standardisierung des Produktportfolios, von der Entwicklung bis zur Einführung am Markt, als Projekt bezeichnet werden. Die weitere Betreuung bzw. die Abwandlung der Produkte auf kundenspezifische Bedürfnisse hin wird hingegen nicht mehr als Projekt bezeichnet.

Für die Abwicklung von Projekten nach der Markeinführung können Konfigurationslösungen eingesetzt werden, da die angesprochenen Probleme bzgl. der Flexibilität weitaus geringer sind und hauptsächlich Abwandlungen des kundenspezifischen Lösungsraums darstellen; Konfigurationen unterstützen somit die Skalierbarkeit und senken die Gesamtbetriebskosten.

Damit Projekte – im zuvor definierten Sinne – zielgerichtet abgewickelt werden können, muss die Gesamtheit der Aufgaben organisiert, strukturiert und koordiniert werden. Die dafür notwendigen Methoden, Techniken und Kompetenzen lassen sich unter dem Begriff des Projektmanagements zusammenfassen. Zu den wichtigsten Aufgaben gehört die Planung und Koordination, das Schaffen und Berücksichtigen von Rahmenbedingungen innerhalb des Projekts, das Anleiten, Motivieren und Kontrollieren der Mitarbeitenden sowie das Erkennen und Beheben unerwarteter Schwierigkeiten [Jenn01].

Demnach ist das Projektmanagement einem permanenten Entscheidungsprozess ausgesetzt, der das Ziel verfolgt, in kurzer Zeit, gute Qualität zu geringen Kosten zu liefern. Im Zentrum dieser Ziele befindet sich das zu entwickelnde Produkt, das sich je nach Gewichtung den genannten Größen zuordnen lässt. Jedoch bestehen zwischen diesen Zielgrößen Interdependenzen, d. h. die Änderung einer Zielgröße hat Auswirkungen auf die anderen Zielgrößen [Gass06]. Beispielsweise führt eine Terminüberschreitung zu einem verspäteten Markteintritt. Um jedoch den Termin einhalten zu können, werden Überstunden abgeleistet und zusätzliches Personal (Leiharbeiter) beschäftigt, was zu einer Erhöhung der Kosten führt.

Bild 7.2
Dreieck des Projektmanagements
(Quelle: in Anlehnung an [Pröp12])

Folglich ist ein übergeordneter methodischer Ansatz zu ermitteln, der Potenziale zur Reduzierung der Entstehungskosten, zur Verkürzung der Projektabwicklung und zur Verbesserung der Qualität für die Projektabwicklung besitzt.

7.3.1 Projektmanagement in der Auftragsabwicklung

7.3.1.1 Auftragsabwicklungsprozess

Zu Beginn eines Auftrages steht ein festgelegter Input (z. B. Informationen anhand des Lastenheftes) sowie ein präziser Output (beispielsweise das im Lastenheft beschriebene Produkt), wodurch eine Folge von Aktivitäten entsteht, deren Ergebnis eine Leistung darstellt, welche als Prozess im Sinne der Auftragsabwicklung beschrieben werden kann. Dabei tangiert und beeinflusst der Auftragsabwicklungsprozess verschiedene Unternehmensbereiche, die unterschiedliche Informationsarten für die Abwicklung benötigen, wodurch eine Strukturierung nach kaufmännischen und technischen Gesichtspunkten notwendig ist. Diese Zusammenhänge können wie in Bild 7.3 schematisch dargestellt werden.

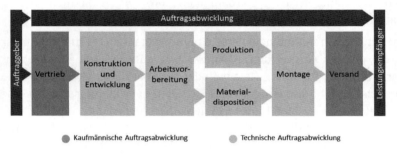

Bild 7.3 Abgrenzung der Unternehmensbereiche im Auftragsabwicklungsprozess
(Quelle: In Anlehnung an [Dürr13])

Wie Bild 7.3 zeigt, ist der Prozess zur Auftragsabwicklung an eine Reihe von Voraussetzungen und Rahmenbedingungen geknüpft, die durch das Projektmanagement berücksichtig werden müssen [Litk05].

7.3.1.2 Auswahl geeigneter Projektmanagementmethoden

In der Praxis existieren diverse Projektmanagementmethoden, die sich hinsichtlich ihrer Verbreitung und auch Fokussierung unterscheiden. Zur Differenzierung der Ansätze muss eine eindeutige Strukturierung im Bezug zum Projekt erfolgen, da die Abwicklung der projektbezogenen Aufgabenstellung im Vordergrund steht. Demzufolge ist eine Charakterisierung der im Unternehmen vorherrschenden Projektstruktur vorzunehmen, um im Nachgang den passenden Ansatz zu identifizieren. Für eine Klassifizierung von Projekten können folgende Merkmale herangezogen werden:

- Projektumfang (z. B. vereinbarte Zeit für die Auftragsabwicklung)
- Projektart (z. B. Entwicklungs- oder Bauprojekte)
- Projektumfeld (z. B. Branche, in der das Projekt abgewickelt werden soll)
- Projektanzahl (z. B. Managen von mehreren Projekten, Multiprojektmanagement)

Der Fokus der Projektklassifizierung liegt auf der zukünftigen Auftragsabwicklung, wodurch in gewisser Weise eine Antizipation erfolgen muss. Denn die Wahl der Projektmanagementmethode ist eine strategische Entscheidung und folglich an einer langfristigen Ausrichtung des Unternehmens orientiert.

Erst die Charakterisierung ermöglicht die Wahl eines passenden Projektmanagementansatzes. Denn bei der Festlegung der Methode ist die Art und Weise, wie ein Projekt im Unternehmen geplant und umgesetzt werden soll, von entscheidender Bedeutung. Zu diesem Zweck ist es manchmal ausreichend, die richtige Frage zu stellen, um den Lösungsraum weiter einzuschränken. Die nachstehenden Fragen sollen hierbei als Hilfestellung dienen und die zielgerichtete Suche nach einer geeigneten Projektmanagementmethode fördern.

- Waren die bisherigen Projekte extrem unterschiedlich im Umfang (z. B. eine Auftragsabwicklung von wenigen Monaten oder über mehrere Jahre)?
- Veränderten sich die Anforderungen während der Projektabwicklung?
- Muss die zukünftige Methode informationstechnische Schnittstellen bereitstellen (z. B. zu einem ERP-System)?
- Soll die Methode auch bei Projekten angewandt werden, die keinen Bezug zur eigentlichen Auftragsabwicklung haben (z. B. die Einführung einer neuen Software)?
- Welchen Nutzen soll das Projektmanagement neben dem hier erwähnten bieten (z. B. Kreativität fördern)?
- Soll die Methode mit anderen Ansätzen kombiniert werden und somit einer hybriden Projektmanagementstruktur entsprechen?

Aus der Beantwortung der Fragen lässt sich ein konkretes Anforderungsprofil ableiten, in dem das unternehmensspezifische Aufgabenumfeld abgebildet wird. Demzufolge definiert dieser Zustand den Wirkungsraum für die Suche nach einer passenden Methode und ist somit essenziell für die Ermittlung.

 Für die Auswahl einer geeigneten Projektmanagementmethode sollte ein Team gebildet werden, das aus unterschiedlichen Abteilungen zusammenkommt, um eine vollumfängliche Betrachtung der Anforderungen zu gewährleisten und somit das Risiko einer Fehleinschätzung zu reduzieren. Einen Überblick über die verschieden Projektmanagementmethoden gibt die deutsche Gesellschaft für Projektmanagement e. V. im GPM-Info-Center mit einem konfigurationsähnlichem Tool zur Selektion der Methoden.

7.3.1.3 Traditionelle Projektmanagementmethoden

Die klassischen Projektmanagementmethoden sind praxisbewährte Modelle, die zur Planung, Steuerung und Kontrolle eines Projektvorhabens eingesetzt werden. Zu den etabliertesten Methoden gehören das Project Management Body of Knowledge (PMBoK), das Projects in Controlled Environments (PRINCE2) aber auch die DIN 69901, die meist bei deutschen Unternehmen des Maschinen- und Anlagenbaus zum Einsatz kommt. In Tabelle 7.1 werden die genannten Ansätze strukturiert, charakterisiert und miteinander verglichen damit anschließend Analogien ableitbar werden:

Tabelle 7.1 Vergleich traditioneller Projektmanagementmethoden

	PMBoK	PRINCE2	DIN 69901
Kurzbeschreibung [BeGa08]	PMBoK ist ein Standard des amerikanischen Project Management Institute und beschreibt eine Sammlung von Best Practice-Ansätzen.	PRINCE2 ist ein Ansatz, der vom britischen Office of Government Commerce herausgegeben wird und das Managen, Organisieren und Steuern eines Projektes beinhaltet.	Die DIN 69901 ist eine Normenreihe, die das Deutsche Institut für Normung herausgibt und Grundlagen, Prozesse sowie Methoden zur Projektabwicklung benennt.
Verwendung [Gubl12]	Der Ansatz wird weltweit am häufigsten verwendet.	In Großbritannien ist der Ansatz die Standardanwendung. Er wird in mehr als 50 weiteren Ländern angewendet.	Die DIN 69901 wird hauptsächlich von deutschen Unternehmen genutzt, fließt aber teilweise in PMBoK ein.
Projektablauf [Litk05]	1. Initiierung 2. Planung 3. Ausführung 4. Steuerung und Monitoring 5. Abschluss	1. Vorbereitung 2. Lenkung 3. Initiierung 4. Steuern von Projektphasen 5. Managen der Produktlieferung 6. Managen der Projektphasenübergänge 7. Abschluss	1. Initiierung 2. Definition 3. Planung 4. Ausführung 5. Abschluss
Stellungnahme [Gubl12]	Allgemein betrachtet bietet PMBoK ein Rahmenwerk, das als Ergänzung zu anderen Vorgehensweisen eingesetzt werden kann, da wesentliche Aspekte generisch gehalten wurden.	Zusammenfassend kann PRINCE2 als detaillierter Ansatz mit prozess- und stufenorientierter Anleitung beschrieben werden, in der wichtige Gesichtspunkte für die Projektabwicklung vorhanden sind.	Die DIN 69901 kann als aussagekräftige Vorgehensweise für Projektmanagementsysteme herangezogen werden.

Diese drei klassischen Projektmanagementansätze haben gemeinsam, dass in den ersten Phasen des Projektes die Grundlagen (z. B. Problemstellung, Kundenanforderungen, Ideen und Ziele) gesammelt, analysiert, geplant und in Form eines Projektauftrages dokumentiert werden. Anschließend erfolgt eine genauere Spezifizierung, in der die Projektkosten, der Projektumfang und die Projektlaufzeit grob geschätzt werden. In manchen Projekten kann es neben diesen Schätzungen noch zu einer Untersuchung der Projektmachbarkeit kommen. In den darauffolgenden Phasen werden aufbauend auf den vorherigen Informationen, die Teams zur Auftragsabwicklung organisiert und die Aufgaben-, Ablauf-, Termin-, Kapazitäts- und Kostenpläne sowie das Risikomanagement spezifiziert. Die anschließenden Phasen beschreiben die Durchführung, die Kontrolle des Projektfortschritts und die Reaktion auf sich stetig verändernde Projekteinflüsse. Die Feststellungen über gegenwärtige oder zukünftige Abweichungen führen zu Planungsänderungen, die erneut der Projektdurchführung zugeführt werden. In der letzten Phase werden die gewonnenen Ergebnisse dem Kunden übergeben. Weiterhin wird in einer Nachprüfung das Projekt rückblickend bewertet und die gewonnenen Erfahrungen (z. B. die neuen Lösungsansätze) für zukünftige Projekte festgehalten.

Eine Besonderheit aller drei traditionellen Ansätze ist die aufeinander aufbauende Projektabwicklung. Diese muss insbesondere bei komplexen Projekten und volatilen Märkten, wie man sie im Maschinen- und Anlagenbau vorfindet, flexibel und anpassungsfähig gestaltet sein. Denn Projekte scheitern oftmals an zeitlichen oder finanziellen Aspekten, die auf starre Projektmanagementstrukturen zurückzuführen sind.

Gleichzeitig ruft ein gestaffelter Auftragsabwicklungsprozess bei bereichsübergreifenden und interdisziplinären Aufgaben Engpässe hervor, da erst nach Abschluss der vorherigen Phase die ermittelten Informationen vollumfänglich an den nachfolgenden Fachbereich weitergegeben werden können. Dadurch müssen im Laufe der Projektabwicklung bestimmte Aufgabenpakete ruhen bis alle Anforderungen uneingeschränkt vorhanden sind. Das wiederum erhöht den Abstimmungsaufwand und bedingt steigende Transaktionskosten über den gesamten Projektverlauf [GlMa14].

Ein zusätzliches Problem, welches auf die beschriebene Abwicklung zurückzuführen ist, beruht auf der konkreten Produktvorstellung des Kunden (funktionelle Sichtweise). Diese Vorstellungen berücksichtigen nur im geringen Maße technische, wirtschaftliche und institutionelle Rahmenbedingungen, wodurch das Produkt durch den Vertrieb selten allumfassend beschrieben werden kann. Hintergrund ist die zu hohe Komplexität, die erst im Laufe des Projektes durch die verschiedenen Abteilungen aufgelöst werden kann [Harw12]. Dies kann dazu führen, dass Verzögerungen auftreten oder Fehleinschätzungen ungeplante Kosten verursachen können, denn bei den traditionellen Ansätzen führen auftragsspezifische Änderungen im Laufe eines Projektes zu höheren Kosten.

7.3.1.4 Ansätze zur effizienteren Auftragsabwicklung

Um effizientere Ansätze für die Auftragsabwicklung ermitteln zu können, ist der Zusammenhang zwischen der beschriebenen Markteinführungszeit und den erwähnten Kosten elementar. Zu beachten ist, dass das Projektmanagement bereits vor der Markteinführung beginnt. Der Kurvenverlauf in Bild 7.4 beschreibt die Ausgaben bzw. Einnahmen während des Produktlebenszyklus. Insbesondere die Prozesse vor der Produktplatzierung am Markt sind von entscheidender Bedeutung, da Unternehmen mit der Entwicklung neuartiger Produkte finanziell in Vorleistung treten. Erst ab der Markteinführung hat das Unternehmen die Möglichkeit, diese Kosten wieder einzufahren, wodurch eine früheres Erreichen des Markteinführungszeitpunktes einen hohen Einfluss auf die Wirtschaftlichkeit hat.

Allerdings erfolgt eine Amortisation und damit die Gewinnphase erst zu einem bestimmten Zeitpunkt nach der Markeinführung. Es sei erwähnt, dass in manchen Branchen vertragliche Zahlungsziele während der Auftragsabwicklung eines neuen Produktes vereinbart werden, wodurch die Amortisationszeit verkürzt werden kann. Jedoch gehen wir in diesem Kapitel von einem Zahlungsziel nach dem Projektabschluss (Markteinführung) aus, da so die Erkenntnisse besser bewertet werden können.

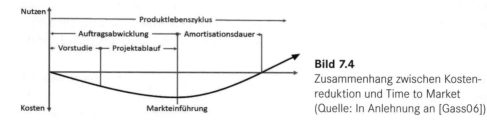

Bild 7.4
Zusammenhang zwischen Kostenreduktion und Time to Market
(Quelle: In Anlehnung an [Gass06])

Ein Ansatz, der in der jüngeren Vergangenheit zu einer effizienteren Auftragsabwicklung genutzt wurde, ist das japanische Lean Management. Dabei bezeichnet der Begriff Lean Management die Gesamtheit der Methoden und Verfahrensweisen zur effizienten Gestaltung der gesamten Wertschöpfungskette innerhalb eines Unternehmens. Ziel des Ansatzes ist es, alle notwendigen Aktivitäten der Wertschöpfung optimal aufeinander abzustimmen und überflüssige Tätigkeiten zu vermeiden. Demnach würde das Lean Management die Effizienz der einzelnen Unternehmensprozesse steigern und gleichzeitig die Kosten des Auftragsabwicklungsprozesses senken (Kurvenverlauf in Bild 7.4 würde geglättet). Dennoch bleibt das erläuterte Problem der Flexibilität unberücksichtigt, da die Wandlungsfähigkeit auf sich permanent ändernde Einflüsse nicht gegeben ist [Gubl12]. Demzufolge würde dies auch nicht zu einer Verkürzung der Markteinführungszeit führen.

Folglich muss ein Ansatz gefunden werden, der den gesamten Prozess der Auftragsabwicklung betrachtet, um eine Verkürzung der Markteinführungszeit bei gleichzeitiger Kostenreduktion zu gewährleisten. Neben den aufgeführten Methoden finden sich in artverwandten Branchen weitere Ansätze, die als agiles Projektmanagement tituliert werden und zur effizienteren Auftragsabwicklung beitragen können. Diese praxisbewährten Methoden können die Markteinführungszeit verringern und gleichzeitig die flexible Reaktion auf sich kontinuierlich veränderte Projektziele erhöhen, wodurch Opportunitätskosten[5] reduziert werden können. Dabei beschreibt der Begriff der Agilität die Fähigkeit eines Unternehmens, flexibel und anpassungsfähig auf Unsicherheiten zu reagieren.

Der Ursprung agiler Projektmanagementmethoden findet sich in der Softwareentwicklung, wo diese als Reaktion auf klassische Vorgehensweisen bei der Entwicklung von Software und Applikationen etabliert wurden. Im Laufe der Zeit entwickelte sich das traditionelle Projektmanagement in der Softwarebranche zu einer immer aufwändigeren und umfangreicheren Handlungsweise, sodass zwar die Entwicklungsprozesse strukturiert, aber durch die sequenzielle Orientierung zu starr und unflexibel waren [Gubl12]. Daraus formierten sich agile Projektmanagementansätze, die zu nachhaltigen Erfolgen geführt haben und seit einigen Jahren vermehrt in industrieller Umgebung eingesetzt werden [Eber14], u. a. bei Trumpf, EMAG oder der OPTIMA Packaging Group zur flexiblen Auftragsabwicklung im Engineering-Bereich.

Agile Methoden bauen auf einem iterativen Prozessmodell auf, das anhand einer sachbezogenen Vorgehensweise durchgeführt wird. Dies führt, trotz eines dynamischen Umfelds, zu erfolgreichen Projektabschlüssen in der Softwareentwicklung. Des Weiteren bieten agile Projektmanagementansätze eine ganzheitliche und systematische Konzeption zur skalierten und prozessorientierten Auftragsabwicklung, wodurch Auftragsabwicklungsprozesse entsprechend ihres Umfangs eingestuft werden können.

7.3.1.5 Grundidee agiler Projektabwicklung

Die grundlegende Idee agiler Methoden ist ein iterativ-inkrementeller Prozess, der durch häufige Rückkopplungen die Auswirkung von Veränderung kompensieren soll [WaZi15]. Der Fokus der agilen Ansätze beruht auf Werten und Prinzipien, die als sogenanntes agiles Manifest bezeichnet werden. Diese agilen Werte lassen sich wie folgt übersetzen:

- Menschen und Interaktionen stehen über Prozessen und Werkzeugen,
- Funktionierende Produkte stehen über einer umfassenden Dokumentation,
- Zusammenarbeit mit dem Kunden steht über der Vertragsverhandlung,
- Reagieren auf Veränderung steht über dem Befolgen eines Plans.

---

5) Opportunitätskosten sind entgangene Erlöse, die dadurch entstehen, dass vorhandene Möglichkeiten zur Nutzung von Ressourcen nicht wahrgenommen werden.

Daraus lässt sich ableiten, dass agile Prozesse die Qualifikation der Projektbeteiligten mit einer effizienten Kommunikation in den Mittelpunkt stellen, wodurch die Projektmitglieder den Prozess selbst festlegen und an die konkreten Bedürfnisse anpassen. Ebenso fokussieren agile Projektmanagementmethoden das Endprodukt und vernachlässigen administrative Tätigkeiten. Beispielsweise ist eine Dokumentation in manchen Branchen notwendig, das eigentliche Unternehmensziel ist jedoch ein funktionsfähiges Produkt. Des Weiteren stellt die enge und permanente Abstimmung mit dem Kunden die Grundvoraussetzung für den Erfolg von agilen Ansätzen dar [KuLoBuSp13]. Insbesondere bei forschungs- und entwicklungsintensiven Produkten, die in Kooperation mit dem Kunden entworfen werden, bezieht das Projektmanagement den Auftraggeber ein, um frühzeitig einen konkreten Anpassungsbedarf formulieren zu können.

 Diese Transparenz ist gerade im Maschinen- und Anlagenbau von hoher Bedeutung, da ein nachvollziehbarer Lösungsansatz die Akzeptanz des Produktes erhöht und gleichzeitig die Kundenbindung fördert. Dazu ist jedoch eine bessere Zusammenarbeit zwischen Projektbeteiligten und dem Auftraggeber erforderlich.

Der letzte Punkt des agilen Manifests stellt den agilen Prozess selbst in den Vordergrund, der auf den Projektverlauf mit sich stetig ändernden Anforderungen und Randbedingungen ausgerichtet ist. Die „Planung" des Projektes wird dabei vernachlässigt und die Reaktionsfähigkeit auf geänderte Bedingungen in den Vordergrund gestellt. Jedoch ist bereits erkennbar, dass die vier Kernaussagen sehr abstrakt bzw. allgemein gehalten sind und zudem die „untergeordneten" Werte (wie z. B. Verträge und Dokumentation) nach wie vor nach ihrer Notwendigkeit eingesetzt werden.

Hinsichtlich der Abstraktion der genannten Werte wird das agile Manifest zusätzlich mittels zwölf Prinzipien konkretisiert:

- Zufriedenstellung des Kunden durch frühe Auslieferung von Produkten
- Agile Prozesse nutzen Veränderungen (selbst in späten Auftragsabwicklungsphasen) zum Wettbewerbsvorteil des Kunden
- Lieferung von detaillierten Produktinformationen in regelmäßigen und kurzen Zeitspannen
- Tägliche Zusammenarbeit von Fachexperten über die gesamte Wertschöpfungskette während der Projektlaufzeit
- Managementunterstützung und Bereitstellung des Arbeitsumfeldes zur benötigten Aufgabenerfüllung
- Informationsübertragung nach Möglichkeit im Gespräch von Angesicht zu Angesicht

- Als wichtigstes Fortschrittsmaß gilt die Funktionsfähigkeit des Produktes
- Einhalten eines gleichmäßigen Arbeitstempos von Auftraggebern und Projektbeteiligten für eine nachhaltige Unternehmenskultur
- Ständiger Fokus auf technische Ausführung und Kundennutzen
- Einfachheit ist essenziell
- Selbstorganisation der Teams bei Planung und Umsetzung
- Selbstreflexion der Teams über das eigene Verhalten zur Anpassung im Hinblick auf Effizienzsteigerung

Die grundsätzlichen Werte sowie diese Prinzipien spiegeln sich auch in den zahlreichen agilen Projektmanagementmethoden wieder. Das agile Manifest stellt die Grundidee der agilen Ansätze dar und ist somit unerlässlich für die Konzeptentwicklung einer effizienteren Auftragsabwicklung. Dennoch dürfen die Gedanken der klassischen Projektmanagementansätze nicht vernachlässigt werden, da unter anderem das zu entwickelnde Produkt den Ausgangspunkt für die gewählte Methode darstellt und somit für bestimmte Produktlayouts ein klassischer Projektmanagementansatz besser geeignet ist.

7.3.2 Differenzierung agiler und klassischer Projektmanagementansätze

Die Grundgedanken der agilen Projektmanagementmethoden sowie des traditionellen Projektmanagements sollen in diesem Kapitel strukturiert miteinander verglichen werden.

Grundsätzlich wird im klassischen Projektmanagement der Umfang des zu entwickelnden Produktes vorab festgelegt und spezifiziert. Die Auslegung der Projektkosten sowie des Liefertermins werden daraufhin abgeschätzt und dem Kunden mitgeteilt. Jedoch wird bei einer derartigen Planungsweise oft festgestellt, dass bei der Umsetzung des Projekts die Zielgrößen (Projektkosten und Liefertermin) nachkalkuliert werden müssen, da die Kundenanforderungen zu Beginn des Projektes nicht allumfänglich erfasst werden konnten [WiStHaSc14].

Bei den agilen Ansätzen werden hingegen zu Beginn eines Projektes die Kosten und der Liefertermin als Konstante definiert und daraufhin der Projektumfang gemeinsam mit dem Kunden erarbeitet. Der Projektumfang bewegt sich dabei innerhalb des zuvor festgelegten Rahmens. Der Vorteil dieser Vorgehensweise liegt vor allem darin, dass der Kunde fortwährend den Verlauf des Projektes beeinflussen kann ohne eine erneute Anpassung der Zielgrößen befürchten zu müssen [Harw12]. Es sei jedoch erwähnt, dass eine Änderung der Projektanforderungen nicht immer in den festgelegten Zielgrößen realisiert werden kann, wodurch der Lieferant eine Anpassung des Kosten- und Terminrahmens fordert. Dabei werden alle relevanten Informationen mit dem Kunden abgestimmt und in das bestehende Projekt integriert.

Eine Gegenüberstellung dieser beiden Orientierungen kann wie folgt dargestellt werden. Die Grundlage bilden dabei die drei bereits beschriebenen Zielsetzungen im Projektmanagement.

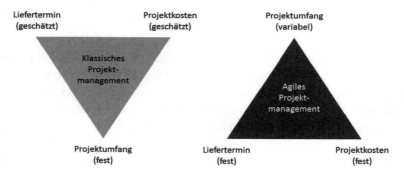

Bild 7.5 Zielsetzung klassisches und agiles Projektmanagement (Quelle: In Anlehnung an [WiSaHaSc14])

Neben der Zielsetzung lassen sich beide Projektmanagementmethoden auch nach dem Anforderungsprofil sowie dem Produktlayout unterscheiden. Zu dem Anforderungsprofil gehören kundenspezifische Forderungen (z. B. das Einhalten von Werksnormen), die Auswahl des Materials bzw. der Technologie, das Lieferantennetzwerk sowie institutionelle Bedingungen (wie beispielsweise Produkthaftungs- oder länderspezifische Sicherheitsvorschriften). Insbesondere international agierende Unternehmen müssen in Bezug auf regulatorische Rahmenbedingungen diverse Normen, Richtlinien und Vorschriften berücksichtigen, wodurch das Anforderungsprofil einer hohen Varianz ausgesetzt ist [Siem12]. Das Produktlayout hingegen beschreibt das Design (Form und Größe) sowie den Produktaufbau (z. B. Verkettung von mehreren Maschinen zu einer Anlage) und kann seitens des Unternehmens beeinflusst werden. Folglich kann ein Produkt hinsichtlich der Anforderungen und des Produktlayouts nach einfachen, komplizierten, komplexen bzw. undefinierbaren Aspekten unterschieden werden.

Dabei lassen sich die Produkte der Branche des Maschinen- und Anlagenbaus den komplexen Anforderungen zuordnen, da beispielsweise verschiedene Sicherheitsrichtlinien für unterschiedliche Länder berücksichtigt werden müssen oder kundenspezifische Anforderungen beachtet werden sollen, die nur mit unterschiedlichen Technologien realisierbar sind. Das Produktlayout kann in dieser Branche ebenfalls als komplex bezeichnet werden, da ein Teil der Komponenten für einen grundlegenden Lösungsraum vorgedacht wurde, jedoch noch nicht exakt definiert ist.

Insbesondere komplexe Anforderungen und Produktlayouts sind ein überaus geeigneter Entscheidungsgrund für agile Projektmanagementmethoden, da mit diesen Ansätzen die Aspekte am besten beherrscht werden.

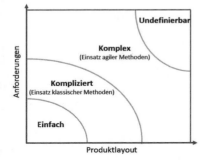

Bild 7.6
Einsatzbereiche agiler und klassischer Projektmanagementmethoden (Quelle: In Anlehnung an [Stac11])

Ein weiteres Unterscheidungsmerkmal zwischen klassischen und agilen Projektmanagementmethoden lässt sich in der Abwicklung der Projekte wiederfinden. Im klassischen Projektmanagement wird zunächst das Vorhaben strukturiert. Dafür werden alle notwendigen Teilaspekte unter Berücksichtigung der benötigten Ressourcen sowie der äußeren Umgebungsbedingungen in Planungsschritte gegliedert. Diese Strukturierung führt zu einer Festlegung der Vorgehensweise und mündet in einem Projektplan. Anschließend erfolgt die eigentliche Ausführung des Projektes, wodurch die festgelegten Aufgaben nacheinander abgearbeitet werden.

Bei der agilen Projektabwicklung werden hingegen die notwendigen Teilaspekte zuerst priorisiert. Diese Priorisierung kann je nach Umstand (Ressourcenknappheit aufgrund von Krankheiten) jederzeit neu angeordnet werden [GlMa14]. Dadurch entsteht ein anpassungsfähiges Modell, welches fortlaufend auf die Umgebungsbedingungen abgestimmt ist. Die anschließende Ausführung beschränkt sich immer auf die Iteration eines Tätigkeitsbereiches, wodurch die Teilaspekte in mehrere Teilaufgaben strukturiert werden müssen [Pröp12]. Dies führt dazu, dass bei Änderungen lediglich eine Anpassung der Teilaufgabe notwendig ist, die in der folgenden Iteration berücksichtig werden kann.

Die folgende Gegenüberstellung in Tabelle 7.2 strukturiert nochmals knapp und prägnant die Unterschiede beider Projektmanagementmethoden.

Tabelle 7.2 Kontrastierung klassischer und agiler Projektmanagementmethoden (Quelle: Zusammenstellung in Anlehnung an [Gubl12])

	Klassische Ansätze	Agile Ansätze
Einsatzbereich	Produkt hat ein kompliziertes Produktlayout und Anforderungsprofil.	Produkt hat ein komplexes Produktlayout und Anforderungsprofil.
Zielsetzung	Projektumfang steht zum Projektstart fest, Zeit und Kosten werden geschätzt.	Zeit und Kosten stehen zum Projektstart fest, Projektumfang wird geschätzt.
Charakteristik	<ul><li>Lineares Vorgehensmodell</li><li>Klare Phasenabgrenzung</li><li>Eindeutig definierte Ergebnisse</li><li>Frühe Festlegung der Anforderungen</li></ul>	<ul><li>Individuen und Interaktionen sind wichtiger als Prozesse und Werkzeuge</li><li>Funktionierende Produkte stehen über einer umfassenden Dokumentation</li><li>Offenheit für Änderungen ist wichtiger als ein festgelegter Plan</li><li>Kommunikation mit Kunden ist wichtiger als Vertragsverhandlungen</li></ul>
Vorteile	<ul><li>Akzeptierter Ansatz insbesondere in konservativem Projektumfeld</li><li>Breites Erfahrungswissen in Unternehmen vorhanden</li></ul>	<ul><li>Lieferung funktionsfähiger Ergebnisse, dadurch schneller Return on Investment (ROI*)[WoKe08]</li><li>Sich ändernde Anforderungen sind der Normalfall und können während der gesamten Projektlaufzeit berücksichtigt werden.</li></ul>
Herausforderungen	Anforderungen können während des Projekts nur noch mit viel Aufwand geändert werden.	Akzeptanz in traditionellen Projektumgebungen Sich ändernde Anforderungen können den Projektabschluss verzögern.

* Der Return on Investment, zu Deutsch „Ertrag des investierten Kapitals", ist eine Kennzahl, die das Verhältnis zwischen Gewinn und investiertem Kapital angibt. Diese Kennzahl wird häufig als Maßstab für die Leistung eines Unternehmens verwendet.

7.3.3 Gemeinsamkeiten der Softwareindustrie und des Maschinen- und Anlagenbaus

Softwareprodukte können mittels einer betriebswirtschaftlich-marktorientierten Perspektive nach fixer und variabler Standard-Software sowie nach Individualsoftware unterschieden werden [Stud07]. Dementsprechend lassen sich die Unternehmensgattungen in Standard-Softwareunternehmen, die fixe und/oder variable Standard-Software erstellen und Software-Dienstleistungsunternehmen, die Individualsoftware entwickeln, differenzieren. Bild 7.7 veranschaulicht diesen Sachverhalt und benennt entsprechende Beispielunternehmen für die einzelnen Bereiche. Für den weiteren Verlauf wird der Fokus jedoch nur auf die Software-Dienstleistungsunternehmen gelegt.

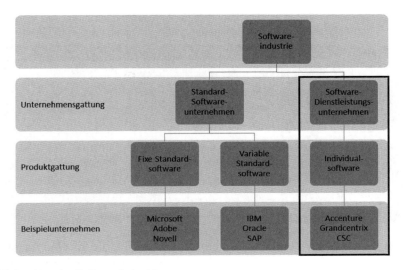

Bild 7.7 Struktur der Softwareindustrie

Die Entwicklung von Individualsoftware ist mit der Auftragsabwicklung von forschungs- und entwicklungsintensiven Produkten des Maschinen- und Anlagenbaus vergleichbar. Da die Auftragsabwicklung in diesen Bereichen auch als Projekt ausgeführt wird, treten über den Prozessverlauf die gleichen Gesetzmäßigkeiten wie im Maschinen- und Anlagenbau auf. Insbesondere die hohe Produktindividualität sowie das in Auftrag geben eines noch nicht vorhandenen Produkts finden sich in beiden Branchen wieder. Des Weiteren bedingt die kundenspezifische Ausrichtung hohe Entwicklungsaufwendungen im Vergleich zu den Gesamtkosten, da die homogenen Produktstrukturen auf den jeweiligen Kunden zugeschnitten werden müssen. Gleichzeitig führt dies zu einer tiefgründigen Wertschöpfung, die sich in komplexen Abläufen und entsprechenden Produktlayouts widerspiegelt. Demzufolge nutzen Unternehmen vorwiegend die firmeneigene Infrastruktur. Ebenfalls ist aufgrund der Ausrichtung von einem geringen unternehmerischen Risiko auszugehen, da das zu entwickelnde Produkt sehr eng an die Bedürfnisse des Marktes angelehnt ist [Anso08]. Beim Maschinen- und Anlagenbau ist das Unternehmensrisiko vergleichbar mit den Software-Dienstleistungsunternehmen. Die Kunden der Softwareindustrie sind meinst auf nationaler Ebene zu finden. Maschinen- und Anlagenbau hingegen richten sich international aus, da das Potenzial bei Investitionsgütern auf einem nationalen Absatzmarkt zu gering ist. Eine Gegenüberstellung der beschriebenen Gemeinsamkeiten und Unterschiede kann aus nachfolgender Tabelle 7.3 entnommen werden:

Tabelle 7.3 Gemeinsamkeiten und Unterschiede der Softwareindustrie und des Maschinen-
und Anlagenbaus (Quelle: Zusammenstellung in Anlehnung an [Stud07])

	Softwareindustrie	Maschinen- und Anlagenbau
Geschäftstyp	Projektgeschäft	Projektgeschäft
Produktindividualität	hoch	hoch
Produkttypologie	Dienstleistung	Investitionsgüter
Entwicklungsaufwand	hoch	hoch
Wertschöpfungstiefe	sehr hoch	hoch
Infrastruktur	firmeneigene	firmeneigene
Prozessreihenfolge	Auftrag, dann Entwicklung	Auftrag, dann Entwicklung
Unternehmensrisiko	niedrig	niedrig
Zielmärkte	national	international

Erwiesen ist, dass es wesentliche Gemeinsamkeiten gibt, die für eine Adaption der
agilen Projektmanagementmethode sprechen. Die Unterschiede sind von nachran-
giger Bedeutung und daher vernachlässigbar.

7.3.4 Kategorisierung agiler Projektmanagementansätze

Im Folgenden sollen die verschiedenen agilen Verfahren näher betrachtet, miteinander verglichen und bewertet werden. Eine Analyse der Ansätze muss sich an
den entsprechenden Anforderungen orientieren, wobei die Vor- und Nachteile jedes einzelnen Ansatzes differenziert herausgearbeitet werden. Jeder Ansatz bildet
einen anderen Schwerpunkt, der für eine allgemeingültige Lösungsmethode beachtet werden muss. Demzufolge müssen die agilen Projektmanagementmethoden
mehrstufig selektiert werden, damit abschließend ein akzeptiertes und für die Praxis geeignetes Verfahren für die Entwicklung des Konzeptansatzes abgeleitet werden kann. Dieser Projektmanagementansatz bildet dann die weitere Grundlage.

Auf der ersten Selektionsstufe soll eine Auswahl nach einem Quantitätskriterium
erfolgen, wodurch aus der Vielzahl an Verfahren die offenkundig praxisbewährtes-
ten Ansätze herausgearbeitet werden sollen. Denn bereits bei der Einsatzhäufig-
keit wird unterstellt, dass eine gewisse Validität und Belastbarkeit vorliegt. Die
Ergebnisse basieren auf einer Studie aus dem Jahr 2006. Gegenstand der Studie
(IOSE-W2[6]) war die Überprüfung der Praxistauglichkeit eines Vorgehensmodells
für die wandlungsfähige und wiederverwendungsorientierte Softwareentwicklung
[Engs14]. Die Teilnehmer der Studie deckten dabei alle Unternehmensgrößen, die
als Mittelstand für diese Arbeit definiert wurden, ab. Insbesondere wurden auch

---

6) Die Studie wurde im Rahmen der Forschungsvorhabens „Software Engineering 2006" mit dem Bundesministerium
für Bildung und Forschung, der Universität Potsdam sowie der Technischen Universität München durchgeführt.

die im vorherigen Abschnitt analysierten Software-Dienstleistungsunternehmen in der Studie berücksichtigt.

Die Auswahl der nachstehend aufgeführten agilen Projektmanagementmethoden erfolgte nach der Häufigkeit der Nennung und ist mittels der prozentualen Verteilung dargestellt. Es kann festgehalten werden, das Scrum und das V-Modell XT in Softwareunternehmen die mit Abstand populärsten und bekanntesten agilen Methoden im deutschsprachigen Raum sind. Dennoch findet sich eine Vielzahl weiterer Verfahren, die in Unternehmen der Softwareindustrie eingesetzt werden; diese werden im Folgenden unter Sonstiges zusammengefasst.

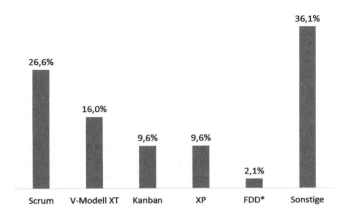

Bild 7.8 Anwendungshäufigkeit von Projektmanagementmethoden in der deutschen Software-industrie (Quelle: Zusammenstellung in Anlehnung an [Gron06])

Nach der quantitativen Selektion, soll eine qualitative Überprüfung hinsichtlich der Erkenntnisse aus den vorherigen Kapiteln diese fünf Ansätze weiter selektieren. Dazu werden die Verfahren in der Folge zuerst nähergehend beschrieben:

- **Scrum**:

  Scrum ist eine agile Rahmenstruktur zur Koordinierung von Projekten, welche durch eine einfache Struktur, eindeutig definierte Rollen und klare Regeln gekennzeichnet ist. Grundannahme dieses Verfahrens ist, dass Projekte sehr komplex sind und dass die Anforderungen des Kunden zu Projektbeginn nicht vollständig spezifiziert werden können [Gubl12]. Dementsprechend wird die Software in kurzen Iterationszyklen entwickelt, an deren Ende ein lauffähiges Produkt steht, und die erlauben, nach jeder Iteration, die kundenspezifischen Anforderungen zu überprüfen und ggf. Anpassungen vornehmen zu können. Der Ansatz existiert bereits seit 1993 und ist erstmalig im Jahre 2001 in Buchform publiziert worden. Der Begriff „Scrum" stammt aus dem Rugby und beschreibt einen Spielzug, der als „Gedränge" übersetzt werden kann. Es handelt sich bei diesem Ansatz nicht um eine spezifisch agile Methode für die Entwicklung von Software, vielmehr wird mit Hilfe des Verfahrens jegliches Projekt agil gestaltet.

- **V-Modell XT**:

  Das V-Modell ist ein Ansatz für die Planung und Durchführung von Projekten, bei dem der Softwareentwicklungsprozess in Phasen organisiert ist. Der Ansatz bietet konkrete Vorgaben, standardisierte Vorgehensweisen sowie dazugehörige Ergebnisse und Rollen. Das Vorgehen basiert auf sequenziellen Prozessabläufen und umfasst die wesentlichen Schritte Planung, Entwurf, Design und Implementierung bis hin zu Test, Wartung und Weiterentwicklung. Da die vorgestellten Phasen aufeinander aufbauen und somit einem der wesentlichen Kriterien zur Auswahl von agilen Projektmanagementansätzen nicht entsprechen, wird das V-Modell zu den klassischen Projektabwicklungsmethoden gezählt.

- **Kanban**:

  Eine weitere Methode, um agiles Projektmanagement durchzuführen, ist Kanban. Der Ursprung dieser Methode beruht auf dem Produktionsprozesssteuerungssystem, welche vom japanischen Automobilbauer Toyota in den 1950er Jahren entwickelt wurde. Anderson hat im Jahre 2007 das Konzept aus der Automobilindustrie auf die IT übertragen, um Projekte mit Hilfe von Kanban schneller und effizienter zu gestalten. Das Grundprinzip ist dabei, die Menge der Aufgaben, an denen zu einem bestimmten Zeitpunkt gearbeitet werden darf, zu begrenzen [Ande11]. In diesem Zusammenhang spielen die sogenannten Aufgabenkarten eine wichtige Rolle, da jede Aufgabe durch eine Karte repräsentiert wird und nacheinander durch die Mitarbeiter, Abteilungen oder Teams abzuarbeiten ist. Folglich wird die Anzahl der Aufgaben limitiert und es entsteht ein Pull-System, da die Aufgaben aktiv aus dem Aufgabenpool genommen werden. Dies gilt aber nur dann, wenn die vorherige Aufgabe abgeschlossen wurde.

- **Extreme Programming**:

  XP (Extreme Programming) ist eine Ansatz, der die Abwicklung des gesamten Entwicklungsprozesses beinhaltet. Das Verfahren ist als iterative Vorgehensweise konzipiert, die eine kontinuierliche und qualitativ hochwertige Softwareauslieferung fördert. Dabei beruht XP auf einem Wertesystem mit einer Reihe von Prinzipien, die im Projekt als Entscheidungshilfen herangezogen werden können. Kern der Methode sind ineinander verzahnte Zyklen, die einerseits von unterschiedlicher Dauer und andererseits von unterschiedlicher Reichweite sind. Der Prozessablauf ähnelt dem von Scrum, liefert jedoch konkrete Hilfestellung bei der Erstellung. XP ist eine sehr entwicklungsorientierte Methode und wird oft in Zusammenhang mit anderen agilen Ansätzen, wie zum Beispiel Scrum, angewendet. Des Weiteren bietet das Verfahren die Möglichkeit, in einer aufeinander aufbauenden Vorgehensweise abgehandelt zu werden, wodurch auch klassische Projektmanagementmethoden zum Einsatz kommen können.

- **Feature Driven Development**:

  Beim Feature Driven Development (FDD) liegt der Schwerpunkt in erster Linie auf der Zusammenführung von Anforderungen. Dabei verlangt FDD kein Lastenheft, sondern besteht im Gegenteil sogar darauf, dass in der Einführungsphase der Auftraggeber gemeinsam mit dem Unternehmen interagiert. Für die Entwicklung wird dann ein Plan erstellt, der sich daran orientiert, dass es einerseits eine strikte Zuordnung von Zuständigkeiten gibt und andererseits fachlich sinnvolle Aufgaben den Mitarbeitern zugeordnet werden [Gubl12]. Dadurch kann das FDD-Verfahren als grobgranular bezeichnet werden.

Um nun in einem weiteren Selektionsverfahren eine geeignete Methode für eine Adaption der Verfahren in den Maschinen- und Anlagenbau zu identifizieren, müssen die Charakteristiken der einzelnen Verfahren gegenübergestellt werden. Hierzu bietet es sich an, den Erfüllungsgrad der Agilität anhand der beschrieben zwölf Prinzipien abzugleichen. Dabei wird nach „vollständiger und teilweiser Adressierung" sowie nach „nicht Adressierung" unterschieden. Zu beachten ist, dass das abgebildete V-Modell nicht aufgeführt wird, da es auf einer sequenziellen Vorgehensweise beruht und somit den Kriterien von agilen Projektmanagementansätzen nicht entspricht.

Tabelle 7.4 Abgleich agiler Methoden anhand der 12 Prinzipien des agilen Manifests (Quelle: Eigene Zusammenstellung in Anlehnung an [Gubl12])

	Frühzeitige Produktauslieferung	Reaktionsfähigkeit auf Veränderungen	Kundeninfos in kurzen Zeitspannen	Zusammenarbeit von Fachexperten	Managementunterstützung	Informationsübertragung Face to Face	Funktionsfähigkeit des Produktes	Nachhaltige Unternehmenskultur	Fokus auf technische Ausführung	Einfachheit	Selbstorganisation der Teams	Selbstreflexion der Teams	Summe
XP	+	0	+	+	+	+	0	-	-	+	+	+	9
FDD	+	-	0	+	0	0	0	-	0	-	-	-	4,5
Kanban	+	0	-	0	0	0	0	-	-	+	-	-	4,5
Scrum	+	+	+	+	+	+	+	0	0	+	+	+	11

Legende: [+] = vollständig adressiert; [0] = teilweise adressiert; [-] = nicht adressiert
Bewertung: [+] = 1 Punkt; [0] = 0,5 Punkte; [-] = 0 Punkte

Sowohl der ermittelte Erfüllungsgrad der Agilität der einzelnen Methoden als auch die Einordnung der Ansätze nach der Praxistauglichkeit sollen nun in einer Matrix zusammen eingeordnet und dargestellt werden. Beide Faktoren werden dabei gleich gewichtet. Es bietet sich an, die Praxistauglichkeit und den Grad der Agilität auf zwei Achsen aufteilen und mit einfachen Attributen (gering und hoch) die Methoden einzuordnen:

Bild 7.9
Einordnung der vorgestellten agilen Ansätze

Somit zeichnen sich die Ansätze Kanban und FDD vor allem durch ihre hohe Praxistauglichkeit aus, jedoch ist der Agilitätsgrad gering [Gubl12]. XP wird hingegen gegensätzlich bewertet, da diese Methode einen hohen Grad der Agilität aufzeigt, in der Praxis jedoch nur selten eingesetzt wird [WoKe08]. Scrum bleibt als möglicher zu adaptierender Ansatz, da dieser die höchste Praxistauglichkeit und den höchsten Grad der Agilität aufweist und folglich das beste Gleichgewicht darstellt. Schließlich haben schon über 25 % der Softwareunternehmen dieses Verfahren eingesetzt [Gron06].

Demzufolge wird nun das Verfahren nach Scrum für die weitere Untersuchung verwendet. Dazu werden nachfolgend die Grundlagen für die Konzeptentwicklung einer agilen und der Situation angepassten Methode beschrieben.

7.3.5 Verfahrensablauf nach Scrum

Anfang der 1990er Jahre fand Sutherland heraus, dass herkömmliche Gantt-Diagramme (Balkenpläne zur Übersicht des Projektablaufs und -verlaufs) für die Kontrolle von Softwareprojekten ungeeignet waren und entwickelte gemeinsam mit Schwaber den Projektmanagementansatz „Scrum" [Suth95]. Die Grundannahme Sutherlands war es, dass Projekte derart komplex sind, dass Anforderungen zu Beginn der Auftragsabwicklung nicht vollständig erfasst werden können, da mit unvorhergesehenen Veränderungen bei der Entwicklung zu rechnen sei. Demzufolge wurde das Scrum-Verfahren entwickelt: kleine Teilprojekte (Inkremente), die die kundenspezifizierten Anforderungen enthalten, werden mittels sogenannter Sprints (Iterationen) abgewickelt. Gleichzeitig werden den Projektbeteiligten neue Rollen zugewiesen, wodurch ein ganzheitlicher Ansatz für die Abwicklung von Projekten entstand.

Beim Scrum-Verfahren werden drei klassische Rollen bei den Projektbeteiligten unterschieden:

- **Product Owner**:

  Der Product-Owner (PO) übernimmt die Sichtweise des Auftraggebers in einem Projekt und gibt die strategische Marschroute vor. Dabei erfasst der PO die Kundenanforderungen und beschreibt sie in Form eines Produktkonzepts, das sogenannte Product-Backlog. Dieses Konzept enthält alle Arten von Anforderungen (sowohl technische als auch betriebswirtschaftliche) die im Zusammenhang mit dem Projekt stehen [Hans10]. Das Product-Backlog ist dabei einer stetigen Aktualisierung und Erweiterung ausgesetzt. Die Arbeit des PO ist typischerweise eine Vollzeitaufgabe, insbesondere dann, wenn es sich um größere Projektumfänge, wie z. B. die Vereinheitlichung eines Produktportfolios im Maschinen- und Anlagenbau, handelt. Die Rolle des PO ist maßgeblich für den Erfolg eines Projektes verantwortlich, da der PO alleine über Funktionalität, Kosten und Termine entscheidet, jedoch stets in Absprache mit dem Entwicklungsteam handeln sollte. Hierfür ist eine beständige Kommunikation mit allen beteiligten Interessengruppen (Stakeholdern) notwendig.

- **Entwicklungsteam**:

  Das Entwicklungsteam (ET) ist für die Entwicklung des Produktes zuständig und organisiert sich selbständig. Damit dies funktioniert, verfügt das ET über eine Reihe von Bevollmächtigungen. Einerseits steuert sich das Team innerhalb eines Sprints selber, wodurch die Teammitglieder den eigenen Aufgabenumfang für die Erfüllung des Projektfortschritts festlegen. Dadurch trägt das ET die volle Verantwortung für die Aufgabenerfüllung. Des Weiteren hat das ET keinen Teamleiter, da dies teilweise mit der Teamgröße von max. 12 Personen zusammenhängt und zum anderen die Kreativität aufgrund des Machtgefälles hemmen könnte. Dies führt dazu, dass alle Teammitglieder gleichberechtigt sind und die psychologische Zusammensetzung des ETs von entscheidender Bedeutung ist. Dabei werden die fachliche Qualifikation nicht vernachlässigt, denn es sollten alle Fähigkeiten im Team abgedeckt werden, damit die Projektziele erreicht werden können.

Die Spezialisten sollten nicht auf ihrer traditionellen Projektrolle beharren, denn grundsätzlich muss jedes Teammitglied jede Aufgabe im Projekt übernehmen (können) und damit auch sein Wissen an die anderen weitergeben. Insbesondere bei krankheitsbedingtem Ausfall oder während der Urlaubszeit ist dies von Vorteil.

- **Scrum Master**:

  Der Scrum Master (SM) ist der Prozessverantwortliche im Scrum-Verfahren. Dabei ist der SM für die Erhaltung des Prozesses zuständig, also für die Identifikation und Beseitigung von Schwierigkeiten während der Projektabwicklung. Hauptsächlich ist er für den Schutz des Entwicklungsteams vor äußeren Einflüssen zuständig, da beispielsweise das Abziehen von Mitgliedern in einer Iteration nicht möglich sein sollte. Gleichzeitig ist der SM auch für die Unterstützung des Product-Owners zuständig und vermittelt zwischen den verschiedenen Rollen im Scrum-Verfahren. Der SM sollte einen kollegialen Führungsstil pflegen, da er für den optimalen Prozessablauf zuständig ist und keine Weisungsbefugnis besitzt.

Neben den beschriebenen Rollen regelt das Scrum-Verfahren den Projektablauf in Form von Sprints, die in nur wenigen Wochen durchgeführt werden. Ein Sprint ist eine Iteration, in der die Aufgaben abgearbeitet werden. Dabei wird die Vorgehensweise des Scrum-Prozesses relativ einfach gehalten, wie in Bild 7.10 zu sehen ist:

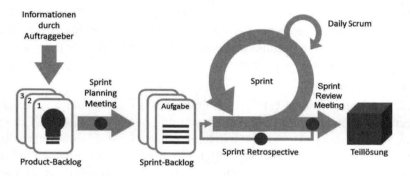

Bild 7.10 Vorgehensweise nach Scrum (Quelle: In Anlehnung an [Suth95])

Zu Anfang des Prozessablaufes steht immer eine Produkt-Vision (z. B. Modularisierung des Produktportfolios), die der Auftraggeber vorantreiben will. Diese Vorstellung wird in einer kurzen Beschreibung des Produktes, einer Abschätzung des Aufwandes und eines möglichen Zeitrahmens festgehalten. Wenn danach die Entscheidung für die Projektdurchführung seitens des Auftraggebers gefallen ist, kann der Product-Owner mit seiner Arbeit beginnen. Hierfür werden die Merkmale des Produktes, die zu entwickeln sind, aus der Kurzbeschreibung abgeleitet. Diese Anforderungen an das zu entwickelnde Produkt werden in sogenannten Story Cards festgehalten. Dabei werden konkrete Merkmale (z. B. technische Abhängigkeiten) bzw. entsprechende Funktionalitäten in den Worten des Auftraggebers formuliert, damit jederzeit die Kundenanforderung im Mittelpunkt der Betrachtung steht. Des Weiteren lässt sich an den Story Cards erkennen, welche Spezialisten für das Projekt benötigt werden. Im nächsten Schritt werden die einzelnen Anforderungen priorisiert. Hierbei hinterfragt der Product-Owner immer, welche Elemente und Funktionen für den Kunden am wichtigsten sind. Dadurch können im Laufe des Projektes die priorisierten Aufgaben jederzeit den Gegebenheiten angepasst werden. Zum Beispiel könnte der Kunde die Abmessungen einer Teillösung fordern, da einer seiner anderen Lieferanten diese für seine Auslegungen benötigt. Die Story Cards werden im sogenannten Product-Backlog zusammengestellt. Insbesondere zu Beginn eines Projektes ist diese Zusammenstellung noch grob, doch im Verlauf werden die Funktionen und Merkmale immer detaillierter.

An der nun folgenden ersten Besprechung (Sprint Planning Meeting) nehmen das Entwicklungsteam, der Product-Owner, der Scrum Master und das Management teil. Die Planung des Sprints baut dabei auf den zuvor definierten Anforderungen aus dem Product-Backlog auf. In diesem Meeting wählt das Entwicklungsteam den Umfang der Anforderungen für den anstehenden Sprint aus. Denn ausschließlich das Team ist in der Lage, die Anforderungen dem Aufwand entsprechend einzuschätzen und nur so viele Story Cards mit in den Sprint zu nehmen, wie umgesetzt werden können. Dabei werden die Anforderungen in sogenannte Tasks (Aufgaben) zerlegt, die normalerweise nicht länger als einen Tag dauern und eine detaillierte Beschreibung des Aufbaus enthalten.

Die einzelnen Aufgaben, die für den Sprint zu erledigen sind, werden anschließend im sogenannten Sprint-Backlog hinterlegt. In gewisser Weise ist der Sprint-Backlog der Arbeitsvorrat für das Entwicklungsteam für den nächsten Arbeitszyklus.

Im Sprint arbeiten die Teammitglieder an ihren Aufgaben, die im Sprint-Backlog enthalten sind. Jedes Mitglied übernimmt dabei eigenverantwortlich einzelne Tasks, wodurch die Arbeiten nach einem Pull-Prinzip durchgeführt werden. Üblicherweise werden Sprints in festen Iterationslängen durchgeführt, diese variieren nach Projektumfang, sollten aber 30 Tage pro Sprint nicht überschreiten [Hans10]. Während des Sprints wird täglich ein kurzes Meeting zwischen Entwicklungsteam und Scrum-Master durchgeführt, das nicht länger als 15 Minuten dauert und immer zur gleichen Zeit am selben Ort im Stehen stattfindet. In diesem sogenannten Daily Scrum wird besprochen was am vorherigen Tag erledigt oder liegen geblieben ist, wodurch das Teammitglied in seiner Arbeit behindert wurde und was für den aktuellen Tag geplant ist. Dadurch wird während des Sprints eine hohe Transparenz erzeugt, denn der aktuelle Stand der Arbeit – d. h. verbrauchte Zeit für eine Aufgabe und geschätzte verbleibende Zeit bis zur Fertigstellung – wird sichtbar.

 Gerade während der Implementierung neuer Prozessabläufe kann es zu deutlich längeren Besprechungszeiten kommen, die sich im Laufe der Zeit jedoch reduzieren sollten.

Ist der Sprint beendet, erfolgt abschließend das Sprint Review Meeting. Dabei stellt das Entwicklungsteam die Ergebnisse zur Abnahme dem Auftraggeber und dem Product-Owner vor.

Nach dem Sprint Review Meeting findet gesondert eine sogenannte Sprint Retrospective mit dem Entwicklungsteam, Scrum-Master und Product-Owner statt. In dieser Besprechung wird der interne Prozess auf Störquellen analysiert und Handlungsempfehlungen für die nächste Iteration abgeleitet [KuLoBuSp13, S. 18]. Somit entsteht ein kontinuierlicher Verbesserungsprozess (KVP) in kleinen Schritten.

Sind alle geplanten Sprints durchlaufen und vom Kunden abgenommen, wird das fertige Produkt ausgeliefert und das Projekt abgeschlossen.

7.3.6 Lessons Learned

Ausgehend von den spezifischen Eigenschaften der Auftragsabwicklung beschreibt die Analyse der Auftragsabwicklung die Ausgangsituation. Es kann festgestellt werden, dass das klassische Projektmanagement bei volatiler Projektumgebung eine zu geringe Flexibilität und Anpassungsfähigkeit an sich ändernde Rahmenbedingung aufweist. Dies lässt sich an der oftmaligen Verfehlung der Projektziele (Zeit, Kosten aber auch Qualität) erkennen und auch messen. Zurückzuführen sind diese Abweichungen auf die Vorgehensweise bei der Projektabwicklung. Insbesondere die phasenorientierte Abwicklung und der hohe Grad an administrativer Vorarbeit führen zu erheblichen Restriktionen. Dies führt zu der Frage, welche Methode besser geeignet sind, volatile Einflüsse in einem bestehenden Prozess zu kompensieren.

In der Softwareindustrie begegnet man dieser Herausforderung mit sogenannten agilen Methoden, die zudem zu einer kürzeren Projektlaufzeit und besseren Qualität führen. Die Voraussetzungen und Anforderungen für eine mögliche Übertragung auf den Maschinen- und Anlagenbau wird durch einen differenzierten Branchenvergleich geprüft. Im Ergebnis besteht eine hohe Übereinstimmung in allen wesentlichen Punkten, was für eine Adaption der agilen Methoden spricht. Die Analyse beider Projektmanagementmethoden zeigt, dass agile Projektmanagementmethoden allgemein für die Erfüllung der Zielsetzung sehr geeignet sind, denn:

- Agile Methoden fokussieren das Produkt, wodurch der administrative Aufwand sinkt und Einflussfaktoren flexibler abgewickelt werden können.
- Agile Ansätze verdichten die Kommunikation durch die Zusammenführung von Projektgruppen, wodurch effizienter kommuniziert werden kann.
- Agile Projektmanagementmethoden entlasten das Management (Verantwortungsverschiebung), wodurch die Projektbeauftragten schneller Entscheidungen hinsichtlich des Produktes treffen können ohne auf das Feedback des Vorgesetzten zu warten.
- Agile Verfahren führen zum sogenannten Föderalismus, welcher die intrinsische Motivation der Mitarbeiter steigert und die Arbeitsmoral hinsichtlich des Umgangs mit Veränderungen als Herausforderung und nicht als „lästiges Übel" ansieht.

- Agile Projektmanagementansätze führen zu einer Aufteilung in kleinere Aufgabenfragmente, die eine höhere Flexibilität hinsichtlich veränderter Anforderungen ermöglichen, da Aufgaben ohne großen Aufwand ersetzt oder hinzugefügt werden können.

Für die Ermittlung eines allgemeingültigen Konzeptansatzes mussten diverse agile Ansätze analysiert und selektiert werden. Die Selektion erfolgte nach einem quantitativen (Praxistauglichkeit) sowie einem qualitativen Kriterium (Grad der Agilität). Im Ergebnis ist Scrum der brauchbarste Ansatz für eine Adaption in den Maschinen- und Anlagenbau. Diese Methode stellt die höchste Praxistauglichkeit dar und beachtet einen Großteil agiler Prinzipien. Die Erläuterung des Verfahrens nach Scrum aus dem vorherigen Kapitel bildet nun die Grundlage für die nächsten Schritte.

■ 7.4 Allgemeingültige Konzeptentwicklung zum agilen Projektmanagement

Bei der konzeptionellen Entwicklung einer agilen Projektmanagementmethode für das Umfeld des Maschinen- und Anlagenbaus müssen bestimmte Voraussetzungen berücksichtigt werden. Zusätzlich hat die Einführung und Nutzung agiler Projektmanagementmethoden einen maßgeblichen Einfluss auf Arbeitsabläufe, Strukturen und Aufgaben innerhalb eines Unternehmens. Diese Aspekte müssen bei einer Implementierung bedacht und zuvor für jede Stufe detailliert geplant werden. Eine ausführliche Einführungsbeschreibung ist jedoch nur anhand eines entsprechenden Referenzunternehmens möglich. Eine Formulierung der Vorgehensweise sowie anschließend die Entwicklung des Konzepts zum agilen Managen von Projekten erfolgt aufbauend auf dem zuvor beschriebenen Verfahrensablauf. Eine Zusammenfassung und Bewertung der Erkenntnisse führt abschließend zu einer Formulierung von Gestaltungsrichtlinien.

■ 7.5 Anforderungen an agiles Projektmanagement

Damit Methoden und Prozesse des agilen Projektmanagements erfolgreich in Unternehmen des Maschinen- und Anlagenbau eingesetzt und umgesetzt werden können, sind verschiedene Anforderungen zu berücksichtigen. Das Hauptziel des Projektmanagements ist es, die richtige Information zur richtigen Zeit am richtigen Ort bereitzustellen. Typischerweise werden alle Aktivitäten im Projektgeschäft auf die Erfüllung der Kundenwünsche ausgerichtet, wodurch vorwiegend Anforderungen und Bedürfnisse bei der Realisierung des Projektes zugrunde gelegt werden.

Eine zentrale Anforderung bei der Durchführung von Projekten ist dabei, den Fortschritt des Projektes jederzeit überblicken und ggf. auf Veränderungen zeitnah reagieren zu können. Denn die kontinuierliche Überwachung der geleisteten Arbeit und der Vergleich mit den geplanten Werten ermöglichen es erst, frühzeitig Abweichungen erkennen und bei Bedarf entsprechende Gegenmaßnahmen einleiten zu können. Dazu sollten die einzelnen Vorgänge sowie der Zeitbedarf der jeweiligen Iteration für alle Projektbeteiligten übersichtlich dargestellt werden.

Eine weitere Voraussetzung für die Einführung von agilen Projektmanagementmethoden ist die Schaffung von Transparenz über die gesamte Wertschöpfungskette. Besonders die Kenntnis über die vor- und nachgelagerten Arbeitsabläufe ist unabdingbar für die Erreichung der Projektziele [Litk05]. Nur durch die Erstellung eines transparenten Wertschöpfungsprozesses ist es möglich, in einem kürzeren Zeitraum flexibler auf Veränderungen zu reagieren und auftretende Probleme meist schon im Vorfeld zu lösen. Dabei bezieht sich die Flexibilität auf eine Reaktionsfähigkeit im Tages- und nicht im Wochenturnus.

Darüber hinaus ist die Verständigung und Kooperation aller beteiligten Projektmitglieder von hoher Bedeutung. Zu bedenken ist dabei, dass die menschlichen Kommunikationskanäle sehr vielseitig sind und auch auf nonverbaler Ebene erfolgen, d. h. über Mimik, Gestik, Blickkontakt, Stimme oder Körperhaltung. Es ist erwiesen, dass bei computergestützter Kommunikation (z. B. per Email) eine Verarmung von Informationen hinsichtlich der Beziehungsaspekte unvermeidlich ist. Dies kann im Ergebnis sogar zu einer Verlängerung des Kommunikationsprozesses führen, da Informationen ergänzt werden müssen, die eigentlich über die nonverbalen Kanäle hätten gesendet werden können. Demnach könnten Transaktions- und Opportunitätskosten entstehen, die sich unmittelbar auf das zu entwickelnde Produkt auswirken. Folglich ist ein offener und direkter Kommunikationsverlauf eine wesentliche Anforderung bei der Entwicklung einer agilen Projektmanagementmethode.

Des Weiteren müssen die Kosten berücksichtigt werden, die bei der Implementierung von agilen Projektmanagementmethoden entstehen. Diese haben einen maßgeblichen Einfluss auf die Bewertung der Vorteilhaftigkeit des zu entwickelnden Konzepts. Dabei gilt es, einen wirtschaftlich tragfähigen Kompromiss anhand der benötigten Werkzeugen und Hilfsmitteln für die Durchführung von agilen Methoden zu finden und diese mit den benannten Zielen abzugleichen. Dazu sollte jedoch die zu entwickelnde Projektmanagementmethode die Infrastruktur, die bereits im Unternehmen vorhanden ist, einsetzen und keine weiteren Hilfsmittel, wie z. B. Softwaresysteme zur Ressourcenplanung, benötigen. Ansonsten würden zusätzliche Kosten für die Implementierung von organisatorischen Hilfsmitteln anfallen, die sich negativ auf die Berechnung der Wirtschaftlichkeit auswirken würden.

Da nun mehrere Anforderungen zu berücksichtigen sind, ist die Relevanz der einzelnen Forderung zu gewichten, da nicht alle Anforderungen gleichermaßen berücksichtigt werden können. Dazu bietet sich eine Einteilung der Anforderungen nach hoher, mittlerer und niedriger Priorität im Sinne der Konzeptentwicklung an. Zu diesem Zweck werden die beschriebenen Anforderungen an die agile Projektmanagementmethode wie folgt bewertet:

Tabelle 7.5 Priorisierte Anforderungen an die Konzeptentwicklung

Priorität	Anforderungen an das Konzept
Hoch	Kontinuierliche Fortschrittskontrolle während der Projektabwicklung
Hoch	Vermeidung von zusätzliche Kosten durch die Einführung
Mittel	Offener und direkter Kommunikationsverlauf zwischen den Projektmitarbeitern
Niedrig	Transparente Wertschöpfungskette für alle Projektbeteiligten

■ 7.6 Implementierungsphasen

7.6.1 Evaluation und Methodenentscheidung

Für die Einführung von agilen Projektmanagementmethoden ist eine differenzierte und detaillierte Vorgehensweise wichtig, die auch nachhaltig und ganzheitlich ausgerichtet ist, da die Qualität der ersten Implementierung in einem Unternehmen einen wesentlichen Einfluss auf den erfolgreichen Abschluss des ersten Projektes hat und somit auch auf zukünftige Projekte. Dabei birgt eine Veränderung von bestehenden Projektmanagementstrukturen auch unkalkulierbare Risiken, die durch eine standardisierte Vorgehensweise auf eine kalkulierbare Ebene reduziert werden können.

Die Einführung einer neuen Projektmanagementmethode in eine bestehende Organisation erfordert, Prozesse und Arbeitsabläufe zu definieren, Mitarbeiter zu überzeugen und organisatorische Änderungen vorzunehmen. Demzufolge sollte zu Beginn der Integration zwischen dem Implementierungsteam und dem eigentlichen Auftraggeber eine systematische Betrachtung von Zielsetzung, Ausgangssituation und Potenzialen sowie der Rahmenbedingungen stattfinden. Nach einer Analyse der Sachlage können die in Frage kommenden Lösungsaktivitäten betrachtet werden. Auf dieser Grundlage erfolgt die Wahl der „passenden" Methode, die anhand festgelegter Kriterien evaluiert werden sollte. Dazu werden Merkmale herangezogen mit denen die Differenzen der verschiedenen Ansätze voneinander abgegrenzt werden können. Anschließend sollte das Einführungsteam eine Terminplan für die Integration der Projektmanagementmethode entwickeln, der entsprechende Meilensteine enthält und Verantwortlichkeiten definiert.

7.6.2 Umfeldanalyse und Bedeutung der Prozessbeteiligten

Im nächsten Schritt erfolgt eine umfassende Analyse des Implementierungsumfeldes, um rechtzeitig Hindernisse identifizieren und mit entsprechenden Handlungsmaßnahmen reagieren zu können.

Wie bei jeder nachhaltigen Reorganisation wird es auch bei der Einführung einer agilen Projektmanagementmethode zu Widerständen innerhalb der Belegschaft kommen, da Veränderungen in der täglichen Arbeit grundsätzlich mit Akzeptanzbarrieren einhergehen. Gleichzeitig führt die Integration agiler Projektmanagementmethoden zu einem Paradigmenwechsel und zwar vom klassischen Ansatz (starre und festgelegte Prozessabläufe) hin zur einer agilen und anpassungsfähigen Auftragsabwicklung (flexible Prozesse), die eine Herausforderung für alle Prozessbeteiligten darstellen wird. Deshalb sollten die Betroffenen von Anfang an beteiligt und „mitgenommen" werden. Dazu sind unterschiedliche Bekanntmachungsarten geeignet, wie z. B. Informationsveranstaltungen, persönliche Gespräche mit den Mitarbeitern und multimediale Präsentationen.

In diesen Veranstaltungen sollten die Bedenken der betroffenen Mitarbeiter aufgenommen und diesen auch die Möglichkeit gegeben werden, zusätzliche eigene Ideen einzubringen. Dazu muss eine Organisation bereit sein, die Strukturen grundlegend zu überdenken und schließlich die eigene Haltung, also die Unternehmenskultur, zu ändern. Denn oftmals scheitert die Einführung agiler Methoden an einer nicht kompatiblen Unternehmenskultur [EbLe14]. Demzufolge müssen neben dem Nutzen des zu entwickelnden Konzeptes auch die konkreten Ziele agiler Projektmanagementmethoden im Rahmen der Veranstaltungen vorgestellt werden. Die gewonnenen Erkenntnisse lässt das Planungsteam in den Integrationsvorgang einfließen.

Des Weiteren sind aufgrund der Anpassungen von Projektmanagementstrukturen aktuelle und zukünftige personelle Veränderungen bei einer Implementierung agiler Projektmanagementmethoden zu bedenken. Neben einer Veränderung der Organisation sind damit weitreichende Auswirkungen auf die Mitarbeiter verbunden. Denn aufgrund der Verschiebungen von Aufgabenbereichen im Vergleich zur klassischen Projektabwicklung (siehe hierzu Bild 7.11) ergeben sich neue Anforderungs- und Qualifikationsprofile, die berücksichtigt werden müssen.

Änderungen des Anforderungs- und Qualifikationsprofils haben Auswirkungen auf die fixierten Bedingungen im Arbeitsvertrag. Aus arbeitsrechtlicher Gründen müssen Arbeitnehmern die Tätigkeitsänderungen spätestens einen Monat nach der Reorganisation mitgeteilt werden.

Dabei verteilen sich die Aufgaben in einem Projektmanagement auf die Budgetplanung, die Makroplanung (Grobplanung), die Mikroplanung (Feinplanung), die Teamführung, das Stakeholdermanagement, die Einhaltung von Prozessen und die eigentliche Ausführung. Diese Aufgaben werden nun zwischen den Beteiligten der klassischen Projektmanagementmethode und des agilen Verfahrens wie folgt verschoben:

Projektleiter	Product Owner
• Budgetplanung	• Budgetplanung
• Makroplanung	• Makroplanung
• Stakeholdermanagement	• Stakeholdermanagement
• Mikroplanung	**Scrum Master**
• Teamführung	• Teamführung
• Einhaltung von Prozessen	• Einhaltung von Prozessen
Projekt-/Entwicklungsteam	**Entwicklungsteam**
• Ausführung	• Mikroplanung
	• Ausführung

Bild 7.11 Aufgabenverschiebung (Quelle: In Anlehnung an [Engs14])

Folglich muss das Einführungsteam frühzeitig den Kontakt zur Personalabteilung aufnehmen, um entsprechende Veränderungsmaßnahmen abzustimmen und anzustoßen. Gemeinsam werden die notwendigen Vorkehrungen für mögliche Umschulungen oder Versetzung der Arbeitnehmer getroffen und gleichzeitig eine entsprechende Stelle für den Scrum Master definiert und ausgeschrieben.

 Zunächst sollten geeignete Kandidaten für den Scrum Master innerhalb des Unternehmens gesucht werden, bevor eine Stelle durch einen externen Bewerber besetzt wird (Kostenfaktor hinsichtlich des Bewerbungsprozesses, interne Mitarbeiter sind mit dem Unternehmen bereits vertraut).

Gleichzeitig ist bei einer Einführung von agilen Projektmanagementmethoden die Unterrichtung des Betriebsrates notwendig, da gerade die Reorganisation von Unternehmensabläufen einen starken Einfluss auf die Arbeitsbedingungen hat und folglich der Betriebsrat die Implementierung verzögern könnte.

7.6.3 Konzeptentwicklung

Für die Entwicklung des Konzepts für agiles Projektmanagement, können neben kreativen Ideensammlungen (z. B. Brainstorming) auch systematische Ansätze (wie z. B. Prozessbeschreibungen oder unternehmensspezifische Regeln, sogenannte Werksnormen) zur Informationsgewinnung herangezogen werden. Insbesondere die Prozessbeschreibungen, die zur Zertifizierung nach DIN ISO 9001[7] hinterlegt werden müssen, können für eine Entwicklung von agilen Abläufen nützlich sein. Anzumerken ist, dass die Zertifizierungsrate im Maschinen- und Anlagenbau aufgrund der kundenseitigen Forderungen als sehr hoch zu beziffern ist und demzufolge Dokumente zu den entsprechenden Prozessabläufen vorliegen müssen.

Die erarbeiteten Erkenntnisse der Konzeptentwicklung werden nun dem Auftraggeber präsentiert. Dies führt dazu, dass das entwickelte Lösungskonzept analysiert wird und schließlich auch zu möglichen Verbesserungsvorschlägen führen kann.

Nun kann die Implementierung einer neuen Projektmanagementmethode beginnen und mittels dreier verschiedener Vorgehensweisen im Unternehmen erfolgen:

- Anpassung der Organisationsstrukturen und anschließende Implementierung der agilen Projektmanagementmethode
- Einführung des Projektmanagementansatzes und anschließender Rollout[8] der Organisationsanpassung
- Zeitgleiche Einführung von agilen Methoden und veränderten Organisationsabläufen

Am sinnvollsten für eine Implementierung neuer Projektmanagementmethoden erscheint die zeitgleiche Einführung der agilen Methode und die Anpassung des Organisationsablaufes, da somit zeitnah unerwünschten Differenzen in der Methoden- bzw. Organisationsgestaltung entgegengewirkt werden kann und gleichzeitig Reibungsverluste bei den Mitarbeitern vermindert werden können. Die Veränderung der Organisationsstrukturen wird häufig als der schwierigste Teil einer Implementierung angesehen und ist nur durch eine reibungslose und konstruktive Kooperation mit den Mitarbeitern sowie den Mitarbeitern untereinander zu bewerkstelligen.

---

7) Die Zertifizierung nach DIN ISO 9001 legt die Anforderungen an ein Qualitätsmanagementsystem (QM-System) fest. Dafür müssen unter anderem betriebliche Abläufe im QM-System transparent hinterlegt werden.

8) Rollout (vom englischen roll out für „herausrollen" oder „ausrollen") ist ein Begriff, der als Einführung bezeichnet wird.

7.6.4 Validierung und Projektinitialisierung

Aufbauend auf der festgelegten Vorgehensweise zur Einführung der erarbeiteten Methode sollten im Zuge eines Pilotprojektes die Lösungsansätze validiert werden. Denn trotz aller Erfahrungen und Kompetenzen lassen sich gewisse Indikatoren, wie zum Beispiel die Auswirkungen auf die gesamte Auftragsabwicklung, in einem theoretischen Umfeld nicht vollumfänglich und abschließend betrachten. Durch eine Validierung ist es möglich, einen Anpassungsbedarf an der zu implementierenden Methode zu erkennen und somit ggf. neue Prozessabläufe zu erarbeiten. Damit dieses nachhaltig erfolgt, sollte das Pilotprojekt durch den Personenkreis begleitet werden, der an der Entwicklung der Methode sowie der Prozesse beteiligt war. Dadurch kann sichergestellt werden, dass eventuelle Missverständnisse frühzeitig aufgeklärt werden können und eine flexible Reaktion auf Änderungen stattfinden kann.

Abschießend sollte die validierte Methode mit den entsprechenden Prozessabläufen eingeführt, zuvor jedoch präzise definiert werden. Zur Dokumentation bietet sich ein Projektmanagementhandbuch an, das als solches in den Organisationsabteilungen hinterlegt wird. Am Rande sei erwähnt, dass die gewählte Methode auch sukzessive eingeführt werden kann, da der kontinuierliche Verbesserungsprozess mittels der Sprintretrospektive diese Möglichkeit bietet.

Die Implementierungsphasen lassen sich mit einem sogenannten Fehlerraum (zulässige Abweichung der Durchführung) sowie dem Projektfortschritt wie folgt darstellen:

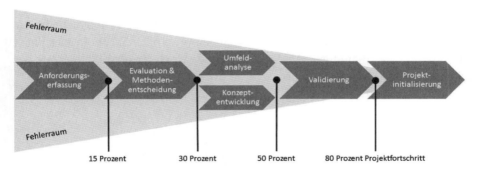

Bild 7.12 Implementierungsphasen mit Fehlerraum und Projektfortschritt (Quelle: In Anlehnung an [Gubl12])

■ 7.7 Scrum – Agiles Projektmanagement im Maschinen- und Anlagenbau

Im folgenden Kapitel wird das Konzept zum agilen Projektmanagement im Maschinen- und Anlagenbau vorgestellt. Dabei wird auf die Verbindungsmöglichkeiten klassischer und agiler Projektmanagementansätze hingewiesen, der allgemeine Projektablauf beschrieben sowie die Umsetzung von Sprints erläutert. Abschließend werden auch kontinuierliche Verbesserungsmaßnahmen für einen nächsten Iterationszyklus bzw. darauf aufbauende Projekte vorgestellt.

 Hinsichtlich der Gestaltungsprinzipien sei erwähnt, dass mit einem zunehmenden Detaillierungsgrad der Abstraktionsgrad sinkt. Folglich würde eine Berücksichtigung aller Einflussfaktoren (z. B. existierende Prozesse, Infrastruktur, politische Aspekte) einer allgemeingültigen Konzeption entgegenwirken. Daher sind die beschriebenen Gestaltungsprinzipien so allgemein wie möglich gehalten und sollten für jede Organisation erneut bewertet werden. ■

7.7.1 Verständnishilfe für die agile Vorgehensweise

Da das aktuelle Projektmanagement im Maschinen- und Anlagenbau meist auf den traditionellen Phasenmodellen beruht, sollten die verschiedenen Projektphasen der agilen Vorgehensweise nach Scrum zu den bisherigen Phasen zugeordnet werden. Mit Hilfe dieses Vergleichs kann die neue Methode allen Prozessbeteiligten nähergebracht werden, da eine leichtere Prozessorientierung möglich ist. Laut Oesterreich und Weiss kann die agile Vorgehensweise nach Scrum in vier Phasen (Initialisierungs-, Planungs-, Ausführungs- und Abschlussphase) unterteilt werden, Bild 7.13 [OeWe08]:

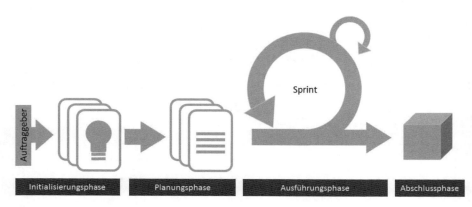

Bild 7.13 Agile Projektphasen nach Scrum (Quelle: In Anlehnung an [Rau16])

7.7.2 Spezifikation von Projektzielen

Zu Beginn eines Projektes steht die Anforderungsspezifikation. Insbesondere bei langen Projektlaufzeiten, wie z. B. einem Modularisierungsvorhaben, benötigt der Auftraggeber eine Planungsgrundlage, um die entsprechende Projektfreigabe zu erteilen. Klassischerweise müssen dafür der Endtermin sowie der Kostenumfang ermittelt werden. Hierfür treffen sich Vertreter der einzelnen Fachabteilungen (die das spätere Entwicklungsteam bilden), der Product-Owner, der Scrum Master sowie das Management und analysieren gemeinsam die Anforderungen. Dieses sogenannte Projektspezifikations-Meeting sollte aufgrund einer Vielzahl an Unwägbarkeiten innerhalb eines begrenzten Zeitrahmens durchgeführt werden. Am sinnvollsten erscheint es, einen Zeitraum von vier Stunden bei einer Sprintdauer von einem Monat zu wählen, um die Beteiligten anzuregen, sich auf das Wichtigste zu konzentrieren und nicht in Detaildiskussionen zu verfallen.

Um bei komplexen Projekten den personellen Aufwand zu bemessen, werden die benötigten Ressourcen anhand der Anforderungen der Function-Point-Methode (FPM) ermittelt [Weig15]. Dabei werden die Anforderungen in Funktionen umgewandelt, bei denen entsprechende Verrechnungsfaktoren hinterlegt sind, wodurch die Auswirkungen von funktionellen Anpassungen messbar dargestellt werden kann. Gleichzeitig erlaubt dieses Verfahren bei volatilen Anforderungsprofilen eine stetige Gegenüberstellung des personellen Aufwandes und der Funktionalität.

Neben dem personellen Aufwand sind auch andere Kosten, wie z. B. Fertigungs- und Materialkosten, zu berücksichtigen. Diese werden anhand des Funktionsumfanges kalkuliert und auf das Projekt übertragen. Für die Kalkulation können Referenzfunktionen herangezogen und mit Erfahrungswerten evaluiert werden. Die einzelnen Aufwendungen würden für die Bereitstellung des Kostenrahmens abschließend zusammengefasst.

Mit dieser Vorgehensweise wird eine spezifische Menge von Funktionen mit einem verbindlichen Kostenumfang kombiniert, wodurch der Auftraggeber Budgetsicherheit erhält und der Auftragnehmer keine Gewinnreduktion durch zusätzliche Anforderungen zu befürchten hat [Oest06]. Weitere Funktionalitäten können jederzeit in den bestehenden Kostenrahmen integriert werden, führen möglicherweise zu einer Anpassung des Kostenumfangs wenn die Funktion nicht durch gleich teure Anforderungen kompensiert werden kann.

Des Weiteren muss für die Projektfreigabe der Endtermin festgelegt werden. Hierfür werden die Funktionalitäten aus den zu spezifizierenden Anforderungen für die Planung herangezogen und der Aufwand geschätzt. Die Schätzung erfolgt durch die Vertreter der Fachabteilungen, wodurch eine realistische Bewertung des Endtermins möglich ist. Infolgedessen wird die Verantwortung in das Entwicklungsteam verlagert und gleichzeitig die Motivation und Identifikation mit dem Projekt gefördert.

Da die Länge eines Sprints in der Ausführungsphase festgelegt ist und innerhalb eines Projektes konstant bleibt, kann durch die zeitliche Abschätzung von Aufgaben ein recht genauer Fertigstellungstermin ermittelt werden. Hierzu müssen die beschriebenen Funktionen in grobe Aufgaben gegliedert und mit einer Referenzaufgabe abgeglichen werden. Dabei bewerten die Vertreter der Fachabteilung die festzulegende Aufgabe nach einer geringen, gleichen oder größeren Komplexität im Vergleich zur Referenzaufgabe. Haben sich alle Beteiligten auf eine Bewertung geeinigt, ist die Schätzung abgeschlossen und die nächste Aufgabe kann bewertet werden. Im nächsten Schritt werden die Ergebnisse der Komplexitätsschätzung durch Faktoren ersetzt und mit der Abwicklungszeit der Referenzaufgabe multipliziert. Beispielsweise wurde ein Bestellvorgang von Schüttgütern mit einer geringeren Komplexität im Vergleich zur Referenzaufgabe (Konstruktion eines Kugellagers) bewertet und ist somit in einem Tag anstelle der referenzierten drei Tage abzuwickeln (Faktor 1/3). Die daraus erfolgende Gesamtabwicklungszeit wird anschließt um eine Pufferzeit ergänzt, um möglichen Fehleinschätzungen aus der Anforderungsspezifikation abdecken zu können.

Abschließend können die resultierenden Aufgaben dem Pflichtenheft zugeführt werden. Dementsprechend erhält der Auftraggeber ein Lastenheft, welches den aktuellen Spezifikationsstand abbildet und jederzeit verändert werden kann. Im Auftragsfall sind somit Lasten- und Pflichtenheft jederzeit identisch und reduzieren den administrativen Aufwand sowie das Risiko von Fehlübertragungen bzw. -interpretationen durch den Auftragnehmer. Zu erwähnen ist, dass in dieser Phase bereits Elemente aus dem agilen Manifest in den Ablauf eingebunden sind; insbesondere die dynamische und flexible Reaktion auf Veränderungen.

 Die Dauer eines Sprints beträgt üblicherweise vier Wochen und kann von Projekt zu Projekt variiert werden. Dennoch sollte eine Iteration acht Wochen nicht überschreiten, da kurze Zyklen eine einfache Plan- und Kontrollierbarkeit ermöglichen. Des Weiteren ist die Wahrscheinlichkeit höher, dass alle zu realisierenden Anforderungen tatsächlich termingerecht fertiggestellt werden, denn nur kurze Iterationen ermöglichen eine regelmäßige Validierung der Arbeitsergebnisse. Dadurch können neue bzw. veränderte Kundenwünsche durch den nachfolgenden Sprint flexibel eingebunden werden.

Bild 7.14 fasst den Prozess der Spezifikation von Projektzielen nochmals grafisch zusammen.

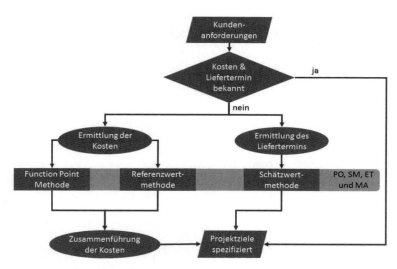

Bild 7.14 Ablauf der Spezifikation von Projektzielen
Legende: [PO] = Project Owner, [SM] = Scrum Master, [ET] = Entwicklungsteam,
[MA] = Management

7.7.3 Iterationsplanung

Nun kann die eigentliche Auftragsabwicklung beginnen. Hierzu werden die aktuell freigegebenen Funktionen mit den zuvor festgelegten Aufgaben aus der Sammlung der Produktmerkmale für die Sprintplanung vorbereitet. Die Funktionen werden vom Product Owner priorisiert, wodurch die Projektinhalte für die Auftragsabwicklung gesteuert werden können. Die Entscheidungen hinsichtlich der Priorität sind verbindlich, denn der Product Owner ist für das Endergebnis und die Wirtschaftlichkeit des Projektes verantwortlich und handelt im Interesse des Kunden. Danach werden die am höchsten bewerteten Funktionen für die Sprintplanung herangezogen und dem Entwicklungsteam sowie dem Scrum Master vorgestellt.

Die Entwicklungsteams setzen sich optimaler Weise aus fünf bis sieben Gruppenmitgliedern zusammen, die durch räumliche Nähe miteinander verbunden sind. Aufgrund von strategischen Entscheidungen können auch Gruppengröße bis zu 12 Personen vorgesehen werden. Dabei wird das Team mit den gleichen Mitarbeitern immer wieder neu zusammengesetzt, um die Expertise des wertschöpfenden Bereichs voll auszunutzen [Gubl12]. Die wertschöpfende Abteilung definiert die Anzahl der Teammitglieder. Die Wertschöpfungsstrukturen orientieren sich an dem vorgestellten Auftragsabwicklungsprozess und können wie in Tabelle 7.6 aufgeschlüsselt werden.

Tabelle 7.6 Zusammensetzung der Entwicklungsteams über die Wertschöpfungskette

Aufgabenbereich	Teammitglieder aus	Anzahl
Konstruktion	Konstruktion	5
	Arbeitsvorbereitung	1
	Einkauf	1
	Fertigung	1
	Montage	1
Arbeitsvorbereitung	Arbeitsvorbereitung	4
	Konstruktion	1
	Einkauf	1
	Fertigung	1
Einkauf	Einkauf	5
	Konstruktion	1
	Fertigung	1
Fertigung	Fertigung	5
	Konstruktion	1
	Einkauf	1
Montage	Montage	6
	Konstruktion	1
	Einkauf	1
	Fertigung	1

Das aktuelle Entwicklungsteam klärt nun eigenverantwortlich, welche Aufgaben im bevorstehenden Sprint abgearbeitet und umgesetzt werden sollen. Demzufolge werden im sogenannten Planungsmeeting die Aufgaben durch das Entwicklungsteam abschließend präzisiert und in einen Aufgabensammler für den Sprint übertragen. Die eigenverantwortliche Organisation der Entwicklungsteams führt zu einer Verschiebung des Verantwortungsverhältnisses und kann vor allem in traditionell hierarchiebetonten Unternehmen zu Verunsicherungen aufgrund dieser neuen Situation führen. Allerdings ist das traditionelle Autoritätsverhältnis insbesondere zur Lösung volatiler Anforderungen nicht mehr angemessen. Denn der heutige Grad an Komplexität in Organisationen führt unweigerlich zu einer Aufteilung der personellen und fachlichen Verantwortung (Föderalismus) [Stra10].

Der Prozessablauf der Iterationsplanung lässt sich, wie in Bild 7.15 zu sehen, grafisch zusammenfassen:

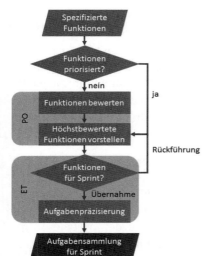

Bild 7.15
Ablauf der Iterationsplanung;
Legende: [PO] = Project Owner,
[ET] = Entwicklungsteam

7.7.4 Sprintdurchführung

Nach der Iterationsplanung beginnt der Sprint, der die eigentliche Auftragsabwicklung darstellt und in jeder Abteilung durchgeführt wird. Dabei orientiert sich die Anzahl der Iterationen an den zu erledigenden Aufgaben je Abteilung, wodurch eine Skalierung hinsichtlich des Aufgabenumfangs vorgenommen werden kann. Der Iterationsvorgang zielt darauf ab, einen störungsfreien und stabilen Abwicklungsprozess zu gewährleisten und äußere Einflüsse zu minimieren [OeWe08]. Zu den Einflussfaktoren zählen beispielsweise personelle Veränderungen des Teams und unzureichend spezifizierte Aufgaben, aber auch die Abwicklung anderer Aufträge, die nicht für den Sprint vorgesehen sind. Besonders die Abwicklung ungeplanter Aufgaben kann in der Praxis nicht ausgeschlossen werden, für den Sprint sind daher gewisse Aufgabenpuffer zu berücksichtigen. Beispielsweise kann es in der Arbeitsvorbereitung dazu kommen, dass während einer Iteration ein Ersatzteilauftrag, der durch die Serviceabteilung injiziert wird, abgewickelt werden muss. Der Umfang dieses Puffers sollte dabei 20 % des Aufgabenanteils der Iteration nicht überschreiten und kann jederzeit mit den Aufgaben aus der Sprint-Sammlung aufgefüllt werden.

Da die kontinuierliche Überwachung des Projektfortschritts eine zentrale Anforderung ist, können sogenannte Status-Meetings innerhalb der Sprints durchgeführt werden. Diese Besprechungen werden dazu genutzt, um über die Arbeiten des Vortages und die Koordinierung der Aufgaben des aktuellen Tages zu beraten. Das Status-Meeting wird täglich vom Scrum Master moderiert und gemeinsam mit dem Entwicklungsteam durchgeführt. Die Besprechung sollte die Länge von 15 Minuten (abhängig von der Teamgröße) nicht überschreiten (time-boxed)[9], da dieses Meeting nur einen tageweisen Überblick geben soll. Voraussetzung sind eine gute Vorbereitung und die Beachtung eines Besprechungsregelwerks durch alle Beteiligten. Eventuell können die Besprechungszeiten zu Komplikationen führen, da die Teilnehmer einen festen Zeitrahmen nicht gewohnt sind. Insbesondere der Scrum Master sollte auf diese Situation vorbereitet sein, um eventuelle Detaildiskussionen rechtzeitig zu beenden.

Damit jederzeit der Status quo der Sprints erfasst werden kann, bietet sich ein entsprechendes Instrument zur Visualisierung der Aufgaben an. Hierfür ist ein sogenanntes Taskboard geeignet, welches bestimmte Analogien zu einer Kanban-Tafel aufweist und die Grundlage der täglichen Besprechung darstellt. Somit wird verdeutlicht, welche Aufgaben für den Sprint ausgewählt wurden, welche Aufgaben zu bearbeiten sind und welchen Bearbeitungszustand diese Aufgaben haben. Die Einteilung des Taskboards erfolgt in „Aufgabensammlung", „to do", „in Bearbeitung" und „erledigt". Dementsprechend ist es möglich, einen schnellen Überblick über den aktuellen Sprint, die dafür anstehenden Aufgaben und den jeweiligen Status der abgeschlossenen Aufgaben zu erhalten.

Tabelle 7.7 Beispiel einer Getriebekonstruktion am Taskboard

Aufgabensammlung	to do	in Bearbeitung	erledigt
Wellen ableiten	Wellen konstruieren	Auslegung Kugellager	Zahnräder konstruiert und abgleitet
...	...	...	...

Ein Taskboard kann beispielsweise mit Hilfe der nachfolgend aufgeführten Materialen der Metaplan-Methode[10] kostengünstig realisiert werden und berücksichtigt die beschriebenen Anforderungen für den Einsatz von Scrum im agilen Projektumfeld:

- Pinnwand, Whiteboard oder Flipchart
- Packpapier, das als Träger der Aufgaben dient
- Aufgabenkarten
- Halterungen (z. B. Pinnnadeln oder Magnete) zum Anstecken der Karten auf die Pinnwand, das Whiteboard oder den Flipchart
- Filzstifte

---

9) Timeboxing ist eine Technik der Projektplanung, bei der sich die Besprechungsteilnehmer auf die wesentlichen Inhalte konzentrieren müssen, um ein Meeting pünktlich zu beenden. Dabei stellen Meetings, die mit Timeboxing durchgeführt werden, besondere Anforderungen an die Teilnehmer, beispielsweise an die Disziplin, sich inhaltlich kurz zu fassen. Erfahrungsgemäß können diese Anforderungen aber erlernt werden.

10) Die Metaplan-Methode wird besonders bei der logischen Verknüpfung von Sachverhalten, der Ergebnisdarstellung und Prioritätenbildung eingesetzt.

Nun kann der Fortschritt des gesamten Projekts mit einem sogenannten Burn-down-Diagramm erfasst werden, wodurch der ausstehende Aufwand in Relation zur verbleibenden Zeit gesetzt wird. Auf der Abszisse wird der Zeitverlauf und auf der Ordinate der Aufgabenumfang aufgetragen. Alternativ kann statt der Anzahl der Aufgaben auch die Summe der Aufwände der Aufgaben (beispielsweise in Tagen) abgebildet werden.

Da die ursprüngliche Darstellungsform jedoch nur die Projektfaktoren Zeit und Umfang berücksichtigt, ist eine Erweiterung hinsichtlich der Dynamik der Anforderungsänderungen erforderlich. Dadurch erhalten die Beteiligten die Möglichkeit, eine Abweichung nach der personellen Leistungserfüllung sowie nach der Veränderung von Projektanforderungen zu unterscheiden. Demzufolge würde ein erweitertes Burndown Diagramm die Ursache einer Abweichung ins Verhältnis zur Aufgabenerfüllung setzten.

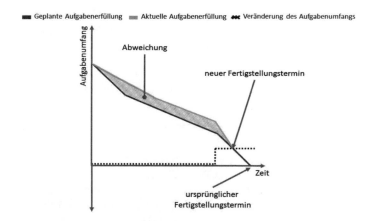

Bild 7.16 Beispiel eines erweiterten Burndown Diagramms (Quelle: In Anlehnung an [Trap10])

Bild 7.16 geht von folgendem Sachverhalt aus:

- Die unterschiedliche Ressourcenausstattung über den Projektverlauf ist im Kurvenverlauf der geplanten Aufgabenerfüllung berücksichtigt worden. Daher erfolgt im mittleren Bereich der Plan-Linie eine Abflachung des Projektfortschritts.
- Kurz vor Projektabschluss hat sich eine Anforderung geändert (gestrichelte Line), die den Umfang der Aufgaben verkleinert, wodurch sich der Fertigstellungstermin verschiebt. Dies bewirkt, dass die Aufgabenerfüllung stärker als geplant reduziert werden kann, was zu einer fristgerechten Fertigstellung führt (obwohl der Grad der Leistungserfüllung auf einen späteren Liefertermin schließen lassen würde).
- Zu erwähnen ist, dass eine Erweiterung des Aufgabenumfangs den Kurvenverlauf in den negativen Bereich fallen lassen würde, da sich die Anzahl der Aufga-

ben erhöht. Das Unternehmen müsste rechtzeitig entsprechende Maßnahmen treffen um den festgelegten Liefertermin dennoch einzuhalten.

- Das Entwicklungsteam (siehe schraffierten Bereich) hätte ohne die Änderung von Anforderungen den festgelegten Fertigstellungstermin verfehlt , die personelle Leistungserfüllung müsste somit detailliert auf mögliche Ursachen untersucht werden.

Wie gerade beispielhaft dargestellt, kann es während eines Sprints zu Anpassungen von Funktionalitäten durch den Auftraggeber kommen. Damit mögliche Auswirkungen (z. B. der Wegfall von Aufgaben innerhalb der Iteration) bekannt gemacht werden können, sollte nach entsprechendem Ermessen ein Bedarfs-Meeting angesetzt werden. Auch dieses Meeting wird durch den Scrum Master moderiert und vom Entwicklungsteam und dem Product Owner begleitet. Die Länge des Meetings ist abhängig vom Umfang der Anpassung sowie der aktuellen Teamstärke und sollte in einem festgelegten Zeitrahmen (maximal 90 Minuten) stattfinden, um Problemdiskussionen zu vermeiden, die in der Retrospektive angesprochen werden sollten. Die Erkenntnisse des Bedarfs-Meetings werden in einem Protokoll für den späteren Projektverlauf festgehalten.

Zusammenfassend kann der Prozess einer Sprintdurchführung nach Scrum im Maschinen- und Anlagenbau wie folgt schematisch dargestellt werden (Bild 7.17):

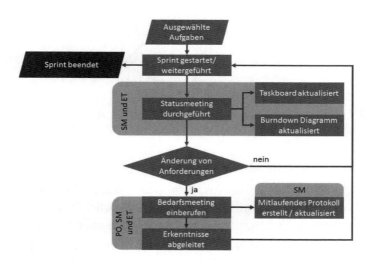

Bild 7.17 Ablauf der Sprintdurchführung;
Legende: [PO] = Project Owner, [SM] = Scrum Master, [ET] = Entwicklungsteam

7.7.5 Zwischenabnahme und Sprintretrospektive

Eine Zwischenabnahme wird in einem zweistündigen Abnahme-Meeting durchgeführt. Die Ergebnisse des Sprints werden analysiert, bewertet und mögliche Schlüsse für den nächsten Sprint gezogen. An dieser Besprechung nimmt das Entwicklungsteam, der Scrum Master, der Product Owner sowie ggf. der Auftraggeber teil. Der Kunde sollte insbesondere vor den vertraglich vereinbarten Zahlungszielen (z. B. vor Beginn des Fertigungs- und Einkaufsprozesses) eingeladen werden, um mögliche Abweichung hinsichtlich der Anforderungen zu benennen. Im Regelfall treten bei einer Zwischenabnahme drei Sachverhalte auf, die eine entsprechende Handlungsweise auslösen.

- **Einwandfreier Zustand:** Die Funktionalitäten sind erwartungsgemäß umgesetzt. Der Auftragsabwicklungsprozess kann ohne Handlungsmaßnahmen fortgesetzt werden.

- **Zusätzliche Funktionalitäten:** Die Funktionen sind fehlerfrei umgesetzt, es wurde jedoch erkannt, dass neue, darauf aufbauende Funktionalitäten notwendig sind. Hierbei müssen die zusätzlichen Funktionen analysiert und in den Auftragsabwicklungsprozess implementiert werden. Zu berücksichtigen ist dabei, dass Projektziele beeinflusst werden, die nur durch den Austausch einer gleichwertigen Funktion oder eines besseren Leitungserfüllungsgrads eingehalten werden können.

- **Unzureichende Umsetzung:** Die Funktionen sind fehlerhaft oder unvollständig umgesetzt und müssen im nächsten Sprint nachgebessert werden. Dazu müssen die Erkenntnisse der anstehenden Iterationsplanung zugeführt werden.

 Für die Durchführung des Abnahme-Meetings sollte eine möglichst klar fokussierte Kommunikation vorgegeben werden. Die Bewertung einzelner Teammitglieder oder des ganzen Entwicklungsteams sollte, besonders vor den Auftraggebern, in den Hintergrund treten. Es sollte nur die konstruktive Kritik am Produkt im Mittelpunkt stehen.

Unabhängig vom Abnahme-Meeting sollte eine Sprintretrospektive durchgeführt werden, in der positive und negative Vorkommnisse geäußert und diskutiert werden, um die zukünftige Zusammenarbeit während der Sprints zu verbessern. In einer Sprintretrospektive reflektiert sich das Entwicklungsteam selbst und betrachtet den Prozess des abgelaufenen Sprints kritisch. Dazu müssen auch negative Kritiken und unangenehme Wahrheiten benannt werden, die unter der Moderation des Scrum Masters offen geäußert werden sollen. Da dies mit individuellen Konflikte zwischen Kollegen zu tun haben kann, ist hier besonders die soziale Kompetenz des Scrum Masters gefordert, um die Besprechung auf einer sachlichen und konstruktiven Ebene zu halten. Für die Sprintretrospektive sollte bei einem vierwöchigen Sprint ein dreistündiger Zeitrahmen nicht überschritten werden [Glog08]. Mögliche Verbesserungsmaßnahmen werden in einem Protokoll dokumentiert und zum Projektabschluss in ein Maßnahmenprotokoll für zukünftige Projekte übertragen.

Bild 7.18 veranschaulicht den Prozess der Zwischenabnahme und Sprintretrospektive nochmals grafisch.

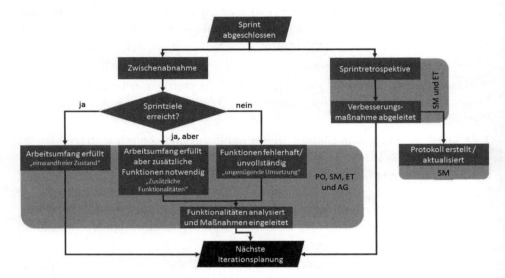

Bild 7.18 Ablauf der Zwischenabnahmen und Sprintretrospektive;
Legende: [PO] = Project Owner, [SM] = Scrum Master, [ET] = Entwicklungsteam,
[AG] = Auftraggeber

7.7.6 Werksinterner Projektabschluss

Nachdem die Wertschöpfungskette und somit alle Sprints durchlaufen sind, erfolgt der werksinterne Projektabschluss durch den sogenannten FAT-Termin (Factory Acceptance Test).[11]

Die Werksabnahme, für die in der Regel der Kunde anreist, erfolgt gemeinsam mit den Projektbeteiligten (Vertreter der verschiedenen Entwicklungsteams, dem Scrum Master und dem Product Owner) und sollte einen zeitlichen Rahmen von vier bis acht Stunden nach entsprechendem Funktionsumfang nicht überschreiten. Je nach Einbringungsverhalten des Kunden während des Auftragsabwicklungsprozesses kann der FAT-Termin auch ohne den Auftraggeber stattfinden, da die Informations-

---

11) Der FAT-Termin stellt die Werksabnahme eines Produktes dar und wird vorzugsweise bei Großprojekten, wie sie im Maschinen- und Anlagenbau vorzufinden sind, angewandt.

gewinnung ggf. nicht im Verhältnis zu einer weiten Geschäftsreise stehen würde. Insbesondere im internationalen Maschinen- und Anlagenbau wäre beispielsweise eine Anreise aus Südamerika, trotz stetiger Zwischenabnahmen, nicht zwingend erforderlich. Für die Werksabnahme wird die Maschine bzw. Anlage einer funktionellen Prüfung unterzogen, die Spezifikationen aus dem Pflichtenheften können mit dem Produkt abgeglichen werden. Die Feststellungen fließen in das Protokoll ein und werden in einem werksinternen Projektabschlussbericht archiviert. Der Abschlussbericht beinhaltet die Beschreibung des Projektverlaufs (z. B. Änderungen von Anforderungen) und einem Soll/Ist-Vergleich des Projektablaufs bezüglich der Zielerreichung (Leistungsumfang, Wirtschaftlichkeit, Terminabweichungen).

Nach dem FAT-Termin erfolgt ein sogenanntes Reflektionsmeeting mit allen internen Projektbeteiligten (inklusive Management und allen Mitarbeitern des Entwicklungsteams), in dem das erstellte Projektabschlussprotokoll kritisch reflektiert wird. Gleichzeitig werden in diesem Rahmen die festgehaltenen Verbesserungsmaßnahmen durch den Scrum Master vorgestellt und mit allen Teilnehmern besprochen. Diese Verbesserungsvorschläge fließen in ein Maßnahmenprotokoll, welches als Gestaltungsrichtlinie für zukünftige Projekte dient. Die Besprechung ist ebenfalls zeitlich festgelegt und sollte in 90 Minuten abgehandelt werden.

Der werksinterne Projektabschluss kann schematisch wie folgt dargestellt werden (Bild 7.19):

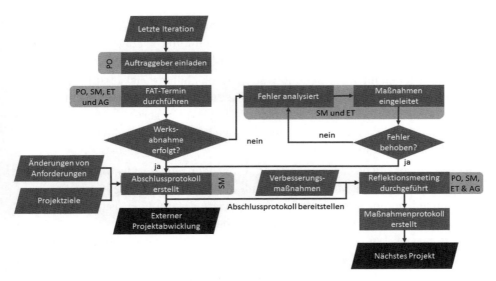

Bild 7.19 Ablauf des werksinternen Projektabschlusses;
Legende: [PO] = Project Owner, [SM] = Scrum Master, [ET] = Entwicklungsteam,
[AG] = Auftraggeber, [MA] = Management

7.7.7 Gestaltungsrichtlinien

Die nachstehend aufgeführten Gestaltungsrichtlinien sollen die Erkenntnisse der vorherigen Kapitel zusammenfassen und den Blick auf die wichtigsten Maxime richten.

Mit Hilfe der agilen Projektmanagementmethode Scrum lässt sich ein Ablauf entwickeln, der eine prozessorientierte und skalierbare Auftragsabwicklung bei dynamischen Markanforderungen gewährleistet. Insbesondere die Aufteilung von Anforderungen in kleinere Aufgabenpakete für die mehrfach vorkommenden Iterationszyklen innerhalb der wertschöpfenden Bereichen führt zu Skalierungsmöglichkeiten hinsichtlich neuer oder entfallender Anforderungen. Demzufolge wird die flexible Reaktion bezüglich der volatilen Unternehmensumgebungen gestärkt, wodurch letztendlich auch die Markteinführungszeit verkürzt werden kann.

Des Weiteren kann die Markteinführungszeit durch Scrum mittels:

- der grobgranularen Anforderungsermittlung zu Beginn eines Projekts verkürzt werden, da volatile Bedingungen (Entfall oder Abwandlungen) bei einer vollumfänglichen Betrachtung des Projektumfangs einen Produktivitätsverlust hervorrufen (doppelter oder unnötiger Aufwand).

- der gezielten Abarbeitung von vollumfänglich spezifizierten Aufgaben verkürzt werden, da keine Wartezeiten entstehen und somit keine hohe Einarbeitungszeit verursacht wird.

- der Zusammenführung von verschiedenen Abteilungen zu einem Projektteam reduziert werden, da Probleme frühzeitig erkannt und Verzögerungen durch unnötige Kommunikationswege minimiert werden können.

- der gestiegenen intrinsischen Motivation durch kleinere Zielsetzungen (mehrere Etappenziele durch die Iterationen) sowie die Übernahmen von fachlicher Verantwortung für das zu entwickelnde Produkt verringert werden. Gleichzeitig führt dies zu einer höheren Leistungsfähigkeit, die zu einer effizienteren Aufgabenabwicklung führen kann.

- der Verringerung des administrativen Aufwandes reduziert werden, wodurch die Projektbeteiligen die Möglichkeit erhalten, sich auf die „Dinge" – das Produkt – zu konzentrieren, womit eine höhere Motivation verbunden ist. Dadurch steigt der Leistungswille, der somit den Prozess beschleunigt.

- der zielgerichteten Kommunikation verkürzt werden, da die definierten Besprechungen mit ihren festgelegten Inhalten zu einer Verdichtung des Kommunikationsverhaltens führen. Dies führt zu einer effizienteren Kommunikation, wodurch Probleme lösungsorientierter abgearbeitet werden.

Dementsprechend reduziert sich die Amortisationsdauer, wodurch die Kapitalbindung einer Investition in forschungs- und entwicklungsintensive Produkte früher abgelöst werden kann. Eine Optimierung der klassischen Projektmanagementansätze selbst wäre aufgrund der unzureichenden Flexibilität gegenüber den dynamischen Kundenanforderungen nicht zielführend gewesen, dies ermöglichen nur agile Methoden, insbesondere Scrum. Die Auswirkungen der beiden Ansätze auf die Markeinführung und die Amortisation lässt sich wie folgt darstellen:

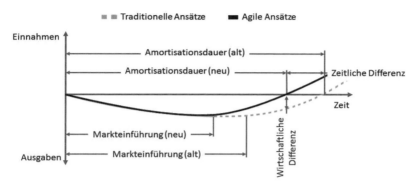

Bild 7.20 Verringerung der Markteinführungszeit (Quelle: In Anlehnung an [Gass06])

Tabelle 7.8 führt die wesentlichen Ergebnisse der entwickelten Projektmanagementmethode nach Scrum zusammen. Orientiert an den vier Prozessphasen (Bild 7.13) werden die verschiedenen Aspekte bzw. Schritte der Methode aufgelistet und als Aktivitäten bezeichnet sowie erläutert. Resultierende Ergebnisse für den Auftragsabwicklungsprozess werden in knapper Form abgeleitet. Zudem sind die für die Aktivität benötigten Projektbeteiligten in allen Schritten ersichtlich.

Tabelle 7.8 Gestaltungsaktivitäten nach Scrum für den Maschinen und Anlagenbau

	Aktivität	Beschreibung	Ergebnis	Beteiligte Personen
Initialisierungsphase	Anforderungsspezifikation	Im Projektspezifikations-Meeting wird der Kostenumfang sowie der Fertigstellungstermin anhand der dargelegten Anforderungen für das Projekt ermittelt.	Erstellung eines Lastenhefts	▪ Product Owner ▪ Scrum Master ▪ Management ▪ relevante Fachbereichsvertretungen
Planungsphase	Funktionspriorisierung	Für die bevorstehenden Iterationen werden die festgelegten Funktionen aus dem Lastenheft priorisiert.	Entwicklungsreihenfolge der Funktionalitäten	▪ Product Owner
	Funktionsauswahl	Anhand der Prioritäten erfolgt eine Funktionsauswahl.	Grobplanung für den aktuellen Sprint	▪ Product Owner ▪ Entwicklungsteam

Tabelle 7.8 *Fortsetzung*

	Aktivität	Beschreibung	Ergebnis	Beteiligte Personen
	Iterationsplanung	Basierend auf den Ergebnissen der vorangegangen Aktivität wird im Planungsmeeting der bevorstehende Sprint organisiert. Für die Planung werden die einzelnen Funktionen in Aufgaben aufgeteilt und präzisiert.	Detailplanung des aktuellen Sprints	▪ Scrum Master ▪ Entwicklungsteam
Ausführungsphase	Sprintdurchführung	Im Sprint werden die festgelegten Aufgabenpakete abgearbeitet.	Abgeschlossene Aufgaben	▪ Entwicklungsteam
	Sprintkoordination	Jeden Tag wird ein Status-Meeting abgehalten, um die bereits erledigten und die für den Tag geplanten Aufgaben zu koordinieren.	Weitere Vorgehensweise für den Sprint	▪ Scrum Master ▪ Entwicklungsteam
	Sprintanpassung	Aufgrund möglicher Änderungen von Funktionalitäten kann es zu Anpassungen im aktuellen Sprint kommen. Hierfür wird ein Bedarfsmeeting einberufen.	Erkenntnisse für den aktuellen Sprint ableiten und dokumentieren	▪ Product Owner ▪ Scrum Master ▪ Entwicklungsteam
	Zwischenabnahme	Die fertiggestellten Aufgaben werden durch den Product Owner und ggf. den Auftraggeber abgenommen.	Abgenommene Aufgaben	▪ Product Owner ▪ Scrum Master ▪ Entwicklungsteam ▪ ggf. Auftraggeber
	Sprintretrospektive	Nach dem abgeschlossenen Sprint reflektiert sich das Entwicklungsteam kritisch und erstellt einen Maßnahmenkatalog zur Verbesserung des nächsten Sprints.	Maßnahmenkatalog für folgende Sprints	▪ Scrum Master ▪ Entwicklungsteam
Abschlussphase	Werksinterne Abnahme	Die auslieferungsfähige Anlage wird durch den Product Owner und den Auftraggeber abgenommen.	Versandfreigabe und interner Projektabschlussbericht	▪ Product Owner ▪ Scrum Master ▪ relevante Fachbereichsvertretungen ▪ Auftraggeber

Tabelle 7.8 *Fortsetzung*

	Aktivität	Beschreibung	Ergebnis	Beteiligte Personen
	Projektreflektion	Nach der abgeschlossenen werksinternen Abnahme erfolgt eine kritisch Bewertung des Projektabschlussberichtes sowie der Verbesserungsmaßnahmen im Reflektions-Meeting.	Gestaltungsaspekte für zukünftige Projekte	▪ Product Owner ▪ Scrum Master ▪ Entwicklungsteam ▪ Management

Die Einführung des entwickelten, agilen Projektmanagementkonzepts nach Scrum stellt aufgrund der vielfältigen und komplexen Auswirkungen auf die Unternehmen des Maschinen- und Anlagenbaus, die bisher traditionelle Methoden angewandt haben, eine besondere Herausforderung dar. Um den Unternehmen die Einführung einer agilen Methode zu erleichtern, werden anhand der vier Implementierungsschritte wesentliche Aspekte akzentuiert zusammengefasst. Sie stellen somit eine sogenannte Gestaltungsrichtlinie dar. Dementsprechend sind diese auch bewusst nicht bis ins Detail beschreiben, damit eine leichtere Orientierung möglich ist. Die Implementierungsschritte lassen sich anhand der genannten Erkenntnisse wie folgt für die Gestaltungsrichtlinie zusammenfassen:

▪ **Evaluation und Methodenentwicklung**

Zu Beginn der Implementierung erfolgt eine systematische Betrachtung der Zielsetzung, der Ausgangssituation, der Potenziale sowie der Rahmenbedingungen. Aufbauend darauf wird die Entscheidung für die „richtige" Methode getroffen.

▪ **Umfeldanalyse und Bedeutung der Prozessbeteiligten**

Im nächsten Schritt wird eine umfassende Analyse des Implementierungsumfeldes durchgeführt, um rechtzeitig Hindernisse zu identifizieren und entsprechende Handlungsmaßnahmen einzuleiten. Dafür müssen alle betroffenen Mitarbeiter informiert, die Personalabteilung in den Prozess integriert und der Betriebsrat unterrichtet werden.

▪ **Konzeptentwicklung**

Für die Konzeptentwicklung werden neben kreativen Ideensammlungen auch systematische Ansätze zur Informationsgewinnung herangezogen. Das entwickelte Konzept wird dem Management präsentiert und für ein Pilotprojekt freigegeben.

▪ **Validierung und Projektinitialisierung**

Im Zuge eines Pilotprojektes werden die entwickelten Lösungsansätze validiert. Abschießend sollten die Erkenntnisse in ein Projektmanagementhandbuch für die Projektinitialisierung einfließen.

Da es sich um eine allgemeine Gestaltungsrichtlinie handelt, sind die beschriebenen Implementierungsphasen allgemein formuliert und müssen ggf. für die jeweiligen unternehmensspezifischen Belange modifiziert werden. ∎

▪ 7.8 Scrum – Praktische Projektabwicklung zur Verifizierung der Ergebnisse

Mit der Verifizierung der Ergebnisse soll geprüft werden, ob die Projektmanagementmethode nach Scrum in der Unternehmenspraxis des Maschinen- und Anlagenbaus anwendbar ist. Des Weiteren ist die Verifizierung eine Voraussetzung für die Bemessung der Qualität des entwickelten Ansatzes, d. h. wie erfolgreich dieser Ansatz ist bzw. welche Schwachstellen in der Praxis sichtbar werden.

Hierfür wurde ein Referenzunternehmen ausgewählt, an dem die wesentlichen Elemente des allgemeingültigen Konzepts verifiziert werden können. Ein renommiertes mittelständisches Unternehmen des Maschinen- und Anlagenbaus, mit Spezialisierung auf die Lebensmittel- und Süßwarenindustrie, konnte zu diesem Zweck gewonnen werden. Das Unternehmen gehört zu den führenden Herstellern von Nahrungsmittelmaschinen und erzielte 2016 mit ca. 300 Mitarbeitern, die an drei Standorten in Deutschland tätig sind, einen Umsatz von 60 Mio. €.

7.8.1 Entscheidungsgrund für die Auswahl des Referenzunternehmens

Hintergrund für die Auswahl des Referenzunternehmens ist die gegenwärtige Abwicklung von Projekten nach den traditionellen Projektmanagementmethoden und die damit einhergehenden, eingangs geschilderten, Probleme. Insbesondere für ein Modularisierungsvorhaben erwies sich die traditionelle Vorgehensweise als ungeeignet, da der zeitliche Projektablauf bereits im ersten Geschäftsbereich um fast ein Jahr verfehlt wurde. Hinsichtlich der Terminplanung ist erkennbar, dass diese zeitliche Verschiebung zudem Auswirkungen auf die geplante Fertigstellung der anderen Geschäftsbereiche hat.

Die Verzögerung basiert dabei einerseits auf einer langen Konzeptionsphase, in der keine greifbaren Ergebnisse sichtbar wurden, einer stetigen Änderung von Anforderungen während der Projektabwicklung sowie einem hohen Komplexitätsgrad, der nur durch wenige Mitarbeiter interdisziplinär betrachtet werden kann und eine simultane Abarbeitung der verschiedenen Produktfelder erschwert.

Mit der Erkenntnis, dass aufgrund der genannten Probleme das gegenwärtige Vorgehen nicht mehr weitergeführt werden kann, haben sich die Beteiligten im Unternehmen dazu entschlossen, das Projekt mit agilen Methoden weiterzuführen. Da diese Vorgehensweise jedoch noch nicht im Unternehmen eingesetzt wird, erfolgt ein Pilotprojekt, anhand dessen das entwickelte Konzept verifiziert wird.

7.8.2 Unternehmensspezifische Zielsetzung

Da das Modularisierungsvorhaben zu Beginn mit klassischen Projektmanagementmethoden durchgeführt wurde, soll zu einem definierten Zeitpunkt auf die agile Vorgehensweise nach Scrum umgestellt werden. Demzufolge muss das Konzept eine reibungslose Transformation gewährleisten ohne die vorhandenen Prozesse zu beeinträchtigen. Denn eine Behinderung der prozessualen Strukturen würde zwangsläufig zu einer weiteren Verzögerung führen und hohe Kosten verursachen, die ggf. erst nach Jahren amortisiert werden könnten. Gleichzeitig muss das Pilotprojekt in einem festgelegten Zeitfenster (max. 6 Monate) abgewickelt werden, damit der bereits fest terminierte Übergang garantiert ist.

Eine weitere Zielsetzung bezüglich der zu entwickelnden Projektmanagementmethode betrifft die Flexibilität hinsichtlich volatiler Anforderungsprofile. Denn sowohl das Pilotprojekt als auch das Modularisierungsvorhaben beruhen auf undefinierbaren Lösungsräumen, die erst im Laufe der Projekte spezifiziert werden können. Darüber hinaus muss ein transparenter Projektfortschritt gewährleistet sein, damit der festgelegte Zeit- und Kostenrahmen über alle Abteilungen hinweg erfasst werden kann.

Zusammenfassend setzt das Referenzunternehmen folgende Zielsetzung an das zu entwickelnde Konzept (Tabelle 7.9):

Tabelle 7.9 Unternehmensspezifische Zielsetzung an die Untersuchungsergebnisse

Projektlaufzeit	max. 6 Monate
Projekttypologie	undefinierbarer Lösungsraum
Implementierungsaufwand	gering, ohne großen Transformationsaufwand
Agilitätsgrad	hoch, aufgrund volatiler Anforderungsprofile
Projektfortschrittsübersicht	jederzeit in allen Abteilungen

7.8.3 Praktische Projektdurchführung mittels Scrum

Zu Beginn des Pilotprojektes wurde allen Projektbeteiligten das agile Projektmanagement und der Ablauf nach Scrum vorgestellt. Dabei halfen Vergleiche zu anderen agilen Unternehmensformen, um für eine Offenheit gegenüber einer neuen Projektdurchführung zu werben bzw. zu motivieren. Daher wurde den beteiligten Personen an einem Seminartag auch die Möglichkeit gegeben, über die Veränderungen nachzudenken und entstehende Fragen zielgerichtet an das Transformationsteam zu stellen. Auf diese Weise entwickelte sich bereits eine „mentale Integration" der agilen Methode.

Allerdings führte die Einführung in das agile Projektmanagement zunächst zu einer Art Desorientierung, da den Prozessbeteiligten bewusst wurde, dass die existierenden Prozesse und Strukturen offenkundig nicht mehr die gewünschten Ergebnisse liefern. Zudem besteht auch eine latente Skepsis gegenüber Neuerungen, insbesondere, wenn man persönlich betroffen ist. Auswirkung war ein kurzfristiger Leistungsabfall, wie in Bild 7.26 dargestellt. Dementsprechend musste das Transformationsteam gemeinsam mit den Führungskräften einen Weg finden, um den Beteiligten eine persönliche Orientierung und Sicherheit zu geben.

 Die Führungskräfte müssen selbst diesen Veränderungsprozess unterstützen und mitgestalten, da sie durch die Ausrichtung des Konzeptes (fachliche Verantwortungsverschiebung) ebenfalls von der Einführung betroffen sind.

Im Anschluss an die einwöchige Einführungs- und Integrationsphase erfolgte der eigentliche Projektbeginn. Ergänzend zu erwähnen ist, dass für eine nachhaltige Implementierung der agilen Projektmanagementmethode weitere Schulungsmaßnahmen im entsprechenden Personenkreis durchzuführen sind, damit einem Rückfall in alte Verhaltensmuster entgegengewirkt werden kann.

In den darauffolgenden Tagen wurden die Anforderungen im Projektspezifikations-Meeting aufgeschlüsselt. Vertreter der Fachabteilungen (Vertrieb, Konstruktion, Arbeitsvorbereitung, Fertigung, Einkauf und Montage), die Geschäftsführung, der Product Owner (frühere Projektleiter) sowie ein Mitarbeiter der Betriebsorganisation (Scrum Master) setzten sich dazu zusammen und leiteten gemeinsam den Funktionsumfang ab. Dieser wurde in einer Eingabemaske eines Tabellenkalkulationsprogramms hinterlegt (siehe nachfolgende Tabelle) und kostenmäßig erfasst. Die Aufwandsermittlung hinsichtlich des benötigten Personals war aufgrund der Verschiebung der Projektbeteiligten vom Standardisierungsvorhaben zum Pilotprojekt nicht notwendig.

Funktionen	Prio.
Formenwechseln	2
Anwärmen	1
Gießen	4
Rütteln	1
Kühlen	2
Ausformen	2
Kontrolle	3

Bild 7.21
Auszug aus der Eingabemaske Funktionen mit Prioritäten

Im Anschluss wurde der Zeitaufwand für die Durchführung einer Iteration ermittelt. Hierbei orientierten sich die Beteiligten an der Projektlaufzeit von 6 Monaten sowie den hohen Anforderungen hinsichtlich der Flexibilität und legten eine Sprintdauer von zwei Wochen fest. Dies führte dazu, dass maximal 12 Sprints über die Projektlaufzeit durchgeführt werden konnten. Auf dieser Basis konnten die definierten Besprechungstypen für die nächste Zeit grob geplant werden. Hierfür nutzte der Scrum Master ebenfalls die Eingabemaske des entwickelten Tabellenkalkulationsprogramms und hinterlegt die Meetings für den nächsten Monat:

ID	Datum	Meeting	Gewicht
1	30.11.2015	Projektspezifikations-Meeting	1
2	01.12.2015	Planungsmeeting 1	2
3	01.12.2015	Sprint 1	1
4	15.12.2015	Zwischenabnahme 1	2
5	15.12.2015	Sprintretrospektive 1	3

Bild 7.22
Auszug aus der Eingabemaske
Besprechungen und Sprints

Nachdem die Iterationslänge festgelegt wurde, erfolgte das Priorisieren der Funktionen durch den Product Owner. Diese Vorgehensweise war dem früheren Projektleiter aufgrund der klassischen Projektmanagementmethode bekannt und konnte ohne Hilfestellung durchgeführt werden. Das Ergebnis der Priorisierung war, dass zuerst sogenannte Grundfunktionen[12] innerhalb der Iterationen abgewickelt werden sollten, da diese die Anforderungsgrundlage für die weiteren Funktionalitäten darstellen und eine schnelle Ergebnisreproduktion gewährleisten. Danach stellte der Produkt Owner die priorisierten Funktionen dem Entwicklungsteam vor.

Sodann wurden die abzuarbeitenden Funktionalitäten für die Iteration ausgewählt. Es wurde festgestellt, dass das Entwicklungsteam das eigenverantwortliche Auswählen von Aufgaben für die kommenden zwei Wochen (Sprint) zunächst verunsicherte, dass es sich im Laufe des Pilotprojektes jedoch an die neue Situation gewöhnte und wieder sicherer wurde. Denn die Beteiligten lernten rasch mit der höheren Verantwortung umzugehen.

---

12) Grundfunktionen sind in einer Struktur grundlegend, immer wiederkehrend und grundsätzlich nicht variabe .

Die persönlichen Charakterzüge der Teammitglieder haben einen maßgeblichen Einfluss auf das Verantwortungsbewusstsein, wodurch Differenzen im Leistungsverlauf nach Bild 7.26 unvermeidlich sind. Dies sollte soweit möglich erkannt und mit geeigneten Maßnahmen behoben werden.

Nun erfolgte das Planungs-Meeting zur Ableitung der entsprechenden Aufgaben. Dazu wurden die Funktionen in Haupt-, Sub- und Detailaufgaben untergliedert, die als Knotenpunkte fungierten und eine Abarbeitung der Detailaufgaben innerhalb eines Tages ermöglichen. Die Hauptaufgaben wurden ebenfalls in der Ergebnismaske des Tabellenkalkulationsprogrammes hinterlegt. Zusätzlich wurden Aufgabenkarten geschrieben, die an einem Whiteboard angebracht wurden.

Hauptaufgaben
Gießbehälter
Pumpsystem
Kolben
Temperiergeräte
Hubtisch

Bild 7.23
Auszug aus der Eingabemaske Hauptaufgaben für aktuellen Sprint

Das Whiteboard diente den Entwicklungsteams sowie dem Scrum Master für das Status-Meeting, welches täglich um 9 Uhr, also zu Beginn der Kernzeit, stattfand. Es konnte beobachtet werden, dass der zu erwartende Zeitverzug für die im Stehen stattfindenden Besprechungen ausschließlich in den ersten Projekttagen eintrat. Dies ist einerseits auf die strikte Regulierung der Besprechung durch den Scrum Master zurückführen. Andererseits erzeugte die Gruppe selbst gewisse (Verhaltens-)Regeln, die es dem Einzelnen erschwerten, aus diesem Muster auszubrechen (Gruppendynamik).

Im Anschluss an diese 15-minütige Besprechung trug der Scrum Master die Anzahl der abgearbeiteten Aufgaben sowie die Anzahl der geplanten Aufgaben für den anstehenden Tag in eine weitere tabellenbasierte Eingabemaske ein.

Aufgaben					
	Burned down		Balance		Tatsächliche
Tag	Geplant	Tatsächlich	Geplant	Tatsächlich	Fertigstellung
0	12	5	250	250	5
1	12	8	238	242	8
2	18	10	220	232	10
3	11	0	209	232	0
4	4	12	205	220	12
5	5	19	200	201	19

Bild 7.24 Auszug aus der Eingabemaske Anzahl der abgearbeiteten Aufgaben;
Legende: [grau] = Eingabefeld, [weiß] = Berechnungsfeld

Die Ergebnisse können anschließend in einer Übersichtsmaske von allen Beteiligten im Unternehmen eingesehen werden (Bild 7.25). Somit liegt eine tagesaktuelle Übersicht über den gesamten Projektfortschritt vor, wodurch im Falle eines Falles eine rasche Reaktionsfähigkeit möglich wäre.

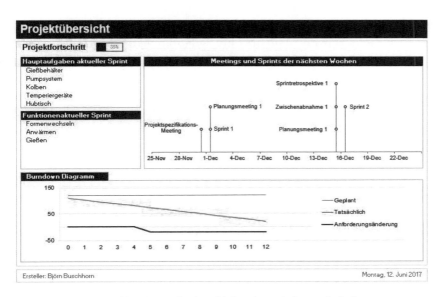

Bild 7.25 Auszug aus der Eingabemaske Anzahl der abgearbeiteten Aufgaben

Da während des Projektverlaufs mehrere Anforderungen durch die Geschäftsführung und den Vertrieb angepasst wurden, folgten einige Bedarfs-Meetings. Dieses wurde jeweils noch am gleichen Tag einberufen und die gerade im Sprint durchgeführten Arbeiten unterbrochen. Es konnte diagnostiziert werden, dass die Teilnehmer die Gelegenheit nutzten, andersartig gelagerte Probleme, die erst in der Sprintretrospektive angesprochen werden sollten, zu diskutieren. In diesen Fällen hat der Scrum Master eingegriffen und den entsprechenden Personenkreis nochmals mit der Zielsetzung der jeweiligen Meetings vertraut gemacht.

Nachdem die Iteration abgeschlossen wurde, erfolgten die Zwischenabnahmen. Hierfür wurden die entsprechenden Dokumente, die bereits im Referenzunternehmen existierten, herangezogen. Die Besprechungen erfolgten lösungsorientiert und wurden bei den Beteiligten als eine gute Maßnahme befunden.

In den Sprintretrospektiven konnten ähnliche Ergebnisse festgestellt werden. Jedoch wurden häufig während der Besprechungen produktspezifische Probleme und prozessuale Hindernisse miteinander vermischt. Dennoch wurden diese Diskussionen seitens des Scrum Master akzeptiert, da im Maschinen- und Anlagenbau Produkt und Prozess häufig miteinander verknüpft sind und daher nur eine vollumfängliche Betrachtung den Iterationsprozess verbessern kann.

Zum Abschluss des Projektes erfolgte die werksinterne Abnahme, die ebenfalls auf bekannte Unterlagen und Vorgehensweisen innerhalb des Referenzunternehmens zurückgreifen konnte, wodurch letztlich auch diese Besprechung sehr zielgerichtet ablief.

In der anschließenden Projektretrospektive zeigte sich dann, dass die Projektlaufzeit von 6 Monaten trotz veränderter Anforderungsprofile und Durchführung eines einwöchigen Kleingruppen-Seminars zum agilen Projektmanagement eingehalten werden konnte. Der festgelegte Kostenrahmen wurde zwar um ein Prozentpunkt überschritten, was im Referenzunternehmen dennoch zufriedenstellend bewertet wurde, da die geänderten Anforderungen die Flexibilität des Produktes erhöhten, wodurch ein größerer Absatz zu erwarten sei. Schließlich wurden auch die Hindernisse aus dem Projektverlauf identifiziert und entsprechende Handlungsmaßnahmen für die Weiterführung des Vorhabens entwickelt.

7.8.4 Bewertung der praktischen Erprobung

Auf Basis der Verifizierung lassen sich eine Reihe von Erkenntnissen aus dem vorliegenden Pilotprojekt ableiten, die bewertet werden können.

Insgesamt wurde das Pilotprojekt zur Zufriedenheit aller erfolgreich abgeschlossen. Nach der krisenbedingten Neubetrachtung für die Restlaufzeit des Modularisierungsvorhabens konnte das agile Vorgehen nach Scrum als erfolgsversprechende Alternative validiert werden. Der Projektabschluss konnte sowohl zeitlich (Markteinführung um eine Woche reduziert) als auch finanziell (Kostenrahmen geringfügig übertroffen) sehr genau abgeschätzt und die Leistungsfähigkeit der Mitarbeiter sogar um vier Prozent gesteigert werden (siehe Bild 7.26). Die Leistungsfähigkeit wurde aus der geplanten Gesamtleistung für das Projekt und der tatsächlichen Leistung ermittelt. Die anfänglichen Reaktionen und somit der Leistungsverlauf der Mitarbeiter auf die abrupte Reorganisation lässt sich wie folgt darstellen:

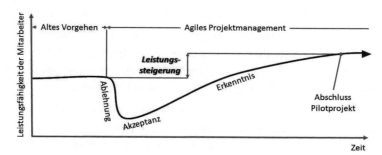

Bild 7.26 Leistungsverlauf der Mitarbeiter im Rahmen einer Implementierung eines agilen Projektmanagements

Aufgrund des Erfolgs plant das Referenzunternehmen, die Erkenntnisse aus dem Pilotprojekt zu formalisieren und neben dem Modularisierungsvorhaben auch für den Ablauf innerhalb der Forschungs- und Entwicklungsabteilung zu verwenden. Wie bereits an verschiedenen Stellen erwähnt, eignet sich die entwickelte Methode sehr gut für Projekte, die auf wenig Bestehendem aufbauen, was in der FuE-Abteilung überwiegend der Fall ist.

Es muss jedoch beachtet werden, dass die Einführung nur erfolgversprechend ist, wenn folgende Anforderungen berücksichtigt werden:

- Der Aufwand für die Einführung von agilem Projektmanagement nach Scrum muss bis zum Abschluss des Projektes mitgetragen werden.
- Die agile Denkweise muss neben der agilen Vorgehensweise in der ganzen Organisation etabliert werden.
- Die Akzeptanz bzw. die Haltung gegenüber Scrum kann nur durch entsprechende Projektergebnisse gestärkt werden.
- Bestehende Strukturen müssen anpassungsfähiger werden, da das validierte Konzept nicht in der gewohnten Unternehmensstruktur durchgeführt werden kann.

Eine Abweichung von diesen oder eine Vernachlässigung einer dieser Anforderungen kann letztlich das gewünschte Ergebnis verfehlen.

■ 7.9 Zusammenfassung

Damit Unternehmen den wirtschaftlichen Erfolg bei fortschreitender technologischer Veränderungsgeschwindigkeit sichern können, muss die Markteinführungszeit von Produkten verkürzt werden.

Diese Ausgangslage basiert auf der identifizierten Problemstellung und fordert die Entwicklung einer flexibleren Methode zum Management von forschungs- und entwicklungsintensiven Projekten in Unternehmen des Maschinen- und Anlagenbaus. Diese Forderung spiegelt sich auch in der definierten Kernfrage sowie den untergeordneten Untersuchungsfragen wieder. Diese Fragen konnten mit den Gestaltungsrichtlinien explizit beantwortet werden.

Damit die Vorgaben einer flexiblen Auftragsabwicklung erfüllt werden, ist eine geeignete Projektmanagementmethode für volatile Anforderungsprofile zu eruieren. Dazu werden eine Analyse der aktuellen Projektmanagementansätze auf Grundlage der beschriebenen Problemstellung in Abhängigkeit zum Auftragsabwicklungsprozess durchgeführt. Vor diesem Hintergrund zeigen die Ergebnisse, dass die eingangs dargestellten Probleme mit traditionellen Methoden nicht gelöst werden können.

Die weitere Methodenermittlung führte schließlich zu agilen Projektmanagement-ansätzen, die bereits als zielführende Methode bewährt sind. Insbesondere das agile Verfahren nach Scrum besitzt eine flexible Reaktionsmöglichkeit auf sich stetig ändernde Anforderungen und hat das Potenzial, die Auftragsabwicklungszeiten zu verkürzen.

Die Adaption für den Maschinen- und Anlagenbau konnte nun untersucht werden. Dazu sind die branchenspezifischen Anforderungen an den zu entwickelnden Ansatz zu beleuchten. Diese gliedern sich in methodische Anforderungen, die sich aus dem Auftragsabwicklungsprozess ergeben und inhaltliche Anforderungen, die sich aus der unternehmerischen Praxis hinsichtlich des allgemeinen Projekt-managements ergeben. Darauf aufbauend kann die Vorgehensweise für die Implementierung von agilen Projektmanagementmethoden in Unternehmen des Maschinen- und Anlagenbaus beschrieben werden. Im Rahmen der allgemeinen Konzeptentwicklung lassen sich die Grundlage der Projektmanagementmethode darstellen und konkrete Lösungsvorschläge für die agile Projektabwicklung erarbeiten.

Die bisherigen Erfahrungen wurden anhand eines Pilotprojektes in einem Referenz-unternehmen verifiziert. Dabei konnte festgestellt werden, dass die entwickelte Projektmanagementmethode alle Zielvorgaben erfüllt und somit die grundsätzliche Tauglichkeit und Nützlichkeit des Methodenentwurfs für die Praxis gegeben ist. Lediglich die Kostenvorgaben, die aufgrund der Reorganisation sowie der Änderung von Anforderungen über den Projektverlauf überschritten wurden, müssen durch geeignete Maßnahmen weiter reduziert werden.

Abkürzungsverzeichnis

ANSI	American National Standards Institute
EAI	Enterprise Application Integration
EDI	Electronic Data Interchange
EDIFACT	Electronic Data Interchange for Administration, Commerce and Transport
ENGDAT	Engineering Data Message
ERP	Enterprise Resource Planning
ET	Enwicklungsteam
FAT	Factory Acceptance Test
FDD	Feature Driven Development
FPM	Function-Point-Methode
GUI	Graphical User Interface – Grafische Benutzeroberfläche
KVP	Kontinuierlicher Verbesserungsprozess
OEE	Overall Equipment Efficiency
OEM	Original Equipment Manufacturer
PO	Product Owner
ROI	Return on Investment, Ertrag des investierten Kapitals
SCM	Supply Chain Management
SM	Scrum Master
WebDAV	Web-based Distributed Authoring and Versioning
WebEDI	www-Schnittstelle für den elektronischen Datenaustausch

Abbildungsverzeichnis

Tabellenverzeichnis

Literaturverzeichnis

Kapitel 1

BMWi14 BMW, Bundesministerium für Wirtschaft und Energie 2014
*http://www.bmwi.de/Redaktion/DE/Publikationen/Mittelstand/wirtschaftsmotor-mittel
stand-zahlen-und-fakten-zu-den-deutschen-kmu.pdf?__blob=publicationFile&v=1*

IfMB17 IFM, Institut für Mittelstandsforschung. 2017; KMU-Definition des IfM Bonn.
http://www.ifm-bonn.org/definitionen/mittelstandsdefinition-des-ifm-bonn

IhDuGö13 Ihlau Susann; Duscha Hendrik; Gödecke Steffen: Besonderheiten bei der Bewertung von
KMU, Springer Gabler Verlag, Wiesbaden 2013

Kapitel 2

Covi17 Covisint, 2017: *http://www2.covisint.com/web/guest/de-for-oem-supplier-connectivity-servi
ces*

Digi15 Digital Business, 2015: *http://www.digitalbusiness-cloud.de/mittelstand-nutzt-verstaerkt-
steuersoftware-aus-der-cloud*

Hahn12 Hahne Felix: Supply Chain Management; IT-getriebene Optimierungspotentiale in Lo-
gistiknetzwerken, 2012, *http://www.erp-konfe-renz.de/vortraege/01maerz2012/09_Supply
%20Chain%20Management_Dr.%20Felix%20Hahne.pdf*

IKB15 IKB, Deutsche Industriebank AG, 2015: *https://www.ikb.de/MediaLibrary/642e2cae-c93b-
4f17-9a47-8d2f24036e85/141209_Automobilzulieferer.pdf*

Lobs17 Lobster GmbH, 2017: *https://www.lobster.de/lobster_scm/*

Nubo17 Nubocloud, 2017: *https://www.nubocloud.de/blog/best-of-2015-auszeichnung-fuer-abbino-
scm/.*

Odoo17 Odoo, 2017: *https://www.odoo.com/de_DE/*

Orda17 Ordat, 2017: *https://www.ordat.com/*

GöBr17 Göpfert, Ingrid; Braun, David: Automobillogistik; 3. Aufl., Springer Verlag, Berlin 2017

Tool16 Toolsmag 2016: *http://www.toolsmag.de*, Gastbeitrag von Andras Fröhlich, Nicando Software GmbH

Scho15 Schonert, Torsten: Google Books. Interorganisationale Wertschöpfungsnetzwerke in der
deutschen Automobilindustrie. Online 2015

Schu09 Schulte, Christof: Logistik - Wege zur Optimierung der Supply Chain, Vahlen Verlag,
München 2009

WaNi13 Wannenwetsch, Helmut H.; Nicolai, Sascha: E-Supply-Chain-Management – Grundlagen – Strategien – Praxisanwendungen, Springer-Verlag, Wiesbaden2013.

Kapitel 3

Arno08   Arnold, Dieter, ed.: Handbuch Logistik. 3. neu bearb. Aufl., Springer Verlag, Berlin 2008

GrFe15   Grote, Karl-Heinrich; Feldhusen, Jörg, eds.: Dubbel, Taschenbuch für den Maschinen-
             bau. 24. aktual. und erw. Aufl., Springer Vieweg Verlag, Berlin 2014.

PaBe97   Pahl, Gerhard; Beitz, Wolfgang: Konstruktionslehre – Methoden und Anwendung;
             4. neubearb. Aufl., Berlin: Springer 1997

ScBrLu10   Schlick, Christopher; Bruder, Ralph; Luczak, Holger: Arbeitswissenschaft. 3. vollst.
             überarb. und erw. Aufl., Springer Verlag, Berlin 2010

ScSc14   Schuh, Günther; Schmidt Carsten: Produktionsmanagement, Handbuch Produktion und
             Management 5, 2. vollst. neu bearb. und erw. Aufl., Springer Vieweg Verlag, Berlin 2014

ScSt12   Schuh, Günther; Stich Volker, eds.: Produktionsplanung und -steuerung Band 1 und 2,
             4. überarb. Aufl., Springer Vieweg Verlag, Berlin 2012

West06   Westkämper, Engelbert: Einführung in die Organisation der Produktion. Springer-Lehr-
             buch, Springer Verlag, Berlin 2006

Wien14   Wiendahl, Hans-Peter: Betriebsorganisation für Ingenieure, 8. überarb. Aufl., Hanser
             Verlag, München 2014.

Kapitel 4

Erla10   Erlach, Klaus: Wertstromdesign - der Weg zur schlanken Fabrik, 2. bearb. und erw. Aufl.,
             Springer Verlag, Berlin 2010.

Gebe11   Gerberich, Thorsten: Lean oder MES in der Automobilzulieferindustrie – Ein Vorgehens-
             modell zur fallspezifischen Auswahl, Gabler Verlag, Wiesbaden 2011

Götz14   Götze, Uwe: Investitionsrechnung – Modelle und Analysen zur Beurteilung von Investi-
             tionsvorhaben, 7. Aufl. Springer-Lehrbuch, Springer Verlag, Berlin 2014

Joep15   Joepen, Marco: Forschungsprojektarbeit – Konzeption und Integration einer Fertigungs-
             linie eines mittelständischen Flugzeugteilezulieferers in eine bestehende Produktion,
             RFH 2015

Koch15   Koch, Susanne: Einführung in das Management von Geschäftsprozessen: Six Sigma,
             Kaizen und TQM. 2. Aufl., Springer Vieweg Verlag, Berlin 2015

LuMo07   Lunau, Stephan; Mollenhauer Jens-Peter, eds.: Design for Six Sigma + Lean Toolset –
             Innovationen erfolgreich realisieren, Springer Verlag, Berlin 2007.

LuRo07   Lunau, Stephan; Roenpage Olin, eds.: Six Sigma + Lean Toolset – Verbesserungsprojekte
             erfolgreich durchführen. 2. überarb. Aufl., Springer Verlag, Berlin 2007

OeRe09   Olfert, Klaus; Reichel Christopher: Investition. 11. aktual. Aufl., Kiehl Verlag, Ludwigs-
             hafen (Rhein) 2009

RoSh09   Rother, Mike; Shook John: Learning to see: value-stream mapping to create value and
             eliminate muda. Version 1.4. A lean tool kit method and workbook. Cambridge, Mass:
             Lean Enterprise Inst 2009

ScSt12   Schuh, Günther; Stich Volker, eds.: Produktionsplanung und -steuerung Band 1 und 2,
             4. überarb. Aufl., Springer Vieweg Verlag, Berlin 2012

Schu13   Schuh, Günther: Lean Innovation, Springer Verlag, Berlin 2013

Stat15   Statista 2015: Prognose zum Umsatz in der Luftfahrtbranche in Deutschland von 2007
             bis 2018

Töpf09   Töpfer, Armin, ed.: Lean Six Sigma – Erfolgreiche Kombination von Lean Management,
             Six Sigma und Design for Six Sigma, Springer Verlag, Berlin 2009

West06   Westkämper, Engelbert: Einführung in die Organisation der Produktion, Springer Ver-
             lag, Berlin 2006

Kapitel 5

BMBF2008	BMBF/PTKA 2008: Energieeffizienz in der Produktion – Untersuchung zum Handlungs- und Forschungsbedarf, Fraunhofer Gesellschaft, Karlsruhe 2008
BMU2011	UBA: Umweltwirtschaftsbericht 2011: Daten und Fakten für Deutschland, Dessau-Roßlau: Umweltbundesamt 2011
Brüg09	Brüggemann, Holger; Müller, H.: Nachhaltiges Wertstromdesign, wt Werkstatttechnik online Jahrgang 2009, Düsseldorf 2009
Brun14	Brunner, Franz.-J.: Japanische Erfolgskonzepte - KAIZEN, KVP, Lean Production Management, Total Productive Maintenance Shopfloor Management, Toyota Production System, 3. überarb. Aufl., Carl Hanser Verlag, München 2014
Carc16	Carcoustics (2016) *https://www.carcoustics.de/*
Erla10	Erlach, Klaus: Wertstromdesign – der Weg zur schlanken Fabrik. 2. bearb. und erw. Aufl., Springer Verlag, Berlin 2010.
ErSh14	Erlach, Klaus; Sheehan, Erin: Energie- und Materialeffizienz – Die CO_2-Wertstrom-Methode zur Steigerung von Energie- und Materialeffizienz in der Produktion, Carl Hanser Verlag, München 2014
ErWe09	Erlach, Klaus; Westkämper, Engelbert: Energiewertstrom – Der Weg zur energieeffizienten Fabrik, Fraunhofer Verlag, Stuttgart 2009
ISO 50001	DIN; DIN EN ISO 50001:2011: Energiemanagementsysteme-Anforderungen mit Anleitung zur Anwendung, Berlin: DIN Deutsches Institut für Normung e. V.
ISO 9000	DIN; DIN EN ISO 9000:2005: Qualitätsmanagementsysteme – Grundlagen und Begriffe, Berlin: DIN Deutsches Institut für Normung e. V.
ObGa08	Obermeier, Thomas; Gasper, Richard: Investitionsrechnung und Unternehmensbewertung, Oldenbourg Wissenschaftsverlag, München 2008
ReKaKrRe10	Reinhart, Gunther; Karl, Florian; Krebs, Pascal; Reinhardt, Saskia: Energiewertstrom – Eine Methode zur ganzheitlichen Erhöhung der Energieproduktivität, Carl Hanser Verlag, München 2010
Rieß11	Rießelmann, Julia: Wertstromdesign – Effizient mit Ressourcen umgehen, Eschborn: Rationalisierungs- und Innovationszentrum der Deutschen Wirtschaft e. V. 2011 *http://docplayer.org/37888173-Wertstromdesign-effizient-mit-ressourcen-umgehen.html*
RoSh15	Rother, Mike; Shook, John: Sehen Lernen – Mit Wertstromdesign die Wertschöpfung erhöhen und Verschwendung beseitigen, Lean Management Institute, Aachen 2015
Stat15	Statista (2015): Umsatz der deutschen Automobilindustrie bis 2015, https://de.statista.com/statistik/daten/studie/160479/umfrage/umsatz-der-deutschen-automobilindustrie
Töpf04	Töpfer, Armin: Six Sigma – Konzeption und Erfolgsbeispiele für praktizierte Null-Fehler-Qualität, 2. Aufl., Springer Verlag, Berlin/Heidelberg 2004
VDI 2225	VDI; VDI 2225 Blatt 1: Konstruktionsmethodik – Technisch-wirtschaftliches Konstruieren und vereinfachte Kostenermittlung, Verein Deutscher Ingenieure, Düsseldorf 1998
WöDö	Wöhe, Günter; Döring, Ulrich: Einführung in die Allgemeine Betriebswirtschaftslehre, 24. Aufl., Franz Vahlen Verlag, München 2010
WoJo04	Womack, James P.; Jones, Daniel T.: Lean Thinking: Ballast abwerfen, Unternehmensgewinne steigern, Campus Verlag, Frankfurt/New York 2004
Woma92	Womack, James P.; Jones, Daniel. T.; Ross, Daniel: Die zweite Revolution in der Autoindustrie – Konsequenzen aus der weltweiten Studie aus dem Massachusetts Institute of Technology, Campus Verlag, Frankfurt/New York 1992

Kapitel 6

Bisk10 Biskup, Thomas: Agile fachmodellgetriebene Softwareentwicklung für mittelständische IT-Projekte, Dissertation Universität Oldenburg, 2010

Brin16 Brinkop, Axel: Marktführer Produktkonfiguration. 33. Ausgabe, Oberschlettenbach 2016, http://brinkop-consulting.com/guide/marktfuehrer.pdf

ISO 10209 DIN, DIN EN ISO 10209, 2012-11: Technische Produktdokumentation – Vokabular – Begriffe für technische Zeichnungen, Produktdefinition und verwandte Dokumentation

DIN 66241 DIN, DIN 66241, 1979-01, Informationsverarbeitung; Entscheidungstabelle, Beschreibungsmittel

DIN 81346-1 DIN, DIN EN 81346-1:2010-05: Industrielle Systeme, Anlagen und Ausrüstungen und Industrieprodukte – Strukturierungsprinzipien und Referenzkennzeichnung – Teil 1: Allgemeine Regeln (IEC 81346-1:2009); Deutsche Fassung EN 81346-1:2009.

Ehrl09 Ehrlenspiel, Klaus: Integrierte Produktentwicklung. Denkabläufe, Methodeneinsatz, Zusammenarbeit. 6., vollst. überarb. Aufl., Carl Hanser Verlag, München 2017

Feld15 Feldhusen, Jörg: Kooperative Produktentwicklung – Umgang mit Varianten. Hg. v. Lehrstuhl und Institut für allgemeine Konstruktionstechnik des Maschinenbaus. Rheinisch-Westfälischen Technischen Hochschule Aachen, Aachen 2015

Firc03 Firchau, Norman Lee: Variantenoptimierende Produktgestaltung. 1. Aufl., Cuvillier Verlag, Göttingen 2003

FrSc12 Friedli, Thomas; Schuh, Günther: Wettbewerbsfähigkeit der Produktion an Hochlohnstandorten. 2. Aufl., Springer Vieweg Verlag, Berlin 2012

Ghof07 Ghoffrani, Mehdi: Entwicklung und Einführung eines flexiblen Softwaresystems zur Konfigurierung virtueller Produkte, Dissertation Ruhr-Universität Bochum 2007: *http://www-brs.ub.ruhr-uni-bochum.de/netahtml/HSS/Diss/GhoffraniMehdi/diss.pdf*

Göpf01 Göpfert, Jan; Steinbrecher, Michael: Variantenvielfalt in Produkten und Prozessen – Erfahrungen, Methoden und Instrumente; Tagung Kassel, 7. und 8. November 2001, VDI-Verl. (VDI-Berichte, 1645), Düsseldorf 2001

GrUl05 Greitemeyer, Jörg; Ulrich, Thomas: Umfassendes Komplexitätsmanagement. – die optimale Komplexitätsbalance finden und kostengünstig halten, UNITY AG zuletzt geprüft am 15. 02. 2016.

IEC 61355 DIN, DIN EN 61355-1:2009-03; VDE 0040-3:2009-03, Classification and designation of documents for plants, systems and equipment

Lutz11 Lutz, Christoph: Rechnergestütztes Konfigurieren und Auslegen individualisierter Produkte – Rahmenwerk für die Konzeption und Einführung wissensbasierter Assistenzsysteme in die Konstruktion, Dissertation Technische Universität Wien, Wien 2011, *https://publik.tuwien.ac.at/files/PubDat_202279.pdf*

Pill06 Piller, Frank Thomas: Mass Customization - Ein wettbewerbsstrategisches Konzept im Informationszeitalter, 4. bearb. und erw. Aufl., DUV, Gabler Edition Wissenschaft, Wiesbaden 2006

Rapp10 Rapp, Thomas: Produktstrukturierung – Komplexitätsmanagement durch modulare Produktstrukturen und -plattformen, ID-Consult, Wissen für die Praxis, München 2010

RiKe14 Ringback, Jurgen; Kempis, Rolf-Dieter: Do it smart. Seven rules for superior information technology performance: Free Press 2014.

Schu05 Schuh, Günther: Produktkomplexität managen – Strategien – Methoden – Tools, 2. überarb. und erw. Aufl., Hanser Verlag, München 2005

Sinz03 Sinz, Carsten: Verifikation regelbasierter Konfigurationssysteme, Dissertation Universität Tübingen 2003

VDI 2243 VDI: VDI Richtlinie VDI 2243: Recyclingorientierte Produktentwicklung, VDI Verlag, Düsseldorf 2002

Wild14   Wildemann, Horst: Vielfalt nutzen und optimieren – Modularisierung 4.0. Organisation, Produkte, Produktion, Service, Tagungsband TCW Transfer-Zentrum, München 2014.

Wüpp03   Wüpping, Josef: Praxiserfahrungen Variantenmanagement und Produktkonfiguration. In: Industrie 4.0 Management (19), S. 49 – 52, 2003

Kapitel 7

Anso08   Ansorge, Dirk: Auftragsabwicklung in heterogenen Produktionsstrukturen mit spezifischen Planungsfreiräumen- Forschungsberichte IWB, Band 214, Herbert Utz Verlag, München 2008

BeGa08   Bergmann, Rainer; Garrecht, Martin: Organisation und Projektmanagement, BA KOMPAKT, Physica-Verlag, Heidelberg 2008

Dürr13   Dürr, Peter: Modell zur Bewertung der Effizienz der IT-Unterstützung im Auftragsabwicklungsprozess von produzierenden KMU, Stuttgarter Beiträge zur Produktionsforschung, Band 16, Fraunhofer-Verlag, Stuttgart 2013

Eber14   Eberhardt-Motzelt, Christian.: Maschinenbau: Begriffe und Abgrenzungen, verfügbar unter: *http://www.eberhardt-motzelt-christian.com/news/maschinenbau-begriffe-und-abgrenzungen*, 2014: *http://www.eberhardt-motzelt-christian.com/news/maschinenbau-begriffe-und-abgrenzungen*

EbLe14   Ebert, Christof; Lederer, Dieter: Vector Forum 2014 C Agiles Projektmanagement, Stuttgart 2014

EnNi07   Engel, Karl; Nippa, Michael: Innovationsmanagement – Von der Idee zum erfolgreichen Produkt, Physica-Verlag, Heidelberg 2007

Engs14   Engstler, Martin: Projektmanagement und Vorgehensmodelle 2014 – Soziale Aspekte und Standardisierung; gemeinsame Tagung der Fachgruppen Projektmanagement (WI-PM) und Vorgehensmodelle (WI-VM) im Fachgebiet Wirtschaftsinformatik der Gesellschaft für Informatik e. V., 16. und 17. Oktober 2014 in Stuttgart, GI-Edition Proceedings, Band 236, GI, Ges. für Informatik, Bonn 2014

GaSpSt15 Gackstatter, Steffen; Spieler, Alexia; Stephan, Juliane: Innovation - Deutsche Wege zum Erfolg, PricewaterhouseCoopers Aktiengesellschaft Wirtschaftsprüfungsgesellschaft, Stuttgart 2015

Gass06   Gassmann, Oliver: Praxiswissen Projektmanagement – Bausteine – Instrumente – Checklisten, 2. aktual. Aufl., Hanser Verlag, München 2006

Glog08   Gloger, Boris: Scrum – Produkte zuverlässig und schnell entwickeln, Hanser Verlag, München 2008.

GlMa14   Gloger, Boris; Margetich, Jürgen: Das Scrum-Prinzip – Agile Organisationen aufbauen und gestalten, Schäffer-Poeschel Verlag, Stuttgart 2014

Gron06   Gronau Norbert: Projekt IOSE-W^2, Interorganisationale Softwareentwicklung unter dem Aspekt der Wandlungsfähigkeit und der Wiederverwendung, Leipzig 2006

Gubl12   Gubler, Philipp: Agiles Projektmanagement für analytische Informationssysteme – Konstruktion und Evaluation einer situativen Methode, Dissertation Universität St. Gallen 2012

Hans10   Hanser, Eckhard: Agile Prozesse: Von XP über Scrum bis MAP, Springer Verlag, Heidelberg, New York 2010

Harw12   Harwardt, Mark: Wasserfallmodell versus Scrum – Ist der gute Ruf der agilen Methode gerechtfertigt? Reihe Formalwissenschaften, AV Akademikerverl., Saarbrücken 2012

Jenn01   Jenny, Bruno: Projektmanagement in der Wirtschaftsinformatik, 5. unveränd. Aufl., Vdf, Hochsch.-Verl. an der ETH Zürich 2001

Klei15   Kleinschmidt, Carola: Kein Stress mit dem Stress – Eine Handlungshilfe für Führungskräfte, Initiative Neue Qualität der Arbeit 2015

KuLoBuSp13 Kullmann, Herhard; Longmuß, Jörg; Bullinger; Spanner-Ulmer, Birgit: Agiles Projektmanagement in der Praxis der Produktentwicklung – Ergebnisbericht zum Verbundprojekt „StabiFlex-3D Systemvertrauen und Innovationsfähigkeit durch stabil-flexible Systemstandards und partizipatives Change Management, TU Chemnitz 2013

Litk05   Litke, Hans Dieter: Projektmanagement – Handbuch für die Praxis – Konzepte – Instrumente – Umsetzung, Hanser Verlag, Wien 2005

Oest06   Oestereich, Bernd: Der agile Festpreis und andere Preis- und Vertragsmodelle, OBJEKTspektrum, 1, S. 31–33, 2006

OeWe08   Oestereich, Bernd; Weiss, Christian: APM – Agiles Projektmanagement: Erfolgreiches Timeboxing für IT-Projekte, dpunkt.verlag, Heidelberg 2008.

Port79   Porter, Michael: How competitive forces shape strategy, Harvard business review, no. 79208, Harvard Business School Press Boston, Mass 1979

Pröp12   Pröpper, Nils: Agile Techniken für klassisches Projektmanagement – Qualifizierung zum PMI-ACP, Mitp Professional, Verlagsgruppe Hüthig Jehle Rehm 2012

Rau16   Rau, Karl-Heinz: Agile objektorientierte Software-Entwicklung – Schritt für Schritt vom Geschäftsprozess zum Java-Programm, Springer Vieweg Verlag, Wiesbaden 2016

RoKuBü15   Romberg, Andreas; Kurz, Kathrin; Bünting, Frank: Lean Development im deutschen Maschinenbau 2015: Effizient entwickeln, schnell und erfolgreich am Markt, STAUFEN. AG 2015

Schu05   Schuh, Günther: Produktkomplexität manage – Strategien – Methoden – Tools, 2. überarb. und erw. Aufl., Hanser Verlag, München 2005

Siem12   Siemens AG IA & DT (2012), Funktionale Sicherheit von Maschinen und Anlagen, verfügbar unter: *http://w3app.siemens.com/mcms/infocenter/dokumentencenter/ce/Docu mentsu20Brochures/e20001-a230-m103-v6.pdf*

Stac11   Stacey, Ralph D.: Strategic management and organisational dynamics: The challenge of complexity, 6th ed., Financial Times Prentice Hall Harlow, England, New York, USA 2011

Stra10   Straubinger, Gabriela: Komplexität – Wie interdisziplinäre Teams mit komplexen Aufgabenstellungen umgehen – Qualitative Studie in einem globalen IT-Unternehmen, Masterthesis ZHAW Zürcher Hochschule für Angewandte Wissenschaften, Zürich 2010

Stud07   Studer, Michael: Rechnungslegung von Standard-Softwareunternehmen, Dissertation Universität St. Gallen 2007

Suth95   Sutherland, Jeff: Business Object Design and Implementation Workshop Proceeding of the 10th annual conference on Object-oriented programming systems, languages, and applications: OOPSLA'95 Austin Texas 1995

Trap10   Trapp, Stefan: Ein erweitertes Burndown Diagramm für das Projektcontrolling, Hamburg 2010, *http://www.stefan-trapp-consulting.de/downloads/Erweitertes-Burndown-Dia gramm.pdf*

WaZi15   Wagener, Andreas; Ziller, Colette: IT-Projektmanagement klassisch-agil – Agile Methoden in etablierte Strukturen einfügen, 2015, *http://docplayer.org/1864817-It-projektma nagement-klassisch-agil.html*.

WaWoWi10   Wagner, Florian; Wohlfart, Liza; Wichert, P.: Low-Cost-Innovation: Erschließung neuer Kundengruppen in bestehenden und neuen Märkten, Fraunhofer IAO Stuttgart 2010

Weig15   Weigand, Florian: Aufwandsschätzung in IT-Großprojekten Function Point Methode, TUM München, München 2015

WiStHaSc14 Willkommer, Josef; Storz, Sacha; Haller, Dominik; Schubart, Michael; Ortwein, Matthias; Meßmer, Daniel: Agiles Projektmanagement – Projektentwicklung mit Scrum, Kanban & Co.: Das Whitepaper für Entscheider! München 2014

WoKe08   Wolf, Henning; Kemp Christoph: Welche agile Methode für wen? Von Zielen und Voraussetzungen zur optimalen Methode, OBJEKTspektrum, 05, S. 40–44, 2008.

Stichwortverzeichnis

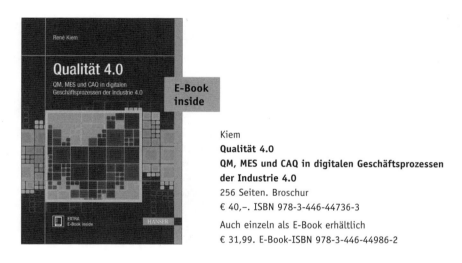